Rothe/Müller

Die Aufstellung von Bauleitplänen
3. Auflage

Kohlhammer

Die Aufstellung von Bauleitplänen

Begründet von
Dr. Karl-Heinz Rothe
Stadtdirektor a. D.

Fortgeführt und völlig neu bearbeitet von
Dr. Karl Müller
Stadtverwaltungsdirektor

3., völlig neu bearbeitete Auflage

Verlag W. Kohlhammer

Die Deutsche Bibliothek – CIP-Einheitsaufnahme

Rothe, Karl-Heinz:
Die Aufstellung von Bauleitplänen / begr. von Karl-Heinz Rothe.
Fortgef. und völlig neu bearb. von Karl Müller.
– 3., völlig neubearb. Aufl. –
Stuttgart ; Berlin ; Köln : Kohlhammer, 2000
  ISBN 3-17-015481-8

Alle Rechte vorbehalten
© 2000 W. Kohlhammer GmbH
Stuttgart Berlin Köln
Verlagsort: Stuttgart
Umschlag: Data Images GmbH, Stuttgart
Gesamtherstellung:
W. Kohlhammer Druckerei GmbH & Co. Stuttgart
Printed in Germany

Vorwort zur 3. Auflage

Das nunmehr in der 3. Auflage vorliegende Handbuch wurde von Herrn Dr. jur. Karl-Heinz Rothe, Stadtdirektor a. D., in den ersten beiden sehr erfolgreichen Auflagen bearbeitet. Es war konzipiert als eine praxisbezogene Darstellung des Verfahrens zur Aufstellung von Bauleitplänen, als Handbuch für den eiligen Kommunalpolitiker, mit dessen Hilfe er sich über die einzelnen übersichtlich dargestellten und verständlich erläuterten Verfahrensabschnitte – möglichst auf einen Blick – informieren konnte.

Der Verfasser der 3. Auflage hofft, die Schrift im Sinne von Herrn Dr. Rothe fortgeführt zu haben. Ausgehend von der Tatsache, dass auch schon bisher wesentliche materielle Bereiche behandelt wurden, wurden diese komplettiert und der Titel entsprechend angepasst. Dies bedingte zugleich eine Modifizierung von Aufbau und Struktur, wobei Bewährtes beibehalten wurde: Nach wie vor werden unterschiedliche Auffassungen in der Kommentarliteratur und im Schrifttum nur im Ausnahmefall und ansatzweise berücksichtigt; entscheidendes Gewicht wird auf die Rechtsprechung gelegt.

Durch das inzwischen in Kraft getretene BauGB 1998 hat sich prinzipiell die strenge Differenzierung zwischen den neuen und den alten Bundesländern erübrigt, und auch die Sondernormen des BauGB-MaßnG sind zum 1. 1. 1998 entfallen. Zugleich sind aber bedeutende Neuregelungen geschaffen worden, die sämtlich in dieser Auflage berücksichtigt worden sind. Desgleichen werden relevante landesrechtliche Besonderheiten dargestellt.

Das Handbuch wendet sich in erster Linie an die mit konkreten Fragen der Bauleitplanung konfrontierten Kommunalpolitiker, Verwaltungen und Rechtsanwälte, spricht aber darüber hinaus auch die Gerichte an und bietet dem Studierenden eine wertvolle Informations- und Arbeitshilfe.

Der Verfasser dankt Herrn Stadtdirektor a. D. Dr. Karl-Heinz Rothe. Ein besonderer Dank gilt auch Herrn Vorsitzenden Richter am Bundesverwaltungsgericht Dr. Günter Gaentzsch.

Köln, im November 1999   Dr. Karl Müller

Inhaltsverzeichnis

		Seite
1. Kapitel: Gemeindliches Planungsrecht und Bauleitplanung		1
I.	Das Bauplanungsrecht	1
II.	Das gemeindliche Planungsrecht	4
	1. Die Planungshoheit der Gemeinde	4
	2. Die Einschränkung der Planungshoheit	6
	3. Die gemeindliche Planungspflicht	13
III.	Die Bauleitpläne	17
	1. Die gemeindlichen Planungsmittel	17
	2. Die Zweistufigkeit der Bauleitplanung	21
	3. Die drei Arten des Bebauungsplans	26
	4. Aufstellung, Änderung, Ergänzung und Aufhebung von Bauleitplänen	28
	5. Plansicherung durch Veränderungssperre und Zurückstellung	29

2. Kapitel: Verfahren und Form der Bauleitpläne		37
I.	Einleitung des Verfahrens	38
	1. Aufstellungsbeschluss	38
	2. Planentwurf	42
II.	Vorgezogene Bürgerbeteiligung	43
	1. Grundsätze der Beteiligung	44
	2. Entbehrlichkeit der Unterrichtung und Erörterung	46
III.	Beteiligung der Träger öffentlicher Belange	47
	1. Träger öffentlicher Belange	48
	2. Die Beteiligung	49
IV.	Öffentliche Auslegung (Offenlage)	51
	1. Formalien	51
	2. Die Anregungen	58
	3. Das weitere Verfahren	61
V.	Rats-/Satzungsbeschluss mit Erläuterungsbericht/Begründung	65
VI.	Beteiligung der höheren Verwaltungsbehörde	66
	1. Das Genehmigungsverfahren	68
	2. Das Anzeigeverfahren	74

Inhaltsverzeichnis

    VII. Bekanntmachung 76
   VIII. Bedeutende kommunalrechtliche Verfahrens- und
        Formvorschriften 85
        1. Zuständigkeiten 86
        2. Mitwirkungsverbote 88
    IX. Änderung, Ergänzung und Aufhebung von Plänen 91
        1. Vereinfachtes Verfahren bei Planänderung und
           Planergänzung 92
        2. Aufhebung von Plänen 94
     X. Beteiligung (privater) Dritter am Verfahren 95

3. Kapitel: Materielle Voraussetzungen der Bauleitpläne 99

      I. Erforderlichkeit der Planung für die städtebauliche Entwicklung und Ordnung 99
     II. Anpassung an die Ziele der Raumordnung 104
        1. Ziele der Raumordnung 104
        2. Die Anpassungspflicht 106
    III. Interkommunales Abstimmungsgebot 108
    IV. Entwicklungsgebot 113
        1. Inhalt des Entwicklungsgebotes 115
        2. Sonderfälle 117
     V. Abwägungsgebot 121
        1. Belange (Interessen) 122
        2. Schritte der Abwägung 127
        3. Abwägungsfehler 132
        4. Planungsgrundsätze zur Konkretisierung des Abwägungsgebotes 135
           a) Konfliktbewältigung und Rücksichtnahmegebot 136
           b) Umweltschützende Belange 140
        5. Planungsschaden als besonderer abwägungsrelevanter
           Aspekt 150
    VI. Verhältnismäßigkeit und Bestimmtheit des Planinhaltes 157
        1. Verhältnismäßigkeit 157
        2. Bestimmtheit 159
   VII. Zulässiger Planinhalt 162
        1. Inhalt des Flächennutzungsplanes 163
        2. Inhalt des Bebauungsplanes 165
   VIII. Funktionslosigkeit 179

IX.	Besonderheiten des vorhabenbezogenen Bebauungsplanes (Vorhaben- und Erschließungsplan, VEP)	181
X.	Der städtebauliche Vertrag	188

4. Kapitel: Grundsatz der Planerhaltung, Rechtsschutz, Nichtigkeit von Plänen 195

I. Grundsatz der Planerhaltung 195
    1. Unbeachtlichkeitsregelungen 196
    2. Ergänzendes Verfahren 201

II. Rechtsschutz gegen Bauleitpläne 206
    1. Rechtsschutz gegen Flächennutzungsplan und Bebauungsplan 206
    2. Normenkontrolle gegen Bebauungspläne 208
    3. Vorläufiger Rechtsschutz beim Normenkontrollverfahren 213

III. Nichtigkeit von Bebauungsplänen 215
    1. Gesamtnichtigkeit und Teilnichtigkeit 215
    2. Maßnahmen der Gemeinde 216
    3. Haftung der Gemeinde 218

Stichwortverzeichnis 225

x

Abkürzungs- und Literaturverzeichnis

a.A.	anderer Ansicht
aaO	am angegebenen Ort
Abs.	Absatz
a.F.	alte Fassung
AgrarR	Agrarrecht (Zeitschrift)
Anm.	Anmerkung
Art.	Artikel
Battis/Krautzberger/Löhr	Baugesetzbuch, Kommentar, 7. Auflage, München 1999
BauGB	Baugesetzbuch
BauGB-MaßnG	Maßnahmengesetz zum Baugesetzbuch
BauNVO	Baunutzungsverordnung
BauO	Bauordnung
BauR	Baurecht
BauROG	Bau- und Raumordnungsgesetz
BayVBl.	Bayerische Verwaltungsblätter (Zeitschrift)
BBauG	Bundesbaugesetz
BGB	Bürgerliches Gesetzbuch
BGH	Bundesgerichtshof
BGHR	Rechtsprechung des Bundesgerichtshofs
Berliner Kommentar	Kommentar zum Baugesetzbuch, 2. Auflage, Köln, Berlin, Bonn, München 1995
Berliner Schwerpunkte-Kommentar	Berliner Schwerpunkte-Kommentar zum Baugesetzbuch Kommentar 1998, Schlichter/Stich (Hrsg.), Köln, Berlin, Bonn, München 1998
BImSchV	Verordnung zum Bundes-Immissionsschutzgesetz
BMZ	Baumassenzahl
BNatSchG	Bundesnaturschutzgesetz
Brohm	Öffentliches Baurecht, Bauplanungs-, Bauordnungs- und Raumordnungsrecht, München 1997
BRS	Baurechtssammlung, Rechtsprechung des Bundesverwaltungsgerichts und anderer Gerichte zum Bau- und Bodenrecht
BT-Drucks.	Bundestagsdrucksache
Buchholz	Sammel- und Nachschlagewerk der Rechtsprechung des Bundesverwaltungsgerichts
BVerfG	Bundesverfassungsgericht
BVerfGE	Entscheidungen des Bundesverfassungsgerichts
BVerwG	Bundesverwaltungsgericht
BVerwGE	Entscheidungen des Bundesverwaltungsgerichts
BW	Baden-Württemberg
BWGZ	Zeitschrift für die Städte und Gemeinden, Organ des Gemeindetages Baden-Württemberg

Abkürzungs- und Literaturverzeichnis

Dok-Nr.	Dokumentennummer des Informationssystems JURIS
DÖV	Die öffentliche Verwaltung (Zeitschrift)
DVBl.	Deutsches Verwaltungsblatt (Zeitschrift)
Ernst/Zinkahn/Bielenberg	Baugesetzbuch, Kommentar, Stand: 1. September 1998
Eyermann	Verwaltungsgerichtsordnung, Kommentar, 10. Auflage, München 1998
ff.	folgende
GBl.	Gesetzblatt
Gelzer/Birk	Bauplanungsrecht, 5. Auflage, Köln 1991
GewArch	Gewerbearchiv (Zeitschrift)
GFZ	Geschoßflächenzahl
GO	Gemeindeordnung
GRZ	Grundflächenzahl
GVBl.	Gesetz- und Verordnungsblatt
Hoppe/Grotefels	Öffentliches Baurecht, Juristisches Kurzlehrbuch, München 1995
HS	Halbsatz
HSGZ	Hessische Städe- und Gemeindezeitung
InvErlWobauLG	Investitionserleichterungs- und Wohnbaulandgesetz
JURIS	Juristisches Informationssystem der juris GmbH (Saarbrücken)
Kohlhammer-Kommentar	Baugesetzbuch, Kommentar, Stand: September 1998, Stuttgart 1998
Kopp/Schenke	Verwaltungsgerichtsordnung, Kommentar, 11. Auflage, München 1998
KSVG	Kommunalselbstverwaltungsgesetz
Kuschnerus	Der sachgerechte Bebauungsplan, Bonn 1997
LG	Landschaftsgesetz
LKV	Landes- und Kommunalverwaltung (Zeitschrift)
LS	Leitsatz
MBl.	Ministerialblatt
mwN	mit weiteren Nachweisen
Neuhausen	BauGB-Maßnahmengesetz, 3. Auflage, Stuttgart, Berlin, Köln 1993
NJW	Neue Juristische Wochenschrift (Zeitschrift)
Nr.	Nummer
NuR	Natur und Recht (Zeitschrift)
NVwZ	Neue Zeitschrift für Verwaltungsrecht
NVwZ-RR	NVwZ-Rechtsprechungsreport Verwaltungsrecht (Zeitschrift)

Abkürzungs- und Literaturverzeichnis

NW	Nordrhein-Westfalen
NWVBl	Nordrhein-Westfälische Verwaltungsblätter (Zeitschrift)
OVG	Oberverwaltungsgericht
OVGE	Entscheidungen des Oberverwaltungsgerichts Münster und Lüneburg
PlanzV	Planzeichenverordnung
Quaas/Müller	Normenkontrolle und Bebauungsplan, Düsseldorf 1986
RdErl.	Runderlaß
Redeker/von Oertzen	Verwaltungsgerichtsordnung, Kommentar, 12. Auflage, Stuttgart, Berlin, Köln 1997
Rn.	Randnummer
ROG	Raumordnungsgesetz
Rz	Randziffer
S.	Seite
Saar	Saarland
Schoch/Schmidt-Aßmann/Pietzner	Verwaltungsgerichtsordnung, Kommentar, Stand: September 1998, München 1998
Schrödter	Baugesetzbuch, Kommentar, 6. Auflage, München 1998
SH	Schleswig-Holstein
Stelkens/Bonk/Sachs	Verwaltungsverfahrensgesetz, Kommentar, 5. Auflage, München 1998
Stüer	Handbuch des Bau- und Fachplanungsrechts, München 1997
Thür.	Thüringen
UPR	Umwelt und Planungsrecht (Zeitschrift)
VBlBW	Verwaltungsblätter Baden-Württemberg
VerwRspr	Verwaltungsrechtsprechung (Zeitschrift)
VG	Verwaltungsgericht
VGH	Verwaltungsgerichtshof
Vgl.	vergleiche
VV	Verwaltungsvorschrift
VwGO	Verwaltungsgerichtsordnung
VwVfG	Verwaltungsverfahrensgesetz
Werner/Pastor/Müller	Baurecht von A–Z, Lexikon des öffentlichen und privaten Baurechts, 7. Auflage, München 2000
WHG	Wasserhaushaltsgesetz
WoBauErlG	Wohnungsbauerleichterungsgesetz
Z	Geschoßzahl
ZfBR	Zeitschrift für deutsches und internationales Baurecht (Zeitschrift)
z. B.	zum Beispiel
z. T.	zum Teil

1. Kapitel: Gemeindliches Planungsrecht und Bauleitplanung

Nicht nur die in den Planungsämtern der Gemeinden tätigen Verwaltungsangehörigen, sondern auch die Mitglieder der kommunalen Vertretungskörperschaften, z. B. des Rates oder eines Bau- bzw. Planungsausschusses, die über die Aufstellung, Änderung, Ergänzung oder Aufhebung eines Bauleitplanes zu beraten und zu entscheiden haben, sollten sich über die Grundlagen des gemeindlichen Planungsrechts, insbesondere über die Bauleitplanung einschließlich der formellen und materiellen **Rechtmäßigkeitsvoraussetzungen der Bauleitpläne** intensiv informieren. Jedes einzelne Mitglied – speziell des Rates einer Gemeinde – muss wissen, welche Regeln bei einem Bauleitplanaufstellungsverfahren (das Gleiche gilt für Änderungs-, Ergänzungs- und Aufhebungsverfahren) zu beachten sind. Denn die Gemeinde ist nach § 839 BGB in Verbindung mit Art. 34 GG grundsätzlich Dritten (Bürgern) gegenüber zum **Schadensersatz** verpflichtet, falls diesen durch einen „legislativen" Akt der Bauleitplanung, wie beispielsweise den Satzungsbeschluss beim Bebauungsplan nach § 10 BauGB, ein Schaden entsteht. Nach der ständigen Rechtsprechung des BGH ist jedem Gemeinderatsmitglied ein „öffentliches Amt" im Sinne von Art. 34 GG anvertraut; es gilt daher als „Beamter" im haftungsrechtlichen Sinne.[1]

Diese **Haftung der Gemeinde** gegenüber Dritten kann darüber hinaus im Einzelfall innerhalb der Gemeinde die Mitglieder des Gemeinderates persönlich treffen. Nach den gemeinderechtlichen Bestimmungen haften nämlich die Ratsmitglieder u. a. dann, wenn die Gemeinde infolge eines Beschlusses des Rates einen Schaden erleidet und die Ratsmitglieder in vorsätzlicher oder grobfahrlässiger Verletzung ihrer Pflicht gehandelt haben.[2]

I. Das Bauplanungsrecht

Das gemeindliche Planungsrecht und die Bauleitplanung gehören zum Bauplanungsrecht. Dieses bildet einen wesentlichen Bestandteil des **bundesrechtlichen Städtebaurechts**, das wiederum weitere Bereiche wie Bodenordnung (Umlegung, Grenzregelung), Enteignung, Erschließung sowie das besondere

---

1 Siehe hierzu BGHZ 84, 292 = BauR 1982, 457; zur Haftung wegen fehlerhafter Bauleitplanung vgl. auch BGH, BauR 1998, 90 (Beplanung eines Deponiegeländes).
2 Vgl. z. B. § 43 Abs. 4 GO NW.

4–9 Gemeindl. Planungsrecht und Bauleitplanung

Städtebaurecht mit Sanierung, Entwicklungsmaßnahmen, Erhaltungssatzung und den städtebaulichen Geboten (insbesondere Baugebot) umfasst.

4 Das Städtebaurecht – und damit das Planungsrecht – gehört zum **öffentlichen Baurecht**. Im Gegensatz zum **privaten Baurecht**, das die zivirechtlichen Rechtsbeziehungen insbesondere hinsichtlich der Bauausführung (z. B. Verträge zwischen Bauherrn und Bauhandwerker) und des Ausgleichs der privaten Nachbarinteressen (vgl. Nachbarrechtsgesetze der Länder) behandelt, beinhaltet das öffentliche Baurecht die Vorschriften über die Zulässigkeit und Grenzen, die Ordnung sowie die Förderung der Nutzung von Grund und Boden, namentlich durch bauliche Anlagen.[3]

5 Das **bundesrechtliche Bauplanungsrecht** dient der Festlegung der rechtlichen Qualität des Bodens und seiner Nutzbarkeit[4], m.a.W. es regelt die Nutzung von Grund und Boden. Rechtsgrundlagen sind namentlich das BauGB, die BauNVO sowie die PlanzV.

6 Neben dem Planungsrecht gehört zum öffentlichen Baurecht auch das **landesrechtliche Bauordnungsrecht**, das die Vorschriften über die Ausführung der baulichen Anlage auf dem betreffenden Grundstück (z. B. Beschaffenheitsanforderungen für Baugrundstücke, Baustoffe, Bauausführung, Baugestaltung) sowie das Baugenehmigungsverfahren beinhaltet. Entsprechende Bestimmungen finden sich in den einzelnen Landesbauordnungen und in den auf ihrer Grundlage erlassenen Rechtsverordnungen.[5]

7 Darüber hinaus umfasst das öffentliche Baurecht noch zahlreiche Bestimmungen aus anderen Rechtsgebieten, die ebenfalls baurechtlichen Bezug haben, wie z. B. aus den Bereichen Straßen- und Wegerecht, Naturschutzrecht, Wasserrecht, Immissionsschutzrecht, Denkmalrecht, Gewerberecht usw. (vgl. die nachfolgende Übersicht).

8 Das öffentliche Baurecht war ursprünglich reines Bauordnungsrecht (früher: Baupolizeirecht); es diente in erster Linie der Gefahrenabwehr. So gab es schon im Mittelalter Anordnungen zur Regelung des Brandschutzes. Diese Situation bestand auch noch zur Zeit des Allgemeinen Preußischen Landrechts.

9 Die Geburtsstunde des Bauplanungsrechts (Städtebaurechts) fällt in die Gründerjahre nach 1871: Man kam zu der Erkenntnis, dass die übersteigerte Baufreiheit bei rascher Ausbreitung der Großstädte zu chaotischen Verhält-

---

3 Vgl. zum öffentlichen und privaten Baurecht: Hoppe in: Hoppe/Grotefels, Öffentliches Baurecht, § 1 Rn. 1; Werner/Pastor/Müller, Baurecht von A–Z, S. 237.
4 Vgl. BVerfGE 3, 407 (423 f.).
5 Zur Abgrenzung von Bauplanungsrecht und Bauordnungsrecht vgl. BVerfGE 3, 407; Gelzer/Birk, Bauplanungsrecht, Rn. 1 ff.

Bauplanungsrecht **9**

Baurecht

Öffentliches Baurecht

Bauplanungsrecht
(Wesentlicher Bereich des Städtebaurechts)

Bundesrecht

Festlegung der rechtlichen Qualität des Bodens und seiner Nutzbarkeit

Rechtsvorschriften:

BauGB
BauNVO, PlanzV, gemeindliche Satzungen

Bauordnungsrecht

Landesrecht

Regelung der näheren Ausgestaltung des einzelnen Vorhabens auf dem Grundstück sowie des Verfahrens und der Voraussetzungen der Baugenehmigung

Rechtsvorschriften:

Landesbauordnungen, Rechtsverordnungen, gemeindliche Satzungen

Sonstige Rechtsbereiche

Bundes-/Landesrecht

Straßen- und Wegerecht
Naturschutzrecht
Wasserrecht
Immissionsschutzrecht
Denkmalrecht
Gewerberecht
Gaststättenrecht
Atomrecht
Eisenbahnrecht
Luftverkehrsrecht
Abfallrecht
Zivilschutzrecht

Rechtsvorschriften:

Entsprechende Bundes- und Landesgesetze, Rechtsverordnungen, gemeindl. Satzungen

Ziviles Baurecht

Bundes-/Landesrecht

Regelung der zivilrechtlichen Rechtsbeziehungen insbesondere hinsichtlich des Baugeschehens (Verträge mit Architekten, Bauhandwerkern usw.) und des Ausgleichs privater Nachbarinteressen

Rechtsvorschriften:

§§ 631 ff. BGB, HOAI
Nachbarrechtsgesetze der Länder

Sonstige Regelungen:
VOB

nissen führen würde, insbesondere erkannte man die Notwendigkeit der Freihaltung von Verbindungs-(Verkehrs-)trassen. Preußen und einige andere Länder erließen zur Schaffung von Straßentrassen Fluchtliniengesetze (Preußisches Fluchtliniengesetz 1875). Viel später gelangte man zu der Einsicht, dass die öffentliche Hand auch die Verantwortung für Erschließung und Nutzung des Baulandes mitzuübernehmen hatte. Die damals eingeleiteten Reformüberlegungen konnten jedoch erst nach dem Zweiten Weltkrieg verwirklicht werden. Sie flossen ein in die von den Ländern zum Teil erlassenen Aufbaugesetze.

10 Das erste bundeseinheitliche Städtebau- und Planungsgesetz war das BBauG aus dem Jahre 1960. Im Jahre 1971 kam das StBauFG hinzu. Nach einer anschließenden schöpferischen Ruhepause des Gesetzgebers folgten dann Gesetzesänderungen und -ergänzungen annähernd in einem Dreijahresrhythmus: Novellierungen des BBauG 1976, 1979, 1984 und 1986, im Jahre 1987 dann das BauGB (Zusammenfassung von BBauG und StBauFG), 1990 das WoBauErlG mit dem in seiner Geltung bis zum 31. 12. 1997 (ursprünglich 31. 5. 1995) befristeten BauGB-MaßnG, 1993 das InvErlWoBaulG mit Änderung des BauGB und des BauGB-MaßnG.

11 Den vorläufigen Schlusspunkt setzt das am 1. 1. 1998 in Kraft getretene BauGB 1998. Diese vorläufig letzte Neuregelung verfolgt das Ziel, das Städtebaurecht für ganz Deutschland zu vereinheitlichen sowie das Planungsrecht zügiger und überschaubarer zu gestalten.[6]
Es wäre zu begrüßen, wenn nunmehr Abstand genommen würde von der gesetzgeberischen Hektik, damit nicht nur für die mit der Gesetzesanwendung betrauten öffentlichen Verwaltungen, sondern auch für die betroffenen Bürger eine gewisse Rechtsbeständigkeit und damit Rechtssicherheit eintreten kann.[7]

II. Das gemeindliche Planungsrecht

1. Die Planungshoheit der Gemeinde

12 Das Planungsrecht, d. h. das Recht zur Planung im Sinne einer Festlegung der Nutzung von Grund und Boden, steht prinzipiell der Gemeinde zu. Jede Gemeinde entscheidet grundsätzlich für ihr Gemeindegebiet, wie Grund und Boden genutzt werden, ob etwa bestimmte Bereiche des Gemeindegebietes

---

6 Vgl. BT-Drucks. 13/7589, S. 7; zum BauGB 1998 vgl. Finkelnburg, NJW 1998, 1; Peine, JZ 1998, 23; Stich, Wirtschaft und Verwaltung, Beilage zum GewArch, Heft 1/1998, 1; Stüer, DVBl. 1997, 1201; Deutscher Städtetag, Beiträge zur Stadtentwicklung und zum Umweltschutz, Reihe E, Heft 27, Das neue Städtebaurecht.

7 Es fällt jedoch schon wieder das Wort „Novellierungsbedarf", vgl. Hermanns/Hönig, DVBl. 1999, 1106.

der Land- und Forstwirtschaft vorbehalten bleiben (Äcker, Wiesen, Wald), wo der Bevölkerung Erholungsflächen (Grünflächen) zur Verfügung stehen, welche Grundstücke zu industriellen/gewerblichen Zwecken, welche zu Wohnzwecken bebaut werden, in welchen Gebieten Bodenschätze gewonnen werden können (Auskiesung) usw. Man spricht insoweit von der sog. **kommunalen Planungshoheit**.[8]

Gesetzlich bestätigt ist sie namentlich in der Bestimmung des § 2 Abs. 1 Satz 1 BauGB, nach der die Bauleitpläne von der Gemeinde in eigener Verantwortung aufzustellen sind. Verfassungsrechtlich ist sie in Art. 28 Abs. 2 GG sowie in den einzelnen Länderverfassungen verankert.[9] **13**

Nach Art. 28 Abs. 2 Satz 1 GG muss den Gemeinden das Recht gewährleistet sein, alle Angelegenheiten der örtlichen Gemeinschaft im Rahmen der Gesetze in eigener Verantwortung zu regeln. Diese verfassungsrechtliche Garantie der **kommunalen Selbstverwaltung** ist letztlich die Grundlage der gemeindlichen Planungshoheit.[10] Denn zu den in der Grundrechtsnorm angesprochenen Angelegenheiten der „örtlichen Gemeinschaft"[11] gehört auch die Bauleitplanung, so dass sie Teil der gemeindlichen Selbstverwaltung ist. **14**

Hieraus folgt einmal: Zuständig für die Bauleitplanung ist „die Gemeinde" (vgl. auch §§ 1 Abs. 3, 2 Abs. 1 BauGB). Welche Gemeinde im Einzelfall angesprochen ist, welcher konkreten Gemeinde also das Selbstverwaltungsrecht und damit die Planungshoheit zusteht, richtet sich nach dem jeweiligen Kommunalverfassungsrecht des einzelnen Landes, gleichgültig, ob es sich um einen Flächenstaat (Bayern, Hessen, Sachsen usw.) oder um einen Stadtstaat (Bremen, Hamburg usw.) handelt.[12] **15**

Zum Zweiten bedeutet „Angelegenheit der örtlichen Gemeinschaft": Die Planungshoheit ist auf das Gebiet der planenden Gemeinde beschränkt. Abweichende Zuständigkeiten bei der Bauleitplanung können sich aus den Bestimmungen der §§ 203 bis 206 BauGB ergeben. So besteht die Möglichkeit, in Sonderfällen von Seiten des Landes die nach dem BauGB der Gemeinde obliegenden Aufgaben auf eine andere Gebietskörperschaft zu übertragen, § 203 BauGB. Ferner sollen benachbarte Gemeinden unter bestimmten Voraussetzungen einen gemeinsamen Flächennutzungsplan aufstellen, § 204 BauGB, oder sich zu einem Planungsverband zusammenschließen, § 205 BauGB. **16**

---

8 Vgl. hierzu Battis in: Battis/Krautzberger/Löhr, BauGB, § 2 Rn. 4; Bielenberg in: Ernst/Zinkahn/Bielenberg, BauGB, § 2 Rn. 1; Grotefels in: Hoppe/Grotefels, Öffentliches Baurecht, § 2 Rn. 27 ff.
9 Vgl. z. B. Art. 78 Verf NW.
10 So die ständige Rechtsprechung des BVerwG, vgl. z. B. BVerwGE 51, 6 (13).
11 Vgl. zu diesem Begriff: BVerfG DVBl. 1989, 300; Schmidt-Jortzig, DÖV 1989, 142 (144).
12 Vgl. BVerwGE 59, 56 (60).

17 Davon zu unterscheiden ist die Frage, welches Organ der jeweiligen Gemeinde für die erforderlichen Beschlüsse zuständig ist (Rat, Ausschuss, Bürgermeister usw.). Dies bestimmt sich wiederum ausschließlich nach dem Kommunalverfassungsrecht des betreffenden Landes.[13]

18 Das BVerwG hat aus der Planungshoheit u. a. die Einräumung eines gemeindlichen **Planungsermessens** im Sinne einer planerischen Gestaltungsfreiheit abgeleitet.[14]
Umstritten ist, ob das Wort „Ermessen" diese planerische Gestaltungsfreiheit zutreffend bezeichnet.[15]

19 Unabhängig davon hat das BVerwG[16] jedenfalls die folgenden vier Wesensmerkmale für die planerische Gestaltungsfreiheit festgestellt:
„Erstens, dass die Befugnis zur Planung – hier wie anderweit – einen mehr oder weniger ausgedehnten Spielraum an Gestaltungsfreiheit einschließt und einschließen muss, weil Planung ohne Gestaltungsfreiheit ein Widerspruch in sich wäre. Zweitens, dass sich diese planerische Gestaltungsfreiheit nicht auf einen bestimmten geistig-seelischen Vorgang zurückführen lässt, sondern verschiedene Elemente – insbesondere des Erkennens, des Wertens und Bewertens sowie des Wollens – umfasst. Drittens, dass sich in Richtung auf die verwaltungsgerichtliche Kontrolle der Planung aus der Verbindung von Planung und Gestaltungsfreiheit unabweisbar die Beschränkung darauf ergibt, ob im Einzelfall die gesetzlichen Grenzen der Gestaltungsfreiheit überschritten sind oder von der Gestaltungsfreiheit in einer der Ermächtigung nicht entsprechenden Weise Gebrauch gemacht ist (Vgl. § 114 VwGO). Viertens, dass die Planungsbeteiligung anderer Behörden in verschiedener Weise und durchaus auch als eine echte Beteiligung an der jeweils bestehenden Gestaltungsfreiheit vorgesehen sein kann, sich die mit dem Genehmigungserfordernis in § 11 BBauG[17] angeordnete Beteiligung der höheren Verwaltungsbehörde aber in der Befugnis und Pflicht zur Rechtskontrolle erschöpft (§ 11 Satz 3 i.V.m. § 6 Abs. 2 BBauG)."[18]

2. Die Einschränkung der Planungshoheit

20 Das Selbstverwaltungsrecht der Gemeinde im Allgemeinen wie auch die Planungshoheit im Besonderen bestehen nicht uneingeschränkt. Entsprechend der verfassungsrechtlichen Befugnis, die Angelegenheiten der örtlichen Gemeinschaft „im Rahmen der Gesetze" (Gesetzesvorbehalt) eigen-

---

13 Vgl. hierzu unten Rn. 306 ff.
14 BVerwGE 34, 301 (304); 48, 56 (59).
15 Zur Kritik an diesem Begriff vgl. Hoppe, DVBl. 1974, 641.
16 BVerwGE 34, 301 (304).
17 Vgl. heute § 10 Abs. 2 BauGB.
18 Vgl. heute § 10 Abs. 2 i.V.m. § 6 Abs. 2 BauGB.

Einschränkung der Planungshoheit 21–25

verantwortlich zu regeln, ist auch die gemeindliche Planungsbefugnis auf verschiedene Weise durch gesetzliche Regelungen eingeschränkt.

Eine Einschränkung erfährt die Planungshoheit der Gemeinde dadurch, dass die kommunale Planung in ein komplexes Geflecht anderer örtlicher und überörtlicher Raum-, Fach- und Gesamtplanungen eingebettet ist. So sind nach § 1 Abs. 4 BauGB die Bauleitpläne den **Zielen der Raumordnung** anzupassen.[19] Diese Regelung trägt dem Umstand Rechnung, dass raumordnende Maßnahmen nicht nur von örtlichen, sondern in gleicher Weise auch von überörtlichen Interessen bestimmt werden. Die Gemeinde als unterste Planungsinstitution im staatlichen Gefüge legt einerseits zwar die konkrete Bodennutzung („Raumordnung") für ihren Bereich fest, kann dies aber andererseits nicht ohne Berücksichtigung „höherer", d. h. großräumlicher Interessen tun, die von Bund und Ländern aus deren überörtlicher Perspektive – naturgemäß weniger konkret – festgelegt werden. **21**

Raumordnung bedeutet dabei die zusammenfassende und übergeordnete Planung und Ordnung des Raumes[20], die auf Bundesebene ihren Niederschlag in den in § 2 ROG enthaltenen Zielen und Grundsätzen findet. Danach ist u. a. im Gesamtraum der Bundesrepublik Deutschland eine ausgewogene Siedlungs- und Freiraumstruktur zu entwickeln, wobei die räumliche Struktur der Gebiete mit gesunden Lebensbedingungen, insbesondere mit ausgewogenen wirtschaftlichen, sozialen, kulturellen und ökologischen Verhältnissen zu sichern und weiterzuentwickeln und durch entsprechende Fördermaßnahmen auf eine gleichmäßige Entwicklung der Lebensbedingungen hinzuwirken ist. **22**

Landesplanung ist die unter Beachtung der Grundsätze des ROG aufgestellte, auf das Gebiet eines Landes bezogene übergeordnete und zusammenfassende Planung, wobei die **Regional- oder Gebietsentwicklungsplanung** als Bestandteil der Landesplanung eine Teilfläche eines Landes (z. B. einen Regierungsbezirk) erfasst, die größer ist als eine der Bauleitplanung unterliegende Einheit. **23**

Die **gemeindliche Bauleitplanung** ist – eingebettet in diese überörtlichen Bundes- und Landesplanungen – gleichsam der konkrete örtliche Planungsschlusspunkt – letztlich mit der Festlegung konkreter Nutzungen für das einzelne Grundstück. **24**

Auf Grund dessen besteht eine Art „Planungstrichter"[21], der von der programmatisch-abstrakten Planung in Gestalt von Raumordnungsgrundsätzen **25**

---

19 Zu diesem sog. Anpassungsgebot vgl. unten Rn. 370 ff.
20 Vgl. BVerfGE 3, 407.
21 Vgl. hierzu auch Stüer, Handbuch des Bau- und Fachplanungsrechts, Rn. 64, der von einem „Stufensystem der raumrelevanten Planung" spricht

26 Gemeindl. Planungsrecht und Bauleitplanung

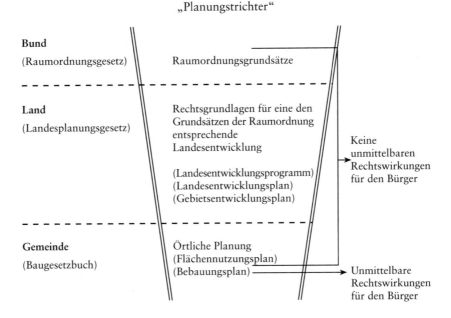

auf Bundesebene (§ 2 ROG) über die bereits konkretere Länderebene, auf der von den einzelnen Ländern Rechtsgrundlagen für eine Raumordnung in ihrem Gebiet (Landesplanung) in Form von Landesentwicklungsprogrammen, Landesentwicklungsplänen und Gebietsentwicklungsplänen[22] geschaffen werden (§§ 6 ff. ROG), zur gemeindlichen Planungsebene und dort über die Darstellung der beabsichtigten städtebaulichen Entwicklung in den Grundzügen des Flächennutzungsplanes zur konkreten grundstücksbezogenen Nutzungsfestsetzung des Bebauungsplanes führt und der zugleich durch ein Zusammenwirken von Staat und kommunaler Selbstverwaltung gekennzeichnet ist.[23]

26 Für den Bürger verbindlich, d. h. ihm gegenüber unmittelbare Rechtswirkungen erzeugend, ist dabei allein der Bebauungsplan. Die übrigen Pläne einschließlich – mit geringen Ausnahmen – des Flächennutzungsplanes[24] haben nur behörden- bzw. verwaltungsinterne Wirkung; an sie sind nur Träger öffentlicher Verwaltung, insbesondere Planungsträger gebunden.

---

22 Vgl. z. B. Landesplanungsgesetz NW.
23 Vgl. Stüer, Handbuch des Bau- und Fachplanungsrechts, Rn. 64.
24 Vgl. hierzu unten Rn. 82 ff.

Ferner ist die sog. Fachplanung, d. h. die Planung konkreter Projekte insbe- **27** sondere bei Objekten von überörtlicher Bedeutung (überörtliche Straßen, Bundesautobahnen, Eisenbahnlinien, Flughäfen, Deponien, Lagerung radioaktiver Abfälle, Gewässer)[25] prinzipiell **der Planungshoheit der Gemeinde entzogen** und auf andere Planungsträger übertragen, wobei in Sonderfällen die Planfeststellung allerdings wiederum durch einen Bebauungsplan ersetzt werden kann (sog. **die Planfeststellung ersetzender Bebauungsplan**).[26] Wird eine Planfeststellung durch einen anderen Planungsträger durchgeführt, wird die Gemeinde in diesen Planungsverfahren beteiligt und hat im Einzelfall eine wehrfähige, in die fachplanerische Abwägung einzubeziehende Rechtsposition gegen fremde Fachplanungen auf dem eigenen Gemeindegebiet, wenn das Vorhaben eine bestimmte gemeindliche Planung nachhaltig stört.[27] Keine Beeinträchtigung der gemeindlichen Planungshoheit begründen dabei aber möglicherweise eintretende mittelbare Auswirkungen eines planfestgestellten Vorhabens.[28]

Das Verhältnis von gemeindlicher Bauleitplanung zur Fachplanung wird **28** verdeutlicht durch die im BauGB 1998 neu gefasste Bestimmung des § 38 BauGB. Danach finden auf Planfeststellungsverfahren und sonstige Verfahren mit den Rechtswirkungen der Planfeststellung für **Vorhaben von überörtlicher Bedeutung** die §§ 29 bis 37 BauGB (die planungsrechtlichen Zulässigkeitsbestimmungen) keine Anwendung, wenn die Gemeinde beteiligt wird, wobei eine überörtliche Planung regelmäßig dann gegeben ist, wenn das planfestzustellende Vorhaben gemeindeübergreifende Wirkung hat, d. h. das Gebiet von zumindest zwei Gemeinden tatsächlich berührt.[29] Ob es sich dabei um Fachplanungsverfahren auf bundesrechtlicher oder auf landesrechtlicher Grundlage (etwa wasserrechtliche oder abgrabungsrechtliche Vorhaben) handelt, ist ohne Bedeutung.

Die gleiche Privilegierung gilt bei den auf Grund des Bundesimmissions- **29** schutzgesetzes für die Errichtung und den Betrieb öffentlich zugänglicher Abfallbeseitigungsanlagen geltenden Verfahren.

Im Gegensatz zu diesen objektbezogenen Fachplanungen wird die gemeind- **30** liche Bauleitplanung wie auch die Raumordnung und die Landesplanung herkömmlich der **Gesamtplanung** zugeordnet, da in ihr verschiedene Nutzungsregelungen jeweils für ein gesamtes Gebiet getroffen werden.[30]

---

25 Vgl. zum Begriff der Fachplanung: Dürr in: Kohlhammer Kommentar, BauGB, § 38 Rn. 29; Löhr in: Battis/Krautzberger/Löhr, BauGB, § 38 Rn. 1.
26 Vgl. hierzu z. B. BVerwG DÖV 1999, 557 = NVwZ-RR 1999, 426.
27 Vgl. BVerwG NuR 1998, 93 unter Hinweis auf BVerwGE 90, 96 (100).
28 Vgl. BVerwG DÖV 1999, 38 (LS) = DVBl. 1998, 1192 (LS): befürchtete Beeinträchtigung des Schienenfernverkehrsangebotes in einer Gemeinde durch Ausbau einer Umgehungsstrecke.
29 Vgl. BVerwG NJW 1989, 242.
30 Vgl. Löhr in: Battis/Krautzberger/Löhr, BauGB, § 38 Rn. 1.

31–33 Gemeindl. Planungsrecht und Bauleitplanung

31 Fachplanung und Gesamtplanung unterscheiden sich zur Hauptsache in folgenden Punkten:

Gesamtplanung	Fachplanung
Vielfältige Nutzungsregelung für ein ganzes Gebiet	Planung eines konkreten Projektes
Angebotsplanung	Auf Realisierung ausgelegt
Zeitlich unbegrenzte Geltung	Begrenzter Geltungszeitraum
Vollzugsakte zur Realisierung notwendig (z. B. Baugenehmigung)	Konzentrationswirkung (zur Realisierung keine weiteren Genehmigungen erforderlich)
Rechtsnatur: zum Teil Rechtsnorm (Gesetz, Satzung)	Rechtsnatur: Verwaltungsakt (Planfeststellungsbeschluss), z. T. Rechtsnorm
Beispiel: Bebauungsplan, Landesentwicklungsplan	Beispiel: Planfeststellung für Fernstraße, rechtsverbindliche Festsetzung von Naturschutzgebieten

32 In Bezug auf vorhandene Anlagen der Fachplanung ist die Gemeinde nach der Rechtsprechung des Bundesverwaltungsgerichts im Gebrauch ihrer Planungshoheit ebenfalls beschränkt. Im Fall einer bestehenden Bahnanlage etwa sind die Bahnflächen der gemeindlichen Planungshoheit zwar nicht – nach Art eines exterritorialen Gebietes – völlig entzogen, planerische Aussagen der Gemeinde – seien es Darstellungen eines Flächennutzungsplanes oder Festsetzungen eines Bebauungsplanes –, die sich mit der bestehenden Zweckbestimmung der Fläche als Bahnanlage inhaltlich nicht vereinbaren lassen, darf die Gemeinde jedoch nicht treffen.[31]
Sollen andererseits solche Anlagen wieder anderen als Bahnzwecken zugeführt werden, kann dies nur in Zusammenarbeit mit der Gemeinde realisiert werden.[32]

33 Schließlich gibt es neben den Planfeststellungen noch verbindliche **Fachpläne**, wie z. B. insbesondere die Ausweisung von Wasser-, Natur- oder Landschaftsschutzgebieten nach dem Wasserhaushaltsgesetz und dem Bundesnaturschutzgesetz.[33] Sie werden in der Regel in Form von Rechtsverordnungen (= Rechtsnormen) erlassen, sind als solche rechtsverbindlich für Bürger wie für Behörden – damit auch für die Gemeinden – und haben auf Grund der Normenhierarchie Vorrang vor den als Satzung erlassenen gemeindlichen Bebauungsplänen.[34] Auch im Bereich derartiger Fachpläne ist daher praktisch für die gemeindliche Planungshoheit kein Raum.

---

31 Vgl. BVerwG DVBl. 1989, 460.
32 Vgl. BVerwGE 81, 111 = NVwZ 1989, 655; BVerwG NVwZ-RR 1998, 542.
33 Vgl. Brohm, Öffentliches Baurecht, § 2 Rn. 11.
34 Vgl. dazu schon OVG Koblenz NuR 1987, 231.

34 Räumlich ist die **Planungshoheit** – naturgemäß – **auf das Gemeindegebiet beschränkt.** Wie das BVerwG ausdrücklich entschieden hat, bezieht sich das in den §§ 1 ff. BauGB normierte Recht der Bauleitplanung nur auf Gebiete, die einer Gemeinde zugeordnet sind; in sog. **gemeindefreien Gebieten** gilt dieses Recht nicht, so z. B. in einem Waldbereich, der früher als Raketenstellung zu militärischen Zwecken genutzt wurde und später von der Bundesrepublik Deutschland an einen Privaten verkauft wurde.[35]

35 Auch bei Wasserflächen (Flüssen, Seen) kann es sich um gemeindefreies Gebiet handeln. Nach einer Entscheidung des VGH Mannheim erstreckt sich die Planungshoheit der Stadt Konstanz nicht auf die Wasserfläche des Bodensees, auch nicht im Bereich des Konstanzer Hafens, das Gemeindegebiet endet vielmehr an der Uferlinie.[36]

36 Davon zu unterscheiden ist die Frage anderweitiger, d. h. nicht planerischer Einflussnahmen auf gemeindefreie Gebiete. So verbietet auch die Verfassungsnorm des Art. 28 Abs. 2 GG keine landesrechtliche Bestimmung, die es einer Gemeinde gestattet, die Benutzung einer in einem gemeindefreien Gebiet gelegenen kommunalen Einrichtung (z. B. Sportboothafen) durch Satzung zu regeln und dadurch zur Vermeidung unerwünschter Auswirkungen auf ihr Gemeindegebiet gezielt auf ein nicht zum Gemeindegebiet – aber auch nicht zum Gebiet einer anderen Gemeinde – gehörendes Territorium Einfluss zu nehmen.[37]

37 Schließlich werden der Gemeinde bei ihren Planungen weitere gesetzliche Bindungen in Gestalt zahlreicher zu beachtender formeller und materieller Voraussetzungen auferlegt.[38]

38 Trotz des Gesetzesvorbehaltes in Art. 28 Abs. 2 Satz 1 GG sind die Eingriffsmöglichkeiten des Gesetzgebers in die kommunale Planungshoheit nicht unbegrenzt, sie finden ihre Grenzen am **Kernbereich der Selbstverwaltungsgarantie.** Hiernach darf der Wesensgehalt der gemeindlichen Selbstverwaltung durch den Gesetzgeber nicht ausgehöhlt werden.[39]

39 Was zum Kernbereich des Selbstverwaltungsrechts zählt, lässt sich nicht allgemein, sondern nur von Fall zu Fall und unter Berücksichtigung vor allem der geschichtlichen Entwicklung und der verschiedenen historischen Erscheinungsformen der kommunalen Selbstverwaltung feststellen.[40]

---

35 Vgl. BVerwG BauR 1995, 804; zum gemeindefreien Gebiet vgl. auch Stüer, Handbuch des Bau- und Fachplanungsrechts, Rn. 61.
36 VGH Mannheim NuR 1996, 258.
37 Vgl. VGH Mannheim NuR 1999, 40.
38 Vgl. hierzu unten Rn. 123 ff. und 351 ff.
39 Siehe hierzu BVerwGE 74, 124.
40 Ständige Rechtsprechung, vgl. z. B. BVerfGE 11, 266 (274 f.).

40 Ob die Planungshoheit zum (unantastbaren) Kernbereich der gemeindlichen Selbstverwaltungsgarantie gehört, ist in der Literatur umstritten.[41] Das BVerfG hat die Frage bisher offen gelassen und nur Einzelfälle entschieden[42], namentlich, dass ein allgemeiner Eingriff in die kommunale Planungshoheit nicht vorliegt, wenn ein Gesetz den Verordnungsgeber nur zu Einschränkungen der Planungshoheit einzelner Gemeinden in räumlich klar abgegrenzten Gebieten ermächtigt[43], und dass Art. 28 Abs. 2 Satz 1 GG dem Staat eine gesetzliche Einschränkung der Planungshoheit einzelner Gemeinden nur erlaubt, wenn und soweit sich bei der vorzunehmenden Güterabwägung ergibt, dass schutzwürdige überörtliche Interessen diese Einschränkung erfordern.[44]

41 Ferner hat ungeachtet der erwähnten Streitfrage das Bundesverwaltungsgericht in ständiger Rechtsprechung klargestellt, dass die Planungshoheit der Gemeinde das ihr als Selbstverwaltungskörperschaft zustehende Recht auf Planung und Regelung der Bodennutzung in ihrem Gebiet umfasst und dieses Recht durch eine überörtliche Fachplanung, die das Gemeindegebiet berührt, in der Regel dann beeinträchtigt wird, wenn bereits eine hinreichend bestimmte Planung, die allerdings noch nicht verbindlich zu sein braucht, vorliegt und diese nachhaltig gestört wird, oder wenn durch ein großräumiges Vorhaben wesentliche Teile des Gemeindegebietes einer durchsetzbaren Planung der Gemeinde gänzlich entzogen werden.[45]
Unter diesen Voraussetzungen können sich die Gemeinden sowohl gegen Fachplanungen auf ihrem eigenen Gemeindegebiet wehren wie auch gegen Vorhaben der Fachplanung außerhalb ihres Gemeindegebietes, wenn von diesen die dargelegten (negativen) Auswirkungen auf ihre eigene gemeindliche Planung ausgehen.[46]

42 Im Übrigen ist in gleicher Weise wie die **Planungshoheit** selbstverständlich auch das aus ihr hergeleitete Planungsermessen – bzw. die aus ihr hergeleitete Gestaltungsfreiheit – nicht schrankenlos, d. h. sie unterliegt gerichtlich nachprüfbaren **gesetzlichen Bindungen**, die insbesondere ihren Niederschlag in den formellen und materiellen Plan(ungs)voraussetzungen des BauGB und der BauNVO gefunden haben.[47]

---

41 Vgl. Rothe, Bauleitplanung und ihre Sicherung nach dem Baugesetzbuch, Rn. 29 bis 53 mwN.
42 Vgl. BVerfGE 56, 298; 76, 107 mit Anm. Bethge DVBl. 1981, 914.
43 BVerfGE 76, 107.
44 BVerfGE 56, 298; 76, 107.
45 Vgl. BVerwG 74, 124 (132); 84, 209 (214, 215).
46 Vgl. BVerwGE 84, 209 (215).
47 Zu den Schranken der planerischen Gestaltungsfreiheit siehe z. B. Hoppe in: Hoppe/Grotefels, Öffentliches Baurecht, § 7 Rn. 9 ff.; ders., BauR 1970, 15.

3. Die gemeindliche Planungspflicht

Mit der Planungshoheit der Gemeinde, dem Recht zur Planung, korrespondiert eine Pflicht zur Planung. In diesem Sinne fordert § 1 Abs. 3 BauGB, dass die Gemeinden die Bauleitpläne aufzustellen haben, sobald und soweit es für die städtebauliche Entwicklung und Ordnung erforderlich ist, eine Regelung, die der Gemeinde indes einen relativ weiten Spielraum eröffnet.[48]

Außer dieser gesetzlichen Generalklausel normiert das BauGB noch zwei weitere konkrete Planungsverpflichtungen. So hat die Gemeinde für einen städtebaulichen Entwicklungsbereich nach § 166 Abs. 1 Satz 2 BauGB ohne Verzug Bebauungspläne aufzustellen; desgleichen besteht eine prinzipielle Bebauungsplanaufstellungspflicht bei einer von der zuständigen Behörde angeordneten oder beabsichtigten Flurbereinigung, § 188 Abs. 1 BauGB.[49]

Aus der bestehenden gemeindlichen Planungspflicht könnte man entnehmen, dass dem Bürger ein entsprechender Anspruch auf Planung gegenüber der Gemeinde zusteht. Ein solcher **Planungsanspruch des Bürgers besteht jedoch nicht**[50], auch nicht ein Anspruch auf Fortführung eines begonnenen, dann aber aufgegebenen Planaufstellungsverfahrens.[51]

Der Gesetzgeber hat dies in § 2 Abs. 3 Halbsatz 1 BauGB ausdrücklich festgeschrieben. Der Bürger kann die Gemeinde daher nicht zur Aufstellung wie auch nicht zur Änderung, Ergänzung oder Aufhebung eines Bauleitplanes – etwa mittels einer verwaltungsgerichtlichen Klage – zwingen. Gemeindliche Bauleitplanungen liegen ausschließlich im öffentlichen Interesse, nicht im Interesse einzelner (Individualinteresse), wenngleich bei Planungen unter anderem auch Einzelinteressen im Rahmen der Abwägung berücksichtigt werden müssen.[52]

In Ergänzung hierzu bestimmt das BauGB 1998 im Anschluss an die bisherige Rechtsprechung[53] nunmehr zusätzlich, dass auch **durch Vertrag** ein solcher **Planungsanspruch nicht begründet** werden kann, § 2 Abs. 3 Halbsatz 2 BauGB.

Die Qualifikation der **Bauleitplanung als hoheitliche Aufgabe** der Gemeinde im Rahmen der Selbstverwaltung bedeutet zugleich auch eine **grundsätzliche**

---

48 Vgl. zur Erforderlichkeit der Planung unten Rn. 353 ff.
49 Die früher ebenfalls bestehende Pflicht, für förmlich festgesetzte Sanierungsgebiete Bebauungspläne aufzustellen, ist seit längerem entfallen.
50 Vgl. BVerwG DVBl. 1982, 1096.
51 Vgl. BVerwG NVwZ-RR 1998, 357.
52 Vgl. hierzu unten Rn. 436 ff.
53 Vgl. z. B. BVerwG NJW 1980, 2538; BGH NJW 1990, 245.

Selbstwahrnehmungspflicht der Gemeinde. Abgesehen von den bereits angesprochenen Sonderfällen der §§ 203 ff. BauGB kann die Kommune diese Aufgabe daher nicht generell auf Dritte übertragen. Das schließt indes nicht aus, dass bestimmte Teile dieser Gesamtaufgabe von anderen durchgeführt werden. Schon immer wurde es als zulässig angesehen, etwa einen Bebauungsplanentwurf durch ein privates Planungsbüro erstellen zu lassen und diesen dann als Planungsentwurf im Rahmen der Offenlage nach § 3 Abs. 2 BauGB[54] zu verwenden. Eine noch intensivere **Beteiligung Privater**, und zwar des in höchstem Maße eigeninteressierten Investors (Vorhabenträgers), sah bereits § 7 BauGB-MaßnG im Rahmen des Vorhaben- und Erschließungsplanes vor; dieses Prinzip ist vom BauGB 1998 beim Nachfolger des Vorhaben- und Erschließungsplanes, dem vorhabenbezogenen Bebauungsplan (§ 12 BauGB), übernommen worden.

49 Unterstützt wurde diese Entwicklung auch durch die gesetzgeberische Regelung des städtebaulichen Vertrages (§ 6 BauGB-MaßnG, § 11 BauGB 1998), die die Gemeinden entsprechend der schon seit längerem eingeleiteten städtebaulichen Praxis zum Abschluss vertraglicher Regelungen im Bereich des Städtebaus geradezu ermutigen soll, z. B. in Gestalt von Verträgen über die Vorbereitung und Durchführung städtebaulicher Maßnahmen, die Neuordnung von Grundstücksverhältnissen (Umlegung), die Bodensanierung, sonstige vorbereitende Maßnahmen, die Ausarbeitung städtebaulicher Planungen – jeweils auf Kosten des (privaten) Vertragspartners – sowie die Übernahme von Kosten, sonstigen Aufwendungen (z. B. Folgekosten) und Bauverpflichtungen.[55]

50 Das BauGB 1998 geht noch einen Schritt weiter, indem es unter der Bezeichnung „Einschaltung eines Dritten" die Gemeinde in § 4 b BauGB autorisiert, insbesondere zur Beschleunigung des Bauleitplanverfahrens die Vorbereitung und Durchführung von Verfahrensschritten nach den §§ 3 bis 4 a BauGB (vorgezogene Bürgerbeteiligung, Offenlage, Beteiligung der Träger öffentlicher Belange und grenzüberschreitende Unterrichtung der Gemeinden und Träger öffentlicher Belange) einem (privaten) Dritten (sog. Projektmittler) zu übertragen.

51 Aber auch angesichts dieser fortschreitenden „**Privatisierung des Bauleitplanverfahrens**", die für die Gemeinden zweifellos nicht zuletzt auch die Möglichkeit einer gewissen finanziellen Entlastung mit sich bringt, bleiben zwei bedeutende Eckpunkte undisponibel. Die von der Gemeinde als Hoheitsträger in ihrer Eigenschaft als normsetzende Institution vorzunehmenden Bauleitplanverfahrensschritte, wie namentlich der Aufstellungsbeschluss und vor allem auch der Bebauungsplansatzungsbeschluss nach § 10 Abs. 1 BauGB

---

54 Vgl. hierzu unten Rn. 167 ff.
55 Zum städtebaulichen Vertrag vgl. im Einzelnen unten Rn. 678 ff.

können weder durch einen (städtebaulichen) Vertrag noch auf sonstige Weise auf Dritte übertragen werden. Davon abgesehen bleibt auf jeden Fall die generelle Verantwortung der Gemeinde für das gesetzlich vorgesehene Planaufstellungsverfahren unberührt; diese für den städtebaulichen Vertrag in § 11 Abs. 1 Nr. 1 BauGB enthaltene Regelung muss als Ausdruck eines allgemeinen planungsrechtlichen Verfahrensprinzips des BauGB angesehen werden, das auch im Bereich des erwähnten § 4 b BauGB uneingeschränkte Geltung beansprucht. Insofern bleibt es bei einer „gemeindlichen" Bauleitplanung.

52 Trotz grundsätzlich weit gefasster Planungspflicht und nicht bestehenden Planungsanspruchs des Bürgers sollte die **Gemeinde von ihrem Planungsrecht Gebrauch machen**, da auf diese Weise **allein eine Steuerungsmöglichkeit für die Bodennutzung** im Allgemeinen **und die bauliche Weiterentwicklung** im Besonderen besteht. Dies betrifft speziell die Aufstellung von Bebauungsplänen und in ganz besonderem Maße die Aufstellung qualifizierter und vorhabenbezogener Bebauungspläne.[56]

53 Nur letztere haben Vorrang vor den ansonsten geltenden planungsrechtlichen Grundlagen der §§ 34 (Innenbereich) und 35 (Außenbereich) BauGB. Denn im Innenbereich „plant" die „Macht des Faktischen"[57], im Außenbereich „plant" der Gesetzgeber. Danach ist der Innenbereich tendenziell Bauland, der Außenbereich weitgehend einer baulichen Nutzung verschlossen. In der Praxis läuft die Frage der Zulässigkeit von Vorhaben vielfach auf die im Einzelfall recht problematische Abgrenzung von Innen- und Außenbereich hinaus.[58]

54 Im **Innenbereich** ist ein Vorhaben zulässig, wenn es sich nach Art und Maß der baulichen Nutzung, der Bauweise und der Grundstücksfläche, die überbaut werden soll, in die Eigenart der näheren Umgebung einfügt, § 34 Abs. 1 BauGB. Die Zulässigkeitskataloge der in der BauNVO enthaltenen Baugebiete können nach § 34 Abs. 2 BauGB allenfalls bezüglich der Art der baulichen Nutzung und nur dann herangezogen werden, wenn der betreffende Bereich faktisch einem Baugebiet nach der BauNVO entspricht. Ist der Innenbereich nach allgemeiner Meinung auch prinzipiell Bauland, so richtet sich die weitere bauliche Fortentwicklung jedoch nicht nach den Planungsvorstellungen der Gemeinde, sondern nach dem, was bereits tatsächlich vorhanden ist, und zwar ohne Rücksicht auf städtebauliche Wünsche und Vorstellungen. Entgegen einer bei den Gemeinden weit verbreiteten Auffassung sind die Möglichkeiten des „planenden" Eingriffs äußerst gering, denn die Voraussetzungen für die Zulässigkeit neuer Vorhaben liegen fest. Die umfangreiche Rechtsprechung zu der Bestimmung des § 34 BauGB und ihren einzelnen

---

56 Vgl. im Einzelnen hierzu unten Rn. 93 ff.
57 Vgl. Kuschnerus, Der sachgerechte Bebauungsplan, Rn. 137.
58 Zur Abgrenzung vgl. BVerwGE 31, 20; ferner BVerwG BRS 54 Nr. 65; BRS 56 Nr. 60.

55–57   Gemeindl. Planungsrecht und Bauleitplanung

Tatbestandsmerkmalen, auf die hier nicht näher eingegangen werden kann, macht dies immer wieder deutlich. Bezeichnend ist, dass § 34 BauGB nicht als „Ersatzplan", sondern nur als „Planersatz" angesehen wird.[59]

55 Der **Außenbereich** ist vom Gesetzgeber praktisch an Stelle der Gemeinde „beplant". Durch die gesetzgeberische Grundentscheidung, im Außenbereich prinzipiell nur privilegierte Vorhaben vornehmlich der land- und forstwirtschaftlichen sowie der gärtnerischen Nutzung zuzulassen und diesen Bereich im Übrigen der Bevölkerung als Erholungsgebiet zur Verfügung zu stellen, ist dieses Gebiet der baulichen Entwicklung weitgehend entzogen. Abgesehen von den nach § 35 Abs. 1 BauGB bevorzugt zulässigen Vorhaben verhindert schon eine Beeinträchtigung öffentlicher Belange (z. B. Widerspruch zu Darstellungen des Flächennutzungsplanes oder eines Landschaftsplanes, Beeinträchtigung des Naturschutzes und der Landschaftspflege, Entstehung, Verfestigung oder Erweiterung einer Splittersiedlung) regelmäßig weitere Vorhaben (vgl. § 35 Abs. 2 und 3 BauGB). Die Tatbestandsmerkmale der Norm sind eng, sie werden von der Rechtsprechung zudem restriktiv ausgelegt.[60]

56 Will die Gemeinde daher im Innenbereich ihre städtebaulichen Vorstellungen realisieren oder im Außenbereich neues Bauland erschließen, muss sie planen, d. h. Bebauungspläne aufstellen. Einfache Bebauungspläne[61] erfüllen dabei nur eine Art Hilfsfunktion, da sich die Zulässigkeit von Vorhaben weiterhin in erster Linie nach der Lage des Grundstücks im Innen- oder Außenbereich richtet und die Planfestsetzungen nur ergänzend als Maßstab herangezogen werden, vgl. § 30 Abs. 3 BauGB. Eine alleinige Plangrundlage als Prüfungsmaßstab und damit die eigentliche Steuerungsmöglichkeit des Baugeschehens lässt sich nur mittels qualifizierter oder vorhabenbezogener Bebauungspläne schaffen.

57

Bereich	Maßstab
Qualifizierter Bebauungsplan (§ 30 Abs. 1 BauGB)	Planinhalt
Vorhabenbezogener Bebauungsplan (§ 30 Abs. 2 BauGB)	Planinhalt
Unbeplanter Innenbereich (§ 34 BauGB evtl. i.V.m. § 30 Abs. 3 BauGB)	Merkmale des § 34 BauGB evtl. i.V.m. Inhalt eines einfachen Bebauungsplans
Außenbereich (§ 35 BauGB evtl. i.V.m. § 30 Abs. 3 BauGB)	Merkmale des § 35 BauGB evtl. i.V.m. Inhalt eines einfachen Bebauungsplans

---

59 Vgl. BVerwG BRS 55 Nr. 174 = NVwZ 1994, 285; zur Zulässigkeit von Vorhaben im Innenbereich, insbesondere grundlegend zum Begriff des Einfügens vgl. BVerwGE 33, 369.
60 Zur grundsätzlichen Freihaltung des Außenbereichs von nicht privilegierten Vorhaben vgl. schon BVerwGE 28, 151.
61 Zu den drei Arten der Bebauungspläne siehe unten Rn. 93 ff.

III. Die Bauleitpläne

1. Die gemeindlichen Planungsmittel

In der Wahl der Mittel ihrer für die Bürger und andere Behörden verbindlichen Planung der Nutzung von Grund und Boden ist die Gemeinde nicht frei. Der Gesetzgeber stellt ihr nach § 1 Abs. 2 BauGB lediglich zwei Planarten zur Verfügung: den **vorbereitenden Bauleitplan = Flächennutzungsplan** und den **verbindlichen Bauleitplan = Bebauungsplan**. **58**

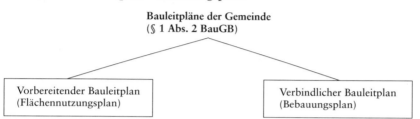

Selbstverständlich bleibt es der Gemeinde unbenommen, auch auf andere Planarten zurückzugreifen, die von den Gemeinden als zusätzliche planerische Gestaltungsmittel (Zwischenstufen) entwickelt worden sind, etwa auf **Rahmenpläne**[62] oder auf **Entwicklungspläne**. **59**

Die städtebaulich relevanten Ergebnisse einer vorhandenen gemeindlichen **Entwicklungsplanung** waren nach der früher geltenden Norm des § 1 Abs. 5 BBauG bei der Aufstellung der Bauleitpläne zu berücksichtigen.[63] **60**

Nachdem die Entwicklungsplanung für längere Zeit aus dem Gesetz verbannt war, ist sie im BauGB 1998 wieder aufgetaucht. Mit der von der Gemeinde beschlossenen „sonstigen städtebaulichen Planung", deren Ergebnisse nach § 1 Abs. 5 Satz 2 Nr. 10 BauGB bei der Aufstellung der Bauleitpläne zu berücksichtigen sind, spricht der Gesetzgeber auch die gemeindliche Entwicklungsplanung an. In der Sache bedeutet die jetzige gesetzliche Regelung nichts Neues, sondern nur eine „verbale Anerkennung dieser in vielen Großstädten auch ohne nähere bundesrechtliche Regelung praktizierten und bewährten ‚Zwischenstufe' städtebaulicher Planung"[64]. **61**

Ähnlich verhält es sich mit der **Rahmenplanung**. Mit der ausdrücklichen Aufnahme des Begriffs der Rahmenplanung in die zum Sanierungsrecht ge- **62**

---

62 Vgl. hierzu insbesondere Rothe, Bauleitplanung und ihre Sicherung nach dem Baugesetzbuch, Rn. 57 ff. mwN.
63 Vgl. Quaas/Müller, Normenkontrolle und Bebauungsplan, Rn. 327.
64 So Finkelnburg, NJW 1998, 1 (2).

hörende Bestimmung des § 140 Nr. 4 BauGB soll nach der Auffassung des Gesetzgebers die Bedeutung dieses Planes, die er in der Praxis der Gemeinden gewonnen hat, anerkannt werden.[65]
Abgesehen davon ist auch die Rahmenplanung eine sonstige städtebauliche Planung im Sinne des § 1 Abs. 5 Satz 2 Nr. 10 BauGB.

63 Rahmenpläne und Entwicklungspläne haben indes nur **informellen Charakter**. Ihnen kommen keine unmittelbaren Rechtswirkungen zu, weder gegenüber dem Bürger noch gegenüber anderen Behörden. Insbesondere können – entgegen dem immer wieder gestarteten Versuch mancher kommunaler Planer – keine Bauabsichten der Bürger dadurch (rechtmäßig) beeinflusst werden. Die Gemeinde selbst hat nach der bereits genannten Bestimmung des § 1 Abs. 5 Satz 2 Nr. 10 BauGB die Ergebnisse einer Rahmen- oder Entwicklungsplanung bei der Aufstellung ihrer Bauleitpläne zu berücksichtigen, d. h. für die Gemeinde sind die Ergebnisse dieser informellen Pläne Abwägungsmaterial für die Bauleitplanung, an die sie nicht gebunden ist, sondern von denen sie bei veränderten Planungsvorstellungen oder tatsächlichen Entwicklungen ohne weiteres abweichen kann.[66]

64 Rechtlich verbindlichen Einfluss auf die Bodennutzung kann die Gemeinde grundsätzlich nur durch die „echten" Bauleitpläne, durch Flächennutzungsplan und Bebauungsplan nehmen. Der bereits im BBauG verwendete Begriff des Bauleitplanes ist dabei lediglich ein Oberbegriff für die beiden Unterbegriffe Flächennutzungsplan und Bebauungsplan. Soweit daher im BauGB von Bauleitplanung oder Bauleitplänen die Rede ist, sind immer beide Planarten angesprochen.

65 Eine Ausnahme von diesem Prinzip der gemeindlichen Planung durch Bauleitpläne bilden die sog. **Innenbereichssatzungen** nach § 34 Abs. 4 BauGB. Mit diesen Satzungen kann die Gemeinde nicht nur hinsichtlich der in der Praxis immer wieder zu ganz erheblichen Schwierigkeiten führenden Frage der Abgrenzung von Innen- und Außenbereich Klarheit schaffen, sondern darüber hinaus zum Teil auch nähere Bestimmungen über die Grundstücksnutzungen treffen. In der Literatur wird daher vereinzelt auch von der Innenbereichssatzung als von einem „kleinen Bebauungsplan" gesprochen.[67]

66 Wenn die Satzungen auch in einem gewissen Rahmen die Möglichkeit zur baulichen Fortentwicklung des Innenbereichs bieten, vermögen sie dennoch keine Bauleitplanung zu ersetzen, insbesondere nicht die Grundlage für eine städtebauliche Umstrukturierung oder eine Überplanung zu gewähren.[68]

---

65 Vgl. BT-Drucks. 10/4630, S. 120 und BT-Drucks. 10/6166, S. 146 f.
66 Vgl. Krautzberger in: Battis/Krautzberger/Löhr, BauGB, § 1 Rn. 77 ff.; vgl. hierzu auch unten Rn. 450.
67 Vgl. Dürr in: Kohlhammer Kommentar, BauGB, § 34 Rn. 67.
68 Vgl. hierzu auch Dürr in: Kohlhammer Kommentar, BauGB, § 34 Rn. 67.

Die Möglichkeit zum Erlass von Innenbereichssatzungen besteht schon seit **67**
der Geltung des BBauG, Voraussetzungen und Inhalt wurden jedoch wiederholt – zuletzt grundlegend durch das BauGB 1998 – geändert.
Nach § 34 Abs. 4 Satz 1 BauGB kann die Gemeinde
1. die Grenzen für im Zusammenhang bebaute Ortsteile festlegen (**Klarstellungssatzung**),
2. bebaute Bereiche im Außenbereich als im Zusammenhang bebaute Ortsteile festlegen, wenn die Flächen im Flächennutzungsplan als Baufläche dargestellt sind (**Entwicklungssatzung**),
3. einzelne Außenbereichsflächen in die im Zusammenhang bebauten Ortsteile einbeziehen, wenn die einbezogenen Flächen durch die bauliche Nutzung des angrenzenden Bereichs entsprechend geprägt sind (**Ergänzungssatzung**).

Die Satzungen können miteinander verbunden werden, § 34 Abs. 4 Satz 2 BauGB.

Die frühere Abrundungssatzung als Vorgängerin der jetzigen Ergänzungs- **68**
satzung war nach der Rechtsprechung nur in Kombination mit einer Abgrenzungssatzung (jetzt: Klarstellungssatzung) möglich.[69]
Dieser Zwang besteht heute nicht mehr, jeder der nunmehr geltenden Satzungstypen kann auch separat erlassen werden.[70]

Die **Klarstellungssatzung** nach §34 Abs. 4 Satz 1 Nr. 1 BauGB dient dem **69**
Ausschluss von Zweifeln, ob ein Grundstück zum Innen- oder Außenbereich gehört, und damit der Klärung, ob es sich grundsätzlich um Bauland handelt oder nicht. Sie hat rein **deklaratorische Bedeutung**[71], d. h. ein Grundstück, das ohnehin dem Innenbereich angehört, bleibt Teil des Innenbereichs, auch wenn es nicht in die Satzung einbezogen wird.[72]

Ausgehend von der Rechtsprechung des VGH München zur früheren Ab- **70**
grenzungssatzung ist die heutige Klarstellungssatzung ausgeschlossen, wenn sich die Grenze zwischen Innen- und Außenbereich auch ohne Satzung zweifelsfrei bestimmen lässt.[73] Die zusätzliche Aufgabe dieser Satzung kann allenfalls darin bestehen, in unklaren Fällen einen Streit über die Frage Innen- oder Außenbereich durch normative Festlegung der Grenze zu beenden.[74]
Die Klarstellungssatzung ist daher kein eigentliches Planungsmittel, so dass die Gemeinde auf diesem Wege nicht in Ausübung ihrer planerischen

---

69 Vgl. BVerwG NVwZ 1991, 61.
70 Vgl. Kuschnerus, Der sachgerechte Bebauungsplan, Rn. 108.
71 Vgl. VGH Mannheim BRS 55 Nr. 75.
72 Vgl. BVerwG BauR 1990, 451 = BRS 50 Nr. 81; in der Literatur streitig, vgl. Krautzberger in: Battis/Krautzberger/Löhr, BauGB, § 34 Rn. 64; a.A. Schmaltz in: Schrödter, BauGB, § 34 Rn. 62.
73 Vgl. VGH München BauR 1993, 573.
74 Vgl. VGH Mannheim BRS 55 Nr. 75.

Gestaltungsfreiheit Außenbereichsflächen zum Innenbereich machen kann.[75]

71 Demgegenüber stellen die beiden anderen Satzungsarten Instrumentarien mit gewisser **planerischer Funktion** dar. So können – jeweils unter den gesetzlichen Voraussetzungen – durch eine **Entwicklungssatzung** (§ 34 Abs. 4 Satz 1 Nr. 2 BauGB) bebaute Bereiche im Außenbereich (z. B. Splittersiedlungen) konstitutiv zum Innenbereich gemacht werden und mittels einer **Ergänzungssatzung** (§ 34 Abs. 4 Satz 1 Nr. 3 BauGB) einzelne Außenbereichsflächen in den Innenbereich einbezogen werden. In beiden Fällen besteht nach § 34 Abs. 4 Satz 3 BauGB zusätzlich die Möglichkeit, einzelne Festsetzungen wie in einem Bebauungsplan zu treffen (z. B. Art und Maß der baulichen Nutzung, Bauweise, Verkehrsflächen usw.).[76]

72 Damit wird durch die Satzungen praktisch neues **Bauland geschaffen**. Wegen dieser planerischen Qualifikation fordert der Gesetzgeber bei der Aufstellung von Entwicklungs- und Ergänzungssatzungen – neben dem normalen Satzungsverfahren – die Einhaltung besonderer verfahrensrechtlicher und materieller Voraussetzungen, wie die Beteiligung der Bürger und Träger öffentlicher Belange nach dem vereinfachten Verfahren des § 13 Nr. 2 und 3 BauGB[77] sowie die inhaltliche Ausrichtung an der geordneten städtebaulichen Entwicklung, bei der Ergänzungssatzung außerdem die Berücksichtigung umweltschützender Belange nach § 1 a BauGB[78] und eine einem Bebauungsplan entsprechende Begründung.[79]

73 Unterläuft der Gemeinde beim Erlass einer Innenbereichssatzung ein Fehler, kann sie sich wegen Amtspflichtverletzung schadenersatzpflichtig machen.[80] Dies hat der Bundesgerichtshof bei der früheren Abrundungssatzung (BauGB 1998: Ergänzungssatzung) für den Fall angenommen, dass in den Satzungsbereich ein Grundstück einbezogen wurde, auf dem wegen extremer Hanglage, Steinschlag und absturzgefährdeter Bäume eine Gefahr für Gebäude und Personen bestand und auf dem daher nicht gebaut werden konnte.[81]

---

75 Vgl. Krautzberger in: Battis/Krautzberger/Löhr, BauGB, § 34 Rn. 64; Schmaltz in: Schrödter, BauGB, § 34 Rn. 61.
76 Zum zulässigen Inhalt eines Bebauungsplans vgl. unten Rn. 588 ff.
77 Vgl. hierzu unten Rn. 330 ff.
78 Vgl. hierzu unten Rn. 502 ff.
79 Zur Begründung beim Bebauungsplan vgl. unten Rn. 174 ff.
80 Zur Schadensersatzpflicht bei fehlerhaftem Bebauungsplan vgl. unten Rn. 778 ff.
81 Vgl. BGH BauR 1992, 201.

Bauleitpläne und Innenbereichssatzungen

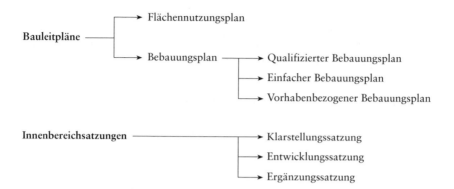

2. Die Zweistufigkeit der Bauleitplanung

Die Bauleitplanung des BauGB ist eine zweistufige, d. h. Flächennutzungsplan und Bebauungsplan stehen in einem Stufenverhältnis zueinander. Die erste Stufe bildet der Flächennutzungsplan, die zweite der Bebauungsplan.

Prinzipiell gilt die **Zweistufigkeit in zeitlicher und inhaltlicher Hinsicht**. Dies folgt zum einen aus dem sog. **Entwicklungsgebot** des § 8 Abs. 2 BauGB, nach dem die Bebauungspläne aus dem Flächennutzungsplan zu entwickeln sind.[82] Eine Entwicklung eines Bebauungsplans aus dem Flächennutzungsplan ist nur möglich, wenn als Erstes der Flächennutzungsplan aufgestellt wird, und bedeutet darüber hinaus auch eine inhaltliche Fortschreibung bzw. Konkretisierung des dem Flächennutzungsplan nachfolgenden Bebauungsplanes.

Zum anderen wird dies unterstrichen durch die **Planinhaltsnormen** der §§ 5 und 9 BauGB.
Nach § 5 BauGB enthält der Flächennutzungsplan eine Darstellung der sich für das **ganze Gemeindegebiet** aus der beabsichtigten städtebaulichen Entwicklung ergebenden Art der Bodennutzung nach den voraussehbaren Bedürfnissen der Gemeinde in den Grundzügen und damit sozusagen die „planerische grobe Weichenstellung". Diese vorbereitende Funktion, die stark von prognostischen Elementen geprägt und auf weitere konkrete Umsetzung ausgerichtet ist, kommt auch darin zum Ausdruck, dass die Ge-

---

82 Vgl. hierzu näher unter Rn. 407 ff.

meinde bei der Bestimmung der Flächennutzungsplaninhalte, den sog. **Darstellungen**, freier ist als beim Bebauungsplan.[83]

78 In diesem Zusammenhang ist zum einen auch auf den in § 204 BauGB vorgesehen **gemeinsamen Flächennutzungplan** hinzuweisen. Danach sollen benachbarte Gemeinden einen gemeinsamen Flächennutzungsplan aufstellen, wenn ihre städtebauliche Entwicklung wesentlich durch gemeinsame Voraussetzungen und Bedürfnisse bestimmt wird oder ein gemeinsamer Flächennutzungsplan einen gerechten Ausgleich der verschiedenen Belange ermöglicht, insbesondere wenn die Ziele der Raumordnung oder wenn Einrichtungen und Anlagen des öffentlichen Verkehrs, sonstige Erschließungsanlagen sowie Gemeinbedarfs- oder sonstige Folgeeinrichtungen eine gemeinsame Planung erfordern. Allerdings kann ein derartiger gemeinsamer Flächennutzungplan von den beteiligten Gemeinden naturgemäß auch nur gemeinsam aufgehoben geändert oder ergänzt werden, wobei jedoch vereinbart werden kann, dass sich die Bindung nur auf bestimmte räumliche und sachliche Teile erstreckt. Im Prinzip bilden die beteiligten Gemeinden damit eine Art „Flächennutzungsplan-Schicksalsgemeinschaft".

79 Zum Zweiten ist hier die durch § 9 Abs. 6 ROG 1998 geschaffene Möglichkeit zu erwähnen, einen **regionalen Flächennutzungsplan** aufzustellen. Erfolgt die Regionalplanung durch Zusammenschlüsse von Gemeinden und Gemeindeverbänden zu regionalen Planungsgemeinschaften, kann in verdichteten Räumen oder bei sonstigen raumstrukturellen Verflechtungen zugelassen werden, dass ein Plan zugleich die Funktion eines Regionalplanes und eines gemeinsamen Flächennutzungsplanes nach § 204 BauGB übernimmt. Damit kann durch diesen neuen Plantyp eine Planungsebene eingespart werden.[84]
Voraussetzung ist aber eine entsprechende landesrechtliche Zulassung.

80 Der Bebauungsplan als zweite (End-)Stufe der gemeindlichen Bauleitplanung trifft dagegen **regelmäßig für einen kleineren Teil des Gemeindegebietes** gemäß § 9 BauGB **Festsetzungen** über die konkrete Bodennutzung, wie Art und Maß der baulichen Nutzung, Bauweise, Größe, Breite und Tiefe der Baugrundstücke, Flächen für den Gemeinbedarf, Verkehrsflächen usw., bestimmt damit u. a. insbesondere auch konkrete Baumöglichkeiten, beeinhaltet somit die Nutzung an Grund und Boden im Detail und bildet zugleich die Grundlage für weitere zum Vollzug des BauGB erforderliche Maßnahmen, wie Umlegung, Enteignung und insbesondere auch die Erteilung von Baugenehmigungen.[85] Dem Flächennutzungsplan ist ein Erläuterungsbericht,

---
83 Vgl. hierzu im Einzelnen unten Rn. 593 ff.
84 Zu den einzelnen Planungsebenen vgl. oben Rn. 21 ff.
85 Vgl. Krautzberger in: Battis/Krautzberger/Löhr, BauGB, § 1 Rn. 24; vgl. näher zum Inhalt des Flächennutzungsplans Rn. 593 ff. und zum Inhalt des Bebauungsplans Rn. 604 ff.

dem Bebauungsplan ist eine Begründung beizufügen, §§ 5 Abs. 5 und 9 Abs. 8 BauGB.

Mit ihrem unterschiedlichen Inhalt und ihrer unterschiedlichen Funktion korrespondieren weitere Differenzierungen zwischen den beiden Bauleitplanarten. Von seiner **rechtlichen Qualität** ist der Bebauungsplan Rechtsnorm, und zwar prinzipiell Satzung.[86] Der Flächennutzungsplan hat im Gegensatz dazu keine bestimmte Rechtsqualität; er ist weder Verwaltungsakt noch Rechtsnorm noch Vertrag, sondern eine hoheitliche Maßnahme eigener Art (sui generis).[87] **81**

Auch die **Rechtswirkungen** der beiden Pläne sind unterschiedlich: Das grobe Planungsraster des Flächennutzungsplans hat im Gegensatz zu den konkreten Festsetzungen eines Bebauungsplans grundsätzlich keine unmittelbaren Rechtswirkungen gegenüber dem Bürger[88]; Rechtswirkungen erzeugt er **prinzipiell** nur **verwaltungsintern**, nämlich einmal aufgrund des erwähnten Entwicklungsgebotes für die planende Gemeinde selbst und des Weiteren für andere öffentliche Planungsträger, wie z. B. nach § 7 BauGB für die Planungsträger der in § 38 BauGB aufgeführten Fachplanungen (Fernstraßen, Eisenbahn usw.).[89] **82**

Nur im **Ausnahmefall** hat der Flächennutzungsplan auch **externe Wirkung**. Nach § 35 BauGB kann er Baumaßnahmen im Außenbereich negativ beeinflussen. So sind normale Vorhaben (z. B. Wohnhäuser) nicht zulässig, wenn öffentliche Belange in Gestalt der Darstellungen des Flächennutzungsplanes beeinträchtigt werden, d. h. wenn der Flächennutzungsplan an der betreffenden Stelle eine andere Nutzung vorsieht. Selbst sog. privilegierte, d. h. im Außenbereich bevorzugt zulässige Vorhaben (z. B. land- oder forstwirtschaftliche Betriebe, Betriebe der öffentlichen Energieversorgung, Sand- und Kiesabbau) werden verhindert, wenn die Darstellungen des Flächennutzungsplanes entgegenstehen, d. h. wenn eine sog. „qualifizierte Standortzuweisung" in dem Sinne besteht, dass positiv eine privilegierte Nutzung in bestimmten Bereichen vorgesehen und damit zugleich in anderen Bereichen ausgeschlossen wird.[90] **83**

---

86 Zu den verfassungsrechtlich begründeten landesrechtlichen Besonderheiten in Berlin, Hamburg und Bremen vgl. die Regelung in § 246 Abs. 2 BauGB („Stadtstaatenklausel"): Die Länder Berlin und Hamburg bestimmen die an die Stelle der Satzung tretende Rechtsform, das Land Bremen kann eine solche Bestimmung treffen.
87 Vgl. zur Rechtsnatur des Flächennutzungsplanes BVerwG BauR 1990, 685; Bielenberg in: Ernst/Zinkahn/Bielenberg, BauGB, § 5 Rn. 5; vgl. auch Löhr in: Battis/Krautzberger/Löhr, BauGB, § 5 Rn. 45; Gelzer/Birk, Bauplanungsrecht, Rn. 55.
88 Vgl. Bielenberg in: Ernst/Zinkahn/Bielenberg, BauGB, § 5 Rn. 4.
89 Vgl. Löhr in: Battis/Krautzberger/Löhr, BauGB, § 7 Rn. 1.
90 Vgl. BVerwGE 77, 300 = BRS 47 Nr. 5 = BauR 1987, 651.

84–86   Gemeindl. Planungsrecht und Bauleitplanung

84 Für eine derartige Steuerungsfunktion müssen die Darstellungen des vorbereitenden Bauleitplanes jedoch (noch) hinreichende Aussagekraft haben. Dieser Voraussetzung steht nicht entgegen, dass die Flächennutzungsplandarstellungen nicht mit der gegenwärtigen tatsächlichen Situation übereinstimmen; sie ist aber dort nicht mehr erfüllt, wo der Planinhalt den besonderen örtlichen Verhältnissen nicht mehr gerecht wird, dieser also etwa durch die zwischenzeitliche Entwicklung überholt ist.[91]

85 Eine Art „faktischer" Außenwirkung kann man dem Flächennutzungsplan ferner bezüglich des sog. **Bauerwartungslandes** beimessen. Hierbei handelt es sich eindeutig (noch) nicht um Bauland, die gesamten Umstände (Lage, Beschaffenheit, verkehrliche Anbindung, städtebauliche Entwicklung in der Nachbarschaft) deuten jedoch unter Berücksichtigung einer geordneten städtebaulichen Entwicklung des Gemeindegebietes auf die hohe Chance einer in absehbarer Zeit anstehenden Bebauung des Geländes hin. Entscheidender Faktor ist dabei neben der (bekannt gewordenen) Absicht der Gemeinde, bisher etwa land- oder forstwirtschaftlich genutztes Gelände in Bauland zu überführen, eine entsprechende Darstellung im Flächennutzungsplan, die regelmäßig einen sofortigen deutlichen **Anstieg des Bodenpreises** bewirkt.[92]

86 Zusätzliche praktische Bedeutung hat der Flächennutzungsplan aufgrund der im Rahmen der gemeindlichen Bauleitplanung erforderlichen Berücksichtigung der Belange des **Naturschutzes und der Landschaftspflege.** Werden etwa bei einer – seltenen – Neuaufstellung oder bei einer – in vielen Gemeinden recht häufigen – Aktualisierung (Änderung, Ergänzung) des Flächennutzungsplanes die naturschutzrechtlichen Belange speziell durch „Abarbeitung" der naturschutzrechtlichen Eingriffsregelung[93] konsequent berücksichtigt, kann in dieser Hinsicht eine deutliche **Entlastung der nachfolgenden Bebauungsplanverfahren** herbeigeführt werden. Gemäß § 5 Abs. 2a BauGB können bereits auf der Ebene des vorbereitenden Bauleitplanes bestimmte naturschutzbezogene Ausgleichsflächen, die nach § 1a Abs. 3 Satz 1 BauGB dargestellt werden können, bestimmten Eingriffsflächen, d. h. den Flächen, auf denen Eingriffe in Natur und Landschaft zu erwarten sind (z. B. Baugebieten), (grob) zugeordnet werden. Diese „räumliche und zeitliche Entkoppelung des Ausgleichs von dem Eingriff"[94] ermöglicht die Anlegung eines **Flächenpools für Ausgleichsmaßnahmen**, auf den dann etwa nach Aufstellung eines gemäß § 1a Abs. 3 Satz 2 BauGB zulässigen separaten „Ausgleichsbebauungsplanes" bei nachfolgenden Eingriffsbebauungsplänen zurückgegriffen werden kann mit der Folge, dass im Baugebiets-

---

91 Vgl. BVerwG NVwZ 1997, 899 = BauR 1997, 616.
92 Zum Begriff des Bauerwartungslandes vgl. Krautzberger in: Battis/Krautzberger/Löhr, BauGB, § 194 Rn. 9; Werner/Pastor/Müller, Baurecht von A–Z, S. 176; vgl. auch BGH, BauR 1999, 235.
93 Vgl. hierzu näher unten Rn. 510 ff.
94 Löhr in: Battis/Krautzberger/Löhr, BauGB, § 5 Rn. 35b.

(=Eingriffs-) Bebauungsplan selbst unter Umständen keine Ausgleichsflächen ausgewiesen werden müssen.

Sofern auf den dargestellten (Flächennutzungsplan-) Ausgleichflächen bereits vor den späteren (Bebauungsplan-) Eingriffen Ausgleichsmaßnahmen realisiert werden – was durch die Gemeinde selbst geschehen kann –, wird auf diese Weise ein sog. „Ökokonto" geschaffen. Von diesem können dann bei den späteren Eingriffen die erforderlichen Ausgleichsmaßnahmen „abgebucht" und im Rahmen der Kostenerstattung für Ausgleichsmaßnahmen nach den Bestimmungen der §§ 135 a ff. BauGB refinanziert werden.[95] **87**

Der **Bebauungsplan** dagegen offenbart speziell durch seine Eigenschaft, Baurecht zu gewähren oder zu versperren, seine konkreten **unmittelbaren Rechtswirkungen** gegenüber dem Bürger. Dies gilt namentlich für die Fälle, in denen Festsetzungen eines Bebauungsplanes individuell und konkret die Art und das Maß der baulichen Nutzung bestimmen oder das Inkrafttreten eines Bebauungsplanes unmittelbar den Wegfall der Bebaubarkeit von Grundstücken bewirkt.[96] **88**
Dadurch gibt der Plan den in seinem Gebiet gelegenen Grundstücken einen bestimmten rechtlichen Status und schränkt gegebenenfalls die Dispositionsbefugnis des Eigentümers unmittelbar ein.

Dies trifft allerdings nicht für alle Bereiche zu; selbst der Bebauungsplan gestaltet nicht in allen Fällen Rechte um und greift nicht stets unmittelbar in bestimmte Rechtspositionen des Bürgers ein, nämlich dann nicht, wenn die Umgestaltung erst durch weitere Planvollzugsakte der Verwaltung eintritt, etwa im Rahmen eines Umlegungs- oder Enteignungsverfahrens; denn der Bebauungsplan trifft insoweit keine verbindliche Aussage über die Zulässigkeit einer Umlegung oder Enteignung.[97] **89**

Schließlich bestehen grundlegende Unterschiede bezüglich des **Rechtsschutzes**. Eine unmittelbare Rechtsschutzmöglichkeit gegenüber dem Flächennutzungsplan existiert nicht, was schon durch seine sozusagen „fehlende Rechtsnatur" begründet ist. Wegen der mittlerweile sehr umfangreichen Unbeachtlichkeits- bzw. Heilungsvorschriften des § 214 BauGB erscheint auch eine mittelbare gerichtliche Überprüfungsmöglichkeit[98], etwa im Rahmen der gerichtlichen Überprüfung eines Bebauungsplanes unter dem Aspekt der Beachtung des Entwicklungsgebotes[99], wenig realistisch. **90**

---

95 Vgl. Löhr, aaO; Gierke in: Kohlhammer Kommentar, BauGB, § 1a Anm. 4.4.4.1 und 4.9.3.2; Schrödter in: Schrödter, BauGB, § 5 Rn. 42a; Kuschnerus, Der sachgerechte Bebauungsplan, Rn. 40.
96 Vgl. BVerfG BRS 44 Nr. 24.
97 Vgl. BVerfG NJW 1987, 1251 (1252).
98 Vgl. hierzu im Einzelnen unten Rn. 735.
99 Vgl. hierzu unten Rn. 407 ff.

91–93 Gemeindl. Planungsrecht und Bauleitplanung

91 Beim Bebauungsplan hat der betroffene Bürger gleich zwei Möglichkeiten der gerichtlichen Überprüfung. Einmal kann er bei dem zuständigen Oberverwaltungsgericht/Verwaltungsgerichtshof ohne konkreten Anlass ein sog. Normenkontrollverfahren einleiten, wobei jedoch nach § 47 Abs. 2 Satz 1 VwGO eine Frist von zwei Jahren ab Bekanntmachung des Plans einzuhalten ist. Zum Zweiten kann etwa bei einer auf die Festsetzungen des Bebauungsplanes gestützten Ablehnung eines Bauantrages im Rahmen der nachfolgenden verwaltungsgerichtlichen Klage auf Erteilung der Baugenehmigung „inzidenter" (einschlussweise) die Überprüfung des Bebauungsplanes erreicht werden, wenn der Bürger geltend macht, bei Nichtigkeit (Nichtexistenz) des Bebauungsplanes einen Anspruch auf Erteilung der Genehmigung zu haben.

92 Die gemeindlichen Bauleitpläne

Flächennutzungsplan (Vorbereitender Bauleitplan)	Bebauungsplan (Verbindlicher Bauleitplan)
1. Stufe der gemeindlichen Planung	**2. Stufe** der gemeindlichen Planung
Geltungsbereich: Grundsätzlich gesamtes Gemeindegebiet	**Geltungsbereich:** Regelmäßig kleinere Teile des Gemeindegebietes
Inhalt: Darstellung der Bodennutzung nach den voraussehbaren Bedürfnissen der Gemeinde in den Grundzügen	**Inhalt:** Rechtsverbindliche Festsetzung der baulichen und sonstigen Grundstücksnutzungen
Erläuterungsbericht	Begründung
Rechtsnatur: Maßnahme eigener Art	**Rechtsnatur:** Satzung (= Rechtsnorm)
Rechtswirkungen: Behördeninterne Verbindlichkeit, grundsätzlich keine unmittelbaren Rechtswirkungen gegenüber dem Bürger, Vorgreiflichkeit für nachfolgende Bebauungspläne (Entwicklungsgebot)	**Rechtswirkungen:** Unmittelbare Rechtswirkungen gegenüber dem Bürger, Begründung von Bau- und Nutzungsrechten, Grundlage für Baugenehmigungen und weitere Vollzugsakte (Umlegung, Enteignung)
Rechtsschutz: Kein unmittelbarer Rechtsschutz des Bürgers, nur Rechtsschutz der Nachbargemeinden	**Rechtsschutz:** Normenkontrollverfahren, Inzidentkontrolle

3. Die drei Arten des Bebauungsplans

93 Gab es bisher zwei Arten von Bebauungsplänen, so kennt das BauGB 1998 nunmehr drei Arten. Die Differenzierung zwischen **qualifiziertem und einfachem Bebauungsplan** existierte schon im BBauG: Enthält ein Bebauungsplan allein oder gemeinsam mit sonstigen baurechtlichen Vorschriften (alte Bebauungspläne oder Durchführungspläne) mindestens Festsetzungen über die Art und das Maß der baulichen Nutzung, die überbaubaren Grundstücksflächen und die örtlichen Verkehrsflächen, handelt es sich um einen sog. qualifizierten Plan, § 30 Abs. 1 BauGB. Dieser ist dann insbesondere alleinige planungsrechtliche Grundlage bei der Entscheidung über die Erteilung oder Ablehnung von Baugenehmigungen für Grundstücke in seinem Bereich. Fehlt es auch nur an einer der genannten Festsetzungen, ist der Plan ein sog. einfacher Bebauungsplan (§ 30 Abs. 3 BauGB), dessen Inhalt dann – speziell bei der Entscheidung über Bauanträge – nicht allein, sondern nur im Zusammenhang mit den Innen- und Außenbereichsregelungen der §§ 34 und 35 BauGB von Bedeutung ist.

Die dritte Art des Bebauungsplans bildet der **vorhabenbezogene Bebauungsplan** (§ 30 Abs. 2 BauGB), früher als Satzung über den Vorhaben- und Erschließungsplan in § 7 BauGB-MaßnG geregelt, nunmehr normiert in § 12 BauGB.[100] **94**

Die drei Arten des Bebauungsplanes **95**

Qualifizierter Bebauungsplan (§ 30 Abs. 1 BauGB)	Alleiniger planungsrechtlicher Maßstab für die Zulässigkeit von Vorhaben
Bestimmte Mindestfestsetzungen	
Vorhabenbezogener Bebauungsplan (§ 30 Abs. 2 BauGB)	Alleiniger planungsrechtlicher Maßstab für die Zulässigkeit von Vorhaben
Inhalt muss konkretes Vorhaben präzise bestimmen	
Einfacher Bebauungsplan (§ 30 Abs. 3 BauGB)	Planungsrechtlicher Maßstab für die Zulässigkeit von Vorhaben nur in Kombination mit § 34 BauGB (Innenbereich) oder § 35 BauGB (Außenbereich)
Keine Mindestfestsetzungen	

Wie schon die Bezeichnung „vorhabenbezogener" Bebauungsplan erkennen lässt, setzt dieser Plan nicht abstrakt, d. h. ohne Rücksicht auf konkret beabsichtigte Vorhaben, die (mögliche) Nutzung von Grund und Boden fest, er bezieht sich vielmehr auf ein ganz bestimmtes, vom sog. Vorhabenträger (Investor) bereits im Detail geplantes (Bau-) Vorhaben, z. B. mehrere dreigeschossige Wohnblocks bestimmter Ausmaße und Baukörperstellung, festgelegter Wohnungszahl und -art auf einem ebenfalls bestimmten Grundstück, und regelt abschließend dessen planungsrechtliche Zulässigkeit. Er ist damit – ähnlich einer Fachplanung für eine Fernstraße oder eine Eisenbahntrasse – objektbezogen und streng auf Realisierung angelegt im Gegensatz zu dem „normalen" (qualifizierten oder einfachen) Bebauungsplan, der wie prinzipiell die gesamte gemeindliche Bauleitplanung eine sog. Angebotsplanung darstellt. Abgesehen von diesem Sonderfall des vorhabenbezogenen Bebauungsplanes dient ein Bauleitplanverfahren nämlich jedenfalls nach den Vor- **96**

---

100 Vgl. hierzu näher unten Rn. 652 ff.

stellungen des Gesetzgebers im Allgemeinen nicht der Realisierung eines bestimmten Vorhabens. Die Gemeinde stellt vielmehr eine Planung mit einem Nutzungsangebot auf, das die betreffenden Grundstückseigentümer bzw. Bürger nicht annehmen müssen, d. h. sie können ihr Grundstück entsprechend dem Plan nutzen, insbesondere auch bebauen, sind hierzu aber nicht verpflichtet, m. a. W. die durch die gemeindliche Planung angebotene Nutzung muss nicht verwirklicht werden. Etwas anderes gilt nur in engen Ausnahmefällen, so z. B. bei Erlass eines Baugebotes nach § 176 BauGB.[101] Teilweise mag gerade bei Investorenvorhaben der Charakter des Bebauungsplanes als Angebotsplanung vielfach eher theoretischer Art (gewesen) sein; für derartige Situationen steht nunmehr der vorhabenbezogene Bebauungsplan zur Verfügung.

4. Aufstellung, Änderung, Ergänzung und Aufhebung von Bauleitplänen

97 In der **gemeindlichen Praxis** wird es im Rahmen der Planung **regelmäßig** in erster Linie um die **Aufstellung von Bauleitplänen**, speziell Bebauungsplänen gehen. Nicht selten spielen jedoch auch die Änderung, Ergänzung und Aufhebung von Plänen eine Rolle. Gerade der **Flächennutzungsplan** wird erfahrungsgemäß **höchstens alle 15 bis 20 Jahre neu aufgestellt**, in der Zwischenzeit aber sehr häufig geändert. Die erheblichen Mühen und Schwierigkeiten, die gerade auch in größeren Gemeinden und Städten die Aufstellung eines Flächennutzungsplanes mit sich bringt, lassen die Kommunen zu einer Neuaufstellung erst dann greifen, wenn sie unumgänglich ist. Hierbei sollte jedoch bedacht werden, dass ständige engräumliche Änderungen und Ergänzungen schließlich zu einem „**planerischen Flickenteppich**" führen, dem es an einer in sich schlüssigen Gesamtkonzeption mangelt und der infolgedessen die ihm an sich zukommende Funktion eines umfassenden gemeindlichen Bodennutzungskonzeptes nicht mehr erfüllen kann.[102]
Wird der Flächennutzungsplan geändert oder ergänzt, kann die Gemeinde mit dem entsprechenden Beschluss auch bestimmen, dass der Flächennutzungsplan in der Fassung, die er durch die Änderung oder Ergänzung erfahren hat, neu bekannt zu machen ist, § 6 Abs. 6 BauGB.

98 Bei Bebauungsplänen geht es ebenfalls nicht immer um eine Neuaufstellung. Die Notwendigkeit von Änderungen und Ergänzungen kann sich bei größeren Vorhaben im Falle eines Investorenwechsels ergeben. An die Aufhebung eines Bebauungsplanes ist zum einen im Zusammenhang mit der Aufstellung

---

101 Vgl. zum Baugebot Werner/Pastor/Müller, Baurecht von A–Z, Stichwort Baugebot, S. 179 ff.
102 Vgl. hierzu auch Kuschnerus, Der sachgerechte Bebauungsplan, Rn. 12, der zutreffend von einer Degradierung zum „Briefmarkenplan" spricht.

eines (neuen) Planes zu denken, zum anderen kommt auch die separate Aufhebung eines (alten) Planes in Betracht.

99 Die Bestimmungen des BauGB über Bauleitpläne regeln unmittelbar allein die Aufstellung der Pläne. Nach § 2 Abs. 4 BauGB gelten die Vorschriften über die Aufstellung der Bauleitpläne aber auch für ihre Änderung, Ergänzung und Aufhebung, d. h. bei Änderung, Ergänzung und Aufhebung müssen grundsätzlich die gleichen formellen und materiellen Normen des BauGB beachtet werden, wie dies bei einer Planaufstellung notwendig ist. Allerdings gibt es insoweit einige Sonderregelungen. Für Änderungen und Ergänzungen eines bestehenden Planes, die die Grundzüge der Planung nicht berühren, sieht § 13 BauGB ein vereinfachtes Verfahren vor.[103]

100 Soll ein bestehender Bebauungsplan vollständig durch Aufstellung eines neuen Planes ersetzt werden, bedarf es keines Parallelverfahrens (Aufhebung des alten, Aufstellung des neuen Planes), weil über § 10 BauGB der gewohnheitsrechtlich anerkannte Rechtssatz gilt, dass die spätere Norm die frühere verdrängt, unabhängig davon, ob ein gerade hierauf zielender Wille der Gemeinde besteht oder als bestehend zu unterstellen ist.[104]
Aus Gründen der Rechtsklarheit empfiehlt es sich jedoch, bei der Aufstellung eines neuen Planes, d. h. beispielsweise beim Aufstellungsbeschluss und insbesondere auch in der Begründung[105], auf die Ablösung des alten Planes durch den neuen hinzuweisen. Gleiches gilt im Ergebnis für die Aufstellung eines neuen Flächennutzungsplanes. Auch bei diesem Bauleitplan wird der alte Plan durch die Aufstellung eines neuen Planes gleichsam automatisch aufgehoben. Anders ist es bei der separaten Aufhebung eines bestehenden Planes. Hier bedarf es eines förmlichen Aufhebungsverfahrens.

101 Die Ausführungen in den Kapiteln 2 und 3 über die formellen und materiellen Anforderungen der Bauleitpläne stellen die Planaufstellung in den Vordergrund, weisen aber auch auf die Besonderheiten bei Änderung, Ergänzung und Aufhebung von Plänen hin, was insbesondere für die verfahrensmäßigen Regelungen gilt.

5. Plansicherung durch Veränderungssperre und Zurückstellung

102 Aufstellung, Änderung, Ergänzung und auch die Aufhebung eines Bauleitplanes nehmen schon wegen des nicht unkomplizierten Verfahrens[106] regelmäßig einen längeren Zeitraum in Anspruch. Während der Planungs-

---

103 Siehe hierzu unten Rn. 330 ff.
104 Vgl. BVerwG DVBl. 1990, 1182.
105 Vgl. hierzu unten Rn. 174 ff.
106 Vgl. hierzu im Einzelnen unten Rn. 123 ff.

103, 104 Gemeindl. Planungsrecht und Bauleitplanung

phase kann durch Neubauten, Umbauten, Nutzungsänderungen usw., die auf der (noch) geltenden Planungsrechtsgrundlage (Innenbereich, ursprünglicher Plan) zulässig sind, ein Zustand entstehen, der der künftigen Planung widerspricht und sie damit behindert, erschwert oder gar unmöglich macht; denn spätere Korrekturen sind – wenn überhaupt – nur mit erheblichem Kostenaufwand in Gestalt von Entschädigungsleistungen möglich.

Dies betrifft allerdings weniger den Flächennutzungsplan[107] als vielmehr – wegen seiner unmittelbaren Rechtswirkungen nach außen – in erster Linie den Bebauungsplan. Aus diesem Grund hat es der Gesetzgeber den Gemeinden beim Bebauungsplan ermöglicht, für die Zeit der Planungsphase einen Baustopp herbeizuführen und auf diese Weise den bestehenden Bau- und Nutzungszustand „einzufrieren". Von praktischer Bedeutung ist diese Möglichkeit nicht nur bei der Aufstellung (Änderung, Ergänzung) von Bebauungsplänen, sondern auch bei deren Aufhebung, wenn etwa ein zwar beplantes, aber noch nicht bebautes Gelände wieder zum Außenbereich gemacht werden soll.[108]

103 Zwei Rechtsinstitute stellt das BauGB zur Verfügung: die **Veränderungssperre** und die **Zurückstellung**, wobei die Zurückstellung durch das BauGB 1998 wegen der nach den Landesbauordnungen vorgesehenen Genehmigungsfreistellungsverfahren eine Ergänzung um die **vorläufige Untersagung** erfahren hat.

Veränderungssperre, § 14 BauGB
(gebietsbezogener Baustopp, Satzung)

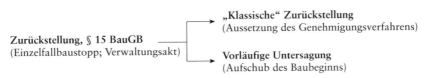

Zurückstellung, § 15 BauGB
(Einzelfallbaustopp; Verwaltungsakt)

„Klassische" Zurückstellung
(Aussetzung des Genehmigungsverfahrens)

Vorläufige Untersagung
(Aufschub des Baubeginns)

104 Die **Veränderungssperre** wird in Form einer **gemeindlichen Satzung** erlassen.[109]

Sie setzt zunächst einen ortsüblich bekannt gemachten Beschluss über die Aufstellung, Änderung, Ergänzung oder Aufhebung eines Bebauungsplanes (**Aufstellungsbeschluss**)[110] voraus, der vom Rat der Gemeinde zu fassen

---

107 Die Sonderregelung des § 245b BauGB für die Aufstellung, Änderung und Ergänzung von Flächennutzungsplänen bezüglich der Zulässigkeit bzw. Darstellung von Windenergieanlagen galt nur bis zum 31.12.1998.
108 Vgl. BVerwG NJW 1977, 400.
109 In gemeindefreien Gebieten ist eine Veränderungssperre nicht zulässig, vgl. BVerwG BRS 57 Nr. 115; zu gemeindefreien Gebieten vgl. oben Rn. 34.
110 Vgl. BVerwG NVwZ 1993, 471; OVG Koblenz BRS 36 Nr. 108; zum Aufstellungsbeschluss vgl. näher unten Rn. 127 ff.

ist.[111] Der Aufstellungsbeschluss und der Satzungsbeschluss über die Veränderungssperre können in derselben Gemeinderatssitzung gefasst werden, die Veränderungssperre darf aber nicht vor dem Aufstellungsbeschluss bekannt gemacht werden.[112]

Des Weiteren muss die Veränderungssperre **zur Sicherung der Planung erforderlich** sein. Dies bedingt, dass zwar der Aufstellungsbeschluss wie auch die Veränderungssperre selbst (z. B. in einer Begründung) keinen Aufschluss über den **Inhalt der beabsichtigten Planung** geben muss, dass aber der zukünftige Planinhalt im Zeitpunkt des Erlasses der Veränderungssperre (Satzungsbeschluss) in einem Mindestmaß bestimmt und absehbar sein muss und dies so verlässlich festgelegt ist, dass die Gemeinde gegebenenfalls einen entsprechenden Nachweis führen kann[113], denn ohne diese „**globalen Planungsvorstellungen**" ist nicht abzusehen, welche Planung durch die Veränderungssperre gesichert werden soll. Dabei werden in der Regel mindestens Vorstellungen über die angestrebte Art der Nutzung (Wohnen, Gewerbe, Grünflächen usw.) zu fordern sein; die Absicht, ein bestimmtes Vorhaben zu verhindern, ohne gleichzeitige positive inhaltliche Planvorstellungen reicht nicht.[114]

105

Generell muss die beabsichtigte Planung auf ein Ziel gerichtet sein, das mit den Mitteln der Bauleitplanung zulässigerweise erreicht werden kann.[115] Eine **Änderung der Planvorstellungen** im Rahmen des Planaufstellungsverfahrens kann zur Unwirksamkeit der Veränderungssperre und zur Notwendigkeit eines Neuerlasses führen.[116]

106

Der Sicherungszweck erfordert ferner die parzellenscharfe Festlegung des **Geltungsbereichs** der Sperre. Der Geltungsbereich darf nicht über das in Aussicht genommene Plangebiet hinausgehen. Die Beachtung des Grundsatzes der Verhältnismäßigkeit verlangt, dass der Geltungsbereich der Veränderungssperre auf einen Teilbereich des zukünftigen Bebauungsplangebietes reduziert wird, wenn dies zur Erreichung des Sicherungszweckes ausreicht.[117]
Selbst eine Beschränkung auf wenige Grundstücke oder gar nur ein Grundstück („Individualsperre") ist zulässig, wenn sie auf einer pflichtgemäßen Ausübung des Planungsermessens der Gemeinde beruht.[118]

107

---

111 Vgl. OVG Lüneburg BRS 57 Nr. 116 zum niedersächsischen Kommunalrecht.
112 Vgl. BVerwG NVwZ 1989, 661.
113 Vgl. hierzu grundlegend BVerwG NJW 1977, 400.
114 Vgl. BVerwG DÖV 1990, 476.
115 Vgl. BVerwG BRS 55 Nr. 95.
116 Vgl. hierzu Schmaltz in: Schrödter, BauGB, § 14 Rn. 10; Lemmel in: Berliner Kommentar, BauGB, § 17 Rn. 15; vgl. auch OVG Berlin BRS 49 Nr. 110 und BRS 59 Nr. 98.
117 Vgl. Schmaltz, aaO Rn. 7; Stelkens, ZfBR 1980, 119 (121).
118 Vgl. BVerwG NJW 1977, 400 (401).

108 Die Veränderungssperre ist von der Gemeinde (Gemeinderat) als Satzung zu beschließen und anschließend ortsüblich bekannt zu machen, § 16 BauGB. Eine Zustimmung (Genehmigung) durch die höhere Verwaltungsbehörde ist grundsätzlich nicht erforderlich[119], einer Anzeige bedarf es in keinem Fall.

109 Der zulässige **Inhalt einer Veränderungssperre** und damit ihre Rechtswirkungen sind gesetzlich festgelegt; eine Beschränkung auf einzelne Verbote ist möglich, eine Ausdehnung auf gesetzlich nicht geregelte Fälle ist unzulässig. Nach § 14 Abs. 1 BauGB kann eine Veränderungssperre zum Inhalt haben, dass
1. Vorhaben im Sinne des § 29 BauGB nicht durchgeführt oder bauliche Anlagen nicht beseitigt werden dürfen;
(dieser Punkt hat die größte praktische Bedeutung; er umfasst die Errichtung, Änderung, Nutzungsänderung sowie die Beseitigung baulicher Anlagen);
2. erhebliche oder wesentlich wertsteigernde Veränderungen von Grundstücken und baulichen Anlagen, deren Veränderungen nicht genehmigungs-, zustimmungs- oder anzeigepflichtig sind, nicht vorgenommen werden dürfen;
(unter diese Alternative fallen tatsächliche Veränderungen wie Aufschüttungen, Abgrabungen oder Anpflanzungen wie auch die Errichtung genehmigungsfreier baulicher Anlagen).

Entsprechende Anträge (Bauanträge, Anträge auf Erteilung von Vorbescheiden) sind daher abzulehnen.

110 Keine Auswirkungen hat eine Veränderungssperre auf Vorhaben, die vor ihrem Inkrafttreten baurechtlich genehmigt worden sind (Erteilung einer Baugenehmigung oder eines Vorbescheides)[120], sowie auf Unterhaltungsarbeiten (Reparaturen) und die Fortführung einer bisher ausgeübten – rechtmäßigen – Nutzung (sog. „**Bestandsschutz**"-Regelung). Dies trifft nicht auf Vorhaben zu, die vor Erlass der Sperre hätten genehmigt werden müssen[121]; ist aber eine Genehmigung vor Erlass einer Veränderungssperre rechtswidrig versagt worden, hat der Betroffene einen Anspruch auf Zulassung einer Ausnahme von der Veränderungssperre.[122]

111 Im Übrigen kann die Baugenehmigungsbehörde generell **Ausnahmen von der Veränderungssperre** im Einvernehmen mit der Gemeinde zulassen. Voraussetzung ist, dass überwiegende öffentliche Belange nicht entgegenstehen. Maßstab hierfür ist der konkrete Sicherungszweck der Sperre, d. h. die Frage, ob bei einer Abwägung der öffentlichen und privaten Belange zu be-

---

119 Zu einer Ausnahme vgl. unten Rn. 113.
120 Vgl. BVerwGE 69,1.
121 Vgl. BVerwG BRS 18 Nr. 60.
122 So schon BVerwG NJW 1986, 2350; vgl. auch BVerwG ZfBR 1993, 33.

fürchten ist, dass durch die Zulassung der betreffenden Maßnahme die Durchführung der Planung unmöglich gemacht oder wesentlich erschwert werden würde. Ist dies zu bejahen, scheidet die Zulassung einer Ausnahme aus, im anderen Fall steht die Entscheidung im Ermessen der Behörde.[123]

Die **Dauer einer Veränderungssperre** ist grundsätzlich auf **drei Jahre** begrenzt; zwar tritt eine erlassenen Sperre (automatisch) nach Ablauf von zwei Jahren außer Kraft, die Frist kann jedoch ohne weiteres um **ein Jahr verlängert** werden (durch **Satzungsbeschluss**), wenn die Voraussetzungen für den Erlass der Veränderungssperre fortbestehen, § 17 Abs. 1 Satz 2 BauGB. Entfallen die Voraussetzungen früher, ist die Veränderungssperre auch schon vor Fristablauf ganz oder teilweise außer Kraft zu setzen, z. B. bei Aufhebung des Aufstellungsbeschlusses oder bei Aufgabe der Planung.[124]
In jedem Fall tritt die Sperre außer Kraft, sobald und soweit die Bauleitplanung rechtsverbindlich abgeschlossen ist, § 17 Abs. 5 BauGB, d. h. mit der das Planungsverfahren abschließenden Bekanntmachung.[125]

In ganz **besonderen Ausnahmefällen** kann die Gemeinde mit Zustimmung der nach Landesrecht zuständigen Behörde (regelmäßig die höhere Verwaltungsbehörde = die Bezirksregierung) die Drei-Jahres-Frist bis zu einem weiteren Jahr, d. h. längstens bis zu einer **Gesamtdauer von vier Jahren** verlängern, § 17 Abs. 2 BauGB. Die hierfür erforderlichen „besonderen Umstände" liegen nach der Rechtsprechung des Bundesverwaltungsgerichts nur vor,
– wenn ein Planverfahren durch eine sich von dem allgemeinen Rahmen der üblichen städtebaulichen Planungen wesentlich abhebende Ungewöhnlichkeit gekennzeichnet ist (Besonderheiten des Umfangs, des Schwierigkeitsgrades oder des Verfahrensablaufs),
– wenn ein ursächlicher Zusammenhang zwischen der Ungewöhnlichkeit des Falles und der für die Aufstellung des Planes mehr als üblichen Zeit besteht
– und wenn die besonderen Umstände und die Verzögerungsursachen nicht von der Gemeinde zu vertreten sind, wobei der Gemeinde Mängel in ihrer Sphäre (Überforderung der Dienstkräfte, ein sich als zu umfangreich erweisender Zuschnitt des Plangebietes) im Allgemeinen anzulasten sind.[126]

Die gleichen Voraussetzungen gelten auch für die nach § 17 Abs. 3 BauGB mögliche **Erneuerung einer Veränderungssperre**, wenn die Gesamtdauer der alten und der neuen Sperre den Zeitraum von drei Jahren überschreitet.[127]

---

123 Streitig, vgl. hierzu im Einzelnen Schmaltz in: Schrödter, BauGB, § 14 Rn. 21.
124 Vgl. Schmaltz in: Schrödter, BauGB, § 17 Rn. 14.
125 Vgl. BVerwG BauR 1990, 334.
126 Vgl. hierzu grundlegend BVerwG NJW 1977, 400 (403); vgl. auch OVG Berlin BRS 59 Nr. 98 (Annahme besonderer Umstände für Planung im Randbereich der ehemaligen Mauer Berlin-Mitte).
127 Vgl. BVerwG NJW 1977, 400 (403).

114 Auf die Geltungsdauer einer Veränderungssperre sind auf jeden Fall die Zeiten einer Zurückstellung[128] sowie einer sog. „faktischen Bausperre" („faktischen Zurückstellung")[129] anzurechnen. In beiden Fällen erfolgt die Anrechnung aber nur zu Gunsten desjenigen, der von der Zurückstellung betroffen ist, mit der Folge, dass die Veränderungssperre im Übrigen fortgilt und sich so **unterschiedliche individuelle Laufzeiten einer Veränderungssperre** ergeben können.[130]

115 Dauert eine Veränderungssperre länger als vier Jahre, löst sie auf jeden Fall **Entschädigungsansprüche** der Betroffenen aus, § 18 BauGB.
Im Übrigen sollten die Gemeinden sorgfältig auf die Rechtmäßigkeit einer Veränderungssperre achten, da eine rechtswidrige Sperre zu Schadensersatzansprüchen führen kann.

116 Im Gegensatz zur Veränderungssperre handelt es sich bei der **Zurückstellung** um einen „**Einzelfallbaustopp**". Der praktische Vorzug der Zurückstellung liegt in der Möglichkeit der unmittelbaren Unterbindung „planungsfeindlicher" Vorhaben, ohne vorher ein Satzungsverfahren durchlaufen zu müssen. Auf diese Weise kann die zum Erlass einer Veränderungssperre notwendige Zeit überbrückt werden.

117 Die **Grundvoraussetzungen** sind die gleichen **wie bei der Veränderungssperre**, d. h. es muss ein ortsüblich bekannt gemachter Aufstellungsbeschluss vorliegen und die Gemeinde muss zumindest globale Planungsvorstellungen haben. Davon abgesehen darf (noch) keine Veränderungssperre bestehen – womit der Zurückstellung eine subsidiäre Funktion zukommt. In diesem Fall hat die Baugenehmigungsbehörde, wenn die Gemeinde einen entsprechenden Antrag stellt, die Entscheidung über die Zulässigkeit von Vorhaben (Bauvorhaben, Nutzungsänderung, Aufschüttungen usw. wie bei der Veränderungssperre) im Einzelfall für einen Zeitraum bis zu zwölf Monaten auszusetzen. Aussetzen bedeutet nicht, dass der betreffende Antrag abgelehnt wird, es wird lediglich keine Sachentscheidung getroffen, der Antrag wird gleichsam „nicht bearbeitet". Dem Antragsteller ist von der Baugenehmigungsbehörde ein **Bescheid über die Zurückstellung** zu erteilen. Darin ist die konkrete **Aussetzungsfrist genau anzugeben**, denn der gesetzlich genannte Zeitraum von einem Jahr ist eine Höchstfrist. Dieser Bescheid stellt einen Verwaltungsakt dar, der nach Durchführung eines Widerspruchsverfahrens im verwaltungsgerichtlichen Verfahren angefochten werden kann.

118 Tritt innerhalb der Zurückstellungsfrist eine Veränderungssperre in Kraft, wird die Zurückstellung gegenstandslos[131], da das Vorhaben aber nunmehr

---

128 Vgl. hierzu im Folgenden Rn. 116 ff.
129 Vgl. hierzu unten Rn. 121.
130 Vgl. BVerwG NJW 1977, 400 (404); BauR 1992, 746.
131 Vgl. Lemmel in: Berliner Kommentar, BauGB, § 15 Rn. 11.

unzulässig ist, kann die Zurückstellung durch eine Ablehnung ersetzt werden.[132]

Gegenstand einer Zurückstellung können Bauanträge und Bauvoranfragen bzw. Bebauungsgenehmigungen sein.[133] **119**

Besteht nach Landesrecht für das konkrete Vorhaben keine Genehmigungspflicht wie namentlich in den mittlerweile zahlreichen Fällen der Genehmigungsfreistellung, ist von der Baugenehmigungsbehörde keine Entscheidung zu treffen, die zurückgestellt werden könnte. Hier tritt an die Stelle der Zurückstellung die **vorläufige Untersagung**, wobei die Frist innerhalb deren die Baugenehmigungsbehörde über die vorläufige Untersagung zu entscheiden hat, von den Ländern bestimmt werden muss, § 15 Abs. 1 Satz 2 BauGB.[134] **120**

Der Zeitraum einer Zurückstellung ist auf die Dauer einer (nachfolgenden) Veränderungssperre individuell, d. h. fall- bzw. grundstücksbezogen anzurechnen.[135] **121**
Das Gleiche gilt nach der Rechtsprechung für so genannte **faktische Zurückstellungen (faktische Bausperren)**.[136]
Hierbei handelt es sich um die Fälle der rechtswidrigen Bearbeitungsverzögerung (einschließlich der Nichtbearbeitung) und der rechtswidrigen Ablehnung von Bauanträgen. Die anrechenbare Zeit beginnt in dem Zeitpunkt, in dem die Behörde den Antrag rechtswidrig abgelehnt hat bzw. in dem sie bei korrekter Bearbeitung hätte entscheiden müssen.[137]

---

132 Vgl. Krautzberger in: Battis/Krautzberger/Löhr, BauGB, § 15 Rn. 8.
133 Vgl. BVerwG DVBl. 1971, 468; Lemmel in: Berliner Kommentar, BauGB, § 15 Rn. 3.
134 Vgl. Krautzberger in: Battis/Krautzberger/Löhr, BauGB, § 15 Rn. 5.
135 Vgl. hierzu näher oben Rn. 114.
136 Vgl. BVerwG NJW 1971, 445; BGHZ 78, 152; vgl. auch BVerwG BRS 59 Nr. 104 und OVG Münster BRS 57 Nr. 117.
137 Vgl. hierzu im Einzelnen Schmaltz in: Schrödter, BauGB, § 15 Rn. 15 und § 17 Rn. 4, sowie Krautzberger in: Battis/Kratzberger/Löhr, BauGB, § 17 Rn. 2.

122 Gemeindl. Planungsrecht und Bauleitplanung

Bausperren

Gesetzliche Bausperren

Zurückstellung, § 15 BauGB

Einzelfallbaustopp

Aussetzen der Entscheidung über einen Bauantrag für längstens ein Jahr unter Anrechnung einer evtl. faktischen Bausperre.

Falls kein Baugenehmigungsverfahren: vorläufige Untersagung nach Maßgabe des Landesrechts.

Veränderungssperre, §§ 14 ff. BauGB

Baustopp für ein ganzes Gebiet

Ablehnung von Bauanträgen, sofern keine Ausnahme möglich.

Dauer: längstens drei Jahre unter Anrechnung evtl. Zurückstellung und evtl. faktischer Bausperre, in ganz engen Ausnahmefällen vier Jahre, in ganz engen Ausnahmefällen Erlass einer neuen Veränderungssperre.

Bei längerer als vierjähriger Dauer Entschädigungsanspruch.

Faktische Bausperre

Behörde verzögert rechtswidrig die Entscheidung über einen Bauantrag bzw. entscheidet rechtswidrig überhaupt nicht oder lehnt den Bauantrag rechtswidrig ab.

Eine faktische Bausperre beginnt regelmäßig drei Monate nach Eingang des Bauantrags bei der Behörde.

Die Zeiten einer faktischen Bausperre sind auf die Geltungsdauer einer Zurückstellung oder einer Veränderungssperre anzurechnen.

2. Kapitel: Verfahren und Form der Bauleitpläne

123 Die Aufstellung von Bauleitplänen ist in formeller wie in materieller Hinsicht an eine **Fülle gesetzlicher Voraussetzungen** geknüpft, die für Flächennutzungsplan und Bebauungsplan bis auf einige Sonderregelungen prinzipiell gleich sind.[138]
Der Umfang und die Unübersichtlichkeit der Bestimmungen wie auch die mittlerweile kaum mehr überschaubare Rechtsprechung und Literatur zu den vielen Einzelfragen – eine Situation, die durch permanente Änderungsaktivitäten des Gesetzgebers auf Bundes- und Landesebene noch zusätzlich belastet wird –, macht es den Gemeinden nicht gerade leicht, sich bei der Planaufstellung, -änderung, -ergänzung und -aufhebung gesetzmäßig und damit rechtmäßig zu verhalten. Diese Verpflichtung obliegt ihnen aber schon von Verfassungs wegen; denn als Teil der vollziehenden Gewalt sind sie nach Art. 20 Abs. 3 GG an Gesetz und Recht gebunden.
Davon abgesehen sollte jede Gemeinde auch deswegen bemüht sein, rechtmäßige Bauleitpläne aufzustellen, weil sie insbesondere bei rechtswidrigen und infolgedessen nichtigen Bebauungsplänen Gefahr läuft, aus Amtshaftungsgesichtspunkten auf Schadensersatz in Anspruch genommen zu werden (§ 839 BGB i.V.m. Art. 34 GG).[139]

124 Das Verfahren zur Aufstellung (Änderung, Ergänzung, Aufhebung) eines Bauleitplanes gliedert sich in **mehrere Verfahrensschritte**. Diese sind in erster Linie im BauGB normiert, wie z. B. der Aufstellungsbeschluss, die vorgezogene Bürgerbeteiligung, die Beteiligung der Träger öffentlicher Belange, die Offenlage und der Satzungsbeschluss beim Bebauungsplan. Das BauGB enthält aber insofern keine abschließende Regelung; soweit es keine Bestimmungen trifft, wird es ergänzt durch das Landesrecht. Die bundesrechtliche Regelung der Bauleitplanung setzt dem Landesrecht insoweit nur einen Rahmen, der nicht überschritten werden darf.[140]

125 Dementsprechend regelt beispielsweise allein das Landesrecht, d. h. die jeweilige Gemeindeordnung i.V.m. dem Ortsrecht der Gemeinde, die Zuständigkeit der Gemeindeorgane, das bei Ratsbeschlüssen einzuhaltende Verfahren (Öffentlichkeit der Ratssitzungen, erforderliche Mehrheit, Befan-

---

138 Eine Entstehung durch Gewohnheitsrecht ist ausgeschlossen, vgl. hierzu bereits BVerwGE 55, 369 = BRS 33 Nr. 36 = BauR 1978, 276.
139 Siehe hierzu im Einzelnen unten Rn. 778 ff.
140 Vgl. BVerwG DVBl. 1971, 757; 1985, 387.

genheit von Ratsmitgliedern usw.) und die Einzelheiten der vielfach im BauGB vorgeschriebenen ortsüblichen Bekanntmachung.[141]

126 Die wesentlichen Verfahrensschritte bei Aufstellung eines Bauleitplanes
1. Aufstellungsbeschluss, § 2 Abs. 1 Satz 1 BauGB (nicht zwingend);
2. Bekanntmachung des Aufstellungsbeschlusses, § 2 Abs. 1 Satz 2 BauGB;
3. Vorgezogene Bürgerbeteiligung, § 3 Abs. 1 BauGB (evtl. entbehrlich);
4. Beteiligung der Träger öffentlicher Belange, § 4 BauGB;
5. evtl. grenzüberschreitende Unterrichtung von Gemeinden und Trägern öffentlicher Belange, § 4a BauGB;
6. Bekanntmachung der öffentlichen Auslegung (Offenlage), § 3 Abs. 2 Satz 2 BauGB;
7. Benachrichtigung der Träger öffentlicher Belange über die öffentliche Auslegung (Offenlage), § 3 Abs. 2 Satz 3 BauGB;
8. öffentliche Auslegung (Offenlage) des Planentwurfs, § 3 Abs. 2 BauGB;
9. Prüfung der Anregungen und Mitteilung des Ergebnisses, § 3 Abs. 2 Satz 4 BauGB;
10. bei Änderung des Planenwurfs erneute Offenlage oder vereinfachtes Verfahren, § 3 Abs. 3 BauGB;
11. Satzungs- bzw. Feststellungsbeschluss mit Begründung bzw. Erläuterungsbericht, §§ 5 Abs. 5, 9 Abs. 8, 10 Abs. 1 BauGB;
12. evtl. Einschaltung der höheren Verwaltungsbehörde (Genehmigung, Anzeige), §§ 10 Abs. 2 und 6 Abs. 1 BauGB sowie § 246 Abs. 1a BauGB;
13. Bekanntmachung, §§ 6 Abs. 5, 10 Abs. 3 BauGB.

I. Einleitung des Verfahrens

1. Aufstellungsbeschluss

127 Nach den gesetzlichen Regelungen wird das Verfahren zur Aufstellung eines Bauleitplanes durch einen Aufstellungsbeschluss eingeleitet. Der Beschluss, der grundsätzlich vom Gemeinderat zu fassen ist[142], ist ortsüblich bekannt zu machen, § 2 Abs. 1 Satz 1 BauGB.[143]
Mit diesem Beschluss bekundet die Gemeinde offiziell ihre Absicht, für ein bestimmtes Gebiet einen Bauleitplan, d. h. zumeist einen Bebauungsplan aufzustellen, zu ändern, zu ergänzen oder aufzuheben.

---

141 Zu den Einzelheiten der kommunalrechtlichen Form- und Verfahrensregelungen vgl. unten Rn. 301 ff.
142 Vgl. hierzu im Einzelnen unten Rn. 310.
143 Zur ortsüblichen Bekanntmachung, die sich nach den landesrechtlichen Regelungen richtet, vgl. auch unten Rn. 283.

Nach heute allgemeiner Ansicht sind der Aufstellungsbeschluss und seine ortsübliche Bekanntmachung **kein zwingender Verfahrensschritt**, sie sind keine Wirksamkeitsvoraussetzung für den späteren Bauleitplan.[144] Daher kann der Beschluss ohne weiteres zu einem späteren Zeitpunkt, etwa zusammen mit dem Offenlagebeschluss gefasst werden, wobei in dem Offenlagebeschluss im Zweifel zugleich der – bisher nicht gefasste – Aufstellungsbeschluss liegt.[145]

Unabhängig davon sollten die Gemeinden beim Bebauungsplan beachten, **128** dass ohne einen Planaufstellungsbeschluss – das Gleiche gilt für Änderung, Ergänzung, Aufhebung – keine **Veränderungssperre** erlassen werden kann und die Bauaufsichtsbehörde keine **Zurückstellung eines Bauantrages** und keine **vorläufige Untersagung** nach § 15 Abs. 1 BauGB verfügen kann; bei späterem Erlass einer Veränderungssperre besteht jedoch die Möglichkeit, den Planaufstellungsbeschluss und den Satzungsbeschluss über die Veränderungssperre in derselben Ratssitzung zu fassen.[146]
Außerdem bietet der Aufstellungsbeschluss dem beschließenden Organ die Gelegenheit, den Inhalt der von der Verwaltung oder einem eventuell von ihr beauftragten Dritten auszuarbeitenden Planung im Groben oder sogar schon im Detail vorzugeben.

Der **Inhalt des Planaufstellungsbeschlusses** ist gesetzlich in keiner Weise **129** vorgegeben. Einige Punkte sind jedoch zu beachten.

Der Flächennutzungsplan erfasst nach § 5 Abs. 1 BauGB das gesamte Ge- **130** meindegebiet, so dass es insoweit keiner näheren Gebietsfestlegung bedarf. Die in § 5 Abs. 1 Satz 2 BauGB aufgezeigte Möglichkeit, Flächen und sonstige Darstellungen aus dem Flächennutzungsplan auszunehmen, ist nur eine scheinbare, weil zeitlich begrenzte Ausnahme. Denn wie sich aus den gesetzlichen Voraussetzungen dieser Sonderregelung ergibt, besteht eine Pflicht zur baldmöglichen planerischen Ausfüllung der Lücken, was auch dann gilt, wenn nach Gemeindegebietsänderungen weitergeltende Flächennutzungspläne nicht das ganze – neue – Gemeindegebiet erfassen (§ 204 Abs. 2 BauGB).[147] Sofern für gewisse Zeit „weiße Flecken" bestehen sollen, sind diese dann jedoch genau räumlich festzulegen.

Anders als beim Flächennutzungsplan ist die Situation beim **Bebauungsplan**, **131** der regelmäßig nur kleinere Bereiche des Gemeindegebietes umfasst und daher die räumlichen Grenzen seines **Geltungsbereiches** in jedem Fall fest-

---

144 Vgl. BVerwGE 79, 200; Gaentzsch in: Berliner Kommentar, BauGB, § 2 Rn. 10; Battis in: Battis/Krautzberger/Löhr, BauGB, § 2 Rn. 6.
145 Vgl. Gaentzsch in: Berliner Kommentar, BauGB, § 2 Rn. 10; Battis in: Battis/Krautzberger/Löhr, BauGB, § 2 Rn. 6; zur Offenlage siehe unten Rn. 169
146 Vgl. VGH Mannheim BRS 47 Nr. 87; BVerwG BauR 1989, 432 = NVwZ 1989, 661.
147 Vgl. Gaentzsch in: Berliner Kommentar, BauGB, § 5 Rn. 6.

setzen muss, vgl. § 9 Abs. 7 BauGB. Hier bedarf es einer präzisen Angabe, welches Gebiet der beabsichtigte Plan erfassen soll. Da sich im Einzelfall für ein bestimmtes Grundstück die Frage der Zurückstellung eines Bauantrages bzw. einer vorläufigen Untersagung nach § 15 Abs. 1 BauGB oder auch eines Negativattestes nach § 22 Abs. 6 Satz 3 BauGB (festgelegte Gebiete mit Fremdenverkehrsfunktionen) stellen kann, muss der Bebauungsplanaufstellungsbeschluss seinen Geltungsbereich eindeutig, d. h. parzellenscharf festlegen. Unklarheiten gehen, auch wenn sie nicht die Nichtigkeit des gesamten Aufstellungsbeschlusses begründen werden, immer zu Lasten der Gemeinde mit der Folge, dass evtl. Vorhaben zu genehmigen sind, die die Planung vereiteln oder zumindest wesentlich erschweren, oder dass in gerichtlichen Verfahren später die Rechtswidrigkeit einer Genehmigungsversagung festgestellt wird, was dann wiederum Grundlage für einen Schadensersatzanspruch gegen die Gemeinde sein kann.

132 Gesetzlich wird nicht verlangt, dass der Aufstellungsbeschluss (einschließlich seiner Anlagen) selbst Aussagen über den **Inhalt der beabsichtigten Planung** macht, und nach Ansicht des BVerwG fehlt es auch an einem überzeugenden Grund, die gesetzliche Regelung in diesem Sinne – einschränkend – auszulegen.[148]

133 Ein Aufstellungsbeschluss, der bestimmte planerische Absichten nicht erkennen lässt, ist daher nicht fehlerhaft. Bei der Aufstellung eines Bebauungsplanes ist jedoch zu beachten, dass es ohne zumindest globale Planungsvorstellungen an einer grundlegenden Voraussetzung für den Erlass einer Veränderungssperre i. S. der §§ 14 ff. BauGB fehlt[149] und die Zurückstellung eines Bauantrages wie auch eine vorläufige Untersagung nach § 15 Abs. 1 BauGB durch die Bauaufsichtsbehörde nicht möglich sind. Vielfach soll der Aufstellungsbeschluss aber gerade solchen Maßnahmen dienen, deren Notwendigkeit sich noch später im Laufe des Bebauungsplanaufstellungsverfahrens ergeben kann. Diese Situation ist indes unproblematisch. Denn entscheidend für den Erlass einer Veränderungssperre und damit für Zurückstellung und vorläufige Untersagung ist, dass „beim etwaigen Erlass einer Veränderungssperre, die ja vom Planaufstellungsbeschluss nicht nur begrifflich zu trennen ist, sondern deren Verhängung auch zeitlich mit dem Aufstellungsbeschluss nicht zusammenzutreffen braucht, die Planung einen Stand erreicht hat, der ein Mindestmaß dessen erkennen lässt, was Inhalt des zu erwartenden Bebauungsplanes sein soll".[150]

134 Der Gemeinde ist damit die Möglichkeit eröffnet, auch noch nach gefasstem Aufstellungsbeschluss ihre Planungsvorstellungen zu konkretisieren; dies muss nur rechtzeitig vor Erlass der Veränderungssperre bzw. vor der Verfü-

---

148 Vgl. BVerwG NJW 1977, 400.
149 Vgl. BVerwG NJW 1977, 400.
150 So BVerwG NJW 1977, 400 (401).

gung einer Zurückstellung oder einer vorläufigen Untersagung geschehen. Grundlage dieser Maßnahmen kann dann der alte Aufstellungsbeschluss sein, selbst wenn er ursprünglich ohne grobe Vorstellungen über den künftigen Planinhalt von der Gemeinde erlassen wurde.

Unabhängig von alledem dürfte es sich – auch im Sinne einer frühzeitigen Information der Öffentlichkeit – empfehlen, bei Beratung und Entscheidung über den Planaufstellungsbeschluss klarzustellen, aus welchem Grund der Beschluss gefasst wird und welche planerischen Überlegungen zugrundeliegen. Dies sollte in den Erläuterungen der Beschlussvorlage bzw. in der Sitzungsniederschrift festgehalten werden.

Ein ordnungsgemäß gefasster und ortsüblich bekannt gemachter **Bebauungsplanaufstellungs-Beschluss** einer Gemeinde, der zugleich globale Vorstellungen über den zukünftigen Planinhalt hat, hat zusammengefasst folgende **Rechtswirkungen**: **135**
- Grundlage für den Erlass einer Veränderungssperre nach §§ 14 ff. BauGB;
- Grundlage für eine Zurückstellung der Entscheidung über einen Bauantrag nach § 15 Abs. 1 BauGB;
- Grundlage für eine vorläufige Untersagung eines Bauvorhabens nach § 15 Abs. 1 BauGB;
- entscheidende Voraussetzung (neben weiteren Voraussetzungen) für sog. Vorweggenehmigungen während des laufenden Planaufstellungsverfahrens nach § 33 BauGB;
- Grundlage für eine Zurückstellung der Entscheidung über einen Antrag auf Erteilung eines Negativattestes in einem geplanten Fremdenverkehrsgebiet nach § 22 Abs. 6 BauGB;
- Grundlage für eine Zurückstellung der Entscheidung über einen Antrag auf Erteilung einer Genehmigung für ein Vorhaben in einem durch Bebauungsplan geplanten Erhaltungsgebiet nach § 176 Abs. 2 BauGB.

Gewisse **Besonderheiten** bestehen beim **vorhabenbezogenen Bebauungsplan** (§ 12 BauGB). Wie schon bei dem Vorläufer dieser speziellen Bebauungsplanart, dem Vorhaben- und Erschließungsplan nach § 7 BauGB-MaßnG, hat die Gemeinde auf Antrag des Vorhabenträgers über die Einleitung des Bebauungsplanverfahrens nach pflichtgemäßem Ermessen zu entscheiden, § 12 Abs. 2 BauGB. Voraussetzung für die Entscheidung der Gemeinde ist die Vorlage eines mit ihr abgestimmten Plans durch den Vorhabenträger (Investor). Ob es sich bei einer ablehnenden Entscheidung um einen mittels einer Verpflichtungsklage gerichtlich überprüfbaren Verwaltungsakt handelt, ist streitig[151], die Frage dürfte aber für die gemeindliche Praxis und auch für den Investor von untergeordneter Bedeutung sein.[152] **136**

---

151 Bejahend: Löhr in: Battis/Krautzberger/Löhr, BauGB, § 12 Rn. 44; Reidt, BauR 1998, 909 (913); verneinend: Neuhausen, BauGB-MaßnG, § 7 Rn. 374; Müller, BauR 1996, 491 (498).
152 Vgl. Reidt aaO.

137 Wird der „Einleitungsbeschluss" gefasst, der mit Rücksicht auf die Eingliederung des früheren Vorhaben- und Erschließungsplanes in das Bauleitplansystem des BauGB nunmehr ebenfalls als „Aufstellungsbeschluss" bezeichnet werden kann[153], schließt sich an ihn das normale Bebauungsplanaufstellungsverfahren an; die nach dem BauGB-MaßnG für den Vorhaben- und Erschließungsplan geltenden verfahrensrechtlichen Besonderheiten sind mit Inkrafttreten des BauGB 1998 weggefallen.

2. Planentwurf

138 In der gemeindlichen Praxis wird das Planverfahren bei weitem nicht immer erst durch einen Aufstellungsbeschluss eingeleitet. In der Mehrzahl der Fälle wird – nicht nur beim vorhabenbezogenen Bebauungsplan – bereits vorher ein Planentwurf erstellt, sei es von den Fachkräften der Gemeinde, den Planern in der Verwaltung (Planungsamt), sei es dass er entweder im Auftrag der Gemeinde oder im Auftrag eines privaten Investors von einem Ingenieurbüro erstellt wird. Durchaus gängige Verfahrensweise ist ferner, dass die dem Entwurf zugrundeliegenden planerischen Überlegungen schon teilweise sowohl innerhalb der Gemeinde, d. h. im politischen wie im verwaltungsinternen Bereich, als auch unter Umständen mit außergemeindlichen Stellen (z. B. Trägern öffentlicher Belange) vorabgestimmt sind. Sofern diese Abstimmungen keine unzulässige Einflussnahme auf die letztlich allein vom Rat der Gemeinde vorzunehmende planerische Abwägung beinhalten[154], begegnet diese Praxis keinen rechtlichen Bedenken.

139 Geht die Initiative von einem **Investor** aus, der zumeist die Durchführung eines konkreten Projektes beabsichtigt, muss die Gemeinde darauf achten, dass sie dem Investor keine **planerischen Zusagen** macht und sich insbesondere nicht vertraglich zur Aufstellung eines Bauleitplanes verpflichtet – etwa noch dazu mit bestimmtem Inhalt. Ein solcherVertrag ist wegen Verstoßes gegen das gesetzliche Verbot des § 2 Abs. 3 HS 2 BauGB gemäß § 134 BGB nichtig. Kommt es gar zu einer vertrags- oder zusagekonformen Planung, verstößt diese grundsätzlich gegen das Abwägungsgebot des § 1 Abs. 6 BauGB[155] und ist daher ebenfalls nichtig. Außerdem läuft die Gemeinde Gefahr, von ihrem „Vertragspartner" auf **Schadensersatz** aus dem Gesichtspunkt der Amtshaftung[156] oder des Verschuldens bei Vertragsschluss in Anspruch genommen zu werden. Es bleibt deshalb allenfalls die Alternative, dem Investor etwa von Seiten der Verwaltung die Zusage zu geben, die Vorlage für einen Planaufstellungsbeschluss im Rat einzubringen und damit dem

---

153 Vgl. Reidt, BauR 1998, 909 (913)
154 Vgl. zur Abwägung unten Rn. 433 ff.
155 Vgl. zum Abwägungsgebot unten Rn. 433 ff.
156 Vgl. hierzu unten Rn. 778 ff.

Rat die Fassung eines entsprechenden Beschlusses vorzuschlagen; die Entscheidung darüber trifft aber allein der Rat.

140 Auch wenn der Planentwurf nicht von einem Investor ausgearbeitet wird, braucht die Gemeinde – wie bereits angedeutet – die Planung nicht selbst, d. h. mit eigenen Fachkräften, auszuarbeiten. Entsprechend der schon seit langem geübten Praxis bestimmt § 11 Abs. 1 Satz 2 Nr. 1 BauGB, dass u. a. die Ausarbeitung städtebaulicher Planungen Gegenstand eines städtebaulichen Vertrages sein kann, m.a.W. die Planerstellung kann durch Vertrag auf außergemeindliche Institutionen (z. B. Ingenieurbüro) übertragen werden. Zu betonen ist aber die auf jeden Fall bei der Gemeinde verbleibende Verantwortung für das gesetzlich vorgesehene Planaufstellungsverfahren, § 11 Abs. 1 Satz 2 Nr. 1 a.E. BauGB.[157]
Geht die Erstellung des Planentwurfs nicht dem Aufstellungsbeschluss voraus, so schließt sie sich jedenfalls an diesen an, denn die Ausarbeitung einer Planung ist notwendige praktische Voraussetzung der weiteren gesetzlich vorgesehenen Verfahrensschritte.

II. Vorgezogene Bürgerbeteiligung

141 Die Einbeziehung der Bürger in das Planaufstellungsverfahren ist ein planvorbereitendes und planbegleitendes Instrument, das der Beschaffung und Vervollständigung des zur Planung notwendigen Abwägungsmaterials dient (Informationsfunktion), die Bürger in politische Entscheidungsprozesse einbinden soll (demokratische Funktion), ihnen die Möglichkeit gibt, ihre Interessen und Rechte geltend zu machen und zu wahren (Rechtsschutzfunktion) und schließlich die Akzeptanz der Planung unter den Betroffenen vergrößern soll (Integrationsfunktion).[158]

142 Das BauGB sieht im Prinzip eine **zweistufige Beteiligung der Bürger** beim Bauleitplanaufstellungsverfahren vor: als Erstes die „vorgezogene" Bügerbeteiligung nach § 3 Abs. 1 BauGB und daran anschließend die „förmliche" Bürgerbeteiligung, die öffentliche Auslegung (Offenlage) nach § 3 Abs. 2 BauGB. Die Zweistufigkeit existiert seit dem Jahre 1977; durch die Novelle 1976 wurde die vorgezogene Bürgerbeteiligung als Vorstufe zur fömlichen Auslegung eingeführt. Speziell die zusätzliche frühzeitige Beteiligung der Bürger ist nicht unumstritten, da sie den Verwaltungsaufwand der planenden Gemeinden erhöht und sich negativ im Hinblick auf Bodenspekulationen auswirken kann.[159]

---

157 Zu weiteren Möglichkeiten der Einschaltung (privater) Dritter vgl. unten Rn. 340 ff.
158 Vgl. BVerwG NVwZ 1988, 822; Gaentzsch in: Berliner Kommentar, BauGB, § 3 Rn. 3; Hoppe in: Hoppe/Grotefels, Öffentliches Baurecht, § 5 Rn. 75; Batttis in: Battis/Krautzberger/Löhr, BauGB, § 3 Rn. 3.
159 Vgl. Battis aaO.

143–145 Verfahren und Form der Bauleitpläne

143 **Die beiden Stufen der Bürgerbeteiligung**

1. Stufe: Vorgezogene Bürgerbeteiligung	2. Stufe: Öffentliche Auslegung (Offenlage)
(§ 3 Abs. 1 BauGB)	(§ 3 Abs. 3 BauGB)
Formfreies Verfahren	Streng formalisiertes Verfahren
Frühzeitige Unterrichtung über Ziele und Zwecke der Planung, Alternativen, Auswirkungen	Auslegung des Planentwurfs mit Erläuterungsbericht bzw. Begründung
Gelegenheit zur Äußerung und Erörterung	Gelegenheit zu Anregungen

1. Grundsätze der Beteiligung

144 Nach § 3 Abs. 1 BauGB sind die Bürger möglichst frühzeitig über die allgemeinen Ziele und Zwecke der Planung, sich wesentlich unterscheidende Lösungen, die für die Neugestaltung oder Entwicklung eines Gebiets in Betracht kommen, und die voraussichtlichen Auswirkungen der Planung öffentlich zu unterrichten; ihnen ist Gelegenheit zur Äußerung und Erörterung zu geben.

145 Im Gegensatz zu früheren gesetzlichen Bestimmungen[160] verzichtet das BauGB auf **formale und verfahrensmäßige Anforderungen** der Bürgerbeteiligung. Daher unterliegt die Gemeinde insofern keinen Bindungen, sie entscheidet selbst über die Art und Weise der Beteiligung. Früher bereits praktizierte und bewährte Verfahren können beibehalten werden.
Als Beteiligungsformen bieten sich beispielsweise eine der förmlichen Offenlage vergleichbare Auslegung des Planentwurfs mit Erläuterungen in den Diensträumen etwa des Planungsamtes (Rathaus; Bezirksrathaus), die Durchführung einer öffentlichen Informationsveranstaltung (Bürgerversammlung) – gegebenenfalls in dem betreffenden Stadtteil – mit Vertretern aus Rat und/oder Verwaltung oder auch schriftliche Ausführungen in der Presse an. Nicht zuletzt wird die Art und Weise der Beteiligung auch von dem Inhalt und der Sensibilität der zur Diskussion stehenden Planung abhängen (kleines Wohgebiet einerseits, Industrieansiedlung, Schnellstraße andererseits).

---

160 Vgl. § 2a Abs. 2 bis 4 BBauG.

Grundsätze der Beteiligung **146–149**

Zu beteiligen sind nach § 3 Abs. 1 BauGB die „**Bürger**". Wer Bürger in diesem Sinne ist, richtet sich nicht nach den in den Gemeindeordnungen der Länder enthaltenen Begriffen „Bürger" und „Einwohner". Der hier maßgebliche Bürgerbegriff ist vielmehr weit und umfasst nicht nur deutsche Staatsangehörige oder gar nur die Eigentümer der betroffenen Grundstücke, sondern praktisch „jedermann", d. h. jede natürliche und juristische Person, auch Ausländer und Personen, die nicht Gemeindeeinwohner sind. Dies bedeutet jedoch nicht, dass die Gemeinde versuchen muss, mit der öffentlichen Unterrichtung auch Auswärtige zu erreichen, sie darf interessierte Auswärtige nur nicht ausschließen, sie muss m.a.W. eine „gemeindliche Öffentlichkeit" herstellen.[161] **146**

Der **Zeitpunkt** für die Durchführung der Bürgerbeteiligung ist nicht festgelegt; das BauGB fordert lediglich die „möglichst frühzeitige" Durchführung. Vielfach wird sie nach dem Aufstellungsbeschluss erfolgen, ist jedoch nicht an diesen gekoppelt.[162] **147**
Entscheidender Maßstab der Frühzeitigkeit wird der Stand der Planung sein, der die Möglichkeit zur Darlegung der Ziele und Zwecke sowie der Auswirkungen und zur Erörterung bieten muss, was oftmals das Abwarten von Gutachten erforderlich machen dürfte.[163]

Die eigentliche Beteiligung gliedert sich in **zwei Verfahrensstufen**: die öffentliche Unterrichtung über die allgemeinen Ziele und Zwecke der Planung, Planungsalternativen, Auswirkungen usw. einerseits und die Gelegenheit zur Äußerung und Erörterung, was einer Anhörung gleichkommt, andererseits. Unterrichtung bedeutet Information; sie kann schlicht durch Aushang von Texten und Zeichnungen geschehen, aus denen sich jedoch entsprechend der gesetzlichen Forderung nach Unterrichtung über Ziele und Zwecke der Planung, Auswirkungen, Alternativen usw. nicht nur der Inhalt einer Planung, sondern auch eine kritische Auseinandersetzung ergeben muss.[164] **148**

Die Unterrichtung hat öffentlich zu erfolgen, d. h. alle interessierten Personen müssen zu ihr Zugang haben. In der Regel wird sich dies nur dadurch erreichen lassen, dass Ort und Zeit der Unterrichtung und der Gelegenheit zur Äußerung und Erörterung in der Weise bekannt gemacht werden, dass die Bürger zur Beteiligung „angestoßen"[165], d. h. gleichsam „mit der Nase auf die beabsichtigte Planung gestoßen" werden. **149**

---

161 Vgl. BVerwG DVBl. 1985, 110; Gaentzsch in: Berliner Kommentar, BauGB, § 3 Rn. 5.
162 Vgl. Battis in: Battis/Krautzberger/Löhr, BauGB, § 3 Rn. 8.
163 Vgl. Gaentzsch in: Berliner Kommentar, BauGB, § 3 Rn. 9.
164 Vgl. Gaentzsch in: Berliner Kommentar, BauGB, § 3 Rn. 6.
165 Vgl. Gaentzsch in: Berliner Kommentar, BauGB, § 3 Rn. 7; zur sog. Anstoßfunktion bei der Bekanntmachung der Offenlage vgl. unten Rn. 193.

150–154 Verfahren und Form der Bauleitpläne

150 Im Gegensatz zur Unterrichtung kann die Gelegenheit zur Äußerung und Erörterung, die den Bürgern zu gewähren ist, öffentlich sein, sie muss es aber nicht. Für diese zweite Phase der vorgezogenen Bürgerbeteiligung kommen daher auch Einzelgespräche mit interessierten Bürgern in Betracht. In jedem Fall fordert das Gesetz einen wie auch immer gearteten Dialog zwischen Bürger und Gemeinde, eine bloße Entgegennahme von Äußerungen und Stellungnahmen der Bürger reicht nicht, wobei allerdings die Initiative, sich zu äußern und Antworten zu verlangen, den Bürgern überlassen bleibt.[166]

151 Kommt es zu einer Änderung der Planung, ist das Beteiligungsverfahren nicht zu wiederholen, vielmehr schließt sich nach § 3 Abs. 1 Satz 3 BauGB unmittelbar das förmliche Offenlageverfahren nach § 3 Abs. 2 BauGB an.[167] Dies gilt auch dann, wenn sich die Gemeinde nach Durchführung der vorgezogenen Bürgerbeteiligung zu einer Planalternative entschließt, die sie vorher nicht ernsthaft in Betracht gezogen hat, und auch bei durch Planentwurfsänderungen bedingten mehrfachen Offenlagen.[168]

152 Entschließt sich die Gemeinde dagegen, aufgrund der Bürgerbeteiligung die bisherigen Ziele und Zwecke der Planung aufzugeben und in völlig andere Planungsüberlegungen einzutreten, kann im Rahmen dieses Verfahrens auf eine erneute Bürgerbeteiligung nicht verzichtet werden.[169]

2. Entbehrlichkeit der Unterrichtung und Erörterung

153 Nach § 3 Abs. 1 Satz 2 BauGB kann die Gemeinde in Bagatellfällen oder bei voraufgegangener anderweitiger Bürgerbeteiligung von der Unterrichtung und Erörterung absehen, nämlich dann, wenn
1. ein Bebauungsplan aufgestellt oder aufgehoben wird und sich dies auf das Plangebiet und die Nachbargebiete nicht oder nur unwesentlich auswirkt oder
2. die Unterrichtung und Erörterung bereits zuvor auf anderer Grundlage erfolgt sind.

154 Die Voraussetzungen für die Entbehrlichkeit der vorgezogenen Bürgerbeteiligung haben sich im BauGB 1998 geändert. In § 3 Abs. 1 Satz 2 BauGB ist die Bestimmung zum Flächennutzungsplan entfallen (bisher Nr. 1). Verfahrensmäßige Konsequenzen dürften damit aber nicht verbunden sein, da bei Änderungen oder Ergänzungen eines Flächennutzungsplanes, durch die die

---

166 Vgl. Gaentzsch in: Berliner Kommentar, BauGB, § 3 Rn. 14; Hoppe in: Hoppe/Grotefels, Öffentliches Baurecht, § 5 Rn. 79.
167 Zur Offenlage siehe unten Rn. 167 ff.
168 Vgl. hierzu unten Rn. 212.
169 Vgl. Gaentzsch in: Berliner Kommerntar, BauGB, § 3 Rn. 19.

Grundzüge der Planung nicht berührt werden, weiterhin das vereinfachte Verfahren nach § 13 BauGB angewendet werden kann.[170]

155 Nach der jetzigen ersten Alternative, die der bisherigen Nr. 2 entspricht, darf sich die Planaufstellung oder -aufhebung nicht oder nur unwesentlich auf das Gebiet oder auf Nachbargebiete auswirken. Diese Voraussetzung wird etwa ein Bebauungsplan erfüllen, der der Sicherung des vorhandenen Bestandes dient oder der sich als nicht qualifizierter Plan[171] auf wenige, die persönlichen Lebensumstände der in dem Gebiet wohnenden und arbeitenden Menschen nicht nennenswert berührende Festsetzungen beschränkt.[172]

156 In der Neuregelung ist in Nr. 2 (früher Nr. 3) die Voraussetzung entfallen, dass die Unterrichtung und Erörterung auf „planerischer" Grundlage erfolgt ist. Seinerzeit wurden als „andere planerische Grundlage" gerade auch informelle Rahmenplanungen sowie Entwicklungsplanungen angesehen. Der Zusammenhang einer früheren Unterrichtung und Erörterung mit einer derartigen Planung muss nicht mehr gegeben sein, d. h. es reicht eine „Bürgerversammlung" ohne Bezug zu einer dieser informellen Planarten aus. Nach wie vor ist aber zu fordern, dass die vorangegangene Unterrichtung und Erörterung in einem angemessenen zeitlichen Zusammenhang mit der beabsichtigten Bauleitplanung steht[173] und dass in der Zwischenzeit keine für die Planung erheblichen Veränderungen eingetreten sind.[174]

157 Im Kern handelt es sich bei dieser „Verzichtsalternative" der Nr. 2 nicht um einen echten Fall des Absehens von der vorgezogenen Bürgerbeteiligung, da diese bereits stattgefunden hat und die frühere Beteiligung nach Art und Weise einer vorgezogenen Beteiligung nach § 3 Abs. 1 BauGB gleichwertig sein muss.[175]

III. Beteiligung der Träger öffentlicher Belange

158 Neben der verfahrensmäßigen Beteiligung der Bürger bei der Planaufstellung fordert das BauGB auch eine intensive Beteiligung der sog. Träger öffentlicher Belange. Nach § 4 Abs. 1 BauGB hat die Gemeinde die Stellungnahmen

---

170 Vgl. Deutscher Städtetag, Beiträge zur Stadtentwicklung und zum Umweltschutz, Reihe E, Heft 27, Das neue Städtebaurecht, S. 20.
171 Vgl. hierzu oben Rn. 93 ff.
172 Vgl. Gaentzsch in: Berliner Kommentar, BauGB, § 3 Rn. 17; Battis in: Battis/Krautzberger/Löhr, BauGB, § 3 Rn. 10.
173 Vgl. OVG Münster NWVBl. 1994, 169.
174 Vgl. Gaentzsch in: Berliner Kommentar, § 3 Rn. 18.
175 Vgl. Gaentzsch in: Berliner Kommentar, BauGB, § 3 Rn. 18; Batttis in: Battis/Krautzberger/Löhr, BauGB, § 3 Rn. 10.

159, 160 Verfahren und Form der Bauleitpläne

der Behörden und sonstigen Träger öffentlicher Belange, deren Aufgabenbereich durch die Planung berührt wird, möglichst frühzeitig einzuholen, wobei die Beteiligung gleichzeitig mit der zweiten Stufe der Bürgerbeteiligung, der förmlichen Offenlage[176], durchgeführt werden kann, § 4 Abs. 1 Satz 2 BauGB (**Parallelbeteiligung**). Es muss sich jedoch um eine echte Beteiligung handeln; die bloße Benachrichtigung über die Auslegung des Planentwurfs[177] genügt nicht den Anforderungen an eine Beteiligung nach § 4 Abs. 1 BauGB.[178]

Die Länder haben die Beteiligung der Träger öffentlicher Belange zum Teil in Verwaltungsvorschriften geregelt.[179]

1. Träger öffentlicher Belange

159 Als Träger öffentlicher Belange sind die Behörden und Stellen anzusehen, denen durch Gesetz oder aufgrund eines Gesetzes **öffentliche Aufgaben zugewiesen** sind und die wegen dieser Aufgaben einen Bezug zur Bauleitplanung haben.[180]

Dazu gehören in erster Linie die öffentlichen Planungsträger i.S. des § 7 BauGB, das heißt z. B. die Fachplanungsträger nach § 38 BauGB, Träger von Planungen nach Wasserrecht, Natur- und Landschaftsrecht, Träger der Regionalplanung sowie die Nachbargemeinden[181], ferner Industrie- und Handelskammern, Handwerkskammern, Kirchen, Polizei wie auch Verkehrs- und Versorgungsunternehmen.[182]

160 Regelmäßig handelt es sich bei den Trägern öffentlicher Belange um **öffentlich-rechtliche Rechtsträger**. **Private Rechtsträger** gehören grundsätzlich nicht dazu, sie können ihre privaten Interessen im Rahmen der vorgezogenen Bürgerbeteiligung nach § 3 Abs. 1 BauGB und der förmlichen Offenlage nach § 3 Abs. 2 BauGB geltendmachen. Letztere sind jedoch dann zu den

---

176 Vgl. hierzu unten Rn. 174 ff.
177 Vgl. hierzu unten Rn. 178 ff.
178 Vgl. BVerwG DVBl. 1998, 331 (332).
179 Vgl. z. B. Bekanntmachung des Bayerischen Staatsministeriums des Innern v. 26. 6. 1987 (MBl. S. 446); Nds. VV-Bau v. 10. 2. 1983 (MBl. S. 317); RdErl. des Rh.-Pf. Ministers für Finanzen v. 8. 1. 1985 (MBl. S. 95), RdErl. des Schl.-Holst. Ministers des Innern v. 27. 10. 1987 (ABl. S. 464) m. Änderungen; Bekanntmachung des Thür. Innenministers v. 4. 3. 1993 (StAnz. S. 290, 698); zitiert bei Bielenberg in: Ernst/Zinkahn/Bielenberg, BauGB, § 4 Rn. 1.
180 Vgl. Gaentzsch in: Berliner Kommentar, BauGB, § 4 Rn. 3.
181 Vgl. hierzu BVerwGE 40, 323 (328).
182 Vgl. Gaentzsch in: Berliner Kommentar, BauGB, § 4 Rn. 3; Battis in: Battis/Krautzberger/Löhr, BauGB, § 4 Rn. 3; Bielenberg in: Ernst/Zinkahn/Bielenberg, BauGB, § 4 Rn. 5 ff.; vgl. auch die Übersicht bei Grauvogel in: Kohlhammer-Kommentar, BauGB, § 4 Rn. 20.

Trägern öffentlicher Belange zu zählen, wenn ihnen – entsprechend den eingangs dargestellten Merkmalen – durch Gesetz oder aufgrund eines Gesetzes die Wahrnehmung öffentlicher Belange übertragen ist, wie dies z. B. bei privaten Verkehrs- und Versorgungsunternehmen (private Gas- Elektrizitäts- und Wasserwerke) der Fall ist.[183]

Anerkannte **Naturschutzverbände** (vgl. § 29 BNatSchG i.V.m. den entsprechenden landesrechtlichen Bestimmungen: z. B. § 51 SchlHNatSchG, § 57 SächsNatSchG, § 39 NatSchG Bln) sind **keine Träger öffentlicher Belange**.[184] Auch **Sportorganisationen** können keine frühzeitige Beteiligung als Träger öffentlicher Belange nach § 4 BauGB beanspruchen; ihre Anhörung erfolgt im Zuge der zweistufigen Bürgerbeteiligung nach § 3 Abs. 1 und 2 BauGB.[185] **161**

Seit dem Inkrafttreten des BauGB 1998 bezieht sich das Beteiligungserfordernis nicht mehr nur auf innerstaatliche Träger öffentlicher Belange. Nach § 4a BauGB sind bei Bauleitplänen, die erhebliche Auswirkungen auf **Nachbarstaaten** haben können, die Gemeinden und Träger öffentlicher Belange des Nachbarstaates nach den Grundsätzen der (formellen) Gegenseitigkeit und (materiellen) Gleichwertigkeit zu unterrichten. Eine die Einzelheiten regelnde Gegenseitigkeitsvereinbarung kann dabei auf zwischenstaatlicher, Landes- oder kommunaler Ebene und auch zwischen Planungsregionen vereinbart werden. **162**

Das Gleichwertigkeitsgebot fordert Vergleichbarkeit sowohl bezüglich des Informationszeitpunktes als auch hinsichtlich des Aussageumfangs und der Aussagegenauigkeit; eine einseitige Verpflichtung nach deutschem Recht soll verhindert werden, und es soll zugleich ein Anreiz für vergleichbare gesetzliche Unterrichtungsregelungen in Nachbarstaaten geschaffen werden.[186]
Die Regelung, die der europäischen Integration dienen soll, beinhaltet allein eine formelle Beteiligungspflicht; ein materielles Abstimmungsgebot, wie es aufgrund des § 2 Abs. 2 BauGB für den innerstaatlichen Bereich gilt, existiert nicht.

2. Die Beteiligung

Das Beteiligungsverfahren der Träger öffentlicher Belange, das in in der Praxis schon immer erhebliche Schwierigkeiten bereitet hat, wurde unter Berücksichtigung der vorherigen Sonderbestimmungen des BauGB-MaßnG durch das BauGB 1998 insgesamt neu geregelt. **163**

---

183 Vgl. Battis in: Battis/Krautzberger/Löhr, BauGB, § 4 Rn. 3.
184 Vgl. BVerwG NVwZ 1998, 279.
185 Vgl. hierzu BT-Drucks. 13/7589, S. 25.
186 Vgl. BT-Drucks. 13/6392, S. 46; Deutscher Städtetag, Beiträge zur Stadtentwicklung und zum Umweltschutz, Reihe E, Heft 27, S. 21 (22).

164–166 Verfahren und Form der Bauleitpläne

Präzisiert wurde zunächst der Kreis der zu Beteiligenden. Waren es früher Träger öffentlicher Belange, die „von der Planung berührt werden können", so ist nunmehr Voraussetzung, dass ihr „Aufgabenbereich durch die Planung berührt wird". Die bisherige Normfassung hatte zur Folge, dass Träger öffentlicher Belange, die von dem Inhalt eines Bauleitplanes „berührt" waren, sich nicht nur zu Fragen ihres Aufgabenbereichs äußerten, sondern auch zu Belangen, die außerhalb ihrer Sachzuständigkeit lagen. Daher werden die Träger öffentlicher Belange nunmehr ausdrücklich ermahnt, sich auf ihren Aufgabenbereich zu beschränken.[187]

164 Die Stellungnahme kann zustimmende, ablehnende oder auch ergänzende Vorstellungen des einzelnen Trägers öffentlicher Belange beinhalten. In jedem Fall muss sie aber auch Aufschluss über von der betreffenden Institution beabsichtigte oder bereits eingeleitete Planungen und sonstige Maßnahmen sowie deren zeitliche Abwicklung geben, die für die städtebauliche Entwicklung und Ordnung des Gebiets bedeutsam sein können. Die Nichtbeachtung dieser zwingenden Planungskoordinationsregelung führt dazu, dass der Träger öffentlicher Belange, der zugleich Planungsträger i.S. des § 7 BauGB ist, nicht später unter Berufung auf schon im Zeitpunkt der Beteiligung beabsichtigte oder eingeleitete Planungen geltend machen kann, an den Flächennutzungsplan der Gemeinde nicht gebunden zu sein.

Die Abgabe der Stellungnahme hat binnen einer Frist von einem Monat zu erfolgen; die Frist soll jedoch von der Gemeinde bei Vorliegen eines wichtigen Grundes angemessen verlängert werden.

165 In gleicher Weise wie die Äußerungen der betroffenen Bürger sind die Stellungnahmen der Träger öffentlicher Belange Teil der von der Gemeinde als **Grundlage für die planerische Abwägung**[188] durchzuführenden Zusammenstellung der von der beabsichtigten Planung berührten Interessen (Sammlung des Abwägungsmaterials). Demgemäß bestimmt § 4 Abs. 3 BauGB, dass die Stellungnahmen in der Abwägung nach § 1 Abs. 6 BauGB zu berücksichtigen sind. „Zu berücksichtigen" heißt zugleich, dass die Äußerungen für die Gemeinde nicht bindend sind.[189]

166 Nicht fristgerecht vorgetragene Belange kann die Gemeinde nach § 4 Abs. 3 Satz 2 BauGB ignorieren, es sei denn, sie sind ihr bekannt oder hätten ihr bekannt sein müssen oder sie sind für die Rechtmäßigkeit der Abwägung von Bedeutung. Diese eingeschränkte Präklusionsregelung soll gegenüber den Trägern öffentlicher Belange „Signalwirkung für die zügige Durchführung des Beteiligungsverfahrens" haben und für solche verspätet vorgebrachten

---

187 Vgl. Stich, Wirtschaft und Verwaltung, Beilage zum GewArch, Heft 1/1998, 1 (4, Fn. 7).
188 Vgl. hierzu unten Rn. 433 ff.
189 Vgl. Stich, Wirtschaft und Verwaltung, Beilage zu GewArch, Heft 1/1998, 1 (5).

Belange eine materielle Ausschlusswirkung entfalten, „die das Grundgerüst der Planung nicht in Frage stellen und deshalb gegenüber dem Beschleunigungsgedanken hinten angestellt werden können"[190].

IV. Öffentliche Auslegung (Offenlage)

Außer der (informellen) vorgezogenen Bürgerbeteiligung[191] sehen die Planaufstellungsnormen seit jeher zwingend eine zweite (**streng formalisierte**) Stufe der Bürgerbeteiligung vor, der im Bauleitplanverfahren eine zentrale Bedeutung zukommt, die sog. Offenlage: Nach § 3 Abs. 2 BauGB sind die Bauleitpläne mit dem Erläuterungsbericht oder der Begründung einen Monat lang öffentlich auszulegen; während dieses Zeitraumes können Anregungen vorgebracht werden. **167**

Auf die Einhaltung der gesetzlichen Erfordernisse der Offenlage sollte die Gemeinde sehr genau achten, da Fehler, wenn auch nach neuem Recht prinzipiell nicht zur endgültigen Nichtigkeit, so aber doch zur vorläufigen Unwirksamkeit des Plans führen können bzw. unter Umständen umfangreiche „Planreparaturmaßnahmen" erforderlich machen.[192] **168**

1. Formalien

In der Praxis geht der öffentlichen Auslegung im Allgemeinen ein **Auslegungsbeschluss** voraus. Die Notwendigkeit eines solchen Beschlusses wie auch das dafür zuständige Organ ergeben sich jedoch weder aus dem BauGB noch aus sonstigem Bundesrecht, diese Fragen entscheidet allein das Gemeindeverfassungsrecht des Landes.[193] **169**

Abgesehen von zwingenden landesrechtlichen Regelungen[194] wird üblicherweise entweder der Gemeinderat oder zumindest der zuständige Ausschuss diesen Beschluss fassen und damit zugleich auch über den Inhalt des offenzulegenden Planentwurfs entscheiden, der aufgrund der vorgezogenen Bürgerbeteiligung und der Stellungnahmen der Träger öffentlicher Belange gegenüber dem Aufstellungsbeschluss vielfach bereits einige Änderungen erfahren hat. Ist der Beschluss nach Landesrecht rechtswidrig – etwa wegen Mitwirkung befangener Gemeinderäte –, ist gleichwohl der später beschlossene Bebauungsplan nach BauGB nicht deshalb nichtig.[195]

---

190 Vgl. BT-Drucks. 13/7589, S. 16.
191 Vgl. oben Rn. 141 ff.
192 Vgl. hierzu im Einzelnen unten Rn. 722 ff.
193 Vgl. Gaentzsch in: Berliner Kommentar, BauGB, § 3 Rn. 20.
194 Vgl. insoweit unten Rn. 306 ff.
195 Vgl. BVerwG NVwZ 1988, 916 = BauR 1988, 562 = DVBl. 1988, 958.

170 Mit dem **Planentwurf** sind der **Erläuterungsbericht** (beim Flächennutzungsplanentwurf) oder die **Begründung** (beim Bebauungsplanentwurf) öffentlich auszulegen. Insoweit handelt es sich nicht um die endgültigen Fassungen, die erst bei dem das eigentliche Aufstellungsverfahren abschließenden (Satzungs-)Beschluss des zuständigen Gemeindeorgans feststehen. Im Stadium der Offenlage geht es um die Begründung einer Planungsabsicht, beim abschließenden Beschluss dagegen um die Begründung einer getroffenen Entscheidung. Damit ist indes nicht ausgeschlossen – und wird vielfach auch so praktiziert –, dass der Gemeinderat bei seiner das Verfahren beendenden Beschlussfasssung überhaupt oder doch weitgehend den Entwurf des Erläuterungsberichts oder der Begründung übernimmt. Das wird sich namentlich dort anbieten, wo das formelle Auslegungsverfahren keine wesentlichen Anregungen und damit auch keine bedeutenden Änderungen des Planentwurfs erbracht hat und dementsprechend auch das Abwägungsmaterial im Kern mit dem übereinstimmt, was schon dem Planentwurf an Überlegungen zugrundelag.[196]

171 Erläuterungsbericht und Begründung sind ihrer Aufgabe und ihrem Inhalt nach weitgehend identisch. Sie sind nicht Teil des jeweiligen Planes. Auch dokumentieren sie nicht – wie dies bei Gesetzen der Fall ist – den subjektiven Willen des „historischen" Plangebers. Vielmehr sollen sie die Aussagen zu den zentralen Punkten des Bauleitplanes, deren Inhalt, Ziele und Auswirkungen verdeutlichen. Ihre Funktion ist nicht damit erfüllt, dass der Planinhalt lediglich wiederholt wird, wie dies früher bei manchen Kommunen üblich war, oder dass sie dokumentieren, welche Motive für den Plan und seinen Inhalt im Einzelnen maßgebend waren.[197] Erläuterungsbericht und Begründung müssen nämlich bei Änderung des Planentwurfs im Laufe des Aufstellungsverfahrens ebenfalls geändert werden, weil letztlich der in Kraft tretende Bauleitplan erläutert bzw. begründet sein muss, vgl. § 5 Abs. 5 und § 9 Abs. 8 BauGB.

172 Auf Funktion und Inhalt des **Erläuterungsberichts** zum Flächennutzungsplan geht der Gesetzgeber nicht weiter ein. In der Rechtsprechung[198] wird betont, dass der Erläuterungsbericht den **wesentlichen Anlass** und die **tragenden Gründe für die Planung** darzulegen hat. Er hat die Grundgedanken und Leitziele der Planung aufzuzeigen und sich mit Fragen auseinander zu setzen, denen es für die Planung maßgebliche Bedeutung zukommt, z. B. mit eventuellen Umweltauswirkungen der Flächennutzungsplandarstellungen. M.a.W. die Aufgabe des Erläuterungsberichts besteht insbesondere darin, die Notwendigkeit und die Gründe der Planung sowie die Planziele unter Be-

---

196 Vgl. zum Unterschied zwischen Entwurfsbegründung und Planbegründung BVerwGE 45, 309 (330 f.).
197 Vgl. BVerwGE 77, 300 (306) = BRS 47 Nr. 5 = DVBl. 1087, 1008 = DÖV 1987, 1015.
198 Vgl. VGH München BRS 29 Nr. 2 = BayVBl. 1976, 306.

rücksichtigung der zeichnerischen Darstellungen schriftlich zu erläutern bzw. das vom Plangeber Gewollte zu verdeutlichen.[199]

Dabei ist darauf zu achten, dass sich zwischen den **zeichnerischen und den schriftlichen Darstellungen kein Widerspruch** ergibt. Einer besonders eingehenden Darlegung bedarf es dann, wenn die Gemeinde in Anwendung des § 5 Abs. 1 Satz 2 BauGB Flächen und sonstige Darstellungen aus dem Flächennutzungsplan ausnimmt. **173**

Im Gegensatz zum Erläuterungsbericht legt der Gesetzgeber den Inhalt der **Begründung** zu einem Bebauungsplan fest. Nach § 9 Abs. 8 Satz 2 BauGB sind in ihr „**Ziele, Zwecke und wesentliche Auswirkungen des Bebauungsplans** darzulegen". Hierbei sollen sich die Gemeinden nicht nur auf eine (positive) Darlegung beschränken, sondern zugleich angeben, aus welchen Gründen beispielsweise andere Belange zurückgestellt worden sind. Zu den notwendigen Ausführungen gehört die Darlegung der die Planung auslösenden Bedürfnisse und Gegebenheiten, die im Hinblick auf das Abwägungsgebot[200] die Erforderlichkeit von Art und Umfang der getroffenen Festsetzungen begründet. **174**

Besonders ausführlich sind Festsetzungen zu begründen, die nach den Ermächtigungen des BauGB und der BauNVO nur bei Vorliegen „**besonderer städtebaulicher Gründe**" getroffen werden dürfen. Desgleichen bedürfen auch Abweichungen vom Entwicklungsgebot des § 8 Abs. 2 BauGB (selbständiger oder vorzeitiger Bebauungsplan)[201], planerische Entscheidungen und Maßnahmen im Zusammenhang mit der **naturschutzrechtlichen Eingriffsregelung**[202] oder einer eventuell duchzuführenden **Umweltverträglichkeitsprüfung (UVP)**[203] sowie die Beachtung des Gebotes eines sparsamen und schonenden **Umgangs mit Grund und Boden**[204] einer intensiven Begründung. Wie auch die neu in das BauGB 1998 aufgenommene Bestimmung des § 1a BauGB zeigt, haben **Umweltbelange** heute eine ganz erhebliche Bedeutung für die Planung, so dass die wesentlichen Auswirkungen des Planvollzuges auf die Umwelt in der Begründung zum Bebauungsplan wie auch im Erläuterungsbericht des Flächennutzungsplans eingehend darzulegen sind. **175**

Die Gemeinde sollte bei der Abfassung von Erläuterungsbericht und Begründung sehr sorgfältig vorgehen, weil beide eine wesentliche Hilfe für die Verdeutlichung des gemeindlichen Planungswillens sind und der Auslegung **176**

---

199 Vgl. BVerwGE 77, 300 (306) = BRS 47 Nr. 5; BVerwG NuR 1990, 79.
200 Vgl. hierzu unten Rn. 433 ff.
201 Vgl. hierzu unten Rn. 420 ff.
202 Vgl. hierzu unten Rn. 510 ff.
203 Vgl. hierzu unten Rn. 532 ff.
204 Vgl. hierzu unten Rn. 505.

der Darstellungen des Flächennutzungsplanes bzw. Festsetzungen des Bebauungsplanes dienen, wie sich aus der ständigen Rechtsprechung des Bundesverwaltungsgerichts ergibt.[205]

177 Keinen Bestandteil des Erläuterungsberichts oder der Begründung bildet die sog. Legende (Zeichenerklärung), mit der jeder Bauleitplan zu versehen ist. Sie dient lediglich dazu, die in dem Plan verwendeten Planzeichen mit ihrer Bedeutung durch Text zu erläutern, gleichgültig ob es sich um Planzeichen aus der Anlage zur PlanzV oder um von der Gemeinde selbst entwickelte Planzeichen handelt. Eine solche Legende ist Teil des betreffenden Flächennutzungsplans oder Bebauungsplans.

178 Planentwurf und Erläuterungsbericht bzw. Begründung sind auf die **Dauer eines Monats** (nicht 4 Wochen!) öffentlich auszulegen. Die früher in § 2 BauGB-MaßnG geregelten Verfahrenserleichterungen (Offenlage 2 Wochen) für die Fälle, in denen Bebauungspläne zur Deckung eines dringenden Wohnbedarfs der Bevölkerung aufgestellt, geändert oder ergänzt wurden, sind nicht in das BauGB 1998 übernommen worden.

179 Gemäß § 31 VwVfG berechnet sich die Frist nach den §§ 187 bis 193 BGB, d. h. der erste Tag der Offenlage wird mitgezählt[206], und die Auslegung endet mit Ablauf des Tages, der dem Tag vorausgeht, der in seiner Benennung oder Zahl dem Tag des Fristbeginns entspricht. Fällt das Ende der Frist auf einen Sonnabend, einen Sonntag oder einen gesetzlichen Feiertag, verlängert sich die Frist bis zum Ablauf des darauf folgenden Werktags.
§ 3 Abs. 2 Satz 1 BauGB setzt im Übrigen keine Zeiten (Stunden, Dienststunden) fest, während deren innerhalb der Monatsfrist die Auslegung zu erfolgen hat. Bundesrecht gebietet nicht, dass Bebauungsplanentwürfe während der gesamten Dienststunden der Gemeinde ausgelegt werden müssen.[207]

180 Eine **Beschränkung der öffentlichen Auslegung** auf die Dienststunden der Gemeindeverwaltung ist grundsätzlich unbedenklich; dies gilt auch dann, wenn die Auslegung weitgehend in die Schulferien gelegt worden ist.[208]
Nicht ausreichend ist dagegen eine Auslegung, die nicht während der gesamten Dienststunden, sondern nur während der sog. Verkehrsstunden für das Publikum in einem Dienstzimmer der Gemeindeverwaltung stattfin-

---

205 Vgl. insbesondere BVerwGE 68, 369 (376) = BRS 42 Nr. 51 = ZfBR 1984, 142 = DVBl. 1984, 632 = NJW 1984, 1775 = NVwZ 1984, 583; BVerwGE 77, 300 (306) = NVwZ 1988, 54; BVerwG NVwZ 1998, 538.
206 Vgl. hierzu den Beschluss des Gemeinsamen Senats der obersten Bundesgerichtshöfe vom 6. 7. 1972 in BVerwGE 40, 363 = BGHZ 59, 396 = BRS 25 Nr. 16 = BauR 1972, 350 = DÖV 1072, 820.
207 Vgl. BVerwG BRS 36 Nr. 22 = BauR 1980, 437 = DÖV 1980, 764 = DVBl. 1981, 99 = NJW 1981, 139 und BVerwG BRS 44 Nr. 90 = BauR 1985, 59.
208 Vgl. OVG Lüneburg BRS 44 Nr. 19.

det[209], wie auch eine Reduzierung der Offenlage auf die Zeiten des Publikumsverkehrs jedenfalls dann fehlerhaft ist, wenn sich aus der sonstigen Veröffentlichungspraxis der Gemeinde ergibt, dass auch außerhalb dieser Zeiten die Auslegung organisatorisch möglich ist und die Verkürzung der Auslegungszeit für den Planentwurf ohne zwingenden Grund erfolgte.[210]

181 Schließlich darf die Einsichtsmöglichkeit bei gleitender Arbeitszeit der Gemeinde nicht auf die Kernarbeitszeit beschränkt werden, wenn diese nur 26½ Stunden wöchentlich beträgt und am Freitagnachmittag keine Offenlage vorgesehen ist.[211]
Andererseits wird die Auslegung an vier Werktagen jeweils an Vor- und Nachmittagen (für je zwei Stunden) sowie am Freitagvormittag nach hessischem Bekanntmachungsrecht und nach Bundesrecht als ausreichend angesehen.[212]

182 Ebenso genügt nach Ansicht des Oberverwaltungsgerichts Lüneburg[213] die Auslegung eines Bebauungsplanentwurfs in einer ehrenamtlich verwalteten Gemeinde während zweier Vor- und Nachmittage über insgesamt 9 Stunden den gesetzlichen Anforderungen, wobei eine eingeschränkte Auslegung eines Planentwurfs in einer ehrenamtlich verwalteten Gemeinde durch eine großzügigere Auslegung des Planes in der Samtgemeinde ausgeglichen werden kann.

183 Die Bürger müssen Gelegenheit haben, in die auszulegenden Unterlagen Einblick zu nehmen. Dies bedingt, dass die Unterlagen vollständig, sichtbar, griffbereit und als zusammengehörig erkennbar in dem vorgesehenen Raum zur Verfügung stehen.[214] Unterlagen mit personenbezogenen Daten sind nicht auszulegen, weil hierdurch das Recht auf informationelle Selbstbestimmung[215] verletzt würde.[216] Das Mitauslegen eines Grundstückverzeichnisses mit Eigentümernamen wird man als zulässig ansehen können.[217]
Eine Verpflichtung zur Erläuterung der ausgelegten Unterlagen besteht nicht, wohl aber der nach § 3 Abs. 2 BauGB bestehenden Rechte.[218]

184 Insbesondere im Zusammenhang mit der Offenlage nach § 3 Abs. 2 BauGB stellt sich immer wieder die Frage nach der **Aushändigung von Planentwürfen**

---

209 Vgl. OVG Münster BRS 32 Nr. 13.
210 OVG Koblenz BRS 32 Nr. 12.
211 Vgl. OVG Münster BauR 1978, 278; siehe dazu Bussmann, BauR 1978, 447.
212 Vgl. VGH Kassel AgrarR 1991, 115.
213 Vgl. OVG Lüneburg NVwZ-RR 1998, 720 (LS).
214 Vgl. VGH Mannheim BRS 27 Nr. 15.
215 Vgl. hierzu BVerfG DVBl. 1984, 128.
216 Vgl. Gaentzsch in: Berliner Kommentar, BauGB, § 3 Rn. 21.
217 Vgl. Berkemann, ZfBR 1986, 155.
218 Vgl. Battis in: Battis/Krautzberger/Löhr, BauGB, § 3 Rn. 13.

oder der Anfertigung von **Kopien aus Plänen und Unterlagen**. Ein derartiger Anspruch des Bürgers existiert nicht.[219]

185 Nach Auffassung der ARGEBAU[220] bestehen jedoch keine Bedenken, den Gemeinden zu empfehlen, im Rahmen des Möglichen Wünschen auf Ablichtungen von Bebauungsplänen oder Entwürfen nachzukommen. Diese Ansicht entspricht den Grundsätzen einer bürgernahen Verwaltung und ist geeignet, die Bauleitplanung dem Bürger näher zu bringen. Die Aushändigung von Originalunterlagen sollte schon wegen der Gefahr des Verlustes unterbleiben; beim beschlossenen und bekannt gemachten Bebauungsplan sowie seiner Begründung scheidet sie bereits deshalb aus, weil diese Unterlagen nach § 10 Abs. 3 Satz 2 BauGB zu jedermanns Einsicht bereitzuhalten sind.
Werden Kopien aus Bauleitplänen oder aus sonstigen Unterlagen gefertigt, handelt es sich insoweit um eine Amtshandlung, für die eine **Verwaltungsgebühr** erhoben werden kann.

186 Gemäß § 3 Abs. 2 Satz 2 BauGB sind **Ort und Dauer der Auslegung mindestens eine Woche vorher ortsüblich bekannt zu machen** mit dem Hinweis darauf, dass Anregungen während der Auslegungsfrist vorgebracht werden können. Die Wochenfrist ist nach §§ 187 ff. BGB zu berechnen. Der Tag der Bekanntmachung zählt hiernach – anders als bei der einmonatigen Offenlagefrist – nicht mit. Die Frist beginnt daher am folgenden Tag und endet mit Ablauf des Tages, der durch seine Benennung oder Zahl dem Tag der Bekanntmachung entspricht (z. B. Bekanntmachung: Dienstag, Fristbeginn: Mittwoch, Fristende: Dienstag). Erst nach diesem Tag darf die Offenlage beginnen.[221]
Die Art der ortsüblichen Bekanntmachung richtet sich nach Landesrecht.[222]

187 Die **Wochenfrist ist eine Mindestfrist**, sie läuft parallel zu einer eventuellen kommunalrechtlichen Bekanntmachungsfrist. Ihr Sinn liegt darin, dass das eigentliche Bekanntwerden der Bekanntmachung mit Verzögerungen verbunden ist, die nicht die einmonatige Auslegungsfrist verkürzen sollen; dem Bürger soll nach Ablauf der (eventuellen) kommunalrechtlichen Bekanntmachungsfrist bzw. der Mindestfrist des § 3 Abs. 2 Satz 2 BauGB ein voller Monat zur Einsichtnahme zur Verfügung stehen.[223]

---

219 Vgl. VGH Kassel BRS 28 Nr. 18 und BRS 33 Nr. 13; VGH München BRS 30 Nr. 16; OVG Lüneburg OVGE 32, 370.
220 Siehe hierzu Hanf, Kopien aus Bebauungsplänen (Kostenersatz), BWGZ 1985, 712.
221 Zur Berechnung der Wochenfrist vgl. auch Johlen, BauR 1994, 561.
222 Vgl. auch unten Rn. 283.
223 Vgl. BVerwG BRS 24 Nr. 15 = DÖV 1971, 633 = DVBl. 1971, 795; OVG Lüneburg BRS 42 Nr. 24 = BauR 1984, 368 = ZfBR 1984, 295.

Offenlage: Formalien **188–192**

Wird die Auslegung des Planentwurfs so spät bekannt gemacht, dass die **188** kommunale Bekanntmachungsfrist oder die Wochenfrist des § 3 Abs. 2 Satz 2 BauGB erst nach Beginn der Auslegung endet, ist das nur dann unbeachtlich, wenn eine entsprechende Verlängerung der Auslegung aus der Bekanntmachung hervorgeht.[224]

Die Bekanntmachung ist mit dem **Hinweis** zu versehen, dass **während der** **189** **Auslegungsfrist Anregungen** (früher: Bedenken und Anregungen) vorgebracht werden können. Der Zusatz, die Anregungen seien „schriftlich" geltend zu machen, ist zwar unzulässig, führt aber nach Ansicht des VGH Kassel nicht zur Nichtigkeit des Verfahrens.[225]

Werden dagegen in die Bekanntmachung der Offenlage **Zusätze** aufgenommen, die als Beschränkung der zugelassenen Beteiligung verstanden werden können, führt dies zur Nichtigkeit des auf dieser Auslegung beruhenden Bebauungsplanes.[226] **190**
Nicht zulässig ist z. B. der Zusatz, Anregungen könnten während der üblichen Dienststunden im Rathaus vorgebracht werden, ohne einen Hinweis auf die außerdem bestehende Möglichkeit der schriftlichen Formulierung, da daraus der Schluss gezogen werden kann, dass die Anregungen nur mündlich und nicht etwa auch schriftlich vorgetragen werden können.[227]

Unschädlich ist dagegen nach einer Entscheidung des VGH München[228] der **191** Hinweis bei der Bekanntmachung, dass (Bedenken und) Anregungen während der Auslegungsfrist „in der Stadtverwaltung" vorgebracht werden können. Ebenso verstößt es nicht gegen die Bestimmung des § 3 Abs. 2 BauGB, wenn die Bekanntmachung mit dem Hinweis erfolgt, dass „Bedenken und Anregungen schriftlich oder zur Niederschrift" vorgetragen werden können und schriftlich vorgebrachte Bedenken und Anregungen „die volle Anschrift des Verfassers und gegebenenfalls die genaue Bezeichnung des betroffenen Grundstücks bzw. Gebäudes" enhalten „sollten"[229], oder der Zusatz lautet: „Es wird gebeten, die volle Anschrift und betroffene Grundstücke anzugeben"[230].

Den Beginn und das Ende der Auslegungsfrist braucht die Bekanntmachung **192** als Datum jedenfalls dann nicht zu nennen, wenn Fristbeginn und -ende im

---

224 Vgl. OVG Lüneburg BRS 42 Nr. 24 = BauR 1984, 368 = ZfBR 1984, 295; vgl. auch Beninde, BauR 1984, 433 mwN.
225 Vgl. VGH Kassel BRS 22 Nr. 23 = DÖV 1970, 756; vgl. auch VGH München BRS 38 Nr. 21.
226 Vgl. BVerwG BRS 33 Nr. 15.
227 Vgl. VGH Mannheim NVwZ-RR 1999, 14 (LS) = NuR 1998, 335 (LS).
228 Vgl. VGH München BRS 57 Nr. 35.
229 Vgl. VGH Mannheim NVwZ-RR 1997, 692 zu § 3 Abs. 2 BauGB a.F.
230 Vgl. VGH Mannheim NVwZ-RR 1997, 694 (LS) zu § 3 Abs. 2 BauGB a.F.

Hinblick auf die Erläuterungen in der Bekanntmachung und das auf derselben Seite des Bekanntmachungsorgans aufgeführte Erscheinungsdatum ohne Schwierigkeiten ausgerechnet werden können.[231]

193 Darüber hinaus muss sich die Bekanntmachung erkennbar auf einen ganz bestimmten Bauleitplan beziehen; das **Plangebiet** muss **hinreichend bestimmt** sein. Dies ist besonders wichtig bei einem Bebauungsplan, der im Gegensatz zum Flächennutzungsplan regelmäßig nicht das gesamte Gebiet einer Gemeinde erfasst, sondern nur einen kleinen Teil. Hier muss die Bekanntmachung in einer Weise erfolgen, die geeignet ist, dem an der beabsichtigten Bauleitplanung interessierten Bürger sein Interesse an Informationen und Beteiligung durch Anregungen bewusst zu machen (sog. **Anstoßfunktion der Bekanntmachung**)[232] und dadurch eine gemeindliche Öffentlichkeit herzustellen. Die Angabe lediglich einer Plannummer („Bebauungsplan Nr. 1, 2, 3") genügt nicht.[233] Damit wird regelmäßig nur angegeben, dass überhaupt ein Planungsvorhaben in der Gemeinde besteht. Andererseits reicht es aus, wenn die Bekanntmachung zur Kennzeichnung des Plangebiets an geläufige geographische Bezeichnungen anknüpft.[234]

194 Nach § 3 Abs. 2 Satz 3 BauGB sollen die Träger öffentlicher Belange von der Auslegung benachrichtigt werden. Diese Benachrichtigung ersetzt nicht das Beteiligungsverfahren nach § 4 BauGB; dieses ist auf jeden Fall durchzuführen. Die Träger öffentlicher Belange sollen offensichtlich die Möglichkeit erhalten, sich von der Berücksichtigung ihrer Belange im Planentwurf zu vergewissern und im Fall der Nichtberücksichtigung Anregungen zu erheben. Ein Verstoß gegen die Benachrichtigungspflicht führt jedenfalls dann nicht zur Nichtigkeit des Planes, wenn die Träger öffentlicher Belange zuvor im Rahmen einer vorgezogenen Bürgerbeteiligung an der Planung beteiligt waren und dabei keine Anregungen vorgebracht haben.[235]

2. Die Anregungen

195 Während der einmonatigen Offenlage besteht Gelegenheit, Anregungen vorzubringen. Die Bürger sollen ihre Anregungen mit dem Ziel und der Verpflichtung der Planungsbehörde einbringen, das Vorbringen bei der Abwä-

---

231 Vgl. VGH Mannheim NVwZ-RR 1997, 694 (LS) zu § 3 Abs. 2 BauGB a.F.
232 Vgl. BVerwGE 55, 369 (376) = BRS 33 Nr. 36 = BauR 1978, 276; BGH BRS 38 Nr. 27 = NJW 1981, 2060; BRS 39 Nr. 23 = NVwZ 1982, 331 = BauR 1982, 236 = ZfBR 1982, 132.
233 Vgl. BVerwGE 55, 369 (376), und BVerwG NVwZ 1989, 661 = BauR 1989, 303 = DÖV 1989, 452.
234 Vgl. BGH BRS 39 Nr. 23 = NVwZ 1982, 331 = BauR 1982, 236.
235 Vgl. VGH Mannheim AgrarR 1991, 114.

gung zu berücksichtigen (Beschaffung und Vervollständigung des notwendigen Abwägungsmaterials).[236]

196 Die planende Gemeinde soll auf die Interessen der Bürger aufmerksam gemacht und veranlasst werden, den Belangen gegebenenfalls durch eine Änderung des ausgelegten Planentwurfs Rechnung zu tragen. Ein solches Ergebnis hat zwangsläufig eine Neubearbeitung der Pläne und zumeist auch eine gewisse Verfahrensverzögerung zur Folge. Dies ist eine vom Gesetzgeber gerade gewünschte, einem Planaufstellungsverfahren unter Beteiligung der Bürger immanente Konsequenz, so dass es einer Gemeinde schlechthin versagt ist, sich den Argumenten der von der Planung berührten Privatpersonen von vornherein dadurch zu verschließen, dass sie diese als verfahrenshemmend zurückweist.[237]

197 War in der bisherigen Fassung des § 3 Abs. 2 Satz 2 BauGB auch von „Bedenken und Anregungen" die Rede, so dürfte die Reduzierung auf „Anregungen" jedoch insofern keine Änderung in der Sache bedeuten, als nunmehr gegen den Inhalt der Planentwürfe durchaus auch „kritische Anregungen" vorgebracht werden können.[238]

198 **Gegenstand der Anregungen** sind alle Fragen, die den Bauleitplan betreffen, einschließlich der seines Vollzuges und der damit verbundenen Vollzugsakte wie Umlegungs- oder Enteignungsverfahren oder Angelegenheiten der Erschließung. Das Wesentliche liegt darin, dass die Anregungen Bestandteil des Abwägungsmaterials[239] werden und demgemäß von der Gemeinde in die Abwägung einzustellen sind. Dass sie regelmäßig eine subjektive Meinung (Interessen) des Vortragenden darstellen, ist verständlich und wird bei der Abwägung entsprechend berücksichtigt.

199 Anregungen können von **jedermann**, d. h. von jeder natürlichen oder juristischen Person (AG, GmbH, Körperschaft usw.), vorgebracht werden, nicht nur von Betroffenen oder Beteiligten. Sie können **schriftlich** eingereicht oder **zur Niederschrift der Gemeindeverwaltung** erklärt werden. Form und Inhalt einer solchen Niederschrift sind im BauGB nicht erläutert; eine entsprechende Anwendung der Bestimmungen des Verwaltungsverfahrensgesetzes bzw. der Verwaltungsgerichtsordnung liegt daher nahe. Wie bei der Klageerhebung (§ 81 VwGO) begrenzt der Zweck den Umfang der Protokollierungspflicht. Seitens der Behörde (Gemeinde) sind deshalb die Anregungen

---

236 Vgl. BVerwGE 69, 344; BVerwG UPR 1988, 186; OVG Hamburg BRS 32 Nr. 27.
237 VGH Mannheim BRS 38 Nr. 36 = ZfBR 1981, 250.
238 Vgl. Stich, Wirtschaft und Verwaltung, Beilage zum GewArch, Heft 1/1998, 1 (4); Finkelnburg, NJW 1998, 1 (2); vgl. auch Krautzberger, Wirtschaft und Verwaltung, Heft 4/1997, 243 (251).
239 Vgl. hierzu unten Rn. 454 ff.

ihrem wesentlichen Inhalt nach in knapper Form aufzunehmen, soweit dies zu der für die Abwägung notwendigen Stoffsammlung erforderlich ist. Andere Erklärungen, wie z. B. Rechtsausführungen, brauchen nicht aufgenommen zu werden, insbesondere kann nicht – wie dies schon geschehen sein soll – verlangt werden, dass ein Bediensteter der Gemeinde gleichsam ein „Diktat aufnimmt".[240] Eine Unterschrift des „Anregenden" erscheint nicht unbedingt notwendig, ist aber zweckmäßig und wohl auch häufige Praxis.[241] Die Aufnahme der Niederschrift erfordert, dass eine mündliche Erklärung bei persönlicher Anwesenheit des „Anregenden" protokolliert wird[242]; die Protokollierung eines Telefonats wie auch der Aktenvermerk über einen mündlichen Antrag bzw. eine mündliche Aussage sind keine Niederschrift.[243]

Ein Recht auf mündlichen Vortrag vor den Organen der Gemeinde, speziell Rat oder Ausschuss, besteht nicht. Auch eine mündliche Verhandlung ist gesetzlich nicht vorgeschrieben, wenn sie auch in besonderen Fällen zweckmäßig sein kann.[244]

Um ihren Sinn als Bestandteil des Abwägungsmaterials zu erfüllen, müssen die Anregungen jedoch substantiiert sein, auf die Bezeichnung „Anregungen" kommt es allerdings nicht an.[245]

200 Eine **Pflicht, Anregungen vorzutragen, besteht nicht,** so dass den Betroffenen aus einem Schweigen prinzipiell keine Nachteile entstehen können. Es sollte aber beachtet werden, dass das Offenlageverfahren der Sammlung der für die planerische Abwägung relevanten Belange dient und nicht oder nicht fristgerecht vorgetragene Interessen von der Gemeinde nur zu beachten sind, wenn sie sich der planenden Gemeinde „aufdrängen". Werden keine Anregungen vorgetragen, kann dies daher unter Umständen zu einer abwägungsfehlerfreien Nichtbeachtung von Belangen führen. Aufgrund dessen kann das Verhalten des Einzelnen im Offenlageverfahren nach § 3 Abs. 2 BauGB erheblichen Einfluss auf die Beachtlichkeit eines Belanges für die Abwägung und damit auf die Antragsbefugnis in einem eventuellen späteren Normenkontrollverfahren haben.[246]

---

240 Vgl. insoweit zur Klageerhebung durch Niederschrift des Urkundsbeamten der Geschäftsstelle Geiger in: Eyermann, VwGO, § 81 Rn. 11.
241 Vgl. Stelkens/Schmitz in: Stelkens/Bonk/Sachs, Verwaltungsverfahrensgesetz, § 22 Rn. 40.
242 Vgl. Geiger in: Eyermann, VwGO, § 81 Rn. 12; Sachs in: Stelkens/Bonk/Sachs, Verwaltungsverfahrensgesetz, § 64 Rn. 12; BVerwGE 17, 166 (168); 26, 201 ff.; a.A. BGH NJW 1980, 1290 (1291).
243 Vgl. hierzu VGH Kassel NVwZ-RR 1991, 199.
244 Vgl. Hoppe in: Hoppe/Grotefels, Öffentliches Baurecht, § 5 Rn. 84.
245 Vgl. Hoppe aaO.
246 Vgl. Battis in: Battis/Krautzberger/Löhr, BauGB, § 3 Rn. 16; Bielenberg in: Ernst/Zinkahn/Bielenberg, BauGB, § 3 Rn. 48; vgl. auch Weyreuther, DÖV 1980, 389.

3. Das weitere Verfahren

201 Die fristgerecht vorgebrachten **Anregungen** sind nach § 3 Abs. 2 Satz 4 BauGB zu **prüfen**; das **Ergebnis** ist **mitzuteilen**. Ist im BauGB auch nur von der Prüfung der Anregungen die Rede, so ist jedoch darüber hinaus die Entscheidung der Gemeinde erforderlich, ob den Anregungen nicht Rechnung getragen oder ob mit Rücksicht auf das Vorgetragene der Plan geändert, ergänzt oder gar von der Planung ganz Abstand genommen wird.

202 Die Prüfung der Anregungen im Sinne einer Vorberatung und Empfehlung muss nicht vom Gemeinderat durchgeführt werden, sie kann auch durch ein anderes Gremium, namentlich einen Ausschuss erfolgen. Die eigentliche **Entscheidung** muss aber der **Rat** treffen, da anderenfalls ein Teil der planerischen Abwägung, nämlich die Entscheidung über das Abwägungsmaterial „Anregungen", unzulässigerweise dem Rat entzogen würde.[247]
Ein separater Ratsbeschluss ist indes nicht erforderlich, die Entscheidung kann beim Flächennutzungsplan zusammen mit dem Feststellungsbeschluss, beim Bebauungsplan zusammen mit dem Satzungsbeschluss nach § 10 Abs. 1 BauGB gefasst werden.

203 Die Prüfung und Abwägung hat sich auf die fristgerecht vorgebrachten Anregungen zu beziehen. Ob die Gemeinde verspätetes Vorbringen prüft, liegt prinzipiell in ihrem Ermessen, denn bei der Monatsfrist des § 3 Abs. 2 BauGB handelt es sich nicht um eine Ausschlussfrist. Derartige Anregungen darf sie aber dann nicht unbeachtet lassen, wenn es sich um abwägungserhebliche Gesichtspunkte handelt.[248]

204 In jedem Fall ist die Gemeinde bei **verspätetem Vorbringen** von einer formalen Behandlung (Prüfung), einer Mitteilung des Prüfungsergebnisses an die betreffenden Personen und – für den Fall einer notwendigen Plangenehmigung durch die höhere Verwaltungsbehörde – von der Vorlage einer Stellungnahme zu den Anregungen befreit.[249]

205 Eine Wiedereinsetzung in den vorigen Stand bei **Versäumnis der Auslegungsfrist** ist nicht möglich, da die Regelungen des § 210 BauGB wie auch des § 32 VwVfG nur für das Verwaltungsverfahren gelten. Bei der Aufstellung eines Bebauungsplanes handelt es sich dagegen um ein Rechtsetzungsverfahren, beim Flächennutzungsplan geht es jedenfalls nicht um ein Verwaltungsverfahren i.S. des § 9 VwVfG.[250]

---

247 Vgl. Gaentzsch in: Berliner Kommentar, BauGB, § 3 Rn. 26.
248 Siehe hierzu im Einzelnen unten Rn. 454 ff.
249 Vgl. Gaentzsch in: Berliner Kommentar, BauGB, § 3 Rn. 26.
250 Vgl. Bielenberg in: Ernst/Zinkahn/Bielenberg, BauGB, § 3 Rn. 39.

206 Den Bürgern und sonstigen Personen, die fristgerecht Anregungen vorgebracht haben, ist das Ergebnis der Prüfung mitzuteilen, § 3 Abs. 2 Satz 4 HS 2 BauGB. Die Mitteilung ist nicht an eine besondere Form gebunden, üblicherweise erfolgt sie schriftlich, eine mündliche Mitteilung reicht aber aus.[251] Auch eine Frist ist nicht bestimmt. Die Mitteilung kann daher auch noch nach Durchführung eines eventuellen Plangenehmigungsverfahrens den Anregern zugeleitet werden.[252]

207 Wird das Ergebnis der Prüfung erst nach eineinhalb Jahren mitgeteilt, so stellt dies zwar keine ordnungsgemäße Erfüllung der gesetzlichen Pflicht dar, führt aber nicht zur Ungültigkeit des Planes.[253]
Dies mag in gewisser Weise dafür sprechen, dass auch das Unterbleiben einer Mitteilung die Gültigkeit eines Planes nicht berührt.[254]

208 Eine Begründung ist ebenfalls nicht vorgeschrieben, dürfte sich aber regelmäßig empfehlen.

209 Über die Informationsfunktion hinaus kommt der Mitteilung keine rechtliche Bedeutung zu. Mangels Regelungsgehalts handelt es sich insbesondere nicht um einen Verwaltungsakt, der Gegenstand einer verwaltungsgerichtlichen Anfechtungsklage sein könnte.[255]
Gleichwohl wird man dem einzelnen Einsender von Anregungen im Hinblick auf mögliche weitere rechtliche Schritte ein subjektives Recht und damit einen klagbaren Anspruch auf Mitteilung verbunden mit der Möglichkeit zur Erhebung einer allgemeine Leistungsklage vor dem Verwaltungsgericht zubilligen müssen.[256]

210 Haben mehr als fünfzig (früher: einhundert) Personen Anregungen mit im Wesentlichen gleichem Inhalt vorgebracht, kann die Mitteilung des Ergebnisses der Prüfung nach § 3 Abs. 2 Satz 5 BauGB dadurch ersetzt werden, dass diesen Personen die Einsicht in das Ergebnis ermöglicht wird; die Stelle, bei der das Ergebnis der Prüfung während der Dienststunden eingesehen werden kann, ist ortsüblich bekannt zu machen (sog. Massenverfahren). Diese Verfahrensweise, die in Anlehnung an die entsprechenden Vorschriften der §§ 17 bis 19 VwVfG bereits mit der Novelle 1976 in das BBauG eingeführt wurde, wird sich namentlich bei Anregungen von Bürgerinitiativen anbieten.

211 Die Durchführung des Offenlageverfahrens und damit das Vorbringen von Anregungen kann **verschiedene weitere Verfahrensentwicklungen** zur Folge haben:

---

251 Vgl. VGH Mannheim BRS 22 Nr. 28.
252 Vgl. VGH Mannheim BRS 22 Nr. 27; VGH München BRS 30 Nr. 16.
253 Vgl. VGH Mannheim BRS 18 Nr. 5.
254 So Gelzer/Birk, Bauplanungsrecht, Rn. 349, Fn. 121.
255 Vgl. VGH München BayVBl. 1977, 182 = JZ 1977, 129.
256 Vgl. Bielenberg in: Ernst/Zinkahn/Bielenberg, BauGB, § 3 Rn. 54.

Offenlage: Verfahren **212–214**

1. Alternative: 212
Der Planentwurf wird dergestalt geändert oder ergänzt, dass die Grundzüge der Planung berührt werden. In diesem Fall ist nach § 3 Abs. 3 BauGB eine erneute öffentliche Auslegung durchzuführen, wobei die Dauer der Auslegung auf zwei Wochen verkürzt und zusätzlich bestimmt werden kann, dass Anregungen nur zu den geänderten oder ergänzten Planteilen vorgebracht werden können, § 3 Abs. 3 Satz 1 BauGB. Nach Auffassung des BVerwG liegt eine Ergänzung des Bauleitplans schon immer dann vor, wenn zu einem bereits geltenden Plan (hier: Planentwurf) eine weitere planerische Festsetzung (beim Flächennutzungsplan: Darstellung) hinzutritt.[257]
Bei weiteren Entwurfsänderungen oder -ergänzungen, die die Grundzüge der Planung berühren, muss das Verfahren wiederholt werden; sofern die Grundzüge der Planung nicht berührt werden, kann das vereinfachte Verfahren nach § 13 Nr. 2 BauGB entsprechend angewendet werden.[258]
Wird nach einer Entwurfsänderung weder eine erneute Auslegung noch ein vereinfachtes Verfahren durchgeführt, führt dieser Verfahrensfehler (sofern er beachtlich ist) nicht stets zur Nichtigkeit des gesamten Planes, er kann auch zur Teilnichtigkeit führen, wenn durch die Änderung die Grundzüge der Planung nicht berührt worden sind.[259]
Nach verfahrensmäßigem Abschluss der Änderungen/Ergänzungen folgt der Feststellungs-/Satzungsbeschluss als nächster Verfahrensschritt.[260]

2. Alternative: 213
Der Planentwurf wird dergestalt geändert oder ergänzt, dass die Grundzüge der Planung nicht berührt werden. Hier kann statt der erneuten Offenlage das vereinfachte Verfahren nach § 13 Nr. 2 BauGB entsprechend angewendet werden. Bei weiteren Änderungen/Ergänzungen muss das Verfahren gegebenenfalls wiederholt werden. Ist eine Änderung des Planentwurfs auf einen Teilbereich begrenzt und berührt sie die Grundzüge der Planung nicht, kann eine erneute Auslegung auf den betroffenen Bereich beschränkt werden, wenn und soweit dieser Teilbereich räumlich und funktional vom übrigen Plangebiet abgetrennt werden kann und die dieses Gebiet betreffenden Festsetzungen als eigenständige Planung bestehen bleiben können.[261]
Danach schließt sich als nächster Verfahrensschritt der Feststellungs-/Satzungsbeschluss an.

3. Alternative: 214
Die vorgetragenen Anregungen werden nicht berücksichtigt, d. h. die Gemeinde entspricht ihnen nicht durch Änderung oder Ergänzung des Planent-

---

257 BVerwGE 50, 115 = BRS 30 Nr. 17 = BauR 1976, 175 = NJW 1976, 1329.
258 Zum vereinfachten Verfahren vgl. im Einzelnen unten Rn. 330 ff.
259 Vgl. BVerwGE 82, 225 zu § 2a Abs. 6 und 7 BBauG.
260 Vgl. hierzu unten Rn. 220 ff.
261 Vgl. BVerwG BRS 49 Nr. 31 zu § 2a Abs. 6 und 7 BBauG.

215–219   Verfahren und Form der Bauleitpläne

wurfs. Hier folgt der Offenlage unmittelbar der Feststellungs-/Satzungsbeschluss als nächster Verfahrensschritt.

4. Alternative:
215 Es werden keine Anregungen vorgebracht. Auch in diesem Fall schließt sich unmittelbar der Feststellungs-/Satzungsbeschluss als nächster Verfahrensschritt an.

216 Eine Entwurfsergänzung mit lediglich klarstellender Bedeutung (festgesetztes Leitungsrecht diene der Wasserver- und Abwasserentsorgung) gibt weder Anlass zu einer erneuten Offenlage noch zu einem vereinfachten Verfahren nach § 13 Nr. 2 BauGB.[262]

217 Unabhängig von der konkreten Verfahrensentwicklung sind bei einer ausnahmsweise erforderlichen Genehmigung des Bauleitplans durch die höhere Verwaltungsbehörde[263] die **nicht berücksichtigten Anregungen** in jedem Fall der Genehmigungsbehörde mit einer gemeindlichen Stellungnahme vorzulegen, § 3 Abs. 2 Satz 6 BauGB. Nicht berücksichtigt sind die Anregungen, denen die Gemeinde nicht durch Änderung oder Ergänzung des Planentwurfs entsprochen hat; auf die entsprechenden Gründe ist in der Stellungnahme einzugehen.[264]

218 Die Genehmigungsbehörde prüft, ob in der Nichtberücksichtigung der Anregungen ein Rechtsfehler, d. h. konkret ein Verstoß gegen das Abwägungsgebot liegt; nur dies kann zu einer Versagung der Genehmigung führen.[265]

219 Ein Verstoß gegen die Vorlagepflicht führt zur Nichtigkeit des Bauleitplans[266], sofern der Fehler innerhalb der Jahresfrist des § 215 BauGB gerügt worden ist.[267] Eine telefonische Mitteilung an die höhere Verwaltungsbehörde soll aber ausreichen.[268]

---

262 Vgl. BVerwG NVwZ 1988, 822; Battis in: Battis/Krautzberger/Löhr, BauGB, § 3 Rn. 20.
263 Zum Genehmigungserfordernis vgl. unten Rn. 227.
264 Vgl. Gaentzsch in: Berliner Kommentar, BauGB, § 3 Rn. 28.
265 Vgl. Gaentzsch in: Berliner Kommentar, BauGB, § 3 aaO.
266 Vgl. VGH Mannheim VerwRspr. 22, 811.
267 Zur Beachtlichkeit von Fehlern sowie zum Grundsatz der Planerhaltung vgl. unten Rn. 698 ff.
268 Vgl. VGH München ZfBR 1985, 192.

V. Rats-/Satzungsbeschluss mit Erläuterungsbericht/ Begründung

Sind die einzelnen Beteiligungsverfahrensschritte (vorgezogene Bürgerbeteiligung, Beteiligung der Träger öffentlicher Belange, Offenlage) durchgeführt, steht als entscheidender Schritt noch der abschließende Beschluss der Gemeinde aus, durch den der Bauleitplan in seiner endgültigen Form mit seinem endgültigen Inhalt beschlossen wird. Nach diesem Verfahrensschritt steht nur noch die eventuelle Beteiligung der höheren Verwaltungsbehörde und die Schlussbekanntmachung aus – Schritte, die von Ausnahmen abgesehen nicht mehr zu einer inhaltlichen Änderung der Planung führen. **220**

Dieser abschließende Beschluss ist beim Flächennutzungsplan der sog. Feststellungsbeschluss, beim Bebauungsplan der Satzungsbeschluss nach § 10 Abs. 1 BauGB; im Stadtstaat Bremen werden die Bebauungspläne als Ortssatzungen, in Hamburg und Berlin in der Form der Rechtsverordnung festgestellt.[269] **221**

Beide Beschlüsse sind auf jeden Fall vom Gemeinderat zu fassen; die Beschlussfassung kann nicht auf andere Organe der Gemeinde (z. B. Planungsausschuss) und schon gar nicht auf außenstehende Dritte (Private) übertragen werden.
Beim vorhabenbezogenen Bebauungsplan ist darauf zu achten, dass nach der seit dem 1. 1. 1998 geltenden Bestimmung des § 12 Abs. 1 Satz 1 BauGB vor dem Satzungsbeschluss der zwischen Vorhabenträger und Gemeinde abzuschließende Durchführungsvertrag abgeschlossen wird. **222**

Die entscheidende Bedeutung dieses Verfahrensschrittes liegt darin, dass die Gemeinde mit dem Verfahrensabschluss zugleich auch inhaltlich ihre endgültige planerische Entscheidung trifft, d. h. über sämtliche materiellen Wirksamkeitsvoraussetzungen des Bauleitplanes entscheidet. Im Zeitpunkt des Feststellungs- oder Satzungsbeschlusses müssen daher hinsichtlich des beschlossenen Planes nicht nur alle bis dahin einzuhaltenden formellen, sondern auch alle materiellen Rechtmäßigkeitsvoraussetzungen erfüllt sein; insbesondere hat der Rat – wie sich aus der Bestimmung des § 214 Abs. 3 Satz 1 BauGB ergibt – im Zeitpunkt dieser Beschlussfassung unter Zugrundelegung der dann geltenden Sach- und Rechtslage die Abwägung der von der Planung berührten öffentlichen und privaten Belange vorzunehmen und damit über das „Herzstück" der Planung zu entscheiden.[270] **223**

---

269 Zu den verfassungsrechtlich begründeten landesrechtlichen Besonderheiten hinsichtlich der Form der Rechtsetzung beim Bebauungsplan in den Ländern Berlin, Hamburg und Bremen vgl. die Regelung in § 246 Abs. 2 BauGB („Stadtstaatenklausel"): Die Länder Berlin und Hamburg bestimmen die an die Stelle der Satzung tretende Rechtsform, das Land Bremen kann eine solche Bestimmung treffen.
270 Zur Abwägung siehe unten Rn. 433 ff.

224 Dieser grundlegende Aspekt findet seinen formellen Niederschlag in den Vorschriften des § 5 Abs. 5 und des § 9 Abs. 8 BauGB. Danach ist dem Flächennutzungsplan ein Erläuterungsbericht, dem Bebauungsplan eine Begründung beizufügen. Die **Begründung des Bebauungsplans**, die ebenfalls vom **Rat der Gemeinde beschlossen werden muss**, enthält die Darlegung der „Ziele, Zwecke und wesentliche(n) Auswirkungen des Bebauungsplans", d. h. nähere Ausführungen zu Anlass, Inhalt und Folgen der Planung, einschließlich einer abwägenden Auseinandersetzung mit den betroffenen Interessen und möglichen Planalternativen.[271]
Dieselbe Funktion hat beim Flächennutzungsplan der **Erläuterungsbericht**, auch er ist **vom Gemeinderat mit zu beschließen**.[272]

225 Schreibt das BauGB vor, dass der **Bebauungsplan als Satzung zu beschließen** ist, § 10 Abs. 1 BauGB, fehlt es für den Flächennutzungsplan an einer Bestimmung, wie die Gemeinde die im Flächennutzungsplan enthaltenen Darstellungen beschließen soll. In § 214 Abs. 1 Nr. 3 BauGB ist jedoch parallel zum Satzungsbeschluss des Bebauungsplanes ein „**Beschluss der Gemeinde über den Flächennutzungsplan**" genannt. Dieser vom Gemeinderat zu fassende Beschluss wird in der gemeindlichen Praxis grundsätzlich als „**Feststellungsbeschluss**" bezeichnet.[273]

226 Die Vertretungskörperschaft der Gemeinde stellt durch diesen Beschluss fest, dass der Flächennutzungsplan mit seinen Darstellungen und der Inhalt des beizufügenden Erläuterungsberichts angenommen und dass nunmehr das erforderliche Genehmigungs- und Bekanntmachungsverfahren von der Verwaltung eingeleitet wird. Über den genauen Wortlaut des Beschlusses entscheidet die Gemeinde; er ist in die Niederschrift über die Ratssitzung aufzunehmen und der höheren Verwaltungsbehörde im Genehmigungsverfahren vorzulegen.

VI. Beteiligung der höheren Verwaltungsbehörde

227 Mit dem Inkrafttreten des BauGB 1998 wurde die Beteiligung der höheren Verwaltungsbehörde (Bezirksregierung/Regierungspräsident) im Bauleitplanverfahren erheblich eingeschränkt. Eine **Genehmigungspflicht** besteht **nur noch im Ausnahmefall**, nämlich bei Aufstellung, Änderung, Ergänzung und Aufhebung von Flächennutzungsplänen und bei Bebauungsplänen, die

---

271 Zu den Einzelheiten der Begründung vgl. oben Rn. 170 ff.
272 Vgl. Gaentzsch in: Berliner Kommentar, BauGB, § 5 Rn. 40.
273 Siehe hierzu Nr. 35 der „VV-BBauG-1980" in Nds. MBl. 1980, S. 1513, und § 2 Hamb. Gesetz über die Feststellung von Bauleitplänen und ihre Sicherung i.d.F. vom 4. 4. 1978 (GVBl. S. 89), geändert durch Gesetz vom 22. 9. 1987 (GVBl. S. 177).

nicht dem prinzipiellen Entwicklungsgebot des § 8 Abs. 2 BauGB entsprechen, d. h. bei Bebauungsplänen, die ohne Flächennutzungsplan aufgestellt werden (selbständiger Bebauungsplan, § 8 Abs. 2 BauGB), und bei Bebauungsplänen, die vor dem Flächennutzungsplan bekannt gemacht (vorgezogener Bebauungsplan, § 8 Abs. 3 Satz 2 BauGB) bzw. aufgestellt, geändert usw. werden (vorzeitiger Bebauungsplan, § 8 Abs. 4 BauGB).[274] Für Gemeinden in den neuen Ländern ohne Flächennutzungsplan bleibt es allerdings wie bisher bei der Genehmigungspflicht.[275]

228 Das bis zum 31. 12. 1997 geltende **Anzeigeverfahren** ist bundesrechtlich ersatzlos **entfallen**, die **Länder** können jedoch nach § 246 Abs. 1 a BauGB für nicht genehmigungspflichtige Bebauungspläne das Anzeigeverfahren (**landesrechtlich**) **wieder einführen.** Mit Ausnahme von Mecklenburg-Vorpommern[276] ist – soweit ersichtlich – von dieser Ermächtigung bisher jedoch kein Gebrauch gemacht worden.

229 Im Ergebnis bedarf es daher bei aus dem Flächennutzungsplan entwickelten Bebauungsplänen keiner Einschaltung der Aufsichtsbehörde mehr, es sei denn, es besteht eine landesrechtliche Anzeigepflicht. Diese weit gehende Freistellung stellt nach Ansicht des Gesetzgebers „einen wichtigen Beitrag zum Abbau überkommener staatlicher Kontrolltätigkeiten dar" und dient der Beschleunigung der Planverfahren wie der Stärkung der kommunalen Planungshoheit.[277]

230 Im Schrifttum ist dagegen auf den Wegfall der „Filterwirkung" der präventiven staatlichen Kontrolle hingewiesen worden, die nicht zuletzt auch die Gemeinden selbst vor den nachteiligen Folgen ihrer Handlungen bewahrt habe[278], zumal nach § 216 BauGB von der Aufsichtsbehörde sämtliche Rechtsverstöße – auch die in einem gerichtlichen Normenkontrollverfahren nach §§ 214, 215 BauGB unbeachtlichen – zu prüfen sind, sowie auf die Gefahr, dass die Gemeinden nun in eine zunehmende „Schere" zwischen dem Übergewicht privater Interessen und der abnehmenden Kompetenz übergeordneter staatlicher Stellen gerieten.[279]

231 Zu beachten ist aber, dass die Gemeinden nach wie vor der allgemeinen Kommunalaufsicht unterliegen und von daher nach wie vor eine staatliche

---

274 Zum Entwicklungsgebot des § 8 Abs. 2 BauGB und seinen Ausnahmen vgl. unten Rn. 407 ff.
275 Vgl. Stüer, DVBl. 1997, 1201 (1208).
276 Vgl. § 5 AG-BauGB M-V vom 30. 1. 1998 (GVBl. M-V S. 110) i.V.m. § 1 der Anzeigepflichtverordnung vom 5. 2. 1998 (GVBl. M-V S. 124).
277 Vgl. BT-Drucks. 13/7589, S. 16; vgl. auch Lüers, DVBl. 1998, 433 (441).
278 Vgl. hierzu Dolde, NVwZ 1996, 209 (213); Stüer, DVBl. 1996, 177 (184).
279 Vgl. Stollmann, NuR 1998, 578 (579).

232–235 Verfahren und Form der Bauleitpläne

Aufsicht hinsichtlich eines rechtmäßigen Verhaltens auch im bauleitplanerischen Bereich besteht.

232 In den Ländern Berlin und Hamburg gibt es keine Kommunalaufsicht, daher entfällt dort bereits aus diesem Grunde das Genehmigungsverfahren. Das Land Bremen, das aus den Gemeinden Bremen und Bremerhaven besteht, hat die Möglichkeit, den Fortfall der Genehmigung zu bestimmen.[280]

1. Das Genehmigungsverfahren

233 Zuständig für die Genehmigung ist die **höhere Verwaltungsbehörde**. Wer höhere Verwaltungsbehörde ist, ist eine Frage des jeweiligen Landesrechts. Teilweise sind es die zuständigen Ministerien (Saarland, Schleswig-Holstein, Mecklenburg-Vorpommern), in Brandenburg ist es das Landesamt für Bauen, Bautechnik und Wohnen, in den übrigen Flächenländern sind es im Allgemeinen die Bezirksregierungen (Regierungspräsidenten).

234 Die formellen und materiellen Voraussetzungen der Genehmigung eines Flächennutzungsplanes und der (ausnahmsweise erforderlichen) Genehmigung eines Bebauungsplanes sind im Prinzip gleich. Notwendig ist zunächst ein grundsätzlich formloser, teilweise auch landesrechtlich formalisierter[281] **Antrag der Gemeinde**. Zur sachgerechten Prüfung durch die höhere Verwaltungsbehörde sind diesem Antrag als Unterlagen mindestens beizufügen:
– der vom Gemeinderat beschlossene Bauleitplan mit den erforderlichen Ausfertigungen,
– der Erläuterungsbericht bzw. die Begründung,
– die Stellungnahmen der Träger öffentlicher Belange,
– die nicht berücksichtigten Anregungen mit einer Stellungnahme der Gemeinde,
– die Beschlüsse (Niederschriften) der zuständigen Gremien zu den einzelnen Verfahrensschritten[282].

235 Genau genommen müsste der höheren Verwaltungsbehörde die gesamte Planaufstellungsakte der Gemeinde einschließlich aller Anregungen, Stellungnahmen, Gutachten, Beschlüsse sämtlicher Gemeindegremien, Protokolle usw. vorgelegt werden, da nur auf dieser Grundlage eine echte Rechtmäßigkeitsprüfung, speziell hinsichtlich einer korrekten Abwägung, durch die Aufsichtsbehörde erfolgen kann. In der Praxis geschieht dies jedoch zu-

---
280 Die Bestimmung ist erfolgt durch § 1 des Gesetzes vom 21. 3. 1977 (GBl. 1977 S. 197).
281 Vgl. z. B. für Niedersachsen Ziff. 36 der „VV-Bau-1980", Nds. MBl. 1980, S. 1513, zuletzt geändert durch RdErl. vom 6. 3. 1991 (Nds. MBl. S. 470) und für Baden-Württemberg „Genehmigungsanträge für Flächennutzungs- und Bebauungspläne", BWGZ 1977, S. 682.
282 Vgl. näher Gierke in: Kohlhammer-Kommentar, BauGB, § 6 Rn. 50.

meist nicht, und die höheren Verwaltungsbehörden geben sich regelmäßig – aus welchen Gründen auch immer – mit nur wenigen, teilweise geradezu „dürftigen" Unterlagen zufrieden.

236 Die Genehmigung darf nach der Bestimmung des § 6 Abs. 2 BauGB, die nicht nur für die Aufstellung, Änderung, Ergänzung und Aufhebung von Flächennutzungsplänen, sondern nach § 10 Abs. 2 Satz 2 BauGB auch für genehmigungspflichtige Bebauungspläne gilt, nur versagt werden, wenn der Bauleitplan nicht ordnungsgemäß zustande gekommen ist oder dem BauGB, den aufgrund des BauGB erlassenen oder sonstigen Rechtsvorschriften widerspricht, m.a.W. wenn ein formeller oder materieller Rechtsverstoß vorliegt. Diese Regelung hat zwei Konsequenzen:
Zum Ersten obliegt der höheren Verwaltungsbehörde nur eine reine **Rechtmäßigkeitskontrolle**, nicht auch eine Zweckmäßigkeitskontrolle[283], d. h. die Aufsichtsbehörde kann nicht die Genehmigung eines Planes verweigern, der ihr lediglich „nicht gefällt", ohne dass zugleich ein konkreter Verstoß gegen eine Rechtsnorm gegeben ist. Hierauf sollten die Gemeinden achten, da dies erfahrungsgemäß von den höheren Verwaltungsbehörden zuweilen nicht beachtet und versucht wird, an Stelle der Gemeinde zu planen. Dies ist ein unzulässiger Eingriff in die gemeindliche Planungshoheit.
Zum Zweiten trifft die Genehmigungsbehörde zwar eine Pflicht zur Überprüfung und – falls keine Genehmigung unter Auflagen in Betracht kommt – zur Versagung der Genehmigung bei Vorliegen von Rechtsverstößen, die Gemeinde hat aber andererseits einen **Anspruch auf** Erteilung der **Genehmigung**, wenn keine Rechtsverletzung ihrer Planung vorliegt.

237 Ein Rechtsverstoß kann formeller oder materieller Art sein. In formeller Hinsicht prüft die Aufsichtsbehörde, ob der Bauleitplan in seiner äußeren Form den Anforderungen entspricht und ob verfahrensmäßig die Vorschriften des BauGB[284] und des jeweiligen Landesrechts, insbesondere die Bestimmungen des Kommunalrechts[285], beachtet sind. Die materielle Prüfung erstreckt sich auf die materiellen Regelungen im BauGB, der BauNVO und der PlanzV (Inhalt des Plans, Abwägung, Entwicklungsgebot usw.)[286], auf sonstige bundesrechtliche Bestimmungen (z. B. BImSchG, BNatSchG) sowie ferner insbesondere auch auf landesrechtliche Vorschriften, wie z. B. des Denkmalschutzrechts und des Landschaftsschutzrechts.[287]

---

283 Vgl. Gierke in: Kohlhammer-Kommentar, BauGB, § 6 Rn. 21.
284 Vgl. hierzu oben Rn. 123 ff.
285 Vgl. hierzu unten Rn. 301 ff.
286 Vgl. hierzu unten Rn. 351 ff.
287 Vgl. BVerwG BRS 48 Nr. 16 zum Verstoß eines Bebauungsplanes gegen Regelungen einer Landschaftsschutzverordnung und VGH Mannheim NuR 1998, 146 zu einem Bebauungsplan, der im Widerspruch zu § 24a Abs. 2 NatSchG BW Handlungen erlaubt, die zu einer Zerstörung oder erheblichen oder nachhaltigen Beeinträchtigung eines besonders geschützten Biotops führen können.

69

238 Die höhere Verwaltungsbehörde hat eine umfassende Rechtsprüfung vorzunehmen. Dabei hat sie gemäß § 216 BauGB auch die Vorschriften in die Prüfung mit einzubeziehen, deren Verletzung sich nach den sog. Unbeachtlichkeitsregelungen bzw. Planerhaltungsnormen der §§ 214, 215 BauGB[288] auf die Rechtswirksamkeit des Bauleitplanes nicht auswirkt.

239 Die Erteilung der **Genehmigung** wie ihre Versagung ist gegenüber der Gemeinde ein **Verwaltungsakt**.[289]
Anders ist dies für den Bürger. Ihm gegenüber ist die Genehmigung nur integrierender Bestandteil des einheitlichen Planaufstellungsverfahrens. Daher kann die Erteilung der Genehmigung von der Gemeinde, nicht aber von dritter Seite (z. B. Bürger) zum Gegenstand einer verwaltungsgerichtlichen Klage (Nichtigkeitsfeststellungs- oder Anfechtungsklage) gemacht werden.[290]

240 Liegt kein Rechtsverstoß vor, muss die Aufsichtsbehörde die Genehmigung erteilen; stellt sie einen Rechtsverstoß fest, ist die Genehmigung zu versagen. Alternativ zu einer Genehmigungsversagung kann die Erteilung einer **Genehmigung unter Auflagen** in Betracht kommen. Zwar ist die entsprechende, früher im BBauG enthaltene gesetzliche Regelung in das BauGB nicht aufgenommen worden, dies wurde jedoch vom Gesetzgeber wegen der sich bereits aus dem VwVfG ergebenden Möglichkeit der Genehmigungserteilung unter Auflagen für entbehrlich gehalten.[291]

241 Auch das Bundesverwaltungsgericht hat in einigen Entscheidungen die Zulässigkeit einer Genehmigung unter Auflagen bestätigt.[292] An dieser Rechtslage hat sich bis heute nichts geändert. Auflagen sind als Nebenbestimmungen zur Genehmigung der Aufsichtsbehörde nach wie vor zulässig – im Gegensatz zu Bedingungen (jedenfalls auflösenden), Widerrufsvorbehalten und Befristungen.[293]
Letztlich fordert das (verfassungsrechtliche) Verhältnismäßigkeitsprinzip (Übermaßverbot) geradezu die Zulässigkeit von Auflagen: Eine Genehmigung soll nicht versagt werden müssen, wenn behebbare Rechtsfehler vorliegen.[294]

242 Der Begriff der Auflage ist hier nicht im engen technischen Sinne des § 36 VwVfG zu verstehen, d. h. in dem Sinne, dass von der Gemeinde ein „Tun,

---

288 Vgl. hierzu unten Rn. 698 ff.
289 Vgl. BVerwGE 34, 301; BVerwG BRS 46 Nr. 4.
290 Vgl. OVG Lüneburg BRS 23 Nr. 27 = DVBl. 1971, 322.
291 Vgl. BT-Drucks 10/4630, S. 69.
292 Vgl. BVerwG NJW 1985, 1569; NJW 1987, 1346; NVwZ 1987, 317.
293 Vgl. Gaentzsch in: Berliner Kommentar, BauGB, § 6 Rn. 9; Löhr in: Battis/Krautzberger/Löhr, BauGB, § 6 Rn. 15, 16; zum Teil a.A. Gierke in: Kohlhammer-Kommentar, BauGB, § 6, Rn. 90, 91.
294 Vgl. Gaentzsch, aaO Rn. 10.

Genehmigungsverfahren **243–246**

Dulden oder Unterlassen" verlangt wird. Vielmehr darf die Genehmigung auch unter solchen Maßgaben und Einschränkungen erteilt werden, die sich auf den Inhalt des Bauleitplanes beziehen.[295]
Ist dies der Fall, muss sich die Gemeinde die Änderungen durch einen erneuten, vom Rat zu fassenden Feststellungs- bzw. Satzungsbeschluss zu Eigen machen, sie muss den Änderungen beitreten (**Beitrittsbeschluss**)[296], es sei denn, es handelt sich lediglich um rein redaktionelle Änderungen.[297]

Zu beachten ist aber, dass zumeist ein solcher Beitrittsbeschluss nicht ausreicht. Wird der Planinhalt geändert, bedeutet dies eine Änderung des Planentwurfs nach seiner öffentlichen Auslegung und damit zugleich die Notwendigkeit einer erneuten Auslegung bzw. – falls die Gründzüge der Planung nicht berührt werden – zumindest die Durchführung eines vereinfachten Verfahrens nach § 13 Nr. 2 BauGB.[298] **243**

Nur wenn im erneuten Offenlageverfahren Anregungen vorgetragen und nicht berücksichtigt werden, sind diese der höheren Verwaltungsbehörde vorzulegen, d. h. es ist ein neues Genehmigungsverfahren durchzuführen; ansonsten bedarf es keiner nochmaligen Vorlage bei der Genehmigungsbehörde.[299] **244**

Beim Flächennutzungsplan besteht die Besonderheit, bei Rechtsfehlern, die nur einzelne räumliche oder sachliche Teile des Planes betreffen und die – auch durch Auflagen – nicht ausgeräumt werden können, diese räumlichen und sachlichen **Teile des Planes von der Genehmigung auszunehmen**, ohne dass es eines entsprechenden Antrags der Gemeinde bedarf, § 6 Abs. 3 BauGB. Die Voraussetzungen, die der Gesetzgeber bewusst nicht geregelt hat[300], ergeben sich aus einer sinngemäßen Anwendung des § 5 Abs. 1 Satz 2 BauGB, d. h. die Herausnahme darf sich nur auf Teile erstrecken, die die Grundkonzeption des Planes nicht berühren.[301] **245**

Unter den gleichen Voraussetzungen kann die Gemeinde nach der zuletzt genannten Bestimmung Flächen und sonstige Darstellungen aus dem Flächennutzungsplan ausnehmen, d. h. von sich aus Teilbereiche nicht in das Genehmigungsverfahren einführen. In beiden Fällen darf es sich aber nicht um Teile **246**

---

295 Vgl. BVerwG NJW 1987, 1346.
296 Vgl. OVG Saarlouis BRS 48 Nr. 13.
297 Vgl. BVerwG DVBl. 1989, 1105.
298 Vgl. Gaentzsch in: Berliner Kommentar, BauGB, § 6 Rn. 12; zur erneuten Offenlage bzw. zur Durchführung eines vereinfachten Verfahrens vgl. oben Rn. 211 ff.
299 Vgl. Gelzer/Birk, Bauplanungsrecht, Rn. 376.
300 Vgl. BT-Drucks. 10/4630, S. 69.
301 Vgl. Löhr in: Battis/Krautzberger/Löhr, BauGB, § 6 Rn. 11; Gaentzsch in: Berliner Kommentar, BauGB, § 6 Rn. 13; vgl. dazu auch BVerwG NVwZ 1985, 487.

handeln, ohne die der Flächennutzungsplan seine Aufgabe, die Grundzüge der Planung für das Gemeindegebiet darzustellen, nicht mehr erfüllt.[302]

247 Werden seitens der höheren Verwaltungsbehörde im Zuge des Genehmigungsverfahrens räumliche oder sachliche Teile des Flächennutzungsplanes ausgenommen, führt dies zu einer inhaltlichen Änderung des von dem Gemeinderat gefassten Feststellungsbeschlusses mit der Konsequenz eines neuen Feststellungsbeschlusses, durch den der Rat den Änderungen zustimmt bzw. „beitritt" (sog. **Beitrittsbeschluss**), und einer Anpassung des Erläuterungsberichts. Außerdem ist die Gemeinde verpflichtet, die die ausgenommenen Teile ersetzenden Darstellungen sobald wie möglich nachzuholen; dies ist aus der Verpflichtung des § 5 Abs. 1 Satz 1 BauGB herzuleiten, den Flächennutzungsplan für das ganze Gemeindegebiet aufzustellen.[303] Kommt die Gemeinde dieser Verpflichtung nicht nach, bestehen zwar keine Sanktionsmöglichkeiten nach dem BauGB, der höheren Verwaltungsbehörde bleiben jedoch die Mittel der allgemeinen Kommunalaufsicht.[304]

248 Das Gegenstück zur Herausnahme von Teilen des Flächennutzungsplanes aus der Genehmigung ist die nach § 6 Abs. 4 Satz 1 HS 2 BauGB gegebene Möglichkeit, räumliche und sachliche Teile des Planes vorweg zu genehmigen (**Vorweggenehmigung**), worin zugleich eine Zurückstellung der Genehmigung des restlichen Planteiles liegt. Eine solche Teil- oder Ausschnittgenehmigung ist eine rechtsverbindliche endgültige Teilentscheidung und wird daher nur dann in Betracht kommen, wenn die Genehmigung des gesamten Planes noch nicht entscheidungsreif ist und die vorweggenommenen Teile für sich Bestand haben können, wenn es sich m.a.W. nicht um solche Teile handelt, die in ihrem Bestand von anderen in der Genehmigungsfähigkeit zweifelhaften Teilen des Flächennnutzungsplanes abhängen. In der Praxis wird namentlich der Fall von Bedeutung sein, dass ein bestimmter Bebauungsplan wegen starken Baudrucks zur Lenkung eines geordneten Baugeschehens dringend notwendig ist; hier kann es sich empfehlen, den entsprechenden Teil des Flächennutzungsplanes vorweg zu genehmigen.[305]

249 Über den **Genehmigungsantrag** hat die höhere Verwaltungsbehörde binnen **drei Monaten zu entscheiden**, § 6 Abs. 4 Satz 1 HS 1 BauGB. Die Frist, durch die der Gesetzgeber das nach seiner Einschätzung ehemals unverhältnismäßig lange dauernde Genehmigungsverfahren beschleunigen wollte[306], beginnt mit dem Eingang des Genehmigungsantrags der Gemeinde bei der hö-

---

302 Vgl. BVerwG NVwZ 1985, 487; Gaentzsch in: Berliner Kommentar, BauGB, § 6 Rn. 13.
303 Vgl. Gaentzsch in: Berliner Kommentar, BauGB, § 6 Rn. 16.
304 Vgl. Löhr in: Battis/Krautzberger/Löhr, BauGB, § 6 Rn. 12.
305 Vgl. hierzu Gaentzsch in: Berliner Kommentar, BauGB, § 6 Rn. 17.
306 Vgl. BT-Drucks. 7/4793, S. 27.

Genehmigungsverfahren **250–253**

heren Verwaltungsbehörde; sie kann auf Antrag der Genehmigungsbehörde von der zuständigen übergeordneten Behörde aus wichtigen Gründen (etwa Umfang und Komplexität des Plans; übermäßige Belastung der Behörde wegen einer Vielzahl anstehender Genehmigungsverfahren)[307] verlängert werden, in der Regel jedoch nur bis zu drei Monaten, § 6 Abs. 4 Satz 2 BauGB. Eine weitere Fristverlängerung kann nur bei ganz außergewöhnlichen, zu den wichtigen Gründen hinzutretenden Umständen (ungewöhnlicher Umfang oder ungewöhnliche, in der Sache begründete Schwierigkeiten) in Betracht kommen.[308]

Die Gemeinde ist von der Fristverlängerung in Kenntnis zu setzen; geschieht dies nicht, kann die Gemeinde davon ausgehen, dass die Genehmigung als erteilt gilt.

250 Trifft die höhere Verwaltungsbehörde innerhalb der – gegebenenfalls verlängerten – Frist keine Entscheidung, gilt die Genehmigung nach § 6 Abs. 4 Satz 4 BauGB als erteilt (sog. **Genehmigungsfiktion**). Dies gilt auch bei einer teilweisen Vorweggenehmigung für die noch verbliebenen Teile.[309] Eine Genehmigungsfiktion hat dieselbe Wirkung wie die Genehmigung selbst.[310]

251 Die etwaige Unvollständigkeit der von der Gemeinde vorgelegten Unterlagen (Fehlen von Erläuterungsbericht/Begründung, Fehlen der nicht berücksichtigten Anregungen) hat auf den Fristablauf keinen Einfluss. Kann wegen Unvollständigkeit der Unterlagen über die Genehmigung nicht entschieden werden, muss die Genehmigungsbehörde zur Vermeidung des Eintritts der Genehmigungsfiktion die Genehmigung ablehnen. Ist die Genehmigung bestandskräftig abgelehnt worden, greift die Genehmigungsfiktion nicht ein, wenn die Gemeinde den gleichen Plan erneut zur Genehmigung vorgelegt hat.[311]

252 Mit der Erteilung der beantragten Genehmigung – ausdrücklich oder fingiert – ist die Mitwirkung der höheren Verwaltungsbehörde am Zustandekommen eines Bauleitplanes abgeschlossen.[312]

253 Diese Genehmigung ist – wenn auch Verwaltungsakt gegenüber der Gemeinde – in erster Linie ein Mitwirkungsakt in einem Rechtsetzungsverfahren. Sie kann daher zumindest dann nicht mehr als isolierte Rechtshandlung mit gleichsam eigenständigem, von dem des Rechtssatzes unabhängigem

---

307 Vgl. Gaentzsch in: Berliner Kommentar, BauGB, § 6 Rn. 18.
308 Vgl. Gaentzsch, aaO.
309 Vgl. Gierke in: Kohlhammer-Kommentar, BauGB, § 6 Rn. 56; Löhr in: Battis/Krautzberger/Löhr, BauGB, § 6 Rn. 11.
310 Vgl. Gaentzsch in: Berliner Kommentar, BauGB, § 6 Rn. 19.
311 Vgl. OVG Münster BRS 39 Nr. 22.
312 Vgl. BVerwGE 75, 142 = BRS 46 Nr. 3.

Schicksal behandelt werden, wenn das Rechtssetzungsverfahren abgeschlossen und der Rechtssatz entstanden ist. Jedenfalls kann von diesem Zeitpunkt an nur noch der Rechtssatz selbst und nicht mehr ein einzelner Teilakt, der zu seiner Entstehung beigetragen hat, beseitigt, nämlich rechtssatzmäßig aufgehoben oder in einem gerichtlichen Normenkontrollverfahren für nichtig erklärt werden.[313]

254 Ist eine – ausdrücklich erteilte oder fingierte – **Genehmigung rechtswidrig**, kann sie aufgrund ihrer Eigenschaft als Verwaltungsakt gegenüber der Gemeinde nach den allgemeinen Grundsätzen über die Rücknahme rechtswidriger Verwaltungsakte (§ 48 VwVfG) zurückgenommen werden, jedoch nur so lange, bis die Genehmigung nach § 10 Abs. 3 BauGB ortsüblich bekannt gemacht und dadurch der Bauleitplan rechtswirksam geworden ist.[314]
Die Rücknahmemöglichkeit auch noch nach dem Inkrafttreten des Planes würde eine Verwerfungskompetenz[315] der höheren Verwaltungsbehörde begründen, die weder dieser noch einer anderen Behörde zusteht.[316]

255 Wird die Genehmigung abgelehnt oder nur unter Einschränkungen (Auflagen) erteilt, hat die höhere Verwaltungsbehörde dies zu begründen (§ 39 VwVfG). Die Entscheidung ist mit einer Rechtsmittelbelehrung zu versehen (§ 211 BauGB). Hält die Gemeinde die Entscheidung für rechtswidrig, kann sie beim Verwaltungsgericht Verpflichtungsklage auf Erteilung der Genehmigung erheben.[317]

256 Will sich die Gemeinde einer eingeschränkten Genehmigung anschließen, ist ein Beitrittsbeschluss und gegebenenfalls eine erneute Offenlage bzw. ein vereinfachtes Verfahren nach § 13 BauGB erforderlich.[318]

2. Das Anzeigeverfahren

257 Das Anzeigeverfahren, auf das mit Inkrafttreten des BauGB 1998 bundesrechtlich verzichtet wurde, kann nach § 246 Abs. 1a BauGB von den Ländern für Bebauungspläne, die nicht der Genehmigung durch die höhere Verwaltungsbehörde bedürfen, d. h. für aus dem Flächennutzungsplan entwickelte Bebauungspläne, wieder eingeführt werden. Dies gilt indes nicht für Bebauungspläne, die im vereinfachten Verfahren nach § 13 BauGB geändert oder ergänzt werden.

---

313 Vgl. BVerwG, aaO.
314 Vgl. VGH Mannheim BRS 40 Nr. 21; Gierke in: Kohlhammer-Kommentar, BauGB, § 6 Rn. 107; vgl. auch BVerwG BRS 46 Nr. 4.
315 Siehe hierzu unten Rn. 775.
316 Vgl. BVerwG BRS 46 Nr. 4
317 Vgl. BVerwGE 34, 301.
318 Siehe hierzu oben Rn. 167 ff. und unten Rn. 330 ff.

258 Entsprechend dem Genehmigungsverfahren ist auch das Anzeigeverfahren ein Verfahren der **reinen Rechtsaufsicht**; im praktischen Ergebnis unterscheidet es sich kaum von einem Genehmigungsverfahren, insbesondere sind die Verpflichtungen der Aufsichtsbehörde grundsätzlich die gleichen.[319] Die Gemeinde hat – wie beim Genehmigungsverfahren – der höheren Verwaltungsbehörde den Bebauungsplanentwurf nebst den erforderlichen Unterlagen (Begründung, Nachweise des Verfahrensablaufs, nicht berücksichtigte Anregungen mit Stellungnahmen) vorzulegen. Auch hier gilt, dass eine Überprüfung im Sinne einer echten Rechtsaufsicht an sich nur möglich ist, wenn sich die Aufsichtsbehörde sämtliche Planaufstellungsunterlagen von der Gemeinde zur Verfügung stellen lässt.

259 Im Rahmen des Anzeigeverfahrens kann die höhere Verwaltungsbehörde die Verletzung von Rechtsvorschriften geltend machen, die eine Versagung der Genehmigung nach § 6 Abs. 2 BauGB (wenn eine solche erforderlich wäre) rechtfertigen würde, § 246 Abs. 1a Satz 2 BauGB. Damit erfolgt eine Überprüfung des Planes in formeller und materieller Hinsicht in gleicher Weise wie beim Genehmigungsverfahren[320], d. h. die Anzeigebehörde muss eine umfassende Überprüfung des gemeindlichen Planes vornehmen und beim Vorliegen von Rechtsverletzungen – wenn nicht eine Maßgabe in Betracht kommt – diese geltend machen; liegen keine Rechtsfehler vor, hat die höhere Verwaltungsbehörde dies zu bestätigen oder sich jeglicher Äußerung zu enthalten.

260 Auch beim Anzeigeverfahren läuft für die Aufsichtsbehörde eine Frist, und zwar seit Inkrafttreten des BauGB 1998 eine **Monatsfrist**. Nach § 246 Abs. 1a Satz 3 BauGB darf die Gemeinde den Bebauungsplan nur in Kraft setzen, wenn die höhere Verwaltungsbehörde innerhalb dieses Zeitraums keine Rechtsfehler geltend macht. Eine Verlängerung der Frist ist im Gegensatz zum Genehmigungsverfahren nicht möglich. Die Frist beginnt mit dem Eingang der Anzeige bei der Anzeigebehörde – und damit nicht etwa mit dem Eingang bei einer anderen Behörde, die zur Wahrung des Dienstweges einzuschalten ist –, falls die oben erwähnten „Minimalunterlagen" der Anzeige beigefügt sind. Ansonsten ist der Fristbeginn von der Vollständigkeit der Unterlagen unabhängig.[321]
Ist die Frist abgelaufen oder hat die Anzeigebehörde keine Rechtsfehler geltend gemacht, kann die Gemeinde den Plan in Kraft setzen, d. h. bekannt machen.

261 Die Entscheidung der Aufsichtsbehörde, keine Rechtsfehler geltend zu machen, kann mit **Maßgaben** (z. B. hinsichtlich der Planbegründung) versehen

---

319 Vgl. Gaentzsch in: Berliner Kommentar, BauGB, § 11 Rn. 6; BT-Drucks. 10/4630, S. 74.
320 Siehe hierzu oben Rn. 233 ff.
321 Vgl. Gaentzsch in: Berliner Kommentar, BauGB, § 11 Rn. 9.

werden[322], mit der Wirkung, dass – ähnlich wie bei einer Genehmigung unter Auflagen – die Geltendmachung von Rechtsverletzungen entfällt, wenn die Gemeinde den Maßgaben entspricht.[323] Letzteres erfordert einen Beitrittsbeschluss des Gemeinderates[324] und bei inhaltlichen Änderungen oder Ergänzungen gegebenenfalls eine erneute Offenlage oder die Durchführung des vereinfachten Verfahrens nach § 13 BauGB.[325]

262 Macht die höhere Verwaltungsbehörde Rechtsverletzungen geltend, die auch mit Maßgaben nicht ausgeräumt werden können, darf die Gemeinde den Bebauungsplan nicht in Kraft setzen.

263 Die Geltendmachung von Rechtsverstößen wie auch die Erklärung der Nichtbeanstandung mit Maßgaben sind gegenüber der Gemeinde belastende **Verwaltungsakte**, die mit einer verwaltungsgerichtlichen Anfechtungsklage angegriffen werden können.[326]

VII. Bekanntmachung

264 Das Verfahren zur Aufstellung gemeindlicher Bauleitpläne findet seinen Abschluss in der Bekanntmachung, §§ 6 Abs. 5, 10 Abs. 3 BauGB. Daher wird auch von einer sog. **Schlussbekanntmachung** gesprochen.[327]
Die Notwendigkeit dieses Verfahrensschrittes folgt schon aus dem verfassungsrechtlichen Prinzip der Rechtsstaatlichkeit (Art. 20 Abs. 3 GG), das u. a. gebietet, Äußerungen hoheitlicher Gewalt, die dem Bürger gegenüber Verbindlichkeit beanspruchen, zu verkünden. Von besonderer Bedeutung ist dies bei Rechtsnormen. Die Verkündung stellt – so das Bundesverfassungsgericht[328] – einen integrierenden Teil der förmlichen Rechtssetzung dar, ist also **Geltungsbedingung**. Sie bedeutet, dass die Rechtsnormen der Öffentlichkeit in der Weise förmlich zugänglich gemacht werden, dass die Betroffenen sich verlässlich Kenntnis von ihrem Inhalt verschaffen können.[329]

265 Will die Gemeinde den Hoheitsakt „Bauleitplan" in Kraft setzen, muss sie ihn „verkünden"; unterlässt sie dies, kann der Bauleitplan keine Rechtswirkungen entfalten. Die Entscheidung darüber trifft die Gemeinde. Regelmäßig

---

322 Vgl. OVG Lüneburg BauR 1998, 291.
323 Vgl. hierzu BT-Drucks. 10/4630, S. 74 f.
324 Vgl. BVerwG NVwZ 1997, 896; OVG Lüneburg BauR 1998, 291.
325 Vgl. hierzu im Einzelnen oben Rn. 167 ff. und unten Rn. 330 ff.
326 Vgl. Löhr in: Battis/Krautzberger/Löhr, BauGB, § 6 Rn. 5; Hoppe in: Hoppe/Grotefels, Öffentliches Baurecht, § 5 Rn. 102.
327 Vgl. BVerwG BRS 42 Nr. 26; Gelzer/Birk, Bauplanungsrecht, Rn. 395.
328 BVerfGE 65, 283 (291) = BRS 40 Nr. 23 = BauR 1984, 45 = NVwZ 1984, 430.
329 Vgl. BGH, UPR 1987, 182 und auch bereits BVerfGE 40, 237 (252 f.).

ist die Inkraftsetzung des Planes das Ziel des Aufstellungsverfahrens, die Gemeinde ist jedoch nicht verpflichtet, einen genehmigten Plan wirksam werden zu lassen. Ergeben sich z. B. nachträglich Umstände, die einer Realisierung der Planung entgegenstehen (Rückzug der Investoren, zu aufwendige infrastrukturelle Anlagen)[330], hat die Gemeinde kraft ihrer Planungshoheit das Recht, die Planung in jeder Phase des Aufstellungsverfahrens aufzugeben und das Verfahren einzustellen. Auch versteht es sich von selbst, dass es den Gemeinden nicht verwehrt sein kann, ein als rechtswidrig erkanntes Planverfahren abzubrechen.[331]

266 Die Entscheidung darüber steht aber allein dem für den Satzungsbeschluss zuständigen Organ, dem Gemeinderat, und nicht der Verwaltung zu; dabei sollte bedacht werden, dass im Fall der Verfahrenseinstellung unter Umständen Entschädigungsansprüche nach § 33 BauGB i.V.m. § 42 Abs. 2 BauGB entstehen können.[332]

267 Im Sinne der Rechtsklarheit sollte bei Abbruch des Aufstellungsverfahrens auch der entsprechende Aufstellungsbeschluss aufgehoben und der Aufhebungsbeschluss veröffentlicht werden.[333]

Die **Verkündungspflicht** gilt zum einen für den **Bebauungsplan** als Rechtsnorm, vgl. § 10 Abs. 3 BauGB. Da es sich nicht um ein parlamentarisches Gesetz, sondern um kommunales Ortsrecht handelt, spricht man begrifflich nicht von Verkündung, sondern von **öffentlicher Bekanntmachung**; öffentliche Bekanntmachung ist somit die „Verkündung" gemeindlichen Ortsrechts.

268 Aber auch der **Flächennutzungsplan**, der zwar keine Rechtsnorm jedoch Hoheitsakt ist[334] und – wie sich insbesondere aus § 35 Abs. 2 BauGB ergibt – nicht nur verwaltungsinterne Wirkung, sondern im Ausnahmefall auch Außenwirkung gegenüber dem Bürger hat[335], ist der Öffentlichkeit aufgrund ausdrücklicher gesetzlicher Regelung bekannt zu machen, vgl. § 6 Abs. 5 BauGB.

269 Der **Bebauungsplan tritt mit der Bekanntmachung in Kraft**, § 10 Abs. 3 Satz 4 BauGB, der Flächennutzungsplan wird mit der Bekanntmachung wirksam, § 6 Abs. 5 Satz 2 BauGB. Speziell § 10 Abs. 3 Satz 4 BauGB steht im Gegensatz zu den vielfach üblichen gemeinderechtlichen Regelungen, nach denen Satzungen zu einem anderen Zeitpunkt, z. B. am Tage nach ihrer Bekannt-

---

330 Vgl. hierzu Gelzer/Birk, Bauplanungsrecht, Rn. 400.
331 Vgl. BVerwGE 54, 211 (217).
332 Vgl. Quaas in: Schrödter, BauGB, § 11 Rn. 72.
333 Vgl. BVerwGE 54, 211 (217); Gelzer/Birk, Bauplanungsrecht, Rn. 400.
334 Zur Rechtsnatur des Flächennutzungsplanes vgl. oben Rn. 81.
335 Vgl. hierzu oben Rn. 83.

270–273 Verfahren und Form der Bauleitpläne

machung, in Kraft treten. Diese werden jedoch von den Bestimmungen des BauGB verdrängt, die gleichsam als Spezialvorschriften für Bauleitpläne anzusehen sind.[336]

Eine rückwirkende Inkraftsetzung von Bauleitplänen wird durch die Spezialvorschriften nicht ausgeschlossen, sie kommt aber nur unter den in § 215a Abs. 2 BauGB genannten Voraussetzungen in Betracht.[337]

270 Bekanntmachungfehler unterfallen nicht den Fehlerunbeachtlichkeitsregelungen der §§ 214, 215 BauGB. Sie sind also stets beachtlich und führen zur Unwirksamkeit des Plans.[338] Die Gemeinde sollte daher bei der Bekanntmachung sorgfältig vorgehen. Allerdings kann ein solcher Fehler durch eine erneute ordnungsgemäße Bekanntmachung behoben und der Plan dabei mit Rückwirkung in Kraft gesetzt werden, § 215 a BauGB.[339]

271 Unter Verkündung und damit auch unter einer Bekanntmachung ist im Normalfall der Abdruck der Rechtsnorm – d. h. des Wortlautes des Gesetzes, der Rechtsverordnung oder der Satzung – in dem dafür vorgesehenen Verkündungsblatt zu verstehen. Wegen der sich bei Bauleitplänen insoweit ergebenden technischen Schwierigkeiten (farbige zeichnerische Darstellung, Größe der Pläne) und der damit ebenfalls verbundenen erheblichen finanziellen Aufwendungen hat der Gesetzgeber bei der Rechtsnorm des Bebauungsplanes eine zweistufige Form der **Ersatzverkündung** (§ 10 Abs. 3 BauGB) und bei dem Hoheitsakt des Flächennutzungsplanes ein zum Teil ähnliches Verfahren vorgesehen (§ 6 Abs. 5 BauGB).

272 Beim **Flächennutzungsplan** ist nach § 6 Abs. 5 Satz 1 BauGB die **Erteilung der** (immer erforderlichen, durch die höhere Verwaltungsbehörde zu erteilenden) **Genehmigung bekannt zu machen**. Mit dieser Bekanntmachung wird der Flächennutzungsplan wirksam.

273 Beim **Bebauungsplan** ist ein **zweistufiges Bekanntmachungsverfahren** vorgesehen: die eigentliche Bekanntmachung und die anschließende ständige Bereithaltung des Plans und seiner Begründung zu jedermanns Einsicht. Dabei besteht gemäß § 10 Abs. 3 Satz 1 BauGB auf der ersten Stufe eine alternative Regelung. Bedarf der Plan (ausnahmsweise) der Genehmigung der höheren Verwaltungsbehörde, ist wie beim Flächennutzungsplan die Erteilung der

---

336 Vgl. BGH NVwZ 1995, 101; Gaentzsch in: Berliner Kommentar, BauGB, § 12 Rn. 22; Löhr in: Battis/Krautzberger/Löhr, BauGB, § 10 Rn. 44.
337 Vgl. hierzu unten Rn. 730, 731.
338 Anders wohl Gelzer/Birk, Bauplanungsrecht, Rn. 399: Verkündungsfehler führen nicht zur Nichtigkeit, sondern hemmen lediglich den Eintritt der Rechtswirksamkeit des Plans, weil der Abschluss des Aufstellungsverfahrens noch fehlt
339 Vgl. Lemmel in: Berliner Kommentar, BauGB, § 215 Rn. 23; Löhr in: Battis/Krautzberger/Löhr, BauGB, § 10 Rn. 1.

Genehmigung bekannt zu machen, ist eine Genehmigung nicht erforderlich, ist der Beschluss des Bebauungsplans durch die Gemeinde, d. h. der Satzungsbeschluss nach § 10 Abs. 1 BauGB, bekannt zu machen. Zusätzlich zur eigentlichen Bekanntmachung sind gesetzlich verschiedene **Hinweise** vorgeschrieben.

Vor der eigentlichen Bekanntmachung ist der Plan **auszufertigen,** so dass beim **Bebauungsplan folgende Schritte einzuhalten** sind:
- Ausfertigung
- Bekanntmachung des Satzungsbeschlusses (ausnahmsweise alternativ: der Genehmigung der höheren Verwaltungsbehörde) mit den erforderlichen Hinweisen
- Ständige Bereithaltung des Planes und seiner Begründung zu jedermanns Einsicht.

274 Vor seiner Bekanntmachung, d. h. nach Abschluss aller erforderlichen Verfahrensschritte einschließlich einer etwaigen Beteiligung der höheren Verwaltungsbehörde, und unmittelbar vor der Verkündung muss der Plan ausgefertigt werden. Das Erfordernis der **Ausfertigung** ergibt sich aus dem Rechtsstaatsprinzip.[340] Die Einzelheiten richten sich nach Landesrecht, d. h. es handelt sich um ein nach Landesrecht zu beurteilendes Gültigkeitserfordernis.[341]

275 Ausfertigung bedeutet, der Bebauungsplan nebst einem die Identität des Planes kurz bestätigenden Text muss von dem hierfür zuständigen gemeindlichen Organwalter – in der Regel der Bürgermeister oder auch der Gemeindedirektor, falls das Landesrecht dies vorsieht[342] – handschriftlich mit Datum unterschrieben sein; in der Unterschrift liegt die Bestätigung, dass der textliche und zeichnerische Inhalt des Bebauungsplanes mit dem Willen der Gemeindevertretung übereinstimmt und die für die Rechtswirksamkeit des Verfahrens maßgeblichen Vorschriften beachtet wurden.[343]

276 Soweit in der Satzung auf Pläne Bezug genommen wird, müssen diese entweder selbst ausgefertigt sein oder aber in der Satzung so eindeutig bezeichnet sein, dass kein Zweifel an der Identität möglich ist.[344]

277 Besteht an der Übereinstimmung des als Satzung beschlossenen Bebauungsplans mit dem zur Genehmigung vorgelegten Plan kein Zweifel, kann eine ausreichende Ausfertigung darin liegen, dass der Bürgermeister anlässlich der

---

340 Vgl. BVerwG BRS 49 Nr. 25 = NVwZ 1990, 258; vgl. auch BVerwG NuR 1998, 335 (LS).
341 Vgl. BVerwG, aaO und NVwZ 1992, 371 (372) = BauR 1991, 563 = DVBl. 1991, 823; vgl. auch BVerwG NuR 1998, 335 (LS).
342 Vgl. hierzu BVerwG BauR 1998, 642 (LS).
343 Vgl. hierzu VGH Mannheim BRS 42 Nr. 27 = BauR 1984, 611; vgl. auch Löhr in: Battis/Krautzberger/Löhr, BauGB, § 10 Rn. 37; Gelzer/Birk, Bauplanungsrecht, Rn. 406.
344 VGH Mannheim VBlBW 1991, 19.

278–282 Verfahren und Form der Bauleitpläne

Vorlage an die Genehmigungsbehörde in gesonderten Verfahrensvermerken beurkundet, dass und wann dieser Plan öffentlich ausgelegen hat und dass und wann er vom Gemeinderat als Satzung beschlossen worden ist.[345]

278 Ob zur Ausfertigung die nach § 38 GO BW geleistete Unterschrift des Bürgermeisters unter dem Gemeinderatsprotokoll (Niederschrift) genügt, in dem sowohl der Satzungsbeschluss als auch der Verfahrensablauf des Bebauungsplans aufgenommen worden sind[346], erscheint fraglich. Es dürfte sich vielmehr empfehlen, die Bebauungspläne selbst mit Angaben über die Einhaltung des Planaufstellungsverfahrens nach dem BauGB – die durchaus kurz und formelhaft sein dürfen – vom Bürgermeister unter Beifügung des Datums unterschreiben zu lassen. Unzureichend ist es jedenfalls, wenn das Gemeinderatsprotokoll lediglich auf einen erst noch vom Vermessungsamt zu fertigenden Lageplan Bezug nimmt.[347]

279 Befangenheit[348] hindert den Bürgermeister nach Auffassung des OVG Koblenz nicht, den Plan auszufertigen.[349]

280 Änderungen des ausgefertigten Bebauungsplans (z. B. Datum des Satzungsbeschlusses) müssen selbst wiederum ausgefertigt werden.[350]
Wird nach der Bekanntmachung nochmals auf dem Plan ein Authentizitätsvermerk angebracht, berührt dies nicht die Wirksamkeit einer vor ortsüblicher Bekanntmachung erfolgten Ausfertigung.[351]

281 Die Existenz von **zwei ausgefertigten (Original-)Bebauungsplanexemplaren** mit divergierenden Festsetzungen für einen Planbereich führt zur Nichtigkeit des Bebauungsplanes.[352]

282 Eine **fehlende Ausfertigung** gehört zu den „sonstigen Verfahrens- und Formfehlern nach Landesrecht" i.S des § 215 Abs. 3 BauGB a.F. (jetzt § 215 a Abs. 2 BauGB).[353] Dieser Fehler kann durch **erneute Bekanntmachung** behoben werden – auch mit Rückwirkung, § 215 a Abs. 2 BauGB. Es bedarf weder eines erneuten (Satzungs-)Beschlusses der Gemeindevertretung noch einer erneuten Abwägung; die materielle Gültigkeit des Planes wird grundsätzlich nicht berührt.[354]

---

345 Vgl. VGH Mannheim BRS 49 Nr. 26.
346 So OLG Stuttgart NVwZ 1991, 916; vgl. auch VGH Mannheim NVwZ-RR 1998, 545.
347 Vgl. VGH Mannheim NVwZ-RR 1998, 545.
348 Vgl. hierzu unten Rn. 312 ff.
349 OVG Koblenz BRS 49 Nr. 20.
350 OVG Lüneburg NVwZ-RR 1998, 551 (LS).
351 Vgl. BVerwG NVwZ-RR 1999, 161.
352 Vgl. VGH Mannheim BRS 59 Nr. 6.
353 Vgl. BVerwG BRS 49 Nr. 25 = NVwZ 1990, 258.
354 Vgl. BVerwG NVwZ-RR 1997, 515; VGH Mannheim BRS 49 Nr. 27.

Bei der eigentlichen Bekanntmachung fordert das BauGB die „ortsübliche" **283**
Bekanntmachung (vgl. §§ 6 Abs. 5 Satz 1, 10 Abs. 3 Satz 1 BauGB). Wie die
Bekanntmachung im Einzelnen zu erfolgen hat, bestimmt sich nach Landesrecht, d. h. nach den Gemeindeordnungen der Länder, den auf ihrer Grundlage erlassenen Rechtsverordnungen (Bekanntmachungsverordnungen) und, soweit diese für bestimmte Bereiche – etwa Flächennutzungspläne – keine Bestimmung treffen, nach der Hauptsatzung der Gemeinde.

Ortsüblich bekannt zu machen ist entweder die Erteilung der Genehmigung, **284**
d. h. nicht notwendigerweise die Genehmigung bzw. das Genehmigungsschreiben, sondern es reicht allein die Tatsache der Genehmigung[355] oder – falls bei einem Bebauungsplan eine Genehmigung nicht erforderlich ist – der Beschluss des Bebauungsplans durch die Gemeinde. Im letzteren Fall dürfte sich die **Bekanntmachung des Beschlusswortlautes** empfehlen, da das BauGB hier ausdrücklich von dem Beschluss und nicht etwa von der „Fassung des Beschlusses" oder der „Beschlussfassung" spricht.

In der Bekanntmachung sind die Grenzen des Plans, der genehmigt bzw. be- **285**
schlossen worden ist, anzugeben, der Planbereich ist zu bezeichnen, damit den betroffenen Bürgern verdeutlicht wird, dass für ihre Grundstücke eine neue bodenrechtliche Regelung in Kraft getreten ist. Eine Anstoßwirkung wie bei der Bekanntmachung der Offenlage des Planentwurfs[356] muss von der Schlussbekanntmachung jedoch nicht ausgehen. Daher reicht z. B. die Angabe einer **Gewannenbezeichnung**[357], die Angabe einer das Plangebiet begrenzenden **markanten Straße**[358] oder die **schlagwortartige Kennzeichnung des Plangebiets** („Bebauungsplan Nr. 6215-Sandbüchel").[359]
Die Bezeichnung lediglich mit einer Zahl bzw. Nummer (sog. „**Nummernbekanntmachung**") **reicht nicht** aus; dies gilt selbst für kleine Gemeinden.[360]

Zu beachten ist, dass das BauGB verschiedentlich **Hinweise** vorsieht, die bei **286**
der Bekanntmachung von Satzungen, damit bei der Bekanntmachung von **Bebauungsplänen** nach § 10 Abs. 3 BauGB, bzw. bei der Inkraftsetzung von Satzungen oder **Flächennutzungsplänen** erfolgen müssen. So ist bei der Inkraftsetzung von **Flächennutzungsplänen und (u. a.) Bebauungsplänen nach § 215 Abs. 2 BauGB** auf die Voraussetzungen für die Geltendmachung der Verletzung von Verfahrens- und Formvorschriften und von Mängeln der

---

355 So schon BVerwG NJW 1985, 1569 zu § 12 BBauG; vgl. auch Löhr in: Battis/Krautzberger/Löhr, BauGB, § 10 Rn. 34; Gaentzsch in: Berliner Kommentar, BauGB, § 12 Rn. 6.
356 Vgl. hierzu oben Rn. 193.
357 Vgl. BGH BRS 38 Nr. 27 = BauR 1981, 348 = NJW 1981, 2060.
358 Vgl. BVerwG BRS 42 Nr. 26 = NJW 1985, 1569.
359 Vgl. BVerwG BRS 44 Nr. 23.
360 Vgl. OVG Lüneburg NuR 1999, 288: Bezeichnung des ersten und einzigen Bebauungsplanes einer kleinen Gemeinde mit „Nr. 1".

287–290 Verfahren und Form der Bauleitpläne

Abwägung (vgl. § 214 BauGB) sowie die Rechtsfolgen nach § 215 Abs. 1 BauGB hinzuweisen. Gemäß **§ 44 Abs. 5 BauGB** hat ferner in der Bekanntmachung nach § 10 Abs. 3 BauGB, d. h. bei der Bekanntmachung von **Bebauungsplänen**, ein Hinweis auf die Vorschriften des § 44 Abs. 3 Satz 1 und 2 sowie Abs. 4 BauGB (Fälligkeit und Erlöschen von Entschädigungsansprüchen) zu erfolgen.[361]

287 Darüber hinaus sehen **landesrechtliche** Heilungs- bzw. Unbeachtlichkeitsvorschriften ebenfalls **Hinweise** bei der Bekanntmachung von Satzungen, sonstigen ortsrechtlichen Vorschriften und Flächennutzungsplänen vor.[362] Auch derartige landesrechtliche Hinweise sind zulässig, die Bekanntmachung darf nur keinen irreführenden Inhalt haben und nicht geeignet sein, einen Betroffenen von der Geltendmachung von Verfahrensrügen abzuhalten.[363]

288 Diese Hinweispflichten gelten in gleicher Weise bei der **Neubekanntmachung** eines Bauleitplanes, z. B. nach Durchführung eines ergänzenden Verfahrens[364]; sie müssen dann (wieder) in die Bekanntmachung aufgenommen werden.

289 Bei den Hinweisen handelt es sich insgesamt weder um einen Akt der Rechtssetzung oder um einen Annex des Rechtssetzungsverfahrens noch insbesondere um eine Gültigkeitsvoraussetzung der Bekanntmachung. Unterbleiben die Hinweise oder sind sie inhaltlich unzureichend, ist die Bekanntmachung und damit der Bebauungsplan oder Flächennutzungsplan gleichwohl nicht unwirksam, lediglich die an die Hinweise gekoppelten Rechtsfolgen (z. B. Unbeachtlichkeit bestimmter Normverstöße, Fristablauf für Entschädigungsansprüche) treten nicht ein.[365]

290 Die **Nachholung eines unterbliebenen oder unzureichenden Hinweises** ist nach h.M. nicht möglich.[366]
Die Gemeinde sollte in einem solchen Fall den Flächennutzungsplan oder den Bebauungsplan noch einmal mit den **korrekten Hinweisen völlig neu bekannt machen**.

---

361 Vgl. hierzu im Einzelnen unten Rn. 569 ff.
362 Vgl. z. B. § 7 Abs. 2 GO NW.
363 Vgl. BVerwG BRS 49 Nr. 31 = DVBl. 1990, 366 zur Bekanntmachung nach § 155a BBauG 1979.
364 Vgl. hierzu unten Rn. 722 ff.
365 Vgl. Dürr in: Kohlhammer Kommentar, BauGB, § 215 Rn. 25; Battis in: Battis/Krautzberger/Löhr, BauGB, § 44 Rn. 9; Schmaltz in: Schrödter, BauGB, § 215 Rn. 9; Breuer in: Schrödter, BauGB, § 44 Rn. 22; zu den Unbeachtlichkeitsregelungen und zum Grundsatz der Planerhaltung vgl. im Einzelnen unten Rn. 698 ff; zum Planungsschaden und zur Frist für Entschädigungsansprüche vgl. unten Rn. 540 ff.
366 Vgl. Schmaltz in: Schrödter, BauGB, § 215 Rn. 10.

Bekanntmachung

291 Art und Inhalt dieser Hinweise sind gesetzlich nicht vorgeschrieben. Der bloße Verweis auf die entsprechenden Vorschriften reicht nicht aus, vielmehr sind die Voraussetzungen und die Rechtsfolgen zu benennen.[367]
Der in der Praxis vielfach erfolgende **wörtliche Abdruck des Gesetzeswortlautes** ist nicht erforderlich; eine gewisse Sicherheit lässt sich aber wohl nur bei dieser Verfahrensweise erreichen, wenngleich hierzu in der Literatur unterschiedliche Auffassungen vertreten werden.[368]

292 Die zu § 44 Abs. 5 BauGB teilweise erhobene Forderung nach Wiedergabe des „wesentlichen Inhalts des Planungsschadensrechts" oder nach „verständlicher Ausformulierung des Regelungsgehaltes der maßgeblichen Bestimmungen" führt einerseits zu dem Problem einer Darstellung des Planungsschadensrechts als Annex einer Bebauungsplanbekanntmachung bzw. andererseits zu der Frage der Verständlichkeit und Klarheit von Gesetzesnormen für den Bürger und damit – etwas überspitzt – letztlich über das Erfordernis der Normenklarheit gar zu der Frage der Verfassungsmäßigkeit.

293 Soweit es um die Bekanntmachung eines **Bebauungsplanes** geht, ist dieser nach der eigentlichen ortsüblichen Bekanntmachung der Erteilung der Genehmigung oder des Ratsbeschlusses von der Gemeinde mit der Begründung ständig zu **jedermanns Einsicht bereitzuhalten**, wobei auf Verlangen über den Planinhalt Auskunft zu erteilen ist. In der Bekanntmachung selbst ist darauf hinzuweisen, wo der Bebauungsplan eingesehen werden kann. Unterbleibt der Hinweis, ist der Bebauungsplan nach Auffassung des VGH Mannheim nichtig.[369]

294 Bereitzuhalten ist „der Bebauungsplan", d. h. das ausgefertigte Original. Ob eine dem Original genau entsprechende Kopie ausreicht[370], erscheint daher fraglich. Probleme durch wesentliche, die Lesbarkeit des Planes beeinträchtigende Beschädigungen können durch Herstellung mehrerer Ausfertigungen vermieden werden.[371]

295 Das Gleiche gilt auch für die Gefahr des **Verlustes der Planurkunde**. Ein derartiger in der Tat außergewöhnlicher Fall hat sogar schon das Bundesverwaltungsgericht beschäftigt. Er trat ein, als im Zuge einer kommunalen Neugliederung umfangreiche Unterlagen und Akten von einer Gemeinde an

---

367 Vgl. z. B. Lemmel in: Berliner Kommentar, BauGB, § 215 Rn. 3; Battis in: Battis/Krautzberger/Löhr, BauGB, § 44 Rn. 9.
368 Zum Meinungsstand vgl. Breuer in: Schrödter, BauGB, § 44 Rn. 21; zu Formulierungsvorschlägen vgl. Lemmel in: Berliner Kommentar, BauGB, § 215 Rn. 3; Battis in: Battis/Krautzberger/Löhr, BauGB, § 44 Rn. 9; Pohl in: Kohlhammer-Kommentar, BauGB, § 44c Rn. 13; Kuschnerus, Der sachgerechte Bebauungsplan, Rn. 634.
369 Vgl. VGH Mannheim BRS 49 Nr. 24.
370 So Löhr in: Battis/Krautzberger/Löhr, BauGB, § 10 Rn. 37.
371 Vgl. Gaentzsch in: Berliner Kommentar, BauGB, § 12 Rn. 13.

eine andere übergeben wurden. Das Bundesverwaltungsgericht entschied, dass der Verlust des Plandokuments für sich allein noch nicht zur Ungültigkeit oder zum Außerkrafttreten des Bebauungsplanes führt. Weiterhin hat das Gericht ausgeführt, dass derjenige, der sich für die Zulässigkeit eines Bauvorhabens auf für ihn günstige Festsetzungen eines Bebauungsplanes beruft, grundsätzlich die Beweislast für das Vorhandensein der entsprechenden Festsetzungen trägt, wobei jedoch die Missachtung organisatorischer Vorsorge gegen den Verlust von Planunterlagen auf behördlicher Seite zu einer Beweislastumkehr oder zu Beweiserleichterungen zugunsten des Baubewerbers führt; in einem gerichtlichen Verfahren muss – gegebenenfalls aufgrund von Zeugenaussagen – geprüft werden, ob eine Rekonstruktion des verloren gegangenen Planes möglich ist.[372]

296 Bei der „Bereithaltung" von Plan und Begründung handelt es sich um eine Art Auslegung auf Dauer (ständiges Bereithalten). Nach Auffassung des OVG Münster muss der bereitzuhaltende Bebauungsplan aus einer Planurkunde bestehen, die ein hinreichendes Maß an archivmäßiger Sicherung und Dokumentenbeständigkeit gewährleistet. Daran kann es fehlen, wenn die Planurkunde mit lose angebrachten Deckblättern und mit zahlreichen Streichungen, Korrekturen pp. versehen ist.[373]

297 Den bereitgehaltenen **Bebauungsplan** kann **jedermann einsehen**; der Geltendmachung eines bestimmten Interesses durch den Einsehenden bedarf es nicht.
Auch den **Flächennutzungsplan** und den Erläuterungsbericht kann **jedermann einsehen**, § 6 Abs. 5 Satz 2 BauGB.
Verwaltungsgebühren können die Gemeinden für das Bereithalten und die Einsichtnahme nicht erheben, weil dies ein wesentlicher Bestandteil der Normverkündung ist.[374]

298 Schließlich ist nach § 10 Abs. 3 Satz 2 HS 2 BauGB über den **Inhalt des Bebauungsplanes und der Begründung** auf Verlangen **Auskunft** zu geben. Die Gemeinde muss somit dafür Sorge tragen, dass am Ort der Auslegung ein „qualifizierter" Bediensteter erreichbar ist, der einem Auskunftsuchenden Fragen beantworten kann. In diesem Zusammenhang ist darauf zu achten, dass (mündliche) Auskünfte richtig, klar, unmissverständlich und vollständig sind, damit sich der Betreffende („Jedermann") bei seinen Dispositionen entsprechend einrichten kann.[375]
Die **Auskunftsverpflichtung** gilt **in gleicher Weise** für den **Flächennutzungsplan und** seinen **Erläuterungsbericht**, § 6 Abs. 5 Satz 2 BauGB.

---

372 Vgl. hierzu BVerwG NVwZ 1997, 890.
373 OVG Münster BRS 50 Nr. 5 = NuR 1991, 390.
374 Vgl. BGHZ 55, 288; BVerwGE 44, 244 (249).
375 Vgl. zu Fragen der Auskunft insbesondere BGH, BauR 1978, 473 = NJW 1978, 1522 = DVBl. 1978, 704.

Kommunalrechtl. Verfahrens- und Formvorschriften **299–302**

Mit Abschluss der Bekanntmachung ist das **Planaufstellungsverfahren endgültig abgeschlossen**, der Bauleitplan ist in Kraft gesetzt. Damit **verlieren** für den betreffenden Bereich eventuell bisher vorhandene „alte" Bebauungspläne **ihre Wirkung**; denn über § 10 Abs. 3 BauGB gilt der gewohnheitsrechtlich anerkannte Satz, dass die spätere Norm die bisher geltende ersetzt.³⁷⁶ Für den Flächennutzungsplan (Neuaufstellung, Änderung) gilt dies entsprechend. **299**

Der rechtsverbindliche **Abschluss eines Bebauungsplanaufstellungsverfahrens** bewirkt außerdem das **Außerkrafttreten einer bis dahin geltenden Veränderungssperre**, § 17 Abs. 5 BauGB. Es besteht kein Bedürfnis, die planende Gemeinde über den Tag hinaus zu sichern, an dem sie die Planung abschließen konnte. Maßgebend für den Zeitpunkt dieses Abschlusses der Bauleitplanung ist die Bekanntmachung des Planes.³⁷⁷ **300**

VIII. Bedeutende kommunalrechtliche Verfahrens- und Formvorschriften

Soweit das Bundesrecht keine Regelungen enthält, richtet sich das Verfahren zur Aufstellung der Bauleitpläne nach landesrechtlichen Bestimmungen.³⁷⁸ Die Gemeinde hat im Bauleitplanverfahren daher nicht nur die bundesrechtlichen formellen Bestimmungen des BauGB zu beachten, sondern auch die landesrechtlichen Form- und Verfahrensvorschriften. Neben den allgemeinen gemeinderechtlichen Regelungen – wie ordnungsgemäße Ladung zur Ratssitzung, Tagesordnung und Öffentlichkeit der Sitzungen, Beschlussfähigkeit des Rates sowie erforderliche Mehrheit bei Beschlussfassung³⁷⁹ – sind von besonderer Bedeutung Zuständigkeitsfragen und die **Befangenheitsnormen (Mitwirkungsverbote)**. Rats- und Ausschussbeschlüsse, die das geltende Recht verletzen, sind nach den Gemeindeordnungen der Länder vom Bürgermeister zu beanstanden. Die Beanstandung hat aufschiebende Wirkung. Bleibt ein Ausschuss bei einem solchen Beschluss, hat der Rat über die Angelegenheit zu beschließen; handelt es sich um einen rechtswidrigen Ratsbeschluss und ist die Beanstandung erfolglos, hat der Bürgermeister unverzüglich die Entscheidung der Aufsichtsbehörde einzuholen.³⁸⁰ **301**

Für das Bauleitplanverfahren ist allerdings heute anerkannt, dass **Verfahrensverstöße** auf einer unteren Stufe **durch einen späteren Verfahrensakt** **302**

---

376 Vgl. BVerwGE 85, 289 = DVBl. 1990, 1182.
377 Vgl. BVerwG BRS 50 Nr. 99 = BauR 1990, 334.
378 Vgl. hierzu schon oben Rn. 124.
379 Vgl. hierzu z. B. §§ 47–50 GO NW.
380 Vgl. z. B. § 54 GO NW.

„geheilt" werden können, weil der spätere Schritt den früheren einschließt oder billigt. So erfasst die Entscheidung über die Auslegung des Bauleitplanes notwendigerweise auch die Entscheidung über die Aufstellung. Entsprechendes gilt für den Auslegungs- bzw. Billigungsbeschluss im Verhältnis zum endgültigen Beschluss über den Bauleitplan einschließlich der mit diesem Beschluss verbundenen Prüfung und Entscheidung über die Anregungen.[381]

303 Im Ergebnis kann daher ein wirksamer abschließender Verfahrensbeschluss der Gemeindevertretung (Feststellungsbeschluss beim Flächennutzungsplan oder Satzungsbeschluss beim Bebauungsplan) sämtliche unterbliebenen oder fehlerhaften vorhergehenden Verfahrensschritte „heilen". Davon abgesehen sind Verstöße gegen gemeinderechtliche Verfahrens- oder Zuständigkeitsregelungen grundsätzlich kein Nichtigkeitsgrund für den Bauleitplan[382], es sei denn der Verfahrensverstoß hat im Einzelfall materiellrechtliche Auswirkungen, z. B. auf die Abwägung durch Mitwirkung befangener Gemeinderäte.[383]

304 Beim **Bebauungsplanaufstellungsbeschluss** ist jedoch zu beachten, dass dieser nur dann Grundlage einer Veränderungssperre (§§ 14 ff. BauGB) oder einer Zurückstellung (§ 15 BauGB) sein kann, wenn er für sich gesehen auch wirksam ist.

305 Unabhängig von alledem ist die Gemeinde aber auf jeden Fall verpflichtet, sich in jeder Hinsicht gesetzeskonform zu verhalten, d. h. im Bauleitplanverfahren sämtliche gesetzlichen Regelungen formeller und materieller Art zu beachten. Dies sollte auch im Hinblick auf mögliche aufsichtsbehördliche Maßnahmen nicht außer Acht gelassen werden.

1. Zuständigkeiten

306 In der gemeindliche Praxis stellt sich hier immer wieder die Frage, welche Entscheidungen bzw. Verfahrensschritte im Rahmen der Bauleitplanaufstellung von der Verwaltung und welche vom Rat bzw. seinen Ausschüssen zu treffen sind. Das BauGB enthält prinzipiell keine Bestimmung darüber, **welches Organ** innerhalb **der Gemeinde** für bestimmte Verfahrensakte **zuständig** ist, der Gesetzgeber hat sogar ausdrücklich darauf verzichtet, innerhalb des Bauleitplanaufstellungsverfahrens Regelungen über Beschlüsse „der Gemeinde" zu treffen – abgesehen von den abschließenden Beschlüssen über Flächennutzungsplan und Bebauungsplan.[384]

---

381 Vgl. hierzu Bielenberg in: Ernst/Zinkahn/Bielenberg, BauGB, § 2 Rn. 41.
382 Vgl. Bielenberg, aaO, § 3 Rn. 30.
383 Vgl. Bielenberg, aaO.
384 Vgl. Gierke in: Kohlhammer-Kommentar, BauGB, § 2 Rn. 10,11; Löhr in: Battis/ Krautzberger/Löhr, BauGB, § 10 Rn. 3; BT-Drucks. 10/4630, S. 63.

307 Aus Bundesrecht ergibt sich auch nicht ein Rechtssatz, das Bauleitplanverfahren sei ein einheitliches Verfahren und müsse vom Aufstellungsbeschluss bis zur abschließenden Beschlussfassung (beim Bebauungsplan Satzungsbeschluss nach § 10 Abs. 1 BauGB) in der Hand ein und desselben Willensbildungsorgans, nämlich des Gemeinderates, bleiben.[385]
Damit wird die Bestimmung der gemeindlichen Organzuständigkeit dem Gemeindeverfassungsrecht der Länder überlassen. Diese ist je nach Verfahrensschritt unterschiedlich.

308 Für den **Satzungsbeschluss** beim Bebauungsplan nach § 10 Abs. 1 BauGB wie auch für den **Feststellungsbeschluss** beim Flächennutzungsplan ist in allen Flächenländern grundsätzlich die Vertretungskörperschaft der Gemeinde, d. h. der **Gemeinderat**, zuständig. Ausnahmen hiervon können sich nur dann ergeben, wenn die Aufstellung, Änderung, Ergänzung oder Aufhebung des Planes einer anderen Körperschaft als der Gemeinde übertragen ist. Derartige Übertragungsmöglichkeiten sind in den Bestimmungen der §§ 203–205 BauGB abschließend geregelt.

309 In gleicher Weise ist der Gemeinderat zuständig für die Entscheidung, d. h. die endgültige Beschlussfassung – nicht die Vorprüfung – über die während der Offenlage vorgebrachten **Anregungen**. Dies muss auch für nicht fristgerecht vorgetragene Anregungen jedenfalls insofern gelten, als es sich um abwägungsrelevante Aspekte handelt; denn die Abwägung, insbesondere auch die Zusammenstellung des Abwägungsmaterials und die Entscheidung darüber, steht allein dem Rat der Gemeinde zu.[386]

310 Eine andere Beurteilung ergibt sich für den **Aufstellungsbeschluss** und die **weiteren verfahrensleitenden Entscheidungen**, wie die Entscheidung über die Durchführung der vorgezogenen Bürgerbeteiligung, die Beteiligung der Träger öffentlicher Belange und die Offenlage. Hier bestehen keine Bedenken, die Entscheidung etwa durch Ratsbeschluss auf einen Ausschuss oder den Magistrat (die Verwaltung) zu übertragen.[387]
Die konkreten Einzelheiten bestimmen sich nach dem Landesrecht, d. h. nach der Gemeindeordnung bzw. dem Kommunalverfassungsgesetz, etwaigen Rechtsverordnungen und dem Ortsrecht (Hauptsatzung) sowie eventuellen Geschäftsordnungen des Rates.

311 Durch die Übertragung von Entscheidungen auf Ausschüsse erhoffen sich manche Gemeinden eine gewisse Verfahrensbeschleunigung. Die Praxis hat jedoch namentlich bei größeren Gemeinden gezeigt, dass dieser Effekt ange-

---
385 Vgl. BVerwGE 79, 200.
386 Zur Abwägung vgl. im Einzelnen unten Rn. 433 ff.
387 Vgl. Gaentzsch in: Berliner Kommentar, BauGB, § 2 Rn. 11; vgl. auch Gierke in: Kohlhammer-Kommentar, BauGB, § 2 Rn. 11.

sichts mehrerer nach wie vor zu beteiligender Gremien und deren teilweise doppelter Entscheidung (Vorberatung im Ausschuss – Beratung in der Bezirksvertretung – Entscheidung im Ausschuss) sehr stark relativiert wird.

2. Mitwirkungsverbote

312 Besondere Aufmerksamkeit ist den wegen möglicher Interessenkollisonen vom Landesgesetzgeber zumeist vorgesehenen Mitwirkungsverboten zu widmen, denn die Mitwirkung eines **„befangenen"** Gemeinderatsmitgliedes führt regelmäßig zur Rechtswidrigkeit des entsprechenden Ratsbeschlusses. Auf die Rechtmäßigkeit eines Bauleitplanes hat dies zwar prinzipiell dann keinen Einfluss, wenn es sich um Ratsbeschlüsse handelt, die dem abschließenden Bauleitplanbeschluss (Feststellungsbeschluss beim Flächennutzungsplan, Satzungsbeschluss beim Bebauungsplan) voraufgehen[388]; bei einem Bebauungsplan tritt jedoch Nichtigkeit grundsätzlich dann ein, wenn beim abschließenden **Satzungsbeschluss** gegen das Mitwirkungsverbot verstoßen wird.
Die bei Verstößen eintretenden Rechtsfolgen richten sich generell nach Landesrecht.[389] Zu beachten ist indes, dass nach einigen landesrechtlichen Regelungen nach Beendigung einer Abstimmung die Mitwirkung eines wegen Befangenheit Betroffenen nur geltend gemacht werden kann, wenn sie für das Abstimmungsergebnis entscheidend war.[390]

313 Die in den Gemeindeordnungen enthaltenen Vorschriften über die Mitwirkungsverbote sollen den dem öffentlichen Wohl dienenden Grundsatz der „Sauberkeit der Verwaltung" wahren. Der Bürger soll darauf vertrauen können, dass Rats- und Ausschussmitglieder ihr Amt pflichtbewusst versehen, sich allein an Gesetz und Recht sowie öffentlichem Wohl orientieren und mit den ihnen übertragenen Entscheidungen nicht ihre eigenen privaten Interessen verfolgen; schon der „böse Schein" ist zu meiden.[391]

314 Die Regelungen in den einzelnen Ländern sind in ihrem Inhalt ähnlich. Übereinstimmend begründen sie keine generellen Mitwirkungsverbote für bestimmte Personengruppen (z. B. Architekten, Ingenieure, Immobilienmakler usw.), sondern verlangen, dass in jedem konkreten Einzelfall zu prüfen ist, ob bei der Beratung oder Entscheidung über eine Angelegenheit ein Ausschließungsgrund für eine bestimmte Person besteht, wobei darauf ab-

---

388 Vgl. insoweit BVerwG NVwZ 1988, 916 zur Rechtmäßigkeit eines Bebauungsplanes.
389 Vgl. BVerwG NVwZ-RR 1999, 425; dort auch zu dem Sonderfall der Mitwirkung eines „Nichtratsmitglieds".
390 Vgl. z. B. §§ 31 Abs. 6, 43 Abs. 2 GO NW.
391 Vgl. VGH Mannheim BRS 15 Nr. 1, BRS 16 Nr. 3 und BRS 40 Nr. 31; VGH Kassel HSGZ 1988, 129.

Kommunalrechtl. Verfahrens- und Formvorschriften **315–318**

gestellt wird, ob dem Gemeinderatsmitglied oder einem seiner Angehörigen ein **unmittelbarer Vor- oder Nachteil** entstehen kann.[392]

So darf z. B. nach §§ 31, 43 Abs. 2 GO NW ein Ratsmitglied weder beratend noch entscheidend mitwirken, wenn die Entscheidung einer Angelegenheit **ihm selbst**, einem seiner **Angehörigen** oder einer von ihm kraft Gesetzes oder kraft Vollmacht vertretenen natürlichen oder juristischen Person einen **unmittelbaren Vorteil oder Nachteil** bringen kann. Zu den Angehörigen zählen Ehegatten, Kinder – auch Adoptivkinder –, Enkel, Eltern, Großeltern, Geschwister, Kinder der Geschwister, Ehegatten der Geschwister und Geschwister der Ehegatten sowie Geschwister der Eltern, vgl. § 31 Abs. 5 GO NW. **315**

Das Mitwirkungsverbot gilt nach den genannten Bestimmungen ferner **für gegen Entgelt** bei einer natürlichen Person, einer juristischen Person oder einer Vereinigung **Beschäftigte** im Fall möglicher Interessenkollisionen, unter bestimmten Voraussetzungen für **Vorstands- und Aufsichtsratsmitglieder** sowie für **Gutachter**, die in anderer als öffentlicher Eigenschaft in der Angelegenheit tätig geworden sind.[393] **316**

Befangen und damit von der Mitwirkung in einem Bebauungsplanverfahren ausgeschlossen ist danach insbesondere, wer **Eigentümer** oder wessen **Angehöriger Eigentümer** eines im Planbereich gelegenen Grundstücks ist. Das Gleiche trifft auf ein Gemeinderatsmitglied zu, das unmittelbar nach einem Bebauungsplanaufstellungsbeschluss ein ihm gehörendes, im Plangebiet gelegenes Grundstück zum Baulandpreis verkauft, dessen Bebaubarkeit ohne den Plan nicht gegeben oder zumindest sehr zweifelhaft war.[394] **317**

Darüber hinaus kann ein unmittelbarer Vor- oder Nachteil wegen der Ausstrahlungswirkungen einer Planung und der damit verbundenen wirtschaftlichen Konsequenzen – insbesondere beim Bebauungsplan – auch für Eigentümer gegeben sein, deren Grundstücke an das Plangebiet angrenzen oder sogar nicht unmittelbar angrenzen.[395] **318**
Selbst **Mietbesitz** im Einwirkungsbereich eines Bebauungsplanes kann zur Befangenheit führen.[396]

---

392 Vgl. z. B. die sehr umfangreichen Ausschließungsgründe in § 18 GO BW; Art 49 GO Bay; § 25 GO He; § 26 GO Nds; § 31 GO NW, § 22 GO RP; § 27 KSVG Saar; § 22 GO SH.
393 Vgl. VGH Kassel NVwZ-RR 1996, 72 (Bürgermeister als zugleich erster Vorsitzender des Sportvereins bei Legalisierung einer bisher illegalen Vereinsgaststätte durch Bebauungsplan).
394 OVG Koblenz DÖV 1998, 1025 (LS).
395 Vgl. VGH Mannheim BauR 1973, 368.
396 Vgl. OVG Münster BRS 40 Nr. 30 = NVwZ 1984, 667; a.A. OVG Koblenz NVwZ 1986, 1048 = DÖV 1986, 981 (LS).

319 Dagegen ist bei Ausweisung einer (Bundes-)Straße durch Bebauungsplan (sog. planfeststellungsersetzender Bebauungsplan) ein an der Beschlussfassung mitwirkendes Gemeinderatsmitglied nicht befangen, wenn es nur wie eine Vielzahl anderer Bürger in den betroffenen Ortsteilen von dem Straßenbauvorhaben berührt wird.[397]

320 Von Besonderheit ist die Situation beim Beschluss über einen **Flächennutzungsplan**. Nach der Rechtsprechung ist im Verfahren der erstmaligen Aufstellung eines Flächennutzungsplanes nicht jedes Gemeinderatsmitglied, das Grundstückseigentümer im Bereich des Flächennutzungsplanes – also im Gemeindegebiet – ist, von der Mitwirkung bei der Beschlussfassung ausgeschlossen.[398]

321 Zur Begründung wird ausgeführt, dass sich der Flächennutzungsplan für einen Großteil des Gebietes, für das eine Änderung nicht beabsichtigt sei und das auch nach den tatsächlichen Verhältnissen nicht in Betracht komme, auf die Darstellung der vorhandenen Nutzung beschränke. Dies gelte z. B. für bebaute Gebiete oder für Gebiete außerhalb der Ortslage, die wegen ihrer Lage sinnvoll nur wie bisher landwirtschaftlich oder forstwirtschaftlich genutzt werden könnten. Für die Eigentümer solcher Grundstücke ändere sich durch die Darstellung im Flächennutzungsplan also nichts; sie hätten daher insoweit keinen besonderen Vor- oder Nachteil. In der Literatur wird diese Ansicht befürwortet, weil bei einer (zu) strengen Anwendung der Befangenheitsgrundsätze ein Flächennutzungsplan kaum aufgestellt werden könne, da regelmäßig ein Teil der Ratsmitglieder – im Extremfall alle – entweder selbst oder ein Verwandter bzw. Verschwägerter in dem maßgeblichen Grad Eigentümer von Grundstücken im Gemeindegebiet sei.[399]
Speziell der letztgenannte Aspekt trifft nicht zu bei Ergänzung oder Änderung eines Teils eines (bestehenden) Flächennutzungsplans; deshalb ist insoweit das Mitwirkungsverbot strenger zu beurteilen.[400]

322 Wer annehmen muss, von der Mitwirkung ausgeschlossen zu sein, hat dies dem Vorsitzenden des Kollegialorgans mitzuteilen und den Sitzungsraum zu verlassen; bei öffentlichen Sitzungen kann er im Zuhörerraum Platz nehmen. Die Beibehaltung des Platzes im Kollegium stellt bereits eine unzulässige Mitwirkung dar, „bloßes Abrücken eines Stuhles" reicht nicht aus.[401]

---

397 Vgl. VGH Mannheim DVBl. 1998. 601 (LS).
398 Vgl. BVerwG BRS 24 Nr. 20 = BauR 1971, 187 = DVBl. 1971, 757 mit Anm. von Schrödter-Schmaltz = Bestätigung von OVG Lüneburg BRS 22 Nr. 21 = BauR 1970, 89.
399 Vgl. Gelzer/Birk, Bauplanungsrecht, Rn. 275.
400 Vgl. OVG Münster BRS 35 Nr. 21 = BauR 1979, 477 = NJW 1979, 2632.
401 Vgl. hierzu VGH Mannheim BRS 23 Nr. 17; OVG Münster DVBl. 1978, 150; OVG Koblenz NVwZ 1982, 204.

Über die Frage, ob ein Ausschließungsgrund tatsächlich vorliegt, entscheidet **323** in Zweifelsfällen das betreffende Kollegialorgan, also der Rat, der Ausschuss oder die Bezirksvertretung, und zwar – naturgemäß – ohne die Mitwirkung des möglicherweise Befangenen.[402]

Gegen den Ausschluss kann der Betroffene im sog. **Kommunalverfassungs- 324 streitverfahren** vor den Verwaltungsgerichten Klage erheben.[403] Dagegen steht mangels Betroffenheit in eigenen Rechten einem Ratsmitglied kein Klagerecht gegen die Mitwirkung eines anderen möglicherweise befangenen Ratsmitgliedes zu.[404]

IX. Änderung, Ergänzung und Aufhebung von Plänen

Nach dem Grundsatz des § 2 Abs. 4 BauGB gelten die Vorschriften des **325** BauGB über die Aufstellung von Bauleitplänen auch für ihre Änderung, Ergänzung oder Aufhebung. Form und Verfahren wie auch materielle Voraussetzungen und Inhalt sind bei Bauleitplanänderungen, -ergänzungen und -aufhebungen daher die gleichen wie bei der Aufstellung eines solchen Plans. Nicht angesprochen ist hier insbesondere die Änderung oder Ergänzung des Planentwurfs in einem laufenden Aufstellungsverfahren; insoweit gelten die Sonderbestimmungen des § 3 Abs. 3 BauGB.[405]

Änderung wie Ergänzung bedingen die **Existenz eines gültigen (nicht nichti- 326 gen) Bauleitplanes**, denn ein nichtiger Plan kann nicht wirksam geändert oder ergänzt werden.[406]

Eine **Planänderung** bedeutet die Ersetzung einer Bebauungsplanfestsetzung **327** oder Flächennutzungsplandarstellung durch eine andere (z. B. Änderung der zulässigen Anzahl der Vollgeschosse; Änderung des Verlaufs einer Verkehrstrasse). Eine **Ergänzung** eines Bauleitplanes liegt nach Auffassung des Bundesverwaltungsgerichts schon immer dann vor, wenn zu einem bereits geltenden Bebauungsplan eine weitere planerische Festsetzung hinzutritt; mit Rücksicht darauf gewährleiste das Institut der Planergänzung, dass die rechtsverbindlichen Festsetzungen für die städtebauliche Ordnung eines Gebietes stets in einem einzigen – eine rechtliche Einheit bildenden – Bebauungsplan enthalten sind.[407]

---

402 Vgl. z. B. § 43 Abs. 2 Nr. 4 GO NW.
403 Vgl. OVG Münster OVGE 18, 104; VGH München BayVBl. 1976, 753 mit Anm. Lange; zum Kommunalverfassungsstreitverfahren vgl. Rothe, Die Fraktion in den kommunalen Vertretungskörperschaften (1989), Rn. 158–175 mwN.
404 Vgl. OVG Koblenz NVwZ 1985, 283; Schröder, NVwZ 1985, 246.
405 Vgl. hierzu oben Rn. 212 ff.
406 Vgl. auch VGH Mannheim NVwZ-RR 1998, 545.
407 Vgl. BVerwG BRS 30 Nr. 17 = BauR 1976, 175 = NJW 1976, 1329.

328–331   Verfahren und Form der Bauleitpläne

328 Zu betonen ist, dass jede Bebauungsplanänderung, -ergänzung und -aufhebung nur durch einen das entsprechende Verfahren abschließenden, vom **Gemeinderat zu fassenden Satzungsbeschluss**[408], jede Änderung und Ergänzung (eine separate Aufhebung wird hier kaum in Frage kommen) eines Flächennutzungsplanes nur durch einen **Feststellungsbeschluss des Gemeinderates**[409] erfolgen kann. Wird der Flächennutzungsplan geändert oder ergänzt, kann die Gemeinde nach § 6 Abs. 6 BauGB mit dem Änderungs- oder Ergänzungsbeschluss auch bestimmen, dass der **Flächennutzungsplan** in der Fassung, die er durch die Änderung oder Ergänzung erfahren hat, **insgesamt neu bekannt zu machen** ist.

329 Als **Alternative zu einer Planänderung** besteht bei Bebauungsplänen auch die Möglichkeit der Aufstellung eines **Änderungsplanes**. Während im ersten Fall der existierende Plan prinzipiell weiter bestehen bleibt und nur punktuell Änderungen erfährt, wird im zweiten Fall ein gänzlich neuer Plan aufgestellt, der wiederum entweder den gesamten Bereich des alten Planes oder nur einen Teilbereich von diesem erfassen kann. Ein solcher Änderungsplan ist im Gegensatz zur Planänderung dann rechtlich selbständig, wird also in seiner Rechtswirksamkeit nicht von eventuellen Mängeln des ursprünglichen Planes beeinflusst, wenn er auch ohne den Fortbestand des Ursprungsplanes aus sich heraus Grundlage der städtebaulichen Entwicklung und Ordnung im Änderungsgebiet sein kann und nicht derart mit dem Ursprungsplan inhaltlich verknüpft ist, dass eine städtebauliche Entwicklung und Ordnung nur durch eine Einheit der alten und neuen Planung bewirkt wird.[410]

1. Vereinfachtes Verfahren bei Planänderung und Planergänzung

330 Bei Planänderung oder Planergänzung – nicht bei einer Planaufhebung – kann im Ausnahmefall das **vereinfachte Verfahren** nach § 13 BauGB angewendet werden. Die Bestimmung ist mit dem Ziel der Rechtsvereinheitlichung im BauGB 1998 neu gefasst worden; Flächennutzungsplan und Bebauungspläne wurden insoweit einander angeglichen.[411]

331 Voraussetzung für die Anwendung des vereinfachten Verfahrens ist nunmehr in beiden Fällen, dass die Grundzüge der Planung durch die Änderung bzw. Ergänzung nicht berührt werden. Wurde dies beim Bebauungsplan schon bisher gefordert[412], so mag dieses Grunderfordernis beim Flächennutzungs-

---

408 Vgl. hierzu oben Rn. 220 ff.
409 Vgl. hierzu oben Rn. 221.
410 Vgl. OVG Münster, Urt. v. 25. 04. 1997 – 7a D 3/95 NE – JURIS DokNr. 719645.
411 Vgl. Battis/Krautzberger/Löhr, NVwZ 1997, 1145 (1151).
412 Vgl. § 13 BauGB a.F.

plan, der ja nur Grundzüge darstellen soll, nicht ohne weiteres verständlich sein.[413] Da der Gesetzgeber hiermit jedoch in § 5 Abs. 1 Satz 2 BauGB 1998 Formulierungen in der bisherigen Bestimmung des § 13 Abs. 1 Satz 2 Nr. 1 BauGB aufgreift, die inzwischen eine Klärung gefunden haben, können die dazu gewonnenen Erkenntnisse nutzbar gemacht werden.[414]

Hiervon ausgehend werden beim Flächennutzungsplan die Grundzüge durch eine Änderung oder Ergänzung nicht berührt, wenn die von der Änderung oder Ergänzung betroffenen Teile sich auf den übrigen Planinhalt nicht auswirken können, dieser vielmehr für sich genommen ein tragfähiges Bodennutzungskonzept für die geordnete städtebauliche Entwicklung der Gemeinde – letztere als Ganzes betrachtet – darstellt, was wiederum voraussetzt, dass die Änderungs- bzw. Ergänzungsflächen nicht von zentraler Bedeutung für die städtebauliche Ordnung und Entwicklung der Gemeinde sind.[415] **332**

Beim Bebauungsplan ist die genannte Grundvoraussetzung erfüllt, wenn die Planänderung oder -ergänzung zwar für einzelne oder mehrere Grundstücke von erheblicher Auswirkung sein mag, aber doch die dem Plan zugrundeliegende planerische Gesamtkonzeption nicht ändert. In Betracht kommen daher nur weniger einschneidende, punktuelle Änderungen oder Ergänzungen, wie z. B. eine geringe räumliche Veränderung oder eine geringfügige Verringerung bzw. Erhöhung der Grundstücksausnutzbarkeit[416], im Gegensatz etwa zu einschneidenden Änderungen von Art und Maß der baulichen Nutzung oder einer erheblichen Erweiterung des räumlichen Geltungsbereichs eines Bebauungsplanes.[417] **333**

Die Zulässigkeit eines vereinfachten Verfahrens nach § 13 BauGB bedeutet für die Gemeinde folgende **Verfahrenserleichterungen:** **334**
- von der Unterrichtung und Erörterung nach § 3 Abs. 1 Satz 1 BauGB (vorgezogene Bürgerbeteiligung) kann abgesehen werden (Nr. 1),
- den betroffenen Bürgern kann Gelegenheit zur Stellungnahme innerhalb angemessener Frist gegeben oder es kann wahlweise die Auslegung nach § 3 Abs. 2 BauGB durchgeführt werden (Nr. 2),

---

413 Vgl. Battis/Krautzberger/Löhr, NVwZ 1997, 1145 (1151).
414 Vgl. Battis/Krautzberger/Löhr, aaO, und BauGB, § 13 Rn. 2.
415 Vgl. hierzu Grauvogel in: Kohlhammer-Kommentar, BauGB, § 5 Rn. 26; Gaentzsch in: Berliner Kommentar, BauGB, § 5 Rn. 13.
416 Vgl. Löhr in: Battis/Krautzberger/Löhr, BauGB, § 13 Rn. 2; Gierke in: Kohlhammer-Kommentar, BauGB, § 13 Rn. 25 ff.; Bielenberg in: Ernst/Zinkahn/Bielenberg, BauGB, § 13 Rn. 4.
417 Vgl. Löhr in: Battis/Krautzberger/Löhr, BauGB, § 13 Rn. 2; Gierke in: Kohlhammer-Kommentar, BauGB, § 13 Rn. 25 ff.

335–337   Verfahren und Form der Bauleitpläne

– den berührten Trägern öffentlicher Belange kann Gelegenheit zur Stellungnahme innerhalb angemessener Frist gegeben oder es kann wahlweise die Beteiligung nach § 4 BauGB durchgeführt werden (Nr. 3).

335 Die durch das BauGB 1998 eingeführten Änderungen des vereinfachten Verfahrens haben nicht alle die Wirkung einer „Vereinfachung". Dies gilt speziell für die Regelung in § 13 Nr. 2 BauGB. War früher bei Durchführung des vereinfachten Verfahrens u. a. den Eigentümern der von Änderungen oder Ergänzungen betroffenen Grundstücke Gelegenheit zur Stellungnahme zu geben, so sind jetzt die betroffenen Bürger einzuschalten. Damit ist der Kreis der Anzuhörenden ausgeweitet auf Mieter, Pächter, Nachbarn usw., was ohne Frage eine nicht unerhebliche Verfahrenserschwernis bedeutet.[418]

336 Die hierfür gegebene Begründung, die Erschwernis sei erforderlich, da das vereinfachte Verfahren zu einem Regelverfahren u. a. für die Änderung und Ergänzung von Bauleitplänen werden solle[419], vermag angesichts der Voraussetzungen für ein vereinfachtes Verfahren nicht recht zu überzeugen. Die Neuregelung bedeutet für die Gemeinden jedenfalls einen größeren Verwaltungsaufwand und begründet durch die Einführung des von der Rechtsprechung noch nicht geklärten Begriffs „betroffene Bürger" eine gewisse Rechtsunsicherheit. Aufgrund dessen dürften die Gemeinden gut beraten sein, im Zweifel den im Aufwand nahezu gleichen, jedenfalls aber rechtlich sicheren Weg der Offenlage nach § 3 Abs. 2 BauGB zu wählen.

2. Aufhebung von Plänen

337 Das vereinfachte Verfahren erfasst nicht die **Aufhebung von Bauleitplänen**. Insoweit ist immer **das „normale" Verfahren** (wie bei der Planaufstellung) einzuhalten. Eine Besonderheit gilt nur dann, wenn zugleich ein neuer Bebauungsplan aufgestellt wird. Eines separaten Aufhebungsverfahrens bezüglich des alten Planes oder eines Parallelverfahrens (Aufstellungs- und Aufhebungsverfahren) bedarf es nicht, weil über § 10 BauGB der gewohnheitsrechtlich anerkannte Rechtssatz gilt, dass die spätere Norm die frühere verdrängt, wobei unerheblich ist, ob ein gerade hierauf zielender Wille der Gemeinde besteht oder als bestehend zu unterstellen ist.[420]
Aus Gründen der Rechtsklarheit empfiehlt es sich aber, bereits im Aufstellungsbeschluss für den neuen Plan klarzustellen, dass der bestehende Plan (genaue Bezeichnung) durch einen neuen abgelöst werden soll.

---

418 Vgl. Löhr in: Battis/Krautzberger/Löhr, BauGB, § 13 Rn. 5.
419 Vgl. hierzu Löhr, aaO, und BT-Drucks. 13/6392, S. 133.
420 Vgl. BVerwGE 85, 289 = DVBl. 1990, 1182.

Die alte Rechtsnorm (der alte Plan) gilt allerdings unverändert fort, falls die **338**
spätere Norm (der neue Plan) unwirksam ist. Soll diese Konsequenz vermieden werden, d. h. soll die Aufhebung des alten Planes auch für den Fall der Unwirksamkeit der Festsetzungen des neuen Planes gelten, muss die Aufhebung des alten Planes gemäß § 2 Abs. 4 BauGB selbständiger Gegenstand der gemeindlichen Beschlussfassung sein. Dabei muss im textlichen Teil des neuen Planes ausdrücklich erklärt werden, dass der selbständige Aufhebungsbeschluss auch dann Bestand haben soll, wenn die neuen Festsetzungen unwirksam sein sollten.[421]

Ein Aufhebungsverfahren kommt auch bei fehlerhaften (nichtigen) Bauleit- **339**
plänen, insbesondere Bebauungsplänen in Betracht. Besteht nicht die Möglichkeit der Fehlerbeseitigung („Reparatur"), z. B. durch. ein ergänzendes Verfahren[422], oder will die Gemeinde dies nicht bzw. liegen nicht behebbare materielle Mängel vor, ist die Durchführung eines vollständigen Aufhebungsverfahrens der einzige der Gemeinde zur Verfügung stehende Weg, den Rechtsschein des zwar existierenden, aber nichtigen und daher in Wirklichkeit keine Rechtswirkungen erzeugenden Planes zu beseitigen und auf diese Weise Rechtsklarheit zu schaffen. Denn eine sog. Verwerfungskompetenz steht der Gemeinde nicht zu; ein Beschluss des Gemeinderats, einen Plan für nichtig zu erklären und ihn nicht mehr anzuwenden, ist völlig wirkungslos.[423]

X. Beteiligung (privater) Dritter am Verfahren

Während in den ersten drei Jahrzehnten der Geltung des Bundesbaurechts **340**
die Lenkung und Ordnung der städtebaulichen Entwicklung allgemein als hoheitliche Aufgabe der Gemeinden im Rahmen ihrer Selbstverwaltungsbefugnisse angesehen wurde[424], spricht sich das BauGB 1998 in verstärktem Maße für eine Kooperation von Gemeinde, Vorhabenträger und Dritten aus. Neben den vom ehemaligen in seiner Geltung befristeten BauGB-MaßnG[425] in das Dauerrecht des BauGB übernommenen Regelungen des städtebaulichen Vertrages und des vorhabenbezogenen Bebauungsplanes[426] enthält das Gesetz jetzt erstmals eine Bestimmung über die Einschaltung Dritter in das Planverfahren.

Nach § 4b BauGB kann die Gemeinde insbesondere zur Beschleunigung des **341**
Bauleitplanverfahrens die Vorbereitung und Durchführung von Verfahrens-

---

421 Vgl. BVerwG, aaO.
422 Vgl. hierzu unten Rn. 722 ff.
423 Vgl. hierzu auch unten Rn. 775, 776.
424 Vgl. Stich, DVBl. 1997, 317.
425 Vgl. oben Rn. 10.
426 Vgl. hierzu unten Rn. 652 ff.

95

schritten nach den §§ 3 bis 4a BauGB einem Dritten übertragen (sog. **Projektmittler**). Bei der Vorschrift, deren Vorbild insbesondere die in den USA und Japan entwickelte sog. Mediation ist[427] und die in erster Linie der Vereinfachung und Beschleunigung von Planungs- und Genehmigungsverfahren dient[428], handelt es sich um eine **Klarstellung** der bereits nach **der bisherigen Rechtslage** bestehenden Möglichkeit, einen privaten neutralen Projektmittler einzuschalten, sowie um eine Reaktion auf die tatsächliche Handhabung in der Praxis; viele kleinere Gemeinden haben in der Vergangenheit bereits private Planungsbüros bei der Aufstellung von Bauleitplänen eingeschaltet.[429]

342 Im Ergebnis kann damit jeweils praktisch das gesamte Verfahren von einem Projektmittler durchgeführt werden. Dessen Tätigkeit ist indes auf die **organisatorische Vorbereitung und Durchführung** der ihm übertragenen Verfahrensschritte beschränkt; die Übertragung der Aufgaben ist nur funktionaler, nicht materieller Natur, d. h. der Beauftragte ist kein sog. Beliehener, der als Privatperson mit der hoheitlichen Wahrnehmung von Verwaltungsaufgaben im eigenen Namen betraut ist, sondern ein schlichter nur in vorbereitender und unterstützender Funktion herangezogener privater **Verwaltungshelfer**.[430]

343 Die **Ausübung hoheitlicher Befugnisse**, insbesondere die planerische Abwägung[431] einschließlich der in diesem Zusammenhang notwendigen Prüfung der Anregungen von Bürgern und Trägern öffentlicher Belange, muss zwingend **bei der Gemeinde** (Rat) verbleiben. Der Projektmittler kann allenfalls die Aufgabe übernehmen, das Abwägungsmaterial zu sammeln und aufzubereiten; hinsichtlich der Gewichtung und des Ausgleichs der Belange kann er der Gemeinde nur Vorschläge – keine Vorgaben – unterbreiten, die diese jedoch wegen der ihr allein zustehenden (hoheitlichen) planerischen Gestaltungsfreiheit und ihrer daraus resultierenden alleinigen Verantwortung sehr sorgfältig auf Vollständigkeit und Sachgerechtigkeit prüfen muss.[432]

344 Desgleichen kann die Entscheidung, ob eine vorgezogene Bürgerbeteiligung im Einzelfall durchgeführt wird oder ob von ihr abgesehen wird, sowie die Entscheidung über die Durchführung des vereinfachten Verfahrens (§§ 13, 3

---

427 Vgl. Battis/Krautzberger/Löhr, NVwZ 1997, 1145 (1151) und BauGB, § 4b Rn. 2: Mediation ist die Suche nach einer interessengerechten kooperativen Konfliktlösung zwischen Beteiligten vermittels eines neutralen Dritten, der weder Entscheidungsbefugnis noch Zwangsmittel inne hat. Zum Begriff der Mediation im Baurecht vgl. auch Stüer/Rode, DVBl. 1998, 630.
428 Vgl. Wagner, DVBl. 1997, 704 (707).
429 Vgl. Wagner, DVBl. 1997, 704 (707); Stollmann, NuR 1998, 578.
430 Vgl. Stollmann, NuR 1998, 578 (580).
431 Vgl. hierzu unten Rn. 433 ff.
432 Vgl. Kuschnerus, Der sachgerechte Bebauungsplan, Rn. 618.

Abs. 3, 4 Abs. 4 BauGB) nicht von dem Dritten, sondern nur von der Gemeinde getroffen werden.[433]

Die **Verwaltungsaufgabe Bauleitplanung bleibt damit bei der Gemeinde.** Allein die Vorbereitung und Durchführung bestimmter Verfahrensschritte bzw. des reinen Verfahrens kann übertragen (privatisiert) werden. Auch **die Verantwortung** für die rechtmäßige Abwicklung des Verfahrens **trägt letztlich die Gemeinde,** wenngleich gefordert wird, die aufgrund dessen notwendige Aufsicht nicht so auszugestalten, dass der Sinn der Mediation, nämlich die Interessenvermittlung durch einen neutralen unabhängigen Dritten, vereitelt wird, was u.U. bei der Teilnahme von Gemeindevertretern an Erörterungsterminen der Fall sein könne.[434]

Die Funktion eines solchen Projektmittlers kann beispielsweise ein planungsrechtlich spezialisierter Rechtsanwalt, ein Planer, ein Architekt oder auch eine eigens zu diesem Zweck gegründete Gesellschaft erfüllen.[435]

Ob im Fall eines Vorhaben- und Erschließungsplanes dem Vorhabenträger oder bei Abschluss eines städtebaulichen Vertrages dem Vertragspartner der Gemeinde oder dem Investor eines Bauvorhabens die Durchführung der Bürger- und Trägerbeteiligung übertragen werden sollte, ist im Schrifttum umstritten.[436] Die Möglichkeit einer derartigen Verfahrensweise ist prinzipiell zu bejahen.[437]

Teilweise wird eine Abwägung der Gemeinde im Einzelfall gefordert und die Auffassung vertreten, die Gemeinde sei gerade auch bei umstrittenen Vorhaben nicht gut beraten, wenn sie dem Vorhabenträger die Durchführung von Verfahrensschritten überlasse.[438] Diese Bedenken erscheinen im Hinblick auf die Möglichkeit, dass unter Umständen die Ergebnisse von Verfahrensschritten durch Berichte und Protokolle verfälscht werden können, nicht unberechtigt. Im Schrifttum wird insoweit zum Teil eine – im Hinblick auf die erwähnte Einschränkung der Aufsicht allerdings nicht leicht zu erfüllende – Pflicht der Gemeinde befürwortet, die Vermeidung derartiger Fälle sicherzustellen.[439]

---

433 Im Ergebnis ebenso Stüer, DVBl. 1997, 1201 (1206); vgl. auch Battis/Krautzberger/Löhr, NVwZ 1997, 1145 (1151).
434 Vgl. Löhr in: Battis/Krautzberger/Löhr, BauGB, § 4b Rn. 7.
435 Vgl. Stollmann, NuR 1998, 578 (579) mwN, der in diesem Zusammenhang auch auf die Möglichkeiten der kommunalen Gemeinschaftsarbeit verweist.
436 Vgl. Stollmann, NuR 1998, 578 (579, 580); Stüer/Rode, DVBl. 1998, 630.
437 Im Ergebnis ebenso Stollmann, aaO.
438 So Stüer/Rode, aaO.
439 Vgl. Löhr in: Battis/Krautzberger/Löhr, BauGB, § 4b Rn. 7.

349, 350   Verfahren und Form der Bauleitpläne

349 Die konkrete Einschaltung eines Projektmittlers wird dann vielfach auf der Grundlage eines zwischen Gemeinde und Drittem abzuschließenden städtebaulichen Vertrages erfolgen.[440] Dabei kann es sich auch um schlichte privatrechtliche Werk- oder Dienstverträge handeln.[441]

350 Die Einschaltung Dritter im Bauleitplanverfahren hat sicherlich die Vorteile der zusätzlichen Einschaltung privaten Sachverstandes – insbesondere bei kleineren Gemeinden – sowie des möglichen Zeitgewinns für sich, es sollte aber nicht übersehen werden, dass sich auf der anderen Seite auch negative Auswirkungen zeigen können, wie die möglicherweise mangelnde Erfahrung des Dritten im Umgang mit Gemeinden und Behörden und ein dadurch eventuell bedingter zeitlicher Nachteil, der Verlust der Einheitlichkeit und Geschlossenheit der Verwaltung wie auch ein möglicher Eindruck bei den Bürgern, die Gemeinde wolle sich gerade bei kritischen Projekten der öffentlichen Auseinandersetzung durch Vorschieben eines Dritten entziehen.[442]

---

440 Zum städtebaulichen Vertrag vgl. im Einzelnen unten Rn. 678 ff.
441 Vgl. Löhr in: Battis/Krautzberger/Löhr, BauGB, § 4b Rn. 6; Stollmann, NuR 1998, 578 (580).
442 Vgl. Stollmann, aaO.

3. Kapitel: Materielle Voraussetzungen der Bauleitpläne

Nicht minder bedeutungsvoll als die formellen Voraussetzungen, ja im Hinblick auf die eingeschränkteren Heilungs- bzw. Unbeachtlichkeitregelungen und die damit verbundene erhöhte Gefahr der Plannichtigkeit fast noch wichtiger sind für die Gemeinden die bei der Aufstellung von Bauleitplänen zu beachtenden materiellen Erfordernisse. **351**

Neben den Punkten Erforderlichkeit, Anpassung an die Ziele der Raumordnung, interkommunales Abstimmungsgebot, Entwicklungsgebot und zulässiger Planinhalt kommt dabei aus Sicht der Praxis insbesondere dem Abwägungsgebot des § 1 Abs. 6 BauGB und den sich daraus nicht zuletzt auch durch erhebliche gesetzgeberische Aktivitäten in anderen Bereichen (Umwelt, Naturschutz) ergebenden umfassenden Fragen und Problemen eine zentrale Bedeutung zu.

Bedeutende materielle Rechtmäßigkeitsvoraussetzungen bei Bauleitplänen sind: **352**
- die Erforderlichkeit der Planung für die städtebauliche Entwicklung und Ordnung,
- die Anpassung der Pläne an die Ziele der Raumordnung,
- die inhaltliche Abstimmung mit den Nachbargemeinden,
- die Beachtung des Entwicklungsgebotes,
- die Abwägung,
- Verhältnismäßigkeit und Bestimmtheit der Planung,
- die Zulässigkeit des Planinhaltes,
- keine Funktionslosigkeit der Planung.

I. Erforderlichkeit der Planung für die städtebauliche Entwicklung und Ordnung

Das Selbstverwaltungsrecht und die daraus fließende Planungshoheit geben den Gemeinden grundsätzlich die Befugnis, frei und eigenverantwortlich über die Aufstellung von Bauleitplänen zu entscheiden, d. h. über das „Ob" und „Wann". Diese Berechtigung erfährt eine gewisse Einschränkung durch die Bestimmung des § 1 Abs. 3 BauGB, nach der die Gemeinden die Bauleitpläne aufzustellen haben, sobald und soweit dies für die städtebauliche Entwicklung und Ordnung erforderlich ist. Hierin liegt eine zweifache ge- **353** setzliche Vorgabe: zum einen eine **Planungspflicht**[443], wenn eine Planung erforderlich ist, und zum anderen ein **Planungsverbot**, nämlich dann, wenn die Aufstellung eines Bauleitplanes nicht erforderlich ist.

354 Bei der Erforderlichkeit, die letztlich nichts anderes ist als ein Ausdruck des allgemeinen (verfassungsrechtlichen) **Verhältnismäßigkeitsprinzips**, nach dem jede hoheitliche Maßnahme geeignet, erforderlich und angemessen sein muss[444], geht es in dem hier erörterten Sinne nicht um die Frage, ob für die konkrete Planung (einschließlich Dimensionierung) ein Bedarf besteht, dies ist vielmehr im Rahmen der Abwägung zu ermitteln und zu gewichten[445], sondern – wie schon dem Wortlaut der Bestimmung des § 1 Abs. 3 BauGB zu entnehmen ist – um die Erforderlichkeit einer Planung im Hinblick auf die „städtebauliche Entwicklung und Ordnung". Dieser vom BauGB an mehreren Stellen verwendete und mit der „geordneten städtebaulichen Entwicklung" identische Begriff[446], ist gesetzlich nicht definiert. Es handelt sich dabei um einen Blankett-Begriff, der erst durch politische Entscheidungen der Gemeinde als Trägerin der Planungshoheit ausgefüllt wird.[447]

355 Es ist Sache der Gemeinde, „wie sie ihre Planungshoheit handhabt und welche Konzeption sie ihr zugrundelegt. So ist die Entscheidung darüber, ob, wo und in welchem Umfang Gewerbegebiete ausgewiesen werden, im Grunde eine Frage der Gemeindepolitik, nicht bloße Rechtsanwendung".[448]

356 Unabhängig vom politischen Willen der Gemeinde muss jede **Bauleitplanung** aber **durch „städtebauliche" Gründe gerechtfertigt** sein. Andere Gründe (z. B. wirtschaftspolitische) allein vermögen eine Bauleitplanung nicht zu rechtfertigen. In der Vergangenheit wurde des Öfteren nur zur Verhinderung wirtschaftlicher Nachteile des Einzelhandels die Zulässigkeit großflächiger Einzelhandelsbetriebe in Bebauungsplänen ausgeschlossen. In einem solchen Fall fehlt es in gleicher Weise an der notwendigen städtebaulichen Rechtfertigung des Planinhaltes wie etwa bei der Festsetzung eines Industrie- bzw. Gewerbegebietes, in dem nur bestimmte Betriebe für zulässig erklärt werden, mit der Begründung, es solle vor allem ein Standort für die Verlagerung von im Gemeindegebiet bereits ansässigen Betrieben geschaffen werden; dies ist eine Überlegung der kommunalen Wirtschaftsförderung und Gewerbepolitik.[449]

---

443 Siehe hierzu auch oben Rn. 43, 44.
444 Vgl. hierzu im Hinblick auf die gemeindliche Planung Gierke in: Kohlhammer-Kommentar, BauGB, § 1 Rn. 150 ff.
445 Vgl. zur Abwägung im Einzelnen unten Rn. 433 ff.
446 Vgl. Gaentzsch in: Berliner Kommentar, BauGB, § 1 Rn. 18.
447 Vgl. Gaentzsch, aaO.
448 Vgl. BVerwGE 18, 247, 252 = BRS 15 Nr. 49.
449 Vgl. OVG Münster UPR 1993, 227.

Wenn auch derartige Gesichtspunkte bei der Aufstellung von Bauleitplänen nicht ohne Bedeutung sind, wie sich insbesondere der Bestimmung des § 1 Abs. 5 Nr. 8 BauGB entnehmen lässt, so sind sie jedoch nur ein Aspekt unter vielen und dürfen nicht das alleinige Ziel einer Bauleitplanung sein.

Ähnliches gilt auch für die Berührung **privater Belange**. Auch diese dürfen nicht allein Grundlage bauplanerischer Ausweisungen sein, städtebauliche Gründe müssen als letztliche Planrechtfertigung hinzukommen, was allerdings schon bei hinreichender Gewichtigkeit der privaten Belange der Fall sein kann.[450] **357**

Von Bedeutung ist in diesem Zusammenhang auch der **Geltungsbereich eines Bauleitplanes**. **358**
Ist der Flächennutzungsplan für das gesamte Gemeindegebiet aufzustellen (§ 5 Abs. 1 Satz 1 BauGB), so betrifft ein Bebauungsplan regelmäßig einen kleineren Teilbereich des Gemeindegebietes. Dementsprechend fordert § 9 Abs. 7 BauGB, dass der Bebauungsplan die Grenzen seines räumlichen Geltungsbereichs festsetzt. Die Entscheidung der Gemeinde über den räumlichen Geltungsbereich des einzelnen Bebauungsplanes hängt ebenfalls von der Erforderlichkeit für die städtebauliche Entwicklung und Ordnung ab; eine gesetzliche Vorschrift existiert insoweit nicht.[451]

Besondere Probleme können sich bei sog. **Einzelfallbebauungsplänen** (Bebauungsplan für ein Grundstück zur Durchführung eines bestimmten Vorhabens) ergeben. Der Einzelfallgesichtspunkt ist bei Bebauungsplänen aber dann irrelevant, wenn der Plan insgesamt städtebauliche Zwecke verfolgt.[452] Daher kann für die städtebauliche Entwicklung und Ordnung erforderlich auch ein auf nur ein Grundstück beschränkter Bebauungsplan sein[453], wobei allerdings eine „Atomisierung" des Gemeindegebietes unzulässig ist.[454] **359**

„Was im Einzelfall die **geordnete städtebauliche Entwicklung** ist, bestimmt sich nach den vorhandenen, hinreichend konkretisierten planerischen Willensbetätigungen der Gemeinde".[455] **360**

---

450 Vgl. VGH Mannheim NVwZ-RR 1997, 684 (Änderung der Dachneigung auf Wunsch der überwiegenden Mehrheit der Grundstückseigentümer); vgl. auch OVG Münster BauR 1998, 1198 = UPR 1998, 471: Ansiedlungswünsche privater Investoren (Einzelhandelsgroßprojekt) als Anlass für städtebaulich motivierten Zielvorstellungen entsprechende Planung.
451 Zum räumlichen Geltungsbereich eines Bebauungsplans vgl. Gelzer/Birk, Bauplanungsrecht, Rn. 245–252.
452 Vgl. BVerwG NJW 1969, 1076 = BRS 22 Nr. 1; Gelzer/Birk, Bauplanungsrecht, Rn. 246–249.
453 Vgl. BVerwG ZfBR 1994, 101; vgl. dagegen OVG Münster UPR 1994, 155 zu § 1 Abs. 4 bis 9 BauNVO und OVG Lüneburg NVwZ 1990, 576.
454 Vgl. Krautzberger in: Battis/Krautzberger/Löhr, BauGB, § 1 Rn. 26.
455 Vgl. BVerwGE 19, 83 (86) = DVBl. 1964, 916 = DÖV 1964, 782.

361–364 Materielle Voraussetzungen der Bauleitpläne

Hiervon ausgehend sind Bauleitpläne erforderlich, „soweit sie nach der planerischen Konzeption der Gemeinde erforderlich sind"[456], bzw. wenn sie zur Verwirklichung einer hinreichend konkreten planerischen Konzeption der Gemeinde sinvoll und vernünftigerweise geboten sind.[457]

361 In diesem Sinne erforderlich für die städtebauliche Entwicklung und Ordnung ist regelmäßig die Aufstellung eines **Flächennutzungsplanes**, da er die Grundlage für die Gesamtplanung der Gemeinde bildet[458] und die Gemeinde hinsichtlich der nachfolgenden Bebauungspläne bindet, die grundsätzlich ohne einen Flächennutzungsplan nicht aufgestellt werden können.[459]

362 Bei **Bebauungsplänen** ist die Erforderlichkeit des Planes für die städtebauliche Entwicklung und Ordnung nicht ganz so selbstverständlich. In einigen von der Rechtsprechung entschiedenen Fällen wurde sie verneint; die entsprechenden Pläne wurden für nichtig erklärt. So ist nach Auffassung des Bundesverwaltungsgerichts ein Bebauungsplan zur Sicherung einer Bundesfernstraßentrasse im Allgemeinen dann nicht erforderlich, wenn für die Bundesfernstraße mit anderer Trasse bereits ein Planfeststellungsverfahren betrieben wird oder gar bereits ein Planfeststellungsbeschluss vorhanden ist.[460]

363 Nicht erforderlich ist auch ein Bebauungsplan, der Flächen für land- und forstwirtschaftliche Nutzung nicht im Interesse einer Förderung der Land- und Forstwirtschaft, sondern deshalb festsetzt, weil er durch das damit weitgehend erreichte Bauverbot außerhalb der Land- und Forstwirtschaft liegende Ziele fördern will.[461]
Desgleichen ist in der Regel die nicht konkretisierte Festsetzung privater Grünflächen im Bebauungsplan, durch die diese Flächen von anderweitiger Nutzung (z. B. Bebauung) freigehalten werden, wegen mangelnder Erforderlichkeit für die städtebauliche Ordnung und damit wegen Verstoßes gegen das Verbot der Negativplanung unzulässig.[462]

364 Andererseits sind Festsetzungen in einem Bebauungsplan als „Negativplanung" nicht schon dann wegen Verstoßes gegen § 1 Abs. 3 BauGB nichtig, wenn ihr Hauptzweck in der Verhinderung bestimmter städtebaulich relevanter Nutzungen besteht; sie sind nur dann unzulässig, wenn sie nicht

---

456 Vgl. BVerwG NJW 1971, 1626 = DVBl. 1971, 759 = DÖV 1971, 633; BVerwG NVwZ-RR, 1998, 357.
457 Vgl. OVG Saarlouis UPR 1998, 469 (LS).
458 Vgl. Gelzer/Birk, Bauplanungsrecht, Rn. 230 und oben Rn. 77.
459 Vgl. das sog. Entwicklungsgebot in § 8 Abs. 2 BauGB, siehe hierzu unten Rn. 407 ff.
460 Vgl. BVerwGE 72, 172 (174) = BRS 44 Nr. 96 = DÖV 1986, 696; vgl. dazu auch BVerwG BRS 47 Nr. 34.
461 Vgl. BVerwGE 40, 258 (262 f.).
462 Vgl. VGH München BauR 1990, 191.

dem planerischen Willen der Gemeinde entsprechen, sondern nur vorgeschoben sind, um eine andere Nutzung zu verhindern.[463] Denn die Frage, ob, in welcher Form und in welchem Umfang Planung betrieben wird, unterliegt grundsätzlich dem gerichtlich nicht überprüfbaren Planungsermessen der Gemeinde. § 1 Abs. 3 BauGB verhindert lediglich eine Planung dann, wenn sie erkennbar von keiner städtebaulichen Konzeption getragen ist und deshalb einen groben und einigermaßen offensichtlichen Missgriff darstellt.[464]

365 Die Erforderlichkeit eines Planes richtet sich im Ergebnis danach, ob der konkrete Bauleitplan zur Verwirklichung der generellen Plankonzeption der Gemeinde notwendig ist, was dann zu verneinen ist, wenn dieses Planziel auch auf andere Weise, wie beispielsweise durch Einzelentscheidungen in Form von Baugenehmigungen, zu verwirklichen wäre.[465]

366 Das damit angesprochene **Kriterium der Planrealisierung** tritt auch in einer neueren Entscheidung des OVG Saarlouis[466] deutlich hervor. Nach Ansicht des Gerichts kann es einer Planung, mit der die bodenrechtlichen Grundlagen von öffentlichen Interessen dienenden Anlagen und Einrichtungen (Friedhof und Parkplätze) geschaffen werden sollen, an der notwendigen Erforderlichkeit mangeln, sofern von vornherein feststeht, dass es der Gemeinde nicht, auch nicht im Wege der Enteignung, gelingen wird, die Verfügungsgewalt über die noch im Privateigentum stehenden, zur Umsetzung des Planungskonzeptes benötigten Flächen zu erlangen.

367 Die Tatsache der bereits weit gehenden Bebauung des beabsichtigten Plangebietes spielt in diesem Zusammenhang keine entscheidende Rolle. Wie das Bundesverwaltungsgericht entschieden hat, kann auch in diesem Fall ein Plan erforderlich sein, der eine bisher vorhandene Bebaubarkeit eines Grundstücks einschränkt. Selbstverständlich muss die Gemeinde die Beschränkung der Nutzungsmöglichkeiten als einen zu beachtenden Belang privater Eigentümerinteressen bei der gebotenen Abwägung der öffentlichen und privaten Interessen beachten.[467]

368 Die Bestimmung des § 2 Abs. 4 BauGB, nach der die Vorschriften des BauGB über die Aufstellung von Bauleitplänen auch für ihre Änderung, Ergänzung und Aufhebung gelten, zwingt zur Prüfung der Frage der Erforderlichkeit

---

463 Vgl. BVerwG BRS 50 Nr. 9 = BauR 1991, 165 = NVwZ 1991, 875.
464 Vgl. VGH Mannheim NVwZ-RR 1997, 684 unter Hinweis auf BVerwG NVwZ 1993, 1102 = BauR 1993, 585; VGH Mannheim UPR 1994, 548 und OVG Münster NVwZ-RR 1994, 311.
465 Vgl. OVG Koblenz BRS 44 Nr. 15 = NVwZ 1985, 766.
466 Vgl. OVG Saarlouis UPR 1998, 469 (LS).
467 Vgl. BVerwG NVwZ-RR 1997, 83.

369 Besteht wegen Erforderlichkeit einer Planung eine (objektive) Planungspflicht der Gemeinde, hat der einzelne Bürger – wie sich aus § 2 Abs. 3 BauGB ergibt – gleichwohl keinen (subjektiven) Anspruch gegenüber der Gemeinde auf Planung. Dementsprechend entsteht auch kein Anspruch auf Fortführung eines begonnenen, dann aber unter Verstoß gegen § 1 Abs. 3 BauGB aufgegebenen Planaufstellungsverfahrens.[468]

II. Anpassung an die Ziele der Raumordnung

370 Das sog. Anpassungsgebot des § 1 Abs. 4 BauGB ist durch das BauGB 1998 in seinem Wortlaut geändert worden. Waren früher die Bauleitpläne den Zielen der Raumordnung und Landesplanung anzupassen, so bezieht sich diese Anpassungspflicht heute nur noch auf die Ziele der Raumordnung. Eine sachliche Änderung ist gegenüber der ehemaligen Regelung jedoch nicht eingetreten.

Die Beachtung dieser materiellen Voraussetzung ist umso wichtiger, als Bauleitpläne, die den Zielen der Raumordnung nicht angepasst sind, nach allgemeiner Meinung nichtig sind, ohne dass eine Heilungsmöglichkeit dieses Fehlers besteht.[469]

1. Ziele der Raumordnung

371 Das Anpassungsgebot des BauGB korrespondiert mit der Regelung in § 4 Abs. 1 Satz 1 ROG. Danach sind die Ziele der Raumordnung von öffentlichen Stellen bei ihren raumbedeutsamen Planungen und Maßnahmen zu beachten. Die in diesen Bestimmungen enthaltene Einschränkung der gemeindlichen Planungshoheit rechtfertigt sich zum einen aus der in Art. 28 GG verfassungsrechtlich normierten Einschränkung (Selbsverwaltung nur „im Rahmen der Gesetze") und zum anderen aus der Tatsache der Einbettung der gemeindlichen Planung in ein vertikales und horizontales Geflecht von raumbezogenen Fachplanungen und anderen Planungen[470] sowie der daraus sich ergebenden Notwendigkeit einer über den gemeindlichen Abstimmungsbedarf hinausgehenden überörtlichen Koordination.[471]

---

468 Vgl. BVerwG NVwZ-RR 1998, 357.
469 Vgl. OVG Lüneburg ZfBR 1992, 94; Stüer, Handbuch des Bau- und Fachplanungsrechts, Rn. 79.
470 Vgl. hierzu auch oben Rn. 20 ff.
471 Vgl. Gaentzsch in: Berliner Kommentar, BauGB, § 1 Rn. 22.

Ziele der Raumordnung **372–375**

Denn die Summe einer Fülle einzelner örtlich begrenzter Planungen würde zu **372** einem „Planungsflickenteppich" führen, der ein großräumig ausgewogenes Verhältnis z. B. zwischen Ballungsräumen und Erholungsflächen, zwischen industriell zu entwickelnden oder zu erhaltenden und landwirtschaftlich zu nutzenden Räumen, zwischen Bauflächen und im Interesse eines großräumigen ökologischen Ausgleichs erforderlichen Feiflächen, d. h. eine in dieser Hinsicht notwendige überörtliche Abwägung nicht gewährleisten könnte.[472] Raumordnung wird demgemäß als eine zusammenfassende, „über"geordnete (weil überörtliche und vielfältige [Fach-] Planungen zusammenfassende und aufeinander abstimmende) Planung und Ordnung des Raumes verstanden.[473]

Ziele der Raumordnung sind nach § 3 Nr. 2 ROG verbindliche Vorgaben in **373** Form von räumlich und sachlich bestimmten oder bestimmbaren, vom Träger der Landes- oder Regionalplanung abschließend abgewogenen textlichen oder zeichnerischen Festlegungen in Raumordnungsplänen zur Entwicklung, Ordnung und Sicherung des Raums. Diese Ziele sind in Programmen und Plänen enthalten, die die Länder für ihr Gebiet aufstellen (vgl. §§ 6 ff. ROG und die einzelnen Landesplanungsgesetze).[474]

Mit der Aufstellung dieser Programme und Pläne treffen die Länder eine **374** landesplanerische „Letztentscheidung", die aufgrund einer überörtlichen Abwägung im Regelfall unter Mitwirkung kommunaler Vertreter getroffen wird und deren festgesetzte landesplanerische Ziele nicht mehr einer erneuten Abwägung durch die Gemeinden unterliegen, sondern ihr entzogen sind.[475]

Welche **konkreten Ziele der Raumordnung** die einzelne Gemeinde bei der **375** Aufstellung von Bauleitplänen zu beachten hat, welchen Zielen sie die Pläne anzupassen hat, erfährt sie bei den **nach Landesrecht zuständigen Stellen**, zumeist den Bezirksregierungen. Die Gemeinden sollten dabei aber berücksichtigen, dass **nicht alle Inhalte der** von den Ländern aufgestellten **Pläne oder Programme** als Ziele der Raumordnung von ihr auch in der geschilderten kategorischen Form **zu beachten** sind. So bedeutet nach einer noch zu der alten Fassung des § 2 Abs. 4 BauGB ergangenen Entscheidung des Oberverwaltungsgerichts Lüneburg[476] die Darstellung von „Gebieten mit besonderer Bedeutung" für Erholung sowie für Natur und Landschaft im regionalen Raumordnungsprogramm des Landes kein zulässiges Ziel der Raum-

---

472 Vgl. Gaentzsch, aaO.
473 Vgl. BVerfGE 3, 407 (425).
474 Vgl. z. B. die Landesentwicklungspläne und für die einzelnen Regierungsbezirke die Gebietsentwicklungspläne bzw. Regionalpläne.
475 Vgl. VGH Kassel UPR 1991, 349.
476 Vgl. OVG Lüneburg BauR 1996, 348.

ordnung und Landesplanung, an das Bauleitpläne der Gemeinde anzupassen sind.

376 Die Ziele der Raumordnung sind nicht allein im Rahmen der Aufstellung von Bauleitplänen von Bedeutung. Im Ausnahmefall können sie dem **Schutz der Interessen einzelner Gemeinden** dienen und **Abwehrrechte gegenüber der Bauleitplanung** benachbarter Gemeinden begründen. Dies ist etwa der Fall, wenn eine Gemeinde namentlich im Landesentwicklungsprogramm als Mittelzentrum ausgewiesen ist und in dieser Funktion durch die Festsetzung eines Sondergebietes für ein Einkaufszentrum in einer benachbarten Gemeinde ohne zentralörtliche Funktion nachteilig betroffen wird.[477]

377 Auch können die Gemeinden z. B. Regionalpläne – sofern die Festlegungen als Rechtsvorschriften ergangen sind – unter Umständen in einem Normenkontrollverfahren[478] auf ihre Gültigkeit überprüfen lassen. Für einen derartigen Normenkontrollantrag besteht im Hinblick auf die Beachtens- und Anpassungsgebote des ROG sowie des BauGB ein Rechtsschutzinteresse.[479]

378 Allgemein hängt die Antragsbefugnis der Gemeinde in einem solchen Normenkontrollverfahren nicht davon ab, dass sie durch die Ziele der Raumordnung in ihrer Selbstverwaltung (Planungshoheit) konkret beeinträchtigt wird, es reicht aus, dass sie die Ziele nach den Bestimmungen des BauGB und des ROG zu beachten hat.[480]

379 Fragen der Raumordnungsziele und der daran geknüpften Bindung der Gemeinden sind indes nur selten Gegenstand gerichtlicher Verfahren, weil Konflikte zwischen Gemeinden einerseits und im Rahmen der Bauleitplanung (heute nur noch im Ausnahmefall) bzw. als allgemeine Kommunalaufsicht tätiger Aufsichtsbehörde andererseits zumeist im Kompromisswege gelöst werden und auch die Festlegung der Ziele der Raumordnung in den betreffenden **Landesentwicklungs-, Gebietsentwicklungs- und Regionalplänen** vielfach noch nicht so konkretisiert ist, dass sie zu einer spürbaren planerischen Einengung der Gemeinden führen.[481]

2. Die Anpassungspflicht

380 Das Anpassungsgebot ist materiellrechtlicher (inhaltlicher), nicht verfahrensrechtlicher Natur.[482]

---

477 Vgl. OVG Koblenz BRS 48 Nr. 5 = NVwZ 1989, 983.
478 Zum Normenkontrollverfahren vgl. näher unten Rn. 739 ff.
479 Vgl. BVerwG BRS 49 Nr. 39.
480 BVerwGE 81, 307 = DVBl. 1989, 662 = NVwZ 1989, 654.
481 Vgl. Gaentzsch in: Berliner Kommentar, BauGB, § 1 Rn. 39.
482 Vgl. VGH Mannheim DÖV 1981, 269; Gaentzsch in: Berliner Kommentar, BauGB, § 1 Rn. 31; Gierke in: Kohlhammer-Kommentar, BauGB, § 1 Rn. 259.

Die für die neuen Bundesländer ehemals in § 246a Abs. 1 Nr. 1 Satz 1 und 2 BauGB enthaltene ergänzende verfahrensrechtliche Regelung ist mit Inkrafttreten des BauGB 1998 entfallen.

Aufgrund ihres materellrechtlichen Charakters hat die Anpasssungspflicht Einfluss auf den materiellen Gehalt der planerischen Entscheidung bei Aufstellung, Änderung, Ergänzung und Aufhebung von Bauleitplänen (= Flächennutzungsplänen wie Bebauungsplänen). Diese gemeindlichen planerischen Entscheidungen müssen im Einklang mit den gegenwärtigen raumordnerischen Zielen stehen. Die Ziele sind nicht lediglich abwägungsrelevant, sondern vielmehr entsprechend dem Konkretisierungsgrad ihrer Aussage **für die Bauleitplanung** der Gemeinde **uneingeschränkt bindend**.[483] **381**

Eine strikte Bindung entsteht nur dann nicht, wenn entweder die Gemeinde nach dem landesrechtlich vorgesehenen Verfahren nicht beteiligt worden ist[484], oder wenn – wie vielfach – die Ziele der Raumordnung nicht so bestimmt sind, dass der Bauleitplanung nicht nur eine Möglichkeit der Darstellung bzw. Festsetzung bleibt, sondern mehrere.[485] **382**
Widersprechen Darstellungen eines Flächennutzungsplanes oder Festsetzungen eines Bebauungsplanes den Zielen der Raumordnung, sind die Bauleitpläne ungültig.[486]

Die **Anpassungspflicht** bezieht sich zunächst zweifelsfrei auf den **Zeitpunkt**, in dem der **Bauleitplan aufgestellt, geändert, ergänzt oder aufgehoben** wird, d. h. auf den Zeitpunkt der entsprechenden gemeindlichen Beschlussfassung. Die Frage, ob darüber hinaus die Bauleitplanung stets auf dem aktuellen Stand der Raumordnung zu halten ist, ob m.a.W. bei Änderung der Raumordnungsziele eine **(permanente) gemeindliche Änderungs- bzw. Ergänzungspflicht** besteht, wird vom BauGB nicht beanwortet. Nach der wohl h.M. besteht eine solche Pflicht, vorhandene Bauleitpläne an später aufgestellte oder geänderte Ziele anzupassen.[487] **383**

Eine dauerhafte Übereinstimmung mit den raumordnerischen Zielen ist auf jeden Fall beim Flächennutzungsplan zu verlangen, da aus dem Flächennutzungsplan die Bebauungspläne zu entwickeln sind[488], die ihrerseits wiederum nicht den Zielen der Raumordnung widersprechen dürfen.[489] **384**

---

483 Vgl. BVerwGE 90, 329 = DVBl. 1992, 1438.
484 Vgl. OVG Koblenz DÖV 1993, 209; BVerwG DÖV 1994, 807 = DVBl. 1994, 1136.
485 Vgl. Gaentzsch in: Berliner Kommentar, BauGB, § 1 Rn. 31.
486 Vgl. Gaentzsch, aaO.
487 Vgl. BVerwG BauR 1995, 802; VGH Mannheim BRS 36 Nr. 1; a.A. OVG Lüneburg BRS 39 Nr. 58 unter Aufgabe seiner gegenteiligen Ansicht in BRS 30 Nr. 10; vgl. auch die weiteren Nachweise bei Gierke in: Kohlhammer-Kommentar, BauGB, § 1 Rn. 428, der selbst jedoch eine solche Pflicht verneint.
488 Zum Entwicklungsgebot vgl. unten Rn. 407 ff.
489 Vgl. Gaentzsch in: Berliner Kommentar, BauGB, § 1 Rn. 33.

385 Bei Bebauungsplänen wird man dagegen – auch unter Berücksichtigung praktischer Erwägungen – eine aktuelle Anpassungspflicht nur in Ausnahmefällen fordern können, etwa bei anderenfalls bestehender Gefährdung raumordnungs- oder landesplanerischer Ziele.[490] In diesem Zusammenhang erscheint auch der Gesichtspunkt von Bedeutung, dass aus einem Flächennutzungsplan entwickelte Bebauungspläne nicht unwirksam werden, wenn nachträglich der Flächennutzungsplan geändert wird.[491]

III. Interkommunales Abstimmungsgebot

386 Anders als die Planungshoheit der Gemeinden, die sich auf das Gemeindegebiet beschränkt, endet die Verpflichtung, im Rahmen des Abwägungsvorgangs die schutzwürdigen Belange der Bürger zu berücksichtigen, nicht an den kommunalen Gebietsgrenzen; die privaten Belange verlieren nicht dadurch an Gewicht, dass die zu schützenden Personen in einer benachbarten Gemeinde wohnen.[492]

387 Diese die Gemeindegrenzen überschreitende Verpflichtung setzt ein bestimmtes Zusammenwirken und Abstimmen mit den Nachbargemeinden voraus. So fordert denn auch die Bestimmung des § 2 Abs. 2 BauGB, dass die Bauleitpläne benachbarter Gemeinden aufeinander abzustimmen sind. Das als zwingend ausgebildete Abstimmungsgebot knüpft an die sich im Verhältnis der Gleichordnung gegenüberstehenden nachbargemeindlichen Planungsbefugnisse an und beinhaltet eine wechselseitige Rücksichtnahmepflicht auf die Planungshoheit der jeweils anderen Gemeinde, und zwar auch insoweit, als sich die Planungshoheit der anderen Gemeinde noch nicht in konkreten Planungen oder planerischen Vorstellungen verfestigt hat[493], und betrifft das **materielle Verhältnis der Bauleitpläne benachbarter Gemeinden** zueinander, das sog. Abgestimmtsein des Planes.[494]
Es bezieht sich somit auf den Inhalt der Planung, die im Hinblick auf nachbargemeindliche Interessen abgewogen sein muss, und gehört damit in den Bereich der Abwägung[495]; **verfahrensmäßig** erfolgt die Abstimmung mit den Nachbargemeinden im Rahmen der Beteiligung der Träger öffentlicher Belange, zu denen auch die Nachbargemeinden gehören.[496]

---

490 Vgl. Gaentzsch, aaO.
491 Vgl. OVG Lüneburg BRS 39 Nr. 58.
492 Vgl. OVG Münster BRS 36 Nr. 3 = DÖV 1981, 386 = DVBl. 1981, 409.
493 Vgl. BVerwGE 84, 209 = BRS 50 Nr. 193 = NVwZ 1990, 464; BVerwG NVwZ 1995, 694; Gaentzsch in: Berliner Kommentar, BauGB, § 2 Rn. 14; Battis in: Battis/Krautzberger/Löhr, BauGB, § 2 Rn. 7.
494 Vgl. BVerwGE 40, 323 (328) = BRS 25 Nr. 14 = DÖV 1973, 200; BVerwGE 84, 209 = BRS 50 Nr. 193 = NVwZ 1990, 464.
495 Vgl. zur Abwägung im Einzelnen unten Rn. 433 ff.
496 Vgl. BVerwGE 40, 323 (328) = BRS 25 Nr. 14 = DÖV 1973, 200 und oben Rn. 159.

Interkommunales Abstimmungsgebot **388–392**

388 Das Abstimmungsgebot gilt für **alle Bauleitpläne**. Sowohl der Flächennutzungsplan wie auch jeder Bebauungsplan (einschließlich des vorhabenbezogenen Bebauungsplanes = früher VEP), der unmittelbare Auswirkungen gewichtiger Art auf eine Nachbargemeinde hat, bedarf dieser materiellen Abstimmung.[497]

389 Das „Abgestimmtsein" der Planung richtet sich nach § 1 Abs. 5 und 6 BauGB, d. h. inhaltlich abgestimmt ist ein Plan, wenn er in abwägungsfehlerfreier Weise die **Interessen der Nachbargemeinden berücksichtigt.** bzw. wenn die möglichen Belastungen, die von ihm ausgehen können, die Grenzen des den benachbarten Gemeinden Zumutbaren nicht überschreiten.[498]

390 Das bedeutet, einerseits braucht es keine Nachbargemeinde hinzunehmen, dass insbesondere ihre Planungshoheit durch Planungen einer anderen Gemeinde rechtswidrig verletzt wird, sie kann vielmehr verlangen, dass ihre Interessen entsprechend ihrer Bedeutung von der planenden Gemeinde berücksichtigt werden; dabei kommt den Interessen der Nachbargemeinde umso mehr Gewicht zu, je stärker sich ihre Planungen bzw. Planungsvorstellungen konkretisiert haben.[499]

391 Andererseits braucht die planende Gemeinde ihre Interessen nicht schlechthin zurückzustellen, um die Belange der Nachbargemeinde zu schonen, sie muss sich nur im Rahmen der Abwägung ernsthaft mit den erkennbaren – von der Nachbargemeinde möglichst geltend zu machenden – Interessen der Nachbargemeinde auseinander setzen. Es geht im Kern um eine **wechselseitige Rücksichtnahme und Fragen der Zumutbarkeit**, wobei die später planende Gemeinde eine Art „Vorbelastung" trifft und somit gleichsam das **Prioritätsprinzip** gilt.[500]

392 In jedem Fall geht es aber um die **Beachtung von konkreten**, allerdings nicht allein auf die Planungshoheit beschränkten **Rechtspositionen**, die ihre Grundlage in der jeder Gemeinde zustehenden eigenverantwortlichen Bauleitplanung haben; bloße Erwartungen oder gar Hoffnungen einer Nachbargemeinde können einer Bauleitplanung nicht als abwägungsrelevant entgegengehalten werden.[501]

---

[497] Vgl. BVerwGE 84, 209 = BRS 50 Nr. 193 = NVwZ 1990, 464; BVerwG BauR 1994, 492 = BRS 56 Nr. 36 = NVwZ 1995, 266.
[498] Vgl. BVerwGE 40, 323.
[499] Vgl. zum Aspekt der Konkretisierung der Planung der Nachbargemeinde: VGH Mannheim BRS 47 Nr. 24.
[500] Vgl. Gaentzsch in: Berliner Kommentar, BauGB, § 2 Rn. 14.
[501] Vgl. BVerwGE 40, 323 (331) = BRS 25 Nr. 14 = DÖV 1973, 200; OVG Lüneburg UPR 1986, 315 (316).

393–396 Materielle Voraussetzungen der Bauleitpläne

393 Entscheidend ist, inwieweit eine gemeindliche Planung eine Nachbargemeinde in deren Möglichkeiten einschränkt, die eigene städtebauliche Entwicklung und Ordnung eigenverantwortlich zu lenken. Diese Lenkungsmöglichkeit kann beeinträchtigt sein bei Darstellung neuer Wohngebiete im Flächennutzungsplan, deren Folgelasten (Infrastruktur, Verkehr) zu einem erheblichen und unzumutbaren Teil die Nachbargemeinde treffen[502], oder bei Darstellung einer Sonderbaufläche „Schlachthof", wenn dadurch der letzte zusammenhängende landwirtschaftliche Freiraum beeinträchtigt wird, „der für die Qualität der überörtlichen Siedlungsstruktur langfristig von ausschlaggebender Bedeutung" ist.[503]

394 Ferner zählt dazu der Abzug von Kaufkraft mit der Folge einer Beeinträchtigung entweder vorhandener Einzelhandelsstandorte oder entsprechender Entwicklungsmöglichkeiten bestimmter Bereiche (Aspekt der „Verödungsgefahr").[504]
Demgemäß bedarf es einer materiellen Abstimmung bereits dann, wenn beispielsweise bei Festsetzung eines Sondergebietes für großflächigen Einzelhandel unmittelbare Auswirkungen gewichtiger Art auf die städtebauliche Ordnung und Entwicklung der Nachbargemeinde in Betracht kommen.[505]

395 In der **Praxis** hat das interkommunale Abstimmungsgebot eine große Bedeutung bei der Planung von **Einkaufszentren** und **großflächigen Einzelhandelsbetrieben**[506] sowie von **Multiplex-Kinos**.[507]
Hinzu kommt in letzter Zeit eine neue Form des Handelsbetriebes in Gestalt des **Fabrik-Verkaufs-Zentrums** (Factory-Outlet-Center). Diese kurz FOC genannten Institutionen „gelten als innovative Absatzeinrichtungen, die selbst in schwierigen wirtschaftlichen Zeiten größere Käuferkreise ansprechen".[508]

396 Es handelt sich dabei um die Zusammenführung mehrerer Fabrik-Verkaufsläden, vergleichbar dem Aufbau und der Gestaltung eines Einkaufszentrums i.S. von § 11 Abs. 3 Nr. 1 BauNVO[509], d. h. um einen Zusammenschluss mehrerer Verkaufseinrichtungen bzw. Direktverkaufseinrichtungen der

---

502 Vgl. dazu schon BVerwG aaO.
503 BVerwGE 84, 209 = BRS 50 Nr. 193 = NVwZ 1990, 464.
504 Vgl. BVerwG BauR 1995, 354 = BRS 57 Nr. 5 = NVwZ 1995, 694; vgl. dazu auch Schmitz, BauR 1999, 1100.
505 Vgl. BVerwG NVwZ 1995, 694.
506 Vgl. hierzu Reidt, LKV 1994, 93.
507 Vgl. hierzu Schmitz, LKV 1997, 345.
508 So Bönker, BauR 1999, 328; zur Planung und Zulassung von Factory-Outlet-Centern vgl. auch VGH München GewArch 1999, 432; Schmitz, BauR 1999, 1100 sowie Moench/Sandner, NVwZ 1999, 337.
509 Vgl. OVG Koblenz BauR 1999, 367 = NVwZ 1999, 435; zum Begriff des Einkaufszentrums vgl. Söfker in: Ernst/Zinkahn/Bielenberg, BauGB, § 11 BauNVO Rn. 49 mwN.

Produktionsunternehmen unter einem Dach[510], kurz um **Herstellerdirektverkaufszentren**.[511]

Obgleich sich diese Einrichtungen von den übrigen Einkaufszentren dadurch **397** unterscheiden, „dass die darin zusammengeschlossenen Ladeneinheiten von Herstellern betrieben werden, die ausschließlich ihre eigenen Waren anbieten, wobei in dem Zentrum nicht sämtliche Sortimente vertreten sind und die angebotenen Waren unterhalb der üblichen Facheinzelhandelspreise verkauft werden und bestimmte Besonderheiten aufweisen"[512], besteht Einigkeit darüber, dass es sich um Einkaufszentren handelt.[513]

„**Nachbargemeinde**" ist nicht nur die angrenzende Gemeinde, sondern jede **398** Gemeinde, die durch die Bauleitplanung unmittelbar berührt sein kann, und zwar durch unmittelbare planungsrechtlich erhebliche Auswirkungen.[514] Damit werden je nach der konkreten Situation auch weiter entfernt liegende Gemeinden durch das Abstimmungsgebot geschützt, so etwa bei bebauungsplanmäßiger Festsetzung eines Sondergebietes für großflächigen Einzelhandel (Einrichtungshaus mit einer zulässigen Geschossfläche von 30 000 qm) eine Gemeinde, deren Grenze zwischen 10 und 15 km von der Grenze der planenden Gemeinde entfernt ist.[515]

Ein **Verstoß gegen das Abstimmungsgebot** (das Abgestimmtsein der Pla- **399** nung) macht den **Plan** prinzipiell **nichtig**, wenn er an einem nach § 214 Abs. 3 Satz 2 BauGB erheblichen Abwägungsmangel leidet; insoweit wird zu Recht darauf hingewiesen, dass eine Fehlerbehebung durch ein ergänzendes Verfahren nach § 215 a BauGB[516] kaum in Betracht kommen wird.[517]

Wird eine benachbarte Gemeinde durch „unmittelbare Auswirkungen ge- **400** wichtiger Art betroffen", kann sie bei Verletzung des Abstimmungsgebotes dadurch begründete Eingriffe in ihre Rechtsstellung, namentlich „Eingriffe in ihre Planungshoheit unter Inanspruchnahme gerichtlichen Rechtsschutzes abwehren".[518]
Im Fall eines Fabrik-Verkaufs-Zentrums (Factory-Outlet-Center) hat das Oberverwaltungsgericht Koblenz entschieden, dass für den Fall, dass eine

---

510 Vgl. Bönker, BauR 1999, 328 (329).
511 Vgl. OVG Koblenz BauR 1999, 367 (368) mwN.
512 OVG Koblenz aaO.
513 OVG Koblenz BauR 1999, 367; Bönker, BauR 1999, 328 (329) mwN.
514 Vgl. BVerwG NVwZ 1995, 694; Bielenberg in: Ernst/Zinkahn/Bielenberg, BauGB, § 2 Rn. 70; vgl. auch Grauvogel in: Kohlhammer-Kommentar, BauGB, § 2 Rn. 42.
515 Vgl. BVerwG BauR 1995, 354 = BRS 57 Nr. 5 = NVwZ 1995, 694.
516 Vgl. hierzu unten Rn. 722 ff.
517 Vgl. Kuschnerus, Der sachgerechte Bebauungsplan, Rn. 364 und Fn. 502.
518 Vgl. grundlegend BVerwGE 40, 323 = BRS 25 Nr. 14 = DÖV 1973, 200 = DVBl. 1973, 35 = BauR 1972, 325.

Gemeinde eine Schädigung der städtebaulichen Situation ihrer Innenstadt befürchte, es für eine Verletzung des Abstimmungsgebotes entscheidend auf die durch das Vorhaben bewirkte Umsatzumverteilung zu Lasten des innerstädtischen Einzelhandels sowie die Möglichkeit und Zumutbarkeit von Anpassungsmaßnahmen ankomme.[519]

401 Ist der Bauleitplan bereits in Kraft getreten, kann bei einem Bebauungsplan ein **Normenkontrollverfahren** nach § 47 VwGO eingeleitet werden[520], beim Flächennutzungsplan kommt nur eine **Feststellungsklage** in Betracht.[521] Letztere setzt voraus, dass die Feststellung des Bestehens oder Nichtbestehens eines Rechtsverhältnisses begehrt wird, das in den durch § 2 Abs. 2 BauGB begründeten Rechten und Pflichten der benachbarten Gemeinden zu sehen ist.[522]

402 Ist das Planverfahren noch nicht abgeschlossen, kann der Anspruch auf Abstimmung verwaltungsgerichtlich im Wege des **vorbeugenden Rechtsschutzes** entweder in Gestalt einer vorbeugenden Feststellungsklage oder in Gestalt einer vorbeugenden Unterlassungsklage geltend gemacht werden.[523]

403 Sind auf der Grundlage eines nicht abgestimmten Bebauungsplanes (**Bau-) Genehmigungen** erteilt worden, kann die Nachbargemeinde gegen diese Genehmigungen Anfechtungsklage erheben; in dem Gerichtsverfahren wird die Wirksamkeit des Planes als Vorfrage (inzidenter) geprüft.[524]
Eine für ein Fabrik-Verkaufs-Zentrum (Factory-Outlet-Center) erteilte Genehmigung können Nachbargemeinden mit der Begründung anfechten, das Vorhaben führe zu unmittelbaren Auswirkungen gewichtiger Art auf ihre städtebauliche Entwicklung und Ordnung und verstoße daher gegen § 2 Abs. 2 BauGB, unabhängig davon, ob die Genehmigung in einem Planbereich nach § 30 BauGB, im Vorgriff auf einen in der Aufstellung befindlichen Plan nach § 33 BauGB oder im Außenbereich nach § 35 BauGB erteilt worden sei.[525]

---

519 Vgl. OVG Koblenz BauR 1999, 367; zu Abwehransprüchen und zum Rechtsschutz von Nachbargemeinden gegen Einkaufszentren, Factory-Outlets und Großkinos vgl. Uechtritz, BauR 1999, 572.
520 Vgl. OVG Lüneburg BauR 1983, 220 (Kein Verstoß gegen das Abstimmungsgebot durch die Festsetzung „Möbelmarkt"); zum Normenkontrollverfahren vgl. näher unten unter Rn. 739 ff.
521 Vgl. Bielenberg in: Ernst/Zinkahn/Bielenberg, BauGB, § 5 Rn. 7.
522 Vgl. Bielenberg, aaO.
523 Vgl. hierzu BVerwGE 40, 323; VGH München BRS 29 Nr. 19; Battis in: Battis/Krautzberger/Löhr, BauGB, § 2 Rn. 8; Hoppe in: Hoppe/Grotefels, Öffentliches Baurecht, § 16 Rn. 7.
524 Vgl. BVerwGE 84, 209; VGH Mannheim BRS 30 Nr. 145; Bielenberg in: Ernst/Zinkahn/Bielenberg, BauGB, § 2 Rn. 74.
525 Vgl. OVG Koblenz BauR 1999, 367; vgl. dazu auch OVG Frankfurt (Oder) NVwZ 1999, 434.

404 Überwiegend abgelehnt wird die Möglichkeit der Nachbargemeinde, gegen eine von der höheren Verwaltungsbehörde erteilte Genehmigung des Bauleitplanes zu klagen, da die Genehmigung lediglich Mitwirkungsakt in einem Rechtssetzungsverfahren und damit für Dritte ein verwaltungsinterner Vorgang ist und die Rechtsverletzung der Nachbargemeinde nicht durch den verfahrensinternen Mitwirkungsakt der Genehmigungsbehörde, sondern durch den Plan selbst bewirkt wird.[526]

405 Soweit der Nachbargemeinde die Klagemöglichkeit offen steht, kommt zusätzlich **vorläufiger Rechtsschutz** in Betracht, etwa ein Antrag auf Erlass einer einstweiligen Anordnung nach § 123 VwGO, durch die entweder der planenden Gemeinde die Fortführung eines Verfahrens zur Aufstellung eines Bauleitplanes untersagt[527] oder die Ausnutzung einer auf einem angeblich nicht abgestimmten Bebauungsplan beruhenden Baugenehmigung verhindert wird[528], oder – im Fall eines Widerspruchs gegen eine erteilte Baugenehmigung – ein Antrag auf Anordnung der aufschiebenden Wirkung.[529]

406 An den Voraussetzungen für den Erlass einer einstweiligen Anordnung fehlt es jedoch, wenn anderweitig ausreichender Rechtsschutz gewährleistet ist[530] oder wenn – soweit es um die Ausnutzung einer Baugenehmigung geht – die Planungshoheit der Nachbargemeinde zwar möglicherweise verletzt ist, der Bauherr aber wahrscheinlich einen Anspruch auf die Genehmigung hat.[531]

IV. Entwicklungsgebot

407 Flächennutzungsplan und Bebauungsplan stehen zueinander in einem Stufenverhältnis[532], aufgrund dessen sich die Planung vom jeweils größeren Raum stufenweise bis zur Nutzungsregelung für das einzelne Grundstück konkretisiert.[533]
Dies folgt aus der gesetzgeberischen Grundsatzforderung der Bestimmung des § 8 Abs. 2 Satz 1 BauGB, nach der Bebauungspläne aus dem Flächennutzungsplan zu entwickeln sind. Nach den Vorstellungen des Gesetzgebers ist damit von einer grundsätzlichen planerischen Priorität des Flächennutzungsplanes gegenüber dem Bebauungsplan auszugehen, die zwei Kompo-

---

526 Vgl. Gaentzsch in: Berliner Kommentar, BauGB, § 2 Rn. 15; Battis in: Battis/Krautzberger/Löhr, BauGB, § 2 Rn. 8; a.A. Hoppe in: Hoppe/Grotefels, Öffentliches Baurecht, § 16 Rn. 7.
527 Vgl. VGH München BauR 1985, 280.
528 Vgl. OVG Münster DÖV 1988, 843; vgl. auch OVG Brandenburg GewArch 1999, 437.
529 Vgl. OVG Weimar DÖV 1997, 791 = LKV 1997, 372.
530 Vgl. VGH München BauR 1985, 280.
531 Vgl. OVG Münster DÖV 1988, 843.
532 Vgl. hierzu auch oben Rn. 75 ff.
533 Vgl. Löhr in: Battis/Krautzberger/Löhr, BauGB, § 8 Rn. 2.

408, 409   Materielle Voraussetzungen der Bauleitpläne

nenten umfasst, eine zeitliche und eine inhaltliche. Die Gemeinde hat danach prinzipiell zunächst einen Flächennutzungsplan aufzustellen und kann erst danach Bebauungspläne aufstellen, die sich inhaltlich an den für ihren Geltungsbereich maßgeblichen Darstellungen des Flächennutzungsplanes orientieren müssen. Entsprechendes gilt für die Änderung, Ergänzung und Aufhebung von Flächennutzungsplan und Bebauungsplänen.

408 Dieses Prinzip ist allerdings vom Gesetzgeber selbst in mannigfacher Hinsicht durchbrochen worden, wobei im Laufe der gesetzlichen Entwicklungen vom BBauG 1960 bis zum BauGB 1998 entsprechend den Bedürfnissen und Erfordernissen der planerischen Praxis immer mehr vom ursprünglichen gesetzgeberischen Idealbild des Verhältnisses von vorbereitendem zu verbindlichem Bauleitplan abgerückt wurde. Dies wird nicht zuletzt auch durch die umfassende Sonderregelung des § 214 Abs. 2 BauGB bewirkt, nach der bestimmte Verletzungen der Entwicklungsnorm des § 8 BauGB für die Rechtswirksamkeit der Bebauungspläne unbeachtlich sind. Wenn jedoch im Wege einer „Gesamtschau" zur Verdeutlichung der gemeindlichen Bindung an den Flächennutzungsplan bei der Aufstellung von Bebauungsplänen auch gerade diese Unbeachtlichkeitsregelung herangezogen wird[534], so erscheint dies insofern fraglich, als insbesondere die planende Gemeinde, aber auch die für eine eventuelle Genehmigung zuständige Behörde zur Einhaltung bzw. Überprüfung auch der Vorschriften verpflichtet ist, deren Verletzung nach den Bestimmungen der §§ 214, 215 BauGB unbeachtlich sind.

409 Das **Verhältnis von Flächennutzungsplan und Bebauungsplan** stellt sich wie folgt dar:

Grundsatz:	Entwicklungsgebot, § 8 Abs. 2 Satz 1 BauGB
	(Entwicklung der Bebauungspläne aus dem Flächennutzungsplan)
Sonderfälle:	a) **Selbständiger Bebauungsplan,** § 8 Abs. 2 Satz 2 BauGB (Bebauungsplan ohne Flächennutzungsplan)
	b) **Parallelverfahren,** § 8 Abs. 3, BauGB (Gleichzeitige Aufstellung, Änderung, Ergänzung beider Pläne mit möglicher Bekanntmachung des Bebauungsplanes vor dem Flächennutzungsplan)
	c) **Vorzeitiger Bebauungsplan,** § 8 Abs. 4 Satz 1 BauGB (Aufstellung, Änderung, Ergänzung oder Aufhebung des Bebauungsplanes vor Aufstellung des Flächennutzungsplanes)

---

534 Vgl. Kuschnerus, Der sachgerechte Bebauungsplan, Rn. 217.

1. Inhalt des Entwicklungsgebotes

Die Beachtung des Entwicklungsgebotes (Grundsatzregelung des § 8 Abs. 2 Satz 1 BauGB), d. h. das Entwickeln eines Bebauungsplanes aus dem Flächennutzungsplan, setzt zunächst die Existenz eines **wirksamen Flächennutzungsplanes** voraus.[535] Flächennutzungsplan ist nur ein Plan im Sinne des § 5 Abs. 1 BauGB, ein informeller Plan mit vergleichbarem oder ähnlichem Inhalt wie ein „Stadtentwicklungsplan", eine „Rahmenplanung" oder gar eine „Zentrenstudie" reicht nicht.[536]   **410**

Außerdem muss der Flächennutzungsplan wirksam sein. Es darf sich daher nicht lediglich um einen Entwurf handeln, und er darf nicht an formellen oder materiellen Fehlern leiden. Dabei sind indes auch die Heilungs- und Unbeachtlichkeitsregelungen[537] zu berücksichtigen, so dass ein Flächennutzungsplan, der an einem nicht relevanten Fehler leidet, ein wirksamer Plan ist, aus dem nachfolgende Bebauungspläne entwickelt weden können.[538] Ist der zugrundeliegende Flächennutzungsplan unwirksam, ist ein Entwickeln nach § 8 Abs. 2 Satz 1 BauGB nicht möglich; ein nachfolgender Bebauungsplan kann aber in Abweichung von dem Entwicklungsgrundsatz z. B. als vorzeitiger Bebauungsplan wirksam sein.[539]   **411**

Das „**Entwickeln**" selbst erfasst nicht das Planen als Tätigkeit, sondern den **Plan als Ergebnis**, m.a.W. es betrifft allein das Verhältnis der Inhalte von Flächennutzungsplan und Bebauungsplan.[540] Der Begriff ist nicht eng – etwa im Sinne eines bloßen Vollzugs oder als Ergänzung des Flächennutzungsplanes oder gar im Sinne einer „Übereinstimmung" des Inhalts von vorbereitendem und verbindlichem Bauleitplan – auszulegen.[541]   **412**

Denn letztlich gehört auch die Entwicklung eines Bebauungsplanes aus dem Flächennutzungsplan zur planerischen Tätigkeit, und als solche ist ihr eine gewisse planerische Gestaltungsfreiheit immanent, so dass der Gemeinde bei der weiteren Ausplanung der Bebauungspläne daher ein Spielraum zur Ver-   **413**

---

535 Vgl. Gierke in: Kohlhammer-Kommentar, BauGB, § 8 Rn. 132.
536 Vgl. VGH Mannheim BauR 1972, 284 („Stadtentwicklungsplan"); Gierke in: Kohlhammer-Kommentar, BauGB, § 8 Rn. 131; Bielenberg in: Ernst/Zinkahn/Bielenberg, BauGB, § 8 Rn. 5.
537 Vgl. hierzu unten Rn. 698 ff.
538 Vgl. Bielenberg in: Ernst/Zinkahn/Bielenberg, BauGB, § 8 Rn. 7.
539 Vgl. BVerwG DÖV 1992, 631; zu den Ausnahmen vom Entwicklungsgebot vgl. im Einzelnen unten Rn. 419 ff.
540 Vgl. BVerwGE 56, 283 (286); Gierke in: Kohlhammer-Kommentar, BauGB, § 8 Rn. 138.
541 Vgl. BVerwGE, 48, 70 (74).

fügung steht. Da der Flächennutzungsplan aber andererseits die planerische Grundkonzeption für das gesamte Gemeindegebiet enthält, endet die planerische Gestaltungsfreiheit beim verbindlichen Bauleitplan dort, wo die Grundkonzeption des vorbereitenden Bauleitplanes angetastet wird.[542]

„Deshalb erweist sich das ‚Entwickeln' des Bebauungsplanes aus dem Flächennutzungsplan in Richtung auf eine gegenständliche wie auch auf eine räumliche Spezifizierung als eine von Gestaltungsfreiheit gekennzeichnete planerische Fortentwicklung der im Flächennutzungsplan dargestellten Grundkonzeption."[543]

414 Dementsprechend sind Bebauungspläne so aus dem Flächennutzungsplan zu entwickeln, „dass durch ihre Festsetzungen die zugrundeliegenden Darstellungen des Flächennutzungsplanes konkreter ausgestaltet und damit zugleich verdeutlicht werden".[544] Dies beurteilt sich nicht nach der planerischen Konzeption des in der Regel das gesamte Gemeindegebiet umfassenden Flächennutzungsplanes, sondern nach der planerischen Konzeption für den – engeren – Bereich des Bebauungsplanes.[545] In diesem Sinne eindeutig entwickelt ist etwa die Festsetzung eines reinen, allgemeinen oder besonderen Wohngebietes aus der flächennutzungsplanerischen Darstellung einer Wohnbaufläche oder die Festsetzung einer gewerblichen/industriellen Nutzung auf dargestellten gewerblichen Bauflächen.

415 Die dargelegten Grundsätze der Rechtsprechung gestatten jedoch in gewissem Umfang auch eine **Abweichung von den Darstellungen des Flächennutzungsplanes**, die im Extremfall sogar dazu führen kann, dass ein Bebauungsplan für seinen gesamten Geltungsbereich eine andere Nutzung festsetzt, als sie im Flächennutzungsplan vorgesehen ist, wie etwa ein Bebauungsplan mit kleinem räumlichem Geltungsbereich zur Ausweitung einer bestehenden Gemeinbedarfsfläche.[546]

416 Dabei darf aber die Grundkonzeption des Flächennutzungsplanes auf keinen Fall berührt werden, so dass der Gestaltungsrahmen überschritten wird, wenn an exponierter Stelle des Gemeindegebietes aus einer dargestellten öffentlichen Parkfläche die Festsetzung privater Gartenflächen wird[547], zumal dann, wenn im Wege der Ausnahme auch noch eine bauliche Nutzung ermöglicht wird.[548]

---

542 Vgl. dazu Bielenberg in: Ernst/Zinkahn/Bielenberg, BauGB, § 8 Rn. 9; Gaentzsch in: Berliner Kommentar, BauGB, § 8 Rn. 12 ff.
543 BVerwGE 48, 70 (74) = NJW 1975, 1985.
544 BVerwGE 48, 70.
545 Vgl. BVerwG UPR 1999, 271.
546 Vgl. BVerwG BauR 1979, 206.
547 Vgl. VGH München BayVBl. 1983, 565.
548 Vgl. VGH Kassel NuR 1991, 283.

Entwicklungsgebot: Sonderfälle **417–420**

Als weitere Beispiele für das relativ weite Verständnis des Entwicklungsgebotes sind zu nennen: Kerngebiet aus Wohnbaufläche[549], Abweichung des Bebauungsplanes (Flächenkorrekturen) bezüglich der Festsetzung von Gemeinbedarfsflächen und Wohnflächen[550], Festsetzung eines Teils eines als Grünfläche dargestellten Bereichs als Mischgebiet (Abweichung wegen der baulichen Entwicklung)[551] sowie die Festsetzung einer öffentlichen Grünfläche (Kinderspielplatz) in einem im Flächennutzungsplan dargestellten Mischgebiet[552]. **417**

Ein Verstoß gegen das Entwicklungsgebot beinhaltet dagegen die Festsetzung eines Hochhauses mit über 300 Wohneinheiten in einem als landwirtschaftliche Nutzfläche dargestellten Bereich im Anschluss an ein Kleinsiedlungsgebiet[553], die Festsetzung einer 10 000 qm großen Weinbaufläche, die im Flächennutzungsplan als Wohnbaufläche dargestellt ist[554], wie auch eine erheblich über das im Flächennutzungsplan dargestellte Maß der baulichen Nutzung hinausgehende Festsetzung von Baukörpern im Bebauungsplan, wenn die Voraussetzungen für eine Überschreitung der Obergrenzen des § 17 Abs. 1 BauNVO nicht vorliegen[555]. **418**

2. Sonderfälle

In Abweichung von dem vorstehend dargelegten prinzipiellen Entwicklungsgebot enthält § 8 BauGB einige Ausnahmen, die aufgrund ihrer Bedeutung für die gemeindliche Praxis aber das Entwicklungsgebot als Grundsatz fast schon wieder in Frage stellen. **419**

Nach § 8 Abs. 2 Satz 2 BauGB ist ein Flächennutzungsplan nicht erforderlich, wenn der Bebauungsplan ausreicht, um die städtebauliche Entwicklung zu ordnen (sog. **selbständiger Bebauungsplan**).[556]
Die Vorschrift hebt für einen Sonderfall die Zweistufigkeit der Bauleitplanung in den Fällen auf, in denen der Bebauungsplan zugleich auch die Funktion des Flächennutzungsplanes erfüllt.[557] **420**

---

549 Vgl. VGH Mannheim BRS 32 Nr. 9.
550 Vgl. VGH Mannheim BRS 32 Nr. 11.
551 Vgl. OVG Koblenz BRS 32 Nr. 10.
552 Vgl. VGH München BRS 38 Nr. 19.
553 OVG Koblenz BRS 32 Nr. 12
554 VGH Kassel BRS 46 Nr. 9.
555 Vgl. OVG Berlin BRS 56 Nr. 42.
556 Das BVerwG spricht von einer „unechten" Ausnahme, vgl. BVerwGE 48, 70 (78); vgl. auch Gierke in: Kohlhammer-Kommentar, BauGB, § 8 Rn. 162; z.T wird diese Regelung überhaupt nicht als Ausnahme vom Entwicklungsgebot angesehen, vgl. Bielenberg in: Ernst/Zinkahn/Bielenberg, BauGB, § 8 Rn. 4.
557 Vgl. Gierke, aaO.

421 Dabei muss der selbständige Bebauungsplan – oder etwa mehrere Bebauungspläne[558] – nicht das gesamte Gemeindegebiet abdecken, er muss aber ausreichen, um die städtebauliche Entwicklung des gesamten Gemeindegebietes zu ordnen, denn dieses Erfordernis wird von § 8 Abs. 2 Satz 2 BauGB nicht angetastet.[559]

422 Voraussetzung für die Anwendung der Bestimmung ist, dass ein Flächennutzungsplan nicht vorliegt und auch nicht erforderlich i.S. von § 1 Abs. 3 BauGB ist[560], dass m.a.W. auf ihn verzichtet werden kann.[561]
Ein selbständiger Bebauungsplan kommt daher nicht in Betracht, wenn ein Flächennutzungsplan zwar vorhanden ist, aber nicht den Planungsabsichten des Bebauungsplanes entspricht, wenn der vorbereitende Bauleitplan nichtig ist, wenn bereits das Verfahren zur Aufstellung eines Flächennutzungsplanes eingeleitet ist oder wenn der Flächennutzungsplan objektiv erforderlich ist, die Gemeinde ihn aber nicht aufstellen will oder aus irgendwelchen Gründen nicht aufstellen kann.[562]

423 Flächennutzungspläne sind nur in engen Ausnahmefällen entbehrlich, etwa in kleinen ländlichen Gemeinden mit geringer Siedlungsentwicklung und unbedeutender Bautätigkeit, wenn die Ausweisung des zu bebauenden Bereichs durch einen Bebauungsplan (z. B. als Dorfgebiet) ausreicht, um das bauliche Geschehen in der Gemeinde sinnvoll zu ordnen[563], wenngleich auch hier die Bedeutung des selbständigen Bebauungsplanes angesichts der Komplexität der städtebaulichen Entwicklung eines Gemeindegebietes weiter zurückgehen dürfte.[564]
Des Weiteren kann ein selbständiger Bebauungsplan zulässig sein, wenn nur ein geringer Teil des Gemeindegebietes ohne Auswirkungen auf die generelle Ordnung der gemeindlichen Bodennutzung beplant werden soll.[565]

424 Eine – echte – Ausnahme vom Entwicklungsgebot ist das in § 8 Abs. 3 Satz 1 BauGB vorgesehene **Parallelverfahren**. Danach kann mit der Aufstellung, Änderung, Ergänzung oder Aufhebung eines Bebauungsplanes gleichzeitig auch der Flächennutzungsplan aufgestellt, geändert oder ergänzt werden. Kennzeichnend für ein Parallelverfahren ist, dass eine inhaltliche Abstimmung zwischen den beiden Planentwürfen gewollt ist und dass die einzelnen

---

558 Nach Gierke in: Kohlhammer-Kommentar, BauGB, § 8 Rn. 168 sind mehrere selbständige Bebauungspläne nur in besonderen Ausnahmefällen vorstellbar.
559 Vgl. Löhr in: Battis/Krautzberger/Löhr, BauGB, § 8 Rn. 7; Bielenberg in: Ernst/Zinkahn/Bielenberg, BauGB, § 8 Rn. 12.
560 Zur Erforderlichkeit vgl. oben Rn. 353 ff.
561 Vgl. Gierke in Kohlhammer-Kommentar, BauGB, § 8 Rn. 163.
562 Vgl. Gierke, aaO.
563 Vgl. OVG Saarlouis BRS 35 Nr. 18.
564 Vgl. Löhr in: Battis/Krautzberger/Löhr, BauGB, § 8 Rn. 7.
565 Vgl. VGH Mannheim BRS 35 Nr. 19; OVG Koblenz BRS 36 Nr. 15.

Abschnitte beider Planverfahren zeitlich und im jeweiligen Fortgang derart aufeinander bezogen sind, dass die inhaltliche Abstimmung möglich ist.[566]

425 Obgleich der Gesetzeswortlaut von „gleichzeitig" spricht, bedeutet dies nicht einen zeitlichen Gleichlauf aller Verfahrensschritte beider Pläne. Nach der Rechtsprechung des Bundesverwaltungsgerichts geht es vielmehr darum, „dass die einzelnen Abschnitte beider Planverfahren in einem dem Zweck angemessenen zeitlichen Bezug zueinander stehen und dass im jeweiligen Fortgang beider Verfahren eine inhaltliche Abstimmung zwischen den beiden Planentwürfen möglich und gewollt ist".[567]
Allerdings deuten auch nach Meinung des Bundesverwaltungsgerichts größere zeitliche Differenzen zwischen den einzelnen Verfahrensschritten darauf hin, dass beide Pläne nicht mehr in inhaltlicher Abstimmung aufeinander (parallel) aufgestellt worden sind, zwingend ist dies jedoch nicht.

426 Im Parallelverfahren kann nach § 8 Abs. 3 Satz 2 BauGB der Bebauungsplan vor dem Flächennutzungsplan bekannt gemacht werden – vorausgesetzt, nach dem Stand der Planungsarbeiten ist anzunehmen, dass der Bebauungsplan aus den künftigen Darstellungen des Flächennutzungsplanes entwickelt sein wird. Letzteres setzt wiederum eine auf das Gebiet des Bebauungsplanes bezogene zeitliche und vor allem inhaltliche Abstimmung der Aufstellung von Bebauungsplan und Flächennutzungsplan voraus. Im Einzelfall kann hier auch eine informelle Planung (Entwicklungsplanung u.ä.) ein Indiz für die zu erwartende inhaltliche Ausgestaltung des Flächennutzungsplanes, seine Planreife und damit das zu erwartende „Entwickeltsein" des Bebauungsplanes sein.[568]

427 Als weitere Durchbrechung des Entwicklungsgebotes ist der **vorzeitige Bebauungsplan** zu nennen. Nach § 8 Abs. 4 Satz 1 BauGB kann ein Bebauungsplan vor Aufstellung des Flächennutzungsplanes aufgestellt, geändert, ergänzt oder aufgehoben werden, was jedoch voraussetzt, dass dringende Gründe dies erfordern und der Bebauungsplan der beabsichtigten städtebaulichen Entwicklung des Gemeindegebietes nicht entgegenstehen wird. Die Bestimmung entspricht der durch die Novelle 1979 in das damalige BBauG eingefügten Regelung, durch die seinerzeit die „zwingenden" Gründe als Voraussetzung für den vorzeitigen Bebauungsplan in „dringende" Gründe abgeändert wurden, was wegen der kaum feststellbaren Differenzierung allein klarstellenden Charakter hatte.[569]

---

566 Vgl. BVerwGE 70, 171 = BRS 42 Nr. 22 = NVwZ 1985, 485 = BauR 1985, 64 = DVBl. 1985, 385.
567 BVerwG aaO.
568 Vgl. Löhr in: Battis/Krautzberger/Löhr, BauGB, § 8 Rn. 9 unter Hinweis auf Bielenberg, ZfBR 1988, 55 (57).
569 Vgl. BVerwG NVwZ 1983, 30 = DVBl. 1982, 1099.

428 Ausgangspunkt ist zunächst das Fehlen eines Flächennutzungsplanes, wobei unerheblich ist, ob der vorbereitende Bauleitplan noch nicht aufgestellt oder aber wegen Fehlerhaftigkeit unwirksam ist oder geworden ist[570], und es auch nicht darauf ankommt, aus welchen Gründen es an einem Flächennutzungsplan fehlt und ob die Gemeinde dies zu vertreten hat; die Vorwerfbarkeit von Verzögerungen mag Anlass für ein Eingreifen der Kommunalaufsicht sein, ist aber nicht dienlich für die Beurteilung der Zulässigkeit eines vorzeitigen Bebauungsplanes.[571] Desgleichen ist ohne Bedeutung, ob sich die Gemeinde zutreffende oder überhaupt Gedanken über die Voraussetzungen des Abs. 4 gemacht hat.[572]

429 „Dringende Gründe" im Sinne des § 8 Abs. 4 Satz 1 BauGB liegen vor, wenn der vorzeitige Bebauungsplan erforderlich ist, um erhebliche Nachteile für die Entwicklung der Gemeinde zu vermeiden oder um die Verwirklichung eines im dringenden öffentlichen Interesse liegenden Vorhabens zu ermöglichen.[573] Auch nach der Änderung der „zwingenden" Gründe in „dringende" Gründe fordert die Anwendung von § 8 Abs. 4 BauGB, „dass zwar nicht unabdingbar notwendig, aber doch ohne weitere Verzögerung ein Bebauungsplan (vor Inkrafttreten des Flächennutzungsplanes) aufgestellt werden muss, um eine sinnvolle städtebauliche Entwicklung zu gewährleisten und das Gemeinwesen oder Einzelne vor unvertretbaren Schäden zu schützen".[574]
Dieser Ausnahmesituation wird nicht gerecht eine Planung, die den allgemeinen und ständig wiederkehrenden Interessen einer Gemeinde entspricht, etwa dem Bedürfnis nach Ausweisung von Bauland oder nach einer Ordnung der Bebauung in der Gemeinde.[575]
Demgegenüber ist sogar als „zwingender" Grund die Gefahr angesehen worden, dass möglicherweise die Chance verpasst wird, eine sich aufgrund bestehender Bauabsichten bietende städtebauliche Lösung zu verwirklichen.[576]

430 Zweites Erfordernis ist, dass der (vorzeitige) Bebauungsplan der beabsichtigten städtebaulichen Entwicklung des Gemeindegebiets nicht entgegenstehen wird. Zur Beurteilung dieser Voraussetzung kann auf eine vorliegende gemeindliche Entwicklungsplanung, eine sonstige informelle Planung oder auf einen in der Aufstellung befindlichen Flächennutzungsplan (Entwurf) zurückgegriffen werden; im Übrigen sind die Ziele und Planungsleitsätze nach § 1 Abs. 5 BauGB heranzuziehen.[577]

---

570 Vgl. BVerwG NVwZ 1992, 882 (883).
571 Vgl. BVerwG NVwZ 1995, 745 (746).
572 Vgl. BVerwG NVwZ 1992, 882 (883).
573 Vgl. BT-Drucks. 8/2451, S. 17.
574 Vgl. OVG Koblenz NVwZ 1985, 501 (502).
575 Vgl. OVG Koblenz aaO.
576 Vgl. BVerwG DVBl. 1969, 276.
577 Vgl. hierzu OVG Saarlouis Mitt. DST 1981, 450; Löhr in: Battis/Krautzberger/Löhr, BauGB, § 8 Rn. 12.

431 Die Möglichkeit der Aufstellung vorzeitiger Bebauungspläne wird schließlich erweitert durch die Regelung in § 8 Abs. 4 Satz 2 BauGB, nach der ein vorzeitiger verbindlicher Bauleitplan auch aufgestellt werden kann, bevor der Flächennutzungsplan ergänzt oder geändert ist, wenn bei **Gebiets- oder Bestandsänderungen von Gemeinden** oder anderen Veränderungen der Zuständigkeit für die Aufstellung von Flächennutzungsplänen der Flächennutzungsplan fortgilt. Hier erscheint eine Änderung oder Ergänzung des bestehenden und fortgeltenden Flächennutzungsplanes oftmals nicht sinnvoll, „weil dies eine konzeptionelle Ausrichtung auf das neue Gemeinde- oder Verbandsgebiet voraussetzen würde und weil bereits ein neuer Flächennutzungsplan aufgestellt wird"[578], d. h. in der Regel wird der bestehende Flächennutzungsplan lediglich eine Übergangsregelung darstellen.

432 Im Übrigen sind die Grundvoraussetzungen in diesem Sonderfall des vorzeitigen Bebauungsplanes die gleichen wie im Fall des § 8 Abs. 4 Satz 1 BauGB, d. h. es müssen dringende Gründe vorliegen, und es muss eine Beurteilung der beabsichtigten städtebaulichen Entwicklung des neuen Gemeinde- bzw. Verbandsgebietes vorgenommen werden.[579]

V. Abwägungsgebot

433 Herz- bzw. Kernstück einer jeden Planung ist die Abwägung. Sie bedeutet, dass die von einer Planung zumeist in vielfältiger Weise betroffenen **unterschiedlichsten Interessen** berücksichtigt und in ein **abgewogenes Verhältnis** zueinander gebracht werden, was dann insbesondere auch bei Abschluss der Planung, d. h. in dem fertigen Plan, zum Ausdruck kommen muss.
Für die gemeindliche Bauleitplanung bestimmt § 1 Abs. 6 BauGB, dass bei der Aufstellung der Bauleitpläne die öffentlichen und privaten Belange gegeneinander und untereinander gerecht abzuwägen sind.
Diese Abwägung ist die eigentliche Planung im Sinne der **Gestaltung eines Interessengeflechts**[580], die sich wiederum nicht nur nach rechtlichen, sondern auch nach sachimmanenten Gesetzlichkeiten vollzieht.

434 Das **zuständige Organ** für die Abwägung ist der **Rat der Gemeinde**. Er muss bei der Beschlussfassung über den Bauleitplan, d. h. beim Feststellungsbeschluss des Flächennutzungsplanes und beim Satzungsbeschluss des Bebauungsplanes[581], nach der in diesem Zeitpunkt maßgeblichen Sach- und Rechtslage (vgl. § 214 Abs. 3 Satz 1 BauGB), ausgehend von den Vorgaben

---

578 Gaentzsch in: Berliner Kommentar, BauGB, § 8 Rn. 18.
579 Vgl. VGH Kassel ZfBR 1994, 103; Gaentzsch, aaO.
580 Vgl. Weyreuther, DÖV 1977, 419 (430).
581 Vgl. hierzu oben Rn. 220 ff.

435–437   Materielle Voraussetzungen der Bauleitpläne

der Anpassung an die Ziele der Raumordnung[582] und der tatsächlichen Gegebenheiten, die von der Planung betroffenen unterschiedlichen Belange gegeneinander und untereinander gerecht abwägen und eine Entscheidung treffen. Ist diese Abwägungsentscheidung in dem maßgeblichen Zeitpunkt sachgerecht und korrekt getroffen, hat es damit sein Bewenden; die Gemeinde ist nicht gehalten, auch noch nach Inkrafttreten des Planes die diesem zugrundeliegende Abwägung ständig „unter Kontrolle zu halten" und etwa den Plan gegebenenfalls auf der Grundlage einer erneuten Abwägung später zu ändern.[583]

1. Belange (Interessen)

435   Der Begriff „Belang" ist **weit auszulegen** und im Allgemeinen mit „**Interesse**" gleichzusetzen.[584]
Er umfasst alle – aber auch nur solche – Belange bzw. Interessen, die in Bezug auf die städtebauliche Entwicklung und Ordnung, also die Regelung der baulichen und sonstigen Nutzung der Grundstücke, von Bedeutung sind, die m.a.W. bodenrechtlichen Bezug haben.[585]

436   Das **weite Verständnis** des Interessenbegriffs gilt einmal für die **privaten Belange**. Sie beinhalten insbesondere subjektive Rechte, namentlich verfassungsrechtlich geschützte Rechte, wie beispielsweise das Grundeigentum, grundstücksgleiche Rechte, den Bestandsschutz, das Recht am eingerichteten und ausgeübten Gewerbebetrieb, dingliche (z. B. Grunddienstbarkeit) und obligatorische (z. B. Miete, Pacht) Rechte zur Bodennutzung sowie gegebenenfalls Baulasten.[586]

437   Von besonderer Bedeutung sind immer wieder Fragen des **Bestandsschutzes**. Soll aufgrund geänderter gemeindlicher Zielvorstellungen in einem Bereich ein neues Planungsrecht geschaffen werden, kann die Gemeinde hierüber im Rahmen des Planungsermessens unter Beachtung bestehender Grenzen eigenverantwortlich und frei entscheiden. Für die Abwägung der betroffenen privaten Interessen ist relevant, ob bestehende Nutzungen, vornehmlich bauliche Anlagen, Bestandsschutz genießen.

---

582 Vgl. hierzu oben Rn. 370 ff.
583 Vgl. BVerwG NVwZ-RR 1998, 711 (keine erneute Prüfungspflicht nach einem Zeitablauf von 20 Jahren).
584 Vgl. Hoppe in: Hoppe/Grotefels, Öffentliches Baurecht, § 7 Rn. 2.
585 Vgl. OVG Münster BauR 1984, 489 (491) (Sicherheitsinteressen); Söfker in: Ernst/Zinkahn/Bielenberg, BauGB, § 1 Rn. 191.
586 Vgl. Krautzberger in: Battis/Krautzberger/Löhr, BauGB, § 1 Rn. 101, zur Baulast vgl. BVerwG ZfBR 1994, 100; zur Beschränkung von Nutzungsmöglichkeiten als zu beachtender privater Belang vgl. BVerwG NVwZ-RR 1997, 83.

Abwägungsgebot: Belange 438–441

Der aus der verfassungsrechtlichen Eigentumsschutznorm des Art. 14 GG hergeleitete Bestandsschutz bedeutet den Schutz des aufgrund der Eigentumsnutzung Geschaffenen und begründet für einen **formell rechtmäßigen, d. h. genehmigten baulichen Bestand und seine genehmigte Nutzung** grundsätzlich **Durchsetzungskraft gegenüber nachträglichen Rechtsänderungen.** Dies muss der Planer berücksichtigen und etwa die zwischen einem bestehenden genehmigten nicht verlagerungswilligen Gewerbetrieb einerseits und geplanter Wohnbebauung andererseits entstehenden Immissionsprobleme unter Beachtung der Gebote der Konfliktlösung und der Rücksichtnahme lösen.[587] **438**

Dem Bestandsschutz sind aber nach der neueren Rechtsprechung teilweise enge Grenzen gesetzt. So werden **Bestands- und Nutzungsänderungen grundsätzlich nicht erfasst,** weil sie über den genehmigten Zustand hinausgehen und dies von den die Eigentümerstellung regelnden Bauvorschriften nicht gedeckt ist.[588] **439**

Bestandsänderungen liegen vor bei **Eingriffen in die Bausubstanz,** bei Abbruch und Zerstörung des Gebäudes. Auch Änderungen eines Bauwerkes fallen darunter und beseitigen den Bestandsschutz dann, wenn das geänderte Gebäude nicht mehr mit dem alten bestandsgeschützten identisch ist, wobei entscheidend ist, dass es sich nach Art und Umfang der baulichen Maßnahme gegenüber dem früheren Zustand als etwas anderes, als ein sog. „aliud" darstellt[589], z. B. bei notwendiger statischer Neuberechnung der gesamten Anlage.[590] **440**

Desgleichen führen **Nutzungsänderungen** zum Erlöschen des Bestandsschutzes, die nach außen sichtbar werden und erkennbar nicht nur vorübergehend ausgeübt werden sollen[591], wie auch die schlichte **Nichtausübung einer genehmigten Nutzung,** wenn Umstände vorliegen, aus denen nach der Verkehrsauffassung geschlossen werden kann, dass mit der Wiederaufnahme der ursprünglichen Nutzung nicht mehr zu rechnen ist. Letzteres kann nach einer Entscheidung des Bundesverwaltungsgerichts schon nach einer Zeit von mehr als einem Jahr zutreffen; die vor Ablauf des zweiten Jahres wieder aufgenommene Nutzung ist dann nicht mehr vom Bestandsschutz gedeckt.[592] **441**

---

587 Vgl. hierzu näher unten Rn. 486 ff.; die Möglichkeit der Enteignung hat wegen der äußerst strengen Anforderungen in derartigen Fällen praktisch keine Bedeutung.
588 Vgl. BVerfG NVwZ-RR 1996, 483.
589 Vgl. BVerwG BRS 56 Nr. 85 = BauR 1994, 738.
590 So schon BVerwGE 47, 126.
591 Vgl. BVerwG BRS 48 Nr. 138.
592 Vgl. BVerwGE 98, 235 (Autolackiererei, bei der die genehmigte Nutzung für mehr als ein Jahr nicht ausgeübt wurde).

442 Ansprüche auf **Neuerrichtung (Wiederaufbau)** eines Gebäudes, auf **bauliche Erweiterungen** oder auf **Nutzungsänderungen** bestehen aus dem Gesichtspunkt des Bestandsschutzes nur unter den Voraussetzungen des § 35 Abs. 4 BauGB. In dieser Vorschrift haben die in der früheren Rechtsprechung anerkannten, unmittelbar aus Art. 14 GG hergeleiteten Rechtsinstitute des **überwirkenden Bestandsschutzes** (ausnahmsweiser Anspruch auf Zulassung weiterer baulicher Anlagen aufgrund Bestandsschutzes eines Gebäudes) und der **eigentumskräftig verfestigten Anspruchsposition** (ausnahmsweiser Anspruch auf Wiederaufbau eines durch Brand oder ähnliche Ereignisse zerstörten Gebäudes) zwischenzeitlich weitgehend ihre **gesetzliche Regelung gefunden**. Die neuere Rechtsprechung des Bundesverwaltungsgerichts hat aufgrund dessen wiederholt betont, dass insoweit über die gesetzlichen Bestimmungen hinaus heute keine Ansprüche mehr bestehen, es m.a.W. in dieser Hinsicht einen eigentumsrechtlichen Bestandsschutz außerhalb der gesetzlichen Regelungen nicht gibt.[593]

443 Private Belange beschränken sich aber nicht auf subjektive Rechtspositionen. Sie erfassen ebenso sonstige **schutzwürdige Interessen**, die über das Interesse an der Erhaltung einer Rechtsposition hinausgehen, wie z. B. das Interesse eines Unternehmens an einer Erweiterung, Umstellung oder anderweitigen Änderung des Gewerbebetriebes[594], **Erwerbsinteressen** und -chancen, den **Anliegergebrauch**[595], die sich aus einer bestimmten **Wohn- und Verkehrslage** ergebenden Vorteile[596] sowie das durch die Aufstellung oder Änderung eines Bebauungsplans berührte Interesse eines Planbetroffenen an der **Beibehaltung des bisherigen Zustands**; dies ist bei der Überplanung eines Gebietes von besonderer Bedeutung.[597]

444 Nicht alle privaten Interessen sind indes als beachtliche Belange bei der Abwägung zu berücksichtigen. So muss beispielsweise das Interesse der Eigentümer von Wohngrundstücken, die **Aussicht** in eine bisher unbebaute Landschaft nicht durch Errichtung von Gewerbebauten in einer Entfernung von 300 m beeinträchtigt zu bekommen, nicht als schützenswerter privater Belang berücksichtigt werden.[598]

---

593 Vgl. BVerwGE 85, 289; BVerwG BRS 50 Nr. 88; BRS 57 Nr. 100.
594 Vgl. BVerwGE 59, 87 (101); Krautzberger in: Battis/Krautzberger/Löhr, BauGB, § 1 Rn. 101.
595 Vgl. BVerwGE 59, 87 (101).
596 Vgl. Hoppe in: Hoppe/Grotefels, Öffentliches Baurecht, § 7 Rn. 3; vgl. auch BVerwG BauR 1999, 1128: durch Erweiterung eines reinen Wohngebietes zu erwartende Verkehrsimmissionen als abwägungsrelevanter Belang.
597 Vgl. VGH Mannheim BRS 57 Nr. 8 sowie OVG Münster UPR 1992, 274 (Überplanung einer Wohnbebauung zum Gewerbegebiet) und UPR 1998, 120 (LS) (Überplanung eines faktischen Mischgebietes als Kerngebiet).
598 Vgl. BVerwG NVwZ 1995, 895.

445 Zum anderen ist auch der Begriff der **öffentlichen Belange weit auszulegen**. Sie beziehen sich auf alle öffentlichen Interessen, „die im Zusammenhang mit der Bodenausnutzung und damit mit der städtebaulichen Entwicklung und Ordnung stehen"[599] bzw. „die sich auf Art und Intensität der Bodennutzung innerhalb des Planungsraums auswirken und damit bei der planerischen Festlegung einer den materiellen Zielsetzungen des § 1 BauGB entsprechenden Gestaltung der städtebaulichen Ordnung und Entwicklung von Bedeutung sind"[600].

446 Von Bedeutung in diesem Zusammenhang sind zunächst die in der Bestimmung des § 1 Abs. 5 Satz 1 BauGB angesprochen sog. **Planungsziele**. Danach sollen die Bauleitpläne eine nachhaltige städtebauliche Entwicklung und eine dem Wohl der Allgemeinheit entsprechende sozialgerechte Bodennutzung gewährleisten und dazu beitragen, eine menschenwürdige Umwelt zu sichern und die natürlichen Lebensgrundlagen zu schützen und zu entwickeln. Der Grundsatz der Nachhaltigkeit wurde zum 1. 1. 1998 in das BauGB neu aufgenommen. Das bisherige Begriffspaar der „geordneten städtebaulichen Entwicklung" wurde aus redaktionellen Gründen fallen gelassen, da das Ordnungs- und Entwicklungziel nach wie vor in § 1 Abs. 3 BauGB verankert ist.[601]

447 Die **nachhaltige** Entwicklung bedeutet den gerechten Ausgleich der sozialen, ökonomischen und ökologischen Belange. Damit richtet sich das BauGB an dem ebenfalls seit dem 1. 1. 1998 neu gefassten Raumordnungsgesetz aus, in dessen § 1 Abs. 2 eine nachhaltige Raumentwicklung als Leitlinie proklamiert wird, die die sozialen und wirtschaftlichen Ansprüche an den Raum mit seinen ökologischen Funktionen in Einklang bringt und zu einer dauerhaften großräumigen ausgewogenen Ordnung führt.[602]
Der Gesetzgeber knüpft mit dieser Regelung an die Ergebnisse an, die in den Konferenzen der Vereinten Nationen in Rio de Janeiro im Jahre 1992 und in Istanbul im Jahre 1996 erarbeitet wurden, und appelliert an die Gemeinden, die Ziele der nachhaltigen Stadtentwicklung im Rahmen der Bauleitplanung noch stärker zu berücksichtigen.[603]

448 Wesentliche öffentliche Belange ergeben sich aus dem Katalog des § 1 Abs. 5 Satz 2 Nr. 1–10 BauGB, der die sog. **Planungsleitsätze** bzw. **Planungsleitlinien**[604] enthält, z. B. gesunde Wohn- und Arbeitsverhältnisse, zu denen auch

---

599 So Krautzberger in: Battis/Krautzberger/Löhr, BauGB, § 1 Rn. 101.
600 So Hoppe in: Hoppe/Grotefels, Öffentliches Baurecht, § 7 Rn. 4.
601 Vgl. Ausschuss-Bericht, BT-Drucks. 13/7589, S. 14; zur städtebaulichen Entwicklung und Ordnung siehe oben Rn. 353 ff.
602 Vgl. Battis/Krautzberger/Löhr, NVwZ 1997, 1145 (1146) sowie Krautzberger in: Battis/Krautzberger/Löhr, BauGB, § 1 Rn. 45.
603 Vgl. Schrödter in: Schrödter, BauGB, § 1 Rn. 91 und 91a.
604 Zur Terminologie vgl. im Einzelnen Hoppe in: Hoppe/Grotefels, Öffentliches Baurecht, § 7 Rn. 25 ff.

Altlastenfragen[605] sowie die seit den extremen Hochwasserereignissen Anfang und Mitte der 90er Jahre sehr stark in ihrer Bedeutung gestiegenen Fragen des **Hochwasserschutzes** gehören[606], soziale und kulturelle Bedürfnisse, das Orts- und Landschaftsbild, den Denkmalschutz, den Umweltschutz, Natur und Landschaftsschutz – hierzu gehört auch der Gewässerschutz[607] –, Wirtschaft und Verkehr, die Belange der Land- und Forstwirtschaft[608] sowie Verteidigung und Zivilschutz, wobei insoweit öffentliche und private Belange ineinander greifen.[609]

449 Neu aufgenommen in das BauGB 1998 wurde in § 1 Abs. 5 Nr. 2 BauGB die Förderung des **Kosten sparenden Bauens**; danach sollen die Gemeinden bei Ausweisung neuer Baugebiete z. B. durch Größe und Form von eizelnen Baulosen und Festsetzungen nach § 9 Abs. 1 BauGB Kosten sparende Bauweisen unterstützen.[610]

450 Ebenfalls zum 1. 1. 1998 neu eingefügt wurde die Planungsleitlinie Nr. 10, nach der die Ergebnisse einer von der Gemeinde beschlossenen **sonstigen städtebaulichen Planung** zu berücksichtigen sind. Angesprochen sind hiermit insbesondere Rahmen- und Entwicklungsplanungen, die vom Gesetzgeber nicht als dritte rechtlich ausgeformte Planungsebene zwischen Regionalplanung und Bauleitplanung normiert werden, deren große Bedeutung in der Praxis jedoch gesetzlich anerkannt wird. Die Gemeinde soll ihre zwar informellen, aber von der Willensbildung der Gemeindevertretung umfassten Planungen mit ihrer formellen Bauleitplanung in Einklang bringen und sie gegebenenfalls als Abwägungsmaterial berücksichtigen. Dabei ist sie allerdings nicht an die Ziele eines Rahmen- oder Entwicklungsplanes gebunden; sie kann ohne weiteres davon abweichen, um veränderten Planungsvorstellungen und tatsächlichen Entwicklungen Rechnung tragen zu können[611]; die Tatsache der Abweichung muss dem Gemeinderat aber bewusst und die Abwägungsgründe müssen fehlerfrei sein.[612]

451 Eine abschließende Regelung enthält der Katalog dieser Bestimmung aber nicht. Er zeigt zugleich, dass sich öffentliche und private Belange überlagern können, was namentlich für „die allgemeinen Anforderungen an gesunde Wohn- und Arbeitsverhältnisse" gilt.[613]

---

605 Vgl. näher dazu unten Rn. 462, 463.
606 Vgl. VGH München BRS 56 Nr. 18 = NVwZ 1995, 924; VGH Kassel BRS 58 Nr. 29.
607 Vgl BVerwG BRS 55 Nr. 15.
608 Vgl. dazu BVerwG NVwZ-RR 1999, 423.
609 Vgl. z. B. BVerwG NVwZ-RR 1999, 423: Interesse an der Erhaltung eines landwirtschaftlichen Aussiedlerhofes einschließlich einer normalen Betriebsentwicklung als Belang der Land- und Forstwirtschaft.
610 Vgl. Battis/Krautzberger/Löhr, NVwZ 1997, 1145 (1146).
611 Vgl. Krautzberger in: Battis/Krautzberger/Löhr, BauGB, § 1 Rn. 77 ff.
612 Vgl. VGH Mannheim BRS 57 Nr. 6.
613 Vgl. Krautzberger in: Battis/Krautzberger/Löhr, BauGB, § 1 Rn. 101.

2. Schritte der Abwägung

Die Abwägung vollzieht sich in **drei Schritten:**[614]
- erster Schritt: Sammlung des Abwägungsmaterials;
- zweiter Schritt: Gewichtung der abwägungsrelevanten Interessen;
- dritter Schritt: Ausgleich der betroffenen Interessen.

Der letzte Schritt führt zugleich im Wege des sachgerechten Ausgleichs zum **Abwägungsergebnis**.

Der erste Schritt ist die **Zusammenstellung** der zu berücksichtigenden Belange, in einem zweiten Schritt erfolgt die **Gewichtung** der einzelnen Belange und schließlich folgt die Abwägung im eigentlichen Sinne, d. h. die **Bevorzugung oder das Zurückstellen** der Interessen mit dem **Abwägungsergebnis**. Die Unterscheidung zwischen dem Abwägungsvorgang und dem Abwägungsergebnis (vgl. § 214 Abs. 3 Satz 2 BauGB) ist insbesondere für die gerichtliche Überprüfung der Abwägung von Bedeutung.[615]

Die **Ermittlung der abwägungsrelevanten Belange (erster Schritt)** ist eine Zusammenstellung des Abwägungsmaterials und damit gleichsam eine Art „Stoffsammlung". Die Gemeinde muss zunächst einmal darüber entscheiden, welche Interessen bei der Aufstellung eines beabsichtigten Bauleitplanes betroffen und damit für die Abwägung relevant sein können. Es handelt sich um einen „Prozess der Informationsgewinnung".[616]

Dieser „umfasst erstens die abstraktbegriffliche (tatbestandliche) Abgrenzung der Gesichtspunkte, die abwägungserheblich sind, und zweitens die Entscheidung darüber, welche konkret vorliegenden Umstände unter diese Begriffe subsumiert werden können".[617]

Dabei geht es im Kern darum, aus der nahezu unbegrenzten Fülle von Interessen und den dahinter stehenden Tatsachen das für den folgenden Gestaltungs- = Planungsprozess Wesentliche herauszufiltern und abschließend zusammenzustellen.[618] Denn der Planer kann nicht alles berücksichtigen müssen; dies wäre lebensfremd.[619]

Hiervon ausgehend muss die planende Gemeinde alle Belange in die Abwägung einstellen, die nach Lage der Dinge eingestellt werden müssen.[620]

---

614 In der Literatur wird z. T. von vier Abwägungsphasen ausgegangen, so Hoppe in: Hoppe/Grotefels, Öffentliches Baurecht, § 7 Rn. 37.
615 Zu den Abwägungsfehlern vgl. unten Rn. 474 ff.
616 So Hoppe in: Hoppe/Grotefels, Öffentliches Baurecht, § 7 Rn. 45.
617 So BVerwGE 45, 309 (322).
618 Vgl. Hoppe in: Hoppe/Grotefels, Öffentliches Baurecht, § 7 Rn. 46.
619 Vgl. BVerwGE 59, 87 (102).
620 Vgl. BVerwGE 34, 301 (309).

457–462   Materielle Voraussetzungen der Bauleitpläne

Dazu gehören alle „Betroffenheiten, die erstens mehr als geringfügig, zweitens in ihrem Eintritt zumindest wahrscheinlich und drittens – dies vor allem – für die planende Stelle bei der Entscheidung über den Plan als abwägungsbeachtlich erkennbar sind".[621]

457 Erkennbar ist alles, was der Gemeinde selbst bekannt ist, was sich ihr aufdrängt und sich nach aufgrund dessen gebotener Aufklärung ergibt sowie ferner die der Gemeinde durch die Beteiligung der Bürger und der Träger öffentlicher Belange zur Kenntnis gelangten Interessen.[622]
„Was die planende Stelle nicht ‚sieht', und was sie nach den gegebenen Umständen nicht zu ‚sehen' braucht, kann von ihr bei der Abwägung nicht berücksichtigt werden und braucht von ihr auch nicht berücksichtigt zu werden."[623]

458 Unterlässt es z. B. ein Bürger, seine **Betroffenheit im Zuge der Bürgerbeteiligung** vorzutragen, muss die planende Gemeinde die Tatsache der Betroffenheit nur dann berücksichtigen, wenn sie sich ihr aufdrängt.[624]

459 Andererseits entbinden die Zustimmung von **Trägern öffentlicher Belange** oder – allgemein – die Stellungnahmen von Beteiligten des Planverfahrens die Gemeinde grundsätzlich nicht von der Verpflichtung, sich selbst Gewissheit über abwägungserhebliche Belange zu verschaffen.[625]

460 Geht es – wie vielfach – im Zuge der Zusammenstellung des Abwägungsmaterials um **Prognosen über zukünftige Entwicklungen,** muss die Gemeinde diese mit den zu ihrer Zeit verfügbaren Erkenntnismitteln unter Beachtung der für sie erheblichen Umstände sachgerecht erarbeiten.[626] Dies gilt auch für etwaige **negative städtebauliche Auswirkungen** bei Realisierung der vorgesehenen Planfestsetzungen; hierüber muss sich der Plangeber hinreichende Gewissheit verschaffen.[627]

461 In gleicher Weise gehören in Betracht kommende **Planungsalternativen** ebenfalls zum notwendigen Abwägungsmaterial.[628]

462 Der **Umfang der Ermittlungspflicht** bei der Aufstellung eines Planes ist **grundsätzlich sehr weit.** Je schwer wiegender eine mögliche Betroffenheit

---

621 BVerwGE 59, 87 (103).
622 Vgl. Gaentzsch in: Berliner Kommentar, BauGB, § 1 Rn. 76.
623 BVerwGE 59, 87 (103).
624 Vgl. BVerwGE 59, 87 (104).
625 Vgl. BVerwG NVwZ 1990, 122 = DVBl. 1989, 1105.
626 Vgl. BVerwGE 72, 282 (286).
627 Vgl. OVG Münster BauR 1998, 1198 (planerische Abwägung über die Ausweisung eines Sondergebietes für großflächigen Einzelhandel).
628 Vgl. BVerwG DÖV 1980, 133.

abwägungsrelevanter Belange ist, desto eingehender müssen die Ermittlungen sein.[629]

Von besonderer Bedeutung ist dies bei Flächen mit umweltgefährdenden Stoffen („**Altlasten**") – auch wegen einer eventuellen Haftung der Gemeinde aus dem Gesichtspunkt der Amtshaftung.[630] **463**
Im Hinblick auf die im Rahmen der Bauleitplanung zu berücksichtigenden allgemeinen Anforderungen an gesunde Wohn- und Arbeitsverhältnisse, die Sicherheit der Wohn- und Arbeitsbevölkerung sowie die Belange des Umweltschutzes (vgl. § 1 Abs. 5 Nr. 1 und 7 BauGB) ist die Gemeinde bei städtebaulichen Planungen verpflichtet, Bodenbelastungen zu erfassen und erforderliche Untersuchungen über Art und Umfang einer Schadstoffbelastung durchzuführen, falls Anhaltspunkte für Altlasten vorliegen, d. h. wenn die Gemeinde diesbezügliche Kenntnisse hat oder haben muss. Derartige Anhaltspunkte können sich z. B. aus der Gemeinde bekannten Kaufverträgen, aus vorangegangenen Verwaltungs- oder Gerichtsverfahren, aus Hinweisen der Bevölkerung und nicht zuletzt aus eigenen Unterlagen der Gemeinde (Altlastenkataster, Luftbildaufnahmen usw.) ergeben. Besteht kein Anlass für einen Altlastenverdacht, braucht die Gemeinde auch keine näheren Untersuchungen zu veranlassen; eine allgemeine Verpflichtung zu Bodenanalysen besteht im Rahmen der Bauleitplanung nicht.[631]

Eine ähnliche Ermittlungspflicht gilt auch hinsichtlich möglicher Immissionsprobleme. Sind etwa Lärm- oder Geruchskonflikte sowie Luftverunreinigungen zu befürchten, muss die Gemeinde diese Punkte gegebenenfalls durch die **Einholung von Gutachten** klären. Wird zur Darlegung betroffener Interessen auf Privatgutachten verwiesen, kann die Gemeinde sich nicht auf den Standpunkt zurückziehen, das Gutachten liege ihr nicht vor, sie muss es anfordern und sich mit seinem Inhalt auseinander setzen.[632] **464**
Hierzu ist oftmals die Einschaltung von Fachbehörden geboten. Gutachtliche Stellungnahmen der betreffenden Fachbehörden sind regelmäßig auch bei **Eingriffen in Natur und Landschaft** erforderlich.

Diese „Sammlung" der betroffenen Belange bezieht sich **nicht nur auf das beabsichtigte Plangebiet**. In der Rechtsprechung ist anerkannt, dass der **465**

---

629 Vgl. OVG Koblenz BRS 50 Nr. 6 = BauR 1991, 295; vgl. auch VGH München BauR, 1140 zum Abwägungsmaterial bei Planung eines Sondergebietes mit geringem Konkretisierungsgrad.
630 Vgl. hierzu im Einzelnen unten Rn. 791 ff.
631 Vgl. zum Altlastenproblem bei der Bauleitplanung: OVG Koblenz BRS 50 Nr. 6 = BauR 1991, 295 (Einblick in veraltete Luftbildaufnahmen nicht ausreichend); Koch/Schütte, DVBl. 1997, 1415; Krautzberger in: Battis/Krautzberger/Löhr, BauGB, § 1 Rn. 112; zur Haftung der Gemeinde grundlegend: BGH ZfBR 1989, 119 und 261, ferner BGH BauR 1993, 189.
632 Vgl. hierzu OVG Lüneburg BRS 56 Nr. 15 = BauR 1994, 599.

466–469   Materielle Voraussetzungen der Bauleitpläne

Ortsgesetzgeber stets die Gesamtentwicklung des Gebietes in den Blick zu nehmen hat und seine planerische Aufgabe nicht durch die Grenzen des jeweiligen Plangebietes begrenzt wird.[633]

466 Unbeachtlich und damit **für die planerische Abwägung nicht relevant** sind nur solche Interessen, die entweder – objektiv – geringwertig oder aber – sei es überhaupt, sei es im gegebenen Zusammenhang – nicht schutzwürdig sind, letztere weil sie mit einem Makel behaftet sind, m.a.W. von der Rechtsordnung missbilligt werden, oder weil sich deren Träger vernünftiger weise darauf einstellen müssen, dass „so etwas geschieht", wie etwa die von Bebauungsplänen naturgemäß ausgehende allgemeine Beeinflussung der Marktverhältnisse.[634]

467 In dem **zweiten Schritt der Abwägung** – ebenfalls ein Teil des Abwägungsvorgangs – erfolgt die **Gewichtung der** in der ersten Stufe zusammengestellten **Belange.** Hier entscheidet die Gemeinde, welche Bedeutung den einzelnen Belangen im Rahmen der Planung zu kommt. Im Gegensatz zur ersten Abwägungsphase kommt dabei die planerische Gestaltungsfreiheit der Gemeinde, ein gewisses „Planungsermessen", zur Geltung, das nicht frei von (politisch) wertenden Entscheidungselementen ist. Denn die Gemeinde setzt die städtebaulichen Ziele fest, die mit einer Planung verfolgt werden, und von daher bestimmt sie prinzipiell auch das Gewicht, das den einzelnen Belangen im Rahmen der Abwägung zukommt. Diese Gestaltungsfreiheit ist jedoch nicht unbegrenzt, sie darf insbesondere nicht dergestalt missbraucht werden, dass den einzelnen Belangen eine Bedeutung beigemessen wird, die ihnen objektiv nicht zukommt.[635]

468 Die eigentliche den Abwägungsvorgang abschließende Abwägung findet im **dritten Schritt** statt. Hier ist ein **Ausgleich unter den planbetroffenen Interessen** vorzunehmen. Wenn das Abwägungsmaterial zusammengestellt und eine Gewichtung der Belange vorgenommen worden ist, muss sich die Gemeinde im Rahmen ihres Planungsermessens entscheiden, **welche der vorliegenden Belange vorgezogen,** welche **zurückgesetzt** werden und welche überhaupt **keine Berücksichtigung** finden. Nach Ansicht des Bundesverwaltungsgerichts ist diese dritte Stufe der Abwägung „eine geradezu elementare planerische Entschließung, die zum Ausdruck bringt, wie und in welcher Richtung sich eine Gemeinde städtebaulich geordnet fortentwickeln will".[636]

469 Ist insoweit auch prinzipiell nicht von einem automatischen Vorrang von Belangen auszugehen – insbesondere kommt nicht etwa von vornherein den

---

633 Vgl. BVerwG NVwZ 1997, 517.
634 Vgl. BVerwGE 59, 87 (102, 103); BVerwG NVwZ 1990, 555; 1994, 683.
635 Vgl. hierzu näher unten Rn. 481 ff.
636 BVerwGE 31, 301 (309).

öffentlichen Belangen ein Vorrang gegenüber den privaten Belangen zu[637] –, so unterliegen bestimmte Belange doch besonderen Gesetzlichkeiten und begründen aufgrund dessen gerade auch auf der dritten Abwägungsstufe eine gewisse Einengung der planerischen Entscheidungs- und Gestaltungsfreiheit. Dies gilt speziell für die Belange, die dem sog. **Optimierungsgebot** unterstehen.[638]

470 Optimierungsgebote enthalten z. B. die Bestimmung des § 1 Abs. 5 Satz 1 BauGB, nach der die Bauleitpläne eine nachhaltige städtebauliche Entwicklung und eine dem Wohl der Allgemeinheit entsprechende sozialgerechte Bodennutzung gewährleisten und dazu beitragen sollen, eine menschenwürdige Umwelt zu sichern und die natürlichen Lebensgrundlagen zu schützen und zu entwickeln, die nunmehr in § 1a Abs. 1 BauGB enthaltene „Bodenschutzklausel", nach der mit Grund und Boden sparsam und schonend umgegangen werden soll und Bodenversiegelungen auf das notwendige Maß zu begrenzen sind, sowie die Planungsvorschrift des § 50 BImSchG, betreffend die Vermeidung von schädlichen Umwelteinwirkungen auf schutzbedürftige Gebiete.[639]

471 Ein Optimierungsgebot ist nach der Rechtsprechung des Bundesverwaltungsgerichts ein Gebot, „das eine möglichst weitgehende Beachtung bestimmter Belange erfordert".[640]
Das bedeutet insbesondere für Situationen, in denen unterschiedliche Belange in Konflikt oder Konkurrenz zueinander treten, dass der zu optimierende Belang unter den gegebenen Umständen, „d. h. angesichts der mit ihm konfligierenden und konkurrierenden Belange weitmöglichst durchgesetzt werden muss", was zugleich nicht eine unbedingte Realisierung des Optimums bedeutet, sondern allein die „Realisierung des Möglichen in der konkreten Situation".[641]

472 Besonderheiten können sich schließlich auch bezüglich in Betracht kommender geeigneter Alternativlösungen (**Planungsalternativen**) ergeben. Die Gemeinde hat sich im Ergebnis grundsätzlich für die Alternative zu entscheiden, die öffentliche und private Belange am geringsten beeinträchtigt[642], wobei allerdings das Bundesverwaltungsgericht betont, dass eine Gemeinde nur dann keine korrekte Abwägung trifft, „wenn sich eine bestimmte Lö-

---

637 Vgl. Krautzberger in: Battis/Krautzberger/Löhr, BauGB, § 1 Rn. 106.
638 Vgl. BVerwGE 71, 163 = NJW 1986, 82.
639 Vgl. auch Gaentzsch in: Berliner Kommentar, BauGB, § 1 Rn. 42 sowie zur Bodenschutzklausel des ehemaligen § 1 Abs. 5 Satz 3 BauGB und zu § 50 BImSchG Hoppe in: Hoppe/Grotefels, Öffentliches Baurecht, § 7 Rn. 34.
640 BVerwGE 71, 163 = NJW 1986. 82.
641 Hoppe in: Hoppe/Grotefels, Öffentliches Baurecht, § 7 Rn. 32.
642 Vgl. BVerwG DÖV 1980, 133 (134).

sung anbietet und sich ihr jedenfalls die Erörterung einer Alternative ‚aufdrängen' musste. Das ist aber nicht schon dann anzunehmen, wenn die tatsächlich gefundene Lösung nicht als zwingend angesehen werden kann."[643]

473 Das (Abwägungs-)Ergebnis dieses dreistufigen Abwägungsvorgangs ist dann der Inhalt des von der Gemeinde beschlossenen Planes.

3. Abwägungsfehler

474 Unterläuft der Gemeinde bei der Abwägung in den verschiedenen Stufen (Ermittlung der Belange, Gewichtung, Abwägung) ein Fehler, stellt sich in verwaltungsgerichtlichen Verfahren (Anfechtungsklagen gegen bzw. Verpflichtungsklagen auf Erteilung einer Baugenehmigung, Normenkontrollverfahren) wie auch in den – allerdings bei Bebauungsplänen nur noch seltenen – Fällen einer aufsichtsbehördlichen Prüfung von Bauleitplänen die Frage, inwieweit die Abwägung der Gemeinde überhaupt einer gerichtlichen oder aufsichtsbehördlichen Nachprüfung unterliegt. Zweifel in dieser Hinsicht ergeben sich aufgrund des der Gemeinde zustehenden Planungsermessens im Sinne einer elementaren Gestaltungsfreiheit. Einerseits darf diese letztlich der Planungshoheit der Gemeinde entspringende Gestaltungsfreiheit nicht dadurch angetastet werden, dass etwa das Gericht oder die Aufsichtsbehörde seine/ihre planerische Vorstellung an die Stelle derjenigen der Gemeinde setzt, andererseits stellt auch die abwägende Planung ein Verwaltungshandeln dar, das – im Hinblick auf die Rechtsschutzgarantie des Art. 19 Abs. 4 GG – zumindest einer gerichtlichen Überprüfung auf seine Rechtmäßigkeit unterliegt.

475 Während die Zusammenstellung des Abwägungsmaterials in vollem Umfang gerichtlich und aufsichtsbehördlich überprüft werden kann, liegt das Gewichten im Abwägungsvorgang und das Abwägen mit dem Abwägungsprodukt als Ergebnis im Rahmen der planerischen Gestaltungsfreiheit der Gemeinde und unterliegt infolgedessen nur eingeschränkt einer Überprüfung. Die Rechtsprechung unterscheidet hinsichtlich einer möglichen Verletzung des Abwägungsgebotes (Abwägungsvorgang und Abwägungsergebnis) vier Fehlertatbestände[644]:
– Abwägungsausfall;
– Abwägungsdefizit;
– Abwägungsfehleinschätzung;
– Abwägungsdisproportionalität.

---

643 BVerwG NVwZ-RR 1991, 118 (124).
644 Vgl. zu Folgendem insbesondere BVerwGE 34, 301 (309); 45, 309 (314, 315).

Abwägungsfehler **476, 477**

1. Fehlertatbestand: Eine sachgerechte Abwägung hat überhaupt nicht 476
stattgefunden (sog. Abwägungsausfall).

Grundvoraussetzung einer Abwägung ist (selbstverständlich), dass eine Abwägung überhaupt stattgefunden hat. Hieran kann es fehlen, wenn im Vorfeld einer Planung umfangreiche Abstimmungen etwa zwischen Investor und Gemeinde stattgefunden haben. Eine solche Abstimmung kann zu einer **Vorwegbindung** der Gemeinde führen mit der Folge, dass für eine spätere (echte) Abwägung kein Raum mehr bleibt, der Rat sich also praktisch bereits an eine bestimmte Entscheidung gebunden fühlt. Diese quasi Vorwegnahme der Abwägung ist prinzipiell unzulässig und führt regelmäßig zu einer wegen Abwägungsausfall rechtswidrigen Abwägung. Allerdings hat auch die Rechtsprechung die im Einzelfall – z. B. bei (industriellen oder gewerblichen) Großvorhaben – bestehende Notwendigkeit einer planerischen Vorabstimmung durch Absprachen, Zusagen, Verträge o.ä. und damit einer (teilweisen) Vorwegnahme der Abwägung anerkannt und sie unter folgenden **drei Voraussetzungen als zulässig** erachtet[645]:

- **erstens** muss die Vorwegnahme der Entscheidung als Vorwegnahme – auch unter dem Gesichtswinkel des dadurch belasteten Anregungsverfahrens – sachlich gerechtfertigt sein,
- **zweitens** muss bei der Vorwegnahme die planungsrechtliche Zuständigkeitsordnung gewahrt bleiben, d. h. es muss, soweit die Planung dem Gemeinderat obliegt, dessen Mitwirkung an den Vorentscheidungen in einer Weise gesichert werden, die es gestattet, die Vorentscheidungen (auch) dem Rat zuzurechnen,
- und **drittens** endlich darf die vorgezogene Entscheidung – und auch dies insbesondere unter Beachtung ihrer planerischen Auswirkung – nicht inhaltlich zu beanstanden sein; sie muss insbesondere den Anforderungen genügen, denen sie genügen müsste, wenn sie als Bestandteil des abschließenden Abwägungsvorganges getroffen würde.[646]

Letzteres bedeutet, dass keine Abwägung vorweggenommen werden darf, die in ihrem Ergebnis (Planinhalt) fehlerhaft, d. h. abwägungsdisproportional ist.[647]

Das Problem der Vorwegbindung und eines sich daraus eventuell ergebenden 477 Abwägungsdefizits entsteht indes nur dann, wenn sich die Gemeinde zur Aufstellung eines Planes mit bestimmtem Inhalt verpflichtet[648], nicht aber dann, wenn lediglich die (abstrakte) Verpflichtung der Gemeinde zur Aufstellung eines Planes ohne bestimmten Inhalt eingegangen wird – unabhängig von der Frage, ob die Gemeinde auch eine derartige Verpflichtung überhaupt eingehen kann. Versteht man eine solche Vereinbarung in dem Sinne

---

645 Vgl. dazu insbesondere BVerwGE 45, 309 (321).
646 BVerwG aaO.
647 Vgl. hierzu unten Rn. 483.
648 Vgl. BVerwG BauR 1982, 30.

der Verpflichtung zur Einleitung eines Bauleitplanaufstellungsverfahrens, wird man sie als zulässig erachten müssen, da in diesem Fall noch nicht einmal der positive Abschluss des Verfahrens, geschweige denn der zukünftige Planinhalt feststeht.

478 2. **Fehlertatbestand: In die Abwägung sind nicht alle Belange eingestellt worden, die nach Lage der Dinge hätten eingestellt werden müssen (sog. Abwägungsdefizit).**

Hierbei geht es darum, dass nicht alle Belange von der Gemeinde berücksichtigt worden sind, die sie angesichts der konkreten Planungsabsichten hätte berücksichtigen müssen, d. h. – vereinfacht ausgedrückt – die Gemeinde hat etwas „vergessen", die oben erwähnte Stoffsammlung ist damit unvollständig. Einen solchen Fehler begründet z. B. die Nichtberücksichtigung einer den Unterlagen der Gemeinde (Altlastenkataster) zu entnehmende Altlast oder die nicht in die planerische Abwägung einbezogene Denkmaleigenschaft eines Gebäudes.[649]

479 Ein Indiz für ein Abwägungsdefizit ist auch der Umstand, dass im Planverfahren „über Stellungnahmen einzelner Dienststellen oder Ausschüsse hinweggegangen wird, aus denen sich ergibt, dass Alternativen zu dem Plan oder zu einzelnen seiner Festsetzungen ernsthaft in Betracht kommen".[650]

480 Schließlich muss die Gemeinde nicht nur den Planbereich berücksichtigen, sondern gegebenenfalls auch „über den Zaun gucken", d. h. eventuell betroffene Belange außerhalb des zur Beplanung anstehenden Bereichs in die Abwägung mit einbeziehen.[651]

481 3. **Fehlertatbestand: Die Bedeutung der betroffenen Belange ist verkannt worden (sog. Abwägungsfehleinschätzung).**

Eine Abwägungsfehleinschätzung bedeutet eine unzutreffende Über- oder Unterbewertung eines Belangs. So kann etwa die mit der Festsetzung als Wohngebiet verbundene Einschränkung der (vorhandenen) gewerblichen Nutzung in ihrer Tragweite für die Grundstückseigentümer verkannt werden.[652]

482 Desgleichen kann die rechtlich fehlerhafte Annahme des Bestehens eines Entschädigungsanspruchs zu einer falschen Bewertung eines Belanges führen; weil der Plangeber irrtümlich von dem Bestehen eines Entschädigungs-

---

649 Vgl. OVG Lüneburg BRS 49 Nr. 38 (das Gericht spricht allerdings von einem „Abwägungsausfall").
650 BVerwG BRS 47 Nr. 3.
651 Vgl. VGH Kassel BRS 56 Nr. 229.
652 Vgl. OVG Lüneburg BRS 58 Nr. 18.

anspruchs ausgeht, nimmt er einen Eingriff in einen eingerichteten und ausgeübten Gewerbebetrieb hin.[653]

4. Fehlertatbestand: Der Ausgleich zwischen den von der Planung berührten Belangen ist in einer Weise vorgenommen worden, die zur objektiven Gewichtigkeit einzelner Belange außer Verhältnis steht (sog. Abwägungsdisproportionalität). **483**

Während es sich bei den voraufgegangenen Fehlertatbeständen um solche im Rahmen des Abwägungsvorgangs handelte, betrifft die Abwägungsdisproportionalität einen Fehler im Abwägungsergebnis. Sie beinhaltet ein Planungsergebnis, das der objektiven Gewichtigkeit einzelner Belange widerspricht. Der Planinhalt steht damit zur Bedeutung (Gewichtigkeit) einzelner Belange außer Verhältnis, etwa wenn gewichtige private Belange weniger bedeutenden öffentlichen Belangen gegenüberstehen und gleichwohl statt einer privaten eine öffentliche Grünfläche im Bebauungsplan festgesetzt wird.[654]

Auch die Ausweisung mindestens teilweise neuer Baugebiete durch Bebauungsplan in einem Überschwemmungsgebiet mit Überflutungshöhen von mehr als 2 m kann im Hinblick auf die allgemeinen Anforderungen an gesunde Wohn- und Arbeitsverhältnisse und die Sicherheit der Wohn- und Arbeitsbevölkerung einen Abwägungsfehler darstellen.[655] **484**

4. Planungsgrundsätze zur Konkretisierung des Abwägungsgebotes

Die Handhabung des Abwägungsgebotes in der Praxis sowie die Vermeidung typischer Abwägungsfehler werden durch einige markante, teilweise von Rechtsprechung und Literatur anerkannte und ausgeformte, teilweise gesetzlich geregelte Planungsgrundsätze unterstützt. Zu nennen sind insbesondere das Gebot der Konfliktbewältigung und das mit ihm planerisch verbundene Rücksichtnahmegebot sowie die gesetzliche Regelung der Umweltbelange in der neuen, durch das BauROG 1998 eingeführten Bestimmung des § 1a BauGB. **485**

---

653 Vgl. OVG Münster DÖV 1981, 347.
654 Vgl. VGH Mannheim BRS 58 Nr. 12; vgl. auch OVG Koblenz NVwZ 1990, 281 (Pflasterung einer innerörtlichen Durchgangsstraße).
655 So VGH Kassel UPR 1997, 379 (LS). Vgl. hierzu auch VGH München NVwZ 1995, 924 = BRS 56 Nr. 18 (Ungültigkeit eines Bebauungsplanes für Gewerbe-, Industrie- und Mischgebiete in einem festgesetzten Überschwemmungsgebiet).

Materielle Voraussetzungen der Bauleitpläne

a) **Konfliktbewältigung** und **Rücksichtnahmegebot**

486 Das ursprünglich von der Rechtsprechung des Bundesverwaltungsgerichts zur straßenrechtlichen Fachplanung ausgehende **Gebot der Konfliktbewältigung** ist mittlerweile als eine besondere Ausprägung des Abwägungsgebotes allgemein anerkannt. Es beinhaltet die Pflicht des Planers, nicht nur durch die Planung erst geschaffene, sondern auch bereits vorgefundene, d. h. vorhandene, zur Überplanung anstehende Konfliktsituationen (**Gemengelagen**) prinzipiell einer planerischen Lösung zuzuführen.

487 Konflikte können sich ergeben durch die Zuordnung einander unverträglicher Nutzungen (Wohnen einerseits – Industrie, Gewerbe, Verkehr andererseits) oder durch die Nichtbeachtung der Auswirkungen von planerischen Festsetzungen (Verkehrstrasse).[656]

488 Die planende Gemeinde kann solche Konfliktsituationen prinzipiell nicht ignorieren oder sich hinter einer bereits „verfahrenen" Situation „verstecken", indem sie etwa einen Bereich neben einer Fernstraße mit erheblichen Lärmimmissionen oder neben einem immissionsträchtigen Industrie- oder Gewerbegebiet deswegen als Wohngebiet ausweist, „weil ja schon einige Wohnbauten vorhanden sind" (bereits vorhandene Gemengelage). Sie muss vielmehr den entstehenden oder vorhandenen Konflikt lösen, z. B. durch planerische Trennung sich widersprechender Nutzungen (Trennungsprinzip) oder durch Reduzierung der auf ein zu schützendes Gebiet einwirkenden Immissionen (Lärmschutzwand oder -wall).[657]

489 Tut sie dies nicht, kann dies zu einem Abwägungsfehler in Gestalt eines Verstoßes gegen das Gebot der Konfliktbewältigung führen, wie etwa die einfache Überplanung eines nicht förmlich festgelegten Überschwemmungsgebietes durch Festsetzung eines Industrie- und Gewerbegebietes.[658] Nur eingeschränkte Anwendung findet dieser Grundsatz jedoch bei bestehenden Gemengelagen bzw. bestehender Vorbelastung.[659]

490 Zur Konfliktlösung gehören allgemein jegliche Fragen im Zusammenhang mit der Verwirklichung der Planung. Speziell der verbindliche Bauleitplan ist trotz seines Charakters als Angebotsplanung letztlich auf Realisierung der in

---

656 Zum Gebot der Konfliktbewältigung vgl. insbesondere BVerwGE 61, 307 (311); BVerwG NVwZ 1986, 640; BVerwG NVwZ-RR 1995, 130, Hoppe in: Hoppe/Grotefels, Öffentliches Baurecht, § 7 Rn. 142; Gaentzsch in: Berliner Kommentar, BauGB, § 1 Rn. 79; Krautzberger in: Battis/Krautzberger/Löhr, BauGB, § 1 Rn. 115–121.
657 Zur Gemengelagenproblematik vgl. Müller, BauR 1994, 191 ff. und 294 ff. mwN; zu den Abständen zwischen Industrie bzw. Gewerbegebieten und Wohngebieten im Rahmen der Bauleitplanung vgl. z. B. auch den Runderlass des Ministeriums für Umwelt, Raumordnung und Landwirtschaft des Landes Nordrhein-Westfalen vom 2. 4. 1998, MBl. NW. 1998 S. 744 (sog. Abstandserlass).
658 Vgl. VGH Kassel BRS 58 Nr. 29.
659 Siehe hierzu unten Rn. 501.

ihm getroffenen Festsetzungen ausgelegt, wenn auch im Grundsatz keine Möglichkeit besteht, die einzelnen Grundeigentümer zur plankonformen Nutzung ihrer Grundstücke zu zwingen – von Ausnahmen wie z. B. den städtebaulichen Geboten nach §§ 175 ff. BauGB abgesehen. Die Gemeinde muss sich daher über die mit der Durchführung des Bebauungsplanes verbundenen Folgeprobleme abwägend Gedanken machen. So hat sie etwa die von im Zuge der Realisierung von Bebauungsplanfestsetzungen notwendigen Aufschüttungen ausgehenden Auswirkungen auf den Grundwasserstand zum Nachteil benachbarter Gebäude planend zu bewältigen.[660]

491 Nicht alle absehbaren wirtschaftlichen und sozialen Folgeprobleme müssen jedoch im Bebauungsplan selbst oder in unmittelbarem zeitlichen Zusammenhang mit diesem verbindlich und abschließend geregelt werden. So darf die Gemeinde Maßnahmen zur Milderung oder zum Ausgleich von Härten dem späteren, dem Planvollzug dienenden Verwaltungsverfahren überlassen, wenn sie im Rahmen der Abwägung realistischerweise davon ausgehen kann, dass die Probleme in diesem Zusammenhang gelöst werden können.[661]

492 Schon dies verdeutlicht, dass das Gebot der Konfliktbewältigung keine absolute Geltung beansprucht. Es wird zum einen relativiert und zugleich präzisiert bzw. ergänzt durch den **Grundsatz der planerischen Zurückhaltung:** Zwar kann sich namentlich ein Bebauungsplan, der auf eine Konfliktlage trifft, grundsätzlich nicht auf wenige Festsetzungen beschränken und auf diese Weise die Lösung offener Konflikte einem nachfolgenden Genehmigungsverfahren überlassen[662]; eine Verlagerung von Problemlösungen auf nachfolgendes Verwaltungshandeln ist aber zulässig, wenn – in Fällen des Verkehrslärms – die Durchführung entsprechender Konfliktlösungsmaßnahmen im Sinne einer notwendigen Verbindung mit der übrigen Verwirklichung der Planung gesichert ist[663] bzw. – in sonstigen Fällen – wenn dieses nachfolgende Verwaltungsverfahren zwangsläufig die Behandlung des Konflikts beinhaltet; dabei kommen den Verfahren nach dem BImSchG und dem AtomG sowie der Bestimmung des § 15 BauNVO besondere Bedeutung zu[664], wobei § 15 BauNVO Festsetzungen eines Bebauungsplanes nur ergänzen, nicht aber korrigieren kann.[665]

---

660 Vgl. OVG Lüneburg BRS 58 Nr. 10.
661 Vgl. BVerwG NVwZ-RR 1998, 483 = NuR 1998, 138 (Probleme wegen des durch Ausweisung eines Regenrückhaltebeckens und einer Grünfläche absehbaren notwendigen Abrisses bewohnter Gebäude).
662 Vgl. Gaentzsch, DVBl. 1985, 29 (31).
663 Vgl. dazu BVerwG NVwZ 1984, 235 = BRS 42 Nr. 30 und NVwZ 1988, 351 = BRS 49 Nr. 3; vgl. auch OVG Lüneburg UPR 1999, 279 (LS): Vorbehalt der im Rahmen der Planung eines Parkhauses in einem Lärmgutachten vorgeschlagenen Maßnahmen für das Baugenehmigungsverfahren.
664 Vgl. BVerwG aaO und BauR 1988, 448 = BRS 48 Nr. 8.
665 Vgl. BVerwG BRS 49 Nr. 44, zur Feinsteuerung des § 15 BauNVO vgl. VGH Mannheim BRS 57 Nr. 63.

493 Selbst der durch die Ausweisung von Wohnbauflächen in einem mit Schwermetallen kontaminierten Bereich aufgeworfene Konflikt zwichen Wohnnutzung und Schutz der Bevölkerung vor Gesundheitsgefahren muss nach Ansicht des Oberverwaltungsgerichts Münster[666] nicht stets innerhalb der Bauleitplanung mit planerischen Mitteln selbst bewältigt werden, sondern kann dem nachfolgenden Baugenehmigungsverfahren überlassen werden.

494 Die Grenzen der möglichen Konfliktverlagerung sind jedoch überschritten bei grundsätzlichen Interessenkonflikten, die einer adäquaten Lösung im nachfolgenden Genehmigungsverfahren nicht zugänglich sind, wobei es unerheblich ist, dass es der Gemeinde bei der Plandurchführung praktisch gelungen ist, den Konflikt zu lösen.[667]

495 Desgleichen kommt eine Konfliktverlagerung nicht in Betracht, wenn der Konflikt und die zur Lösung vorgesehenen Maßnahmen nicht erkannt wurden. Eine allgemein gehaltene bloße Absichtserklärung kann nicht als Sicherstellung der Problemlösung angesehen werden, zumal wenn für einzelne Maßnahmen nicht die planende Gemeinde, sondern andere Stellen zuständig sind. In einem vom Bundesverwaltungsgericht entschiedenen Fall ging es um die durch Bebauungsplanänderung geplante Erweiterung eines Betriebsgeländes mit gesteigertem Zu- und Abfahrverkehr sowie Rangierverkehr und Be- bzw. Entladen auf einer öffentlichen Straße. Die Gemeinde hatte erst im Normenkontrollverfahren darauf hingewiesen, dass verkehrsrechtliche Anordnungen oder Auflagen im Baugenehmigungsverfahren möglich erschienen.[668]

496 Die zweite Einschränkung erfährt der Grundsatz der Konfliktlösung durch den sog. **„numerus clausus der Bebauungsplanfestsetzungen"**.[669]
Sofern ein Plan einen vorgefundenen oder auch von ihm selbst geschaffenen Konflikt lösen muss, dürfen zum Zwecke der Konfliktlösung allein die vom BauGB, der BauNVO oder etwa sonstigen Rechtsvorschriften zur Verfügung gestellten Festsetzungsmöglichkeiten Verwendung finden.[670]

497 Dies gilt in besonderem Maße für Verkehrsprobleme, bei denen für eine „planerische" Lösung im Bebauungsplan zumeist keine Festsetzungsmöglichkeiten zur Verfügung stehen. Beispielsweise ist nicht erkennbar, welche Bebauungsplanausweisung „eine rechtsverbindliche Abriegelung des Wohngebiets gegenüber dem Durchgangsverkehr" bewirken würde.[671]

---

666 Vgl. OVG Münster UPR 1997, 379 (LS).
667 Vgl. OVG Bremen UPR 1990, 112; zu den Grenzen der planerischen Zurückhaltung vgl. auch OVG Münster DÖV 1999, 883 (LS).
668 Vgl. BVerwG DVBl. 1999, 243 (244); vgl. zu den Grenzen der planerischen Zurückhaltung bzw. der Konfliktverlagerung auch OVG Münster NWVBl. 1999, 426.
669 Vgl. hierzu im Einzelnen unten Rn. 588 ff. und 604 ff.
670 Vgl. BVerwG NVwZ 1988, 351 = BRS 47 Nr. 3.
671 Vgl. BVerwG aaO.

Konfliktbewältigung/Rücksichtnahmegebot

498 Eng verzahnt mit dem Gebot der Konfliktlösung ist das **Rücksichtnahmegebot**. Ausgehend von einigen spezialgesetzlichen Regelungen z. B. in § 15 BauNVO und § 50 BImSchG hat sich das Gebot der Rücksichtnahme mittlerweile zu einem das gesamte öffentliche Baurecht beherrschenden Grundprinzip entwickelt. Literatur und Rechtsprechung sind kaum überschaubar.[672]

499 Seinem Inhalt nach bedeutet das Rücksichtnahmegebot, dass nicht zuletzt aus Gründen des öffentlichen Wohls jede Grundstücksnutzung nicht ohne Rücksicht auf die benachbarten Nutzungen geplant, genehmigt und ausgeübt werden kann, dass vielmehr „lästige Vorhaben nach Möglichkeit aus Rücksicht auf die Umgebung auszuschließen" sind.[673]

500 Das Rücksichtnahmegebot hat Bedeutung sowohl für die Genehmigung konkreter Vorhaben als auch für die kommunale Planung. Speziell für die gemeindliche Bauleitplanung begründet es in Kombination mit dem Gebot der Konfliktlösung eine prinzipielle Pflicht, einander unverträgliche Nutzungen möglichst voneinander zu trennen und nicht unmittelbar nebeneinander zu planen (**Trennungsprinzip**).[674]

501 Hiervon ausgehend sind z. B. Gewerbegebiete gegenüber Wohngebieten grundsätzlich so weit entfernt festzusetzen oder durch Zwischenzonen oder auf andere Weise (z. B. Lärmschutzeinrichtung) abzuschirmen, dass Unzuträglichkeiten unterbleiben.[675] Nach der Rechtsprechung des Bundesverwaltungsgerichts gilt dies allerdings dann nicht ohne weiteres, wenn „das Nebeneinander von Gewerbe und Wohnen schon seit längerer Zeit und offenbar ohne größere Probleme bestanden" hat; bei diesen Gegebenheiten kommt eine Festschreibung des bestehenden Zustandes durchaus in Betracht.[676]
Davon abgesehen kann eine **vorhandene plangegebene und faktische (Immissions-)Vorbelastung**, wie z. B. bei einer Wohnbebauung durch Immissionen benachbarter Gewerbenutzung (**Gemengelage**), eine wechselseitige Pflicht der verschiedenen Nutzungen zur Rücksichtnahme im Sinne gesteigerter Duldungspflichten begründen und zu einer verminderten Schutzwürdigkeit der empfindlichen Nutzung führen. Dies kann zur Folge haben, dass eine durch Planung bestätigte Beeinträchtigung gerechtfertigt sein kann,

---

672 Vgl. z. B. BVerwG NJW 1975, 70, BVerwGE 52, 122; VGH Kassel BRS 57 Nr. 16; Weyreuther, BauR 1975, 1; Breuer, DVBl. 1982, 1065; Jäde, BayVBl. 1985, 577; Hoppe in: Hoppe/Grotefels, Öffentliches Baurecht, § 7 Rn. 153 ff.; Krautzberger in: Battis/Krautzberger/Löhr, BauGB, § 1 Rn. 122; Söfker in: Ernst/Zinkahn/Bielenberg, BauGB, § 1 Rn. 214.
673 So schon BVerwGE 28, 145 (153).
674 Vgl. grundlegend BVerwG NJW 1975, 70.
675 Vgl. OVG Bremen BRS 49 Nr. 1.
676 Vgl. BVerwG NVwZ 1992, 663 (664) = BauR 1992, 344 = BRS 54 Nr. 18.

wobei der schon (Vor-)belastete zugunsten des anderen mehr hinnehmen muss, als er für den Fall einer Planung ohne die prägende Vorbelastung hinzunehmen hätte (gesteigerte Duldungspflicht), und umgekehrt der andere (der Belastende) auf ein Mehr an Entfaltungsmöglichkeiten verzichten muss, als dies im Fall einer Planung ohne die faktischen Gegebenheiten notwendig gewesen wäre (gesteigerte Beschränkungspflicht); in der planerischen Praxis bedeutet dies hinsichtlich der Festlegung von Immissionswerten eine „Mittelwertbildung", d. h. im Ergebnis eine „Herabstufung" des Gebietes (im Regelfall um eine Gebietskategorie) und damit eine Anhebung der Immissionsrichtwerte für die empfindliche Nutzung.[677]

Damit sind im Ergebnis die Anforderungen bei der Überplanung bereits vorhandener Gemengelagen weniger streng als bei Planungen „auf der grünen Wiese".

b) Umweltschützende Belange

502 Im BauGB 1998 wurde unter der Überschrift „Umweltschützende Belange in der Abwägung" die Bestimmung des § 1a BauGB eingefügt, die die wesentlichen Umweltbelange zusammenfasst, die für die Bauleitplanung von Bedeutung sind. Damit wollte der Gesetzgeber der durch Art. 20a GG neu in die Verfassung eingefügten Staatszielbestimmung Umweltschutz im Rahmen der Bauleitplanung Rechnung tragen.[678]

503 Der Begriff Umweltschutz ist dabei im umfassenden Sinne zu verstehen und schließt dementsprechend den Bodenschutz (§ 1a Abs. 1 BauGB), die Umweltfachpläne, insbesondere Landschaftspläne sowie Pläne des Wasser-, Abfall- und Immissionsschutzrechts (§ 1a Abs. 2 Nr. 1 BauGB), das Naturschutzrecht (§ 1a Abs. 2 Nr. 2 BauGB), die Umweltverträglichkeitsprüfung, gemeinhin heute als UVP bezeichnet (§ 1a Abs. 2 Nr. 3 BauGB), wie auch ein spezielles europäisches Umweltrecht (§ 1a Abs. 2 Nr. 4 BauGB) ein.[679]

504 In der Literatur wird – nicht ganz zu Unrecht – der Sinn der gesetzlichen Neuregelung insbesondere im Hinblick auf die vom Gesetzgeber angestrebten Ziele bezweifelt. Zwar wird einerseits die naturschutzrechtliche Eingriffsregelung formell in das BauGB integriert mit der Folge, dass der naturschutzrechtliche Eingriff und sein Ausgleich als ein selbstverständlicher Bestandteil jeder städtebaulichen Planung und nicht als etwas von „außen an

---

677 Vgl. VG München GewArch. 1982, 68: Anhebung der Richtwerte für ein reines Wohngebiet um maximal 5 dB (A); VGH Mannheim BWVBl. 1982, 139: Anhebung des Immissionsrichtwertes für ein allgemeines Wohngebiet um 10 dB (A); ähnlich auch OVG Lüneburg GewArch. 1979, 345; vgl. hierzu näher Müller, BauR 1994, 191 (196 f.); zur „Mittelwerttheorie" vgl. grundlegend BVerwGE 50, 49 = BRS 29 Nr. 135 = BauR 1976, 100

678 Battis/Krautzberger/Löhr, NVwZ 1997, 1145 (1146, 1147).

679 Vgl. Krautzberger in: Battis/Krautzberger/Löhr, BauGB, § 1a Rn. 1.

diese Herangetragenes"[680] erscheint, andererseits wird aber das Naturschutzrecht weiter zersplittert[681], und der Gesetzgeber spricht im Grundsatz nur das aus, was mittlerweile „schon Allgemeingut" war, „das von niemandem mehr ernstlich bestritten werden konnte".[682] Letzteres gilt insbesondere für die Einbindung der naturschutzrechtlichen Eingriffsregelung in die Abwägung[683] und – seit der Anerkennung des „zweigeteilten Bebauungsplanes" durch das Bundesverwaltungsgericht[684] – für die Möglichkeit, den erforderlichen Ausgleich nicht notwendig in dem Plan vorzusehen, der den Eingriff zulässt.

§ 1a Abs. 1 BauGB enthält nunmehr die gegenüber der alten Regelung des § 1 Abs. 5 Satz 3 BauGB erweiterte **„Bodenschutzklausel"**. Danach soll mit Grund und Boden sparsam und schonend umgegangen werden, wobei Bodenversiegelungen auf das notwendige Maß zu begrenzen sind. Es handelt sich hierbei um ein sog. „Optimierungsgebot", das zwar bei der Abwägung größtmöglicher Beachtung bedarf, aber doch nicht unüberwindbar ist, d. h. die Bodenschutzklausel hindert z. B. nicht eine Neuausweisung von Bauland in einem bisher unbebauten Bereich, auch wenn dadurch erstmals Natur und Landschaft in Anspruch genommen werden, sie enthält kein Versiegelungsverbot und keine Baulandsperre.[685]

Nach § 1a Abs. 2 Nr. 1 BauGB sind in der Abwägung auch die Darstellungen von **Landschaftsplänen und sonstigen Plänen**, insbesondere des Wasser-, Abfall- und Immissionsschutzrechts zu berücksichtigen. Die entsprechenden Überlegungen der Gemeinde müssen dabei ihren Niederschlag in dem Erläuterungsbericht zum Flächennutzungsplan bzw. in der Begründung des Bebauungsplans finden.[686]

Voraussetzung ist, dass der betreffende Plan im konkreten Fall vorhanden ist[687]; das Abwägungsgebot kann nämlich verletzt sein, wenn angesichts einer drohenden besonderen Beeinträchtigung eine ausreichende Berücksichtigung der Belange des Naturschutzes nur aufgrund eines erst noch zu erstellenden Landschaftsplanes möglich erscheint.[688]

---

680 Vgl. BR-Drucks. 635/96, S. 37.
681 Vgl. Fuchs, NuR 1997, 338 (342).
682 Vgl. Schmidt, NVwZ 1998, 337 (338).
683 Vgl. OVG Münster NVwZ 1996, 274.
684 Vgl. BVerwG NVwZ 1997, 1216 = BauR 1997, 799 = NuR 1997, 446.
685 Vgl. Krautzberger in: Battis/Krautzberger/Löhr, BauGB, § 1a Rn. 8; Lüers, DVBl. 1998, 433 (436); zum Bodenschutz vgl. auch Koch/Schütte, DVBl. 1997, 1415 (1419 ff.); zum Optimierungsgebot vgl. oben Rn. 469 ff.
686 Vgl. Lüers, DVBl. 1998, 433 (436).
687 Vgl. Lüers, DVBl. 1998, 433 (436) unter Hinweis auf Wagner/Mitschang, DVBl. 1997, 1137 (1141 ff.).
688 Vgl. OVG Koblenz UPR 1994, 234; Lüers aaO.

508 Welche **konkreten Auswirkungen derartige Pläne auf die Bauleitplanung** der Gemeinden haben, hängt von Rechtsform und Inhalt der Pläne ab.[689]
Haben sie normativen Charakter – zumeist handelt es sich um Rechtsverordnungen –, ist ihr Inhalt für die Gemeinden rechtsverbindlich. Für eine Abwägung ist grundsätzlich kein Raum, der betreffende Planinhalt ist vielmehr, soweit er flächennutzungsbezogen ist, nach § 5 Abs. 4 BauGB in den Flächennutzungsplan bzw. nach § 9 Abs. 6 BauGB in den Bebauungsplan nachrichtlich zu übernehmen, es sei denn derartige Pläne enthalten lediglich Grundsatzaussagen mit Programmcharakter und sind damit als Vorgaben für Abwägungsentscheidungen zu werten.

509 Sind die Pläne nicht als Rechtsnormen erlassen, aber als Fachplanungen nach den für sie geltenden Sach- und Verfahrensvorschriften von den zuständigen Fachbehörden erarbeitet und förmlich festgelegt worden, ist von einer sach- und fachgerechten Ermittlung und Bewertung der betreffenden Umweltbelange auszugehen mit der Folge, dass der Inhalt des Fachplanes „jedenfalls einen zuverlässigen Beitrag zur Abwägung bei der (gemeindlichen) Planungsentscheidung darstellen kann".[690]

510 Für die gemeindliche Planungspraxis von großer Bedeutung ist die **naturschutzrechtliche Eingriffsregelung** nach § 8 BNatSchG. Die im Jahre 1993 mit dem Investitionserleichterungs- und Wohnbaulandgesetz im Wege des sog. „Baurechtskompromisses" erfolgte Verknüpfung von städtebaulicher Planung einerseits und naturschutzrechtlicher Eingriffsregelung andererseits wurde durch das BauROG 1998 in das BauGB integriert und hat nunmehr in § 1a Abs. 2 Nr. 2 BauGB ihren bauleitplanungsrechtlichen Standort gefunden.[691]

511 Sie bezweckt, durch Eingriffe in Natur und Landschaft hervorgerufene Beeinträchtigungen der Leistungsfähigkeit des Naturhaushalts und des Landschaftsbildes nach Möglichkeit zu vermeiden und, soweit sie unvermeidbar sind, durch Ausgleichs- und gegebenenfalls Ersatzmaßnahmen zu kompensieren.
Bereits durch das Investitionserleichterungs- und Wohnbaulandgesetz im Jahre 1993 fand eine Vorverlagerung der Verpflichtung zur Bewältigung der Eingriffs- und Ausgleichsproblematik von der Zulassungs- oder Genehmigungsebene auf die Stufe der Planung statt.[692]

---

689 Vgl. Stich, UPR 1998, 121 (123).
690 Vgl. Stich, aaO.
691 Zu den „Neuerungen zum Baurechtskompromiss" vgl. Schink, DVBl. 1998, 609 ff.; gemäß § 246 Abs. 6 BauGB können die Länder bestimmen, dass die Gemeinden bis zum 31. 12. 2000 nicht verpflichtet sind, § 1a Abs. 2 Nr. 2 und Abs. 3 BauGB (Eingriffsregelung nach dem Bundesnaturschutzgesetz) anzuwenden, soweit den Belangen des Naturschutzes und der Landschaftspflege auf andere Weise Rechnung getragen werden kann.
692 Vgl. Mitschang, Verwaltung und Wirtschaft 1/1998, 20 ff. (23).

512 Nach dem BauGB 1998 soll der naturschutzrechtliche Kompensationsgedanke nunmehr verstärkt schon auf der Ebene des Flächennutzungsplanes und nicht erst auf der Ebene des Bebauungsplanes bewältigt werden, was zugleich eine gewisse Aufwertung des Flächennutzungsplanes bedeutet.[693] Bauleitpläne stellen zwar keine realen Eingriffe in die Natur dar, können diese aber vorbereiten, da sie die planungsrechtliche Grundlage für Vorhaben (Gebäude, Straßen usw.) bilden. Damit existiert nunmehr gleichsam eine „planerische Eingriffsregelung"[694], die sich jedoch nicht von der Eingriffsregelung des Bundesnaturschutzgesetzes löst, sondern vielmehr den dortigen Eingriffsbegriff sowie das **Verursacherprinzip** mit seinen **Kriterien „Vermeidung"**, **„Ausgleich"**, **„Ersatz"** übernimmt.

513 Nach § 8a Abs. 1 BNatSchG ist dann, wenn aufgrund der Aufstellung, Änderung, Ergänzung oder Aufhebung von Bauleitplänen Eingriffe in Natur und Landschaft zu erwarten sind, über die Vermeidung, den Ausgleich und den Ersatz nach den Vorschriften des BauGB zu entscheiden. Das BauGB wiederum schreibt in der Bestimmung des § 1a Abs. 2 Nr. 2 vor, dass die Eingriffsregelung nach dem Bundesnaturschutzgesetz in der Abwägung nach § 1 Abs. 6 BauGB zu berücksichtigen ist. Damit ist auch seitens des Gesetzgebers bestätigt, dass die Belange des Naturschutzes und der Landschaftspflege in der Bauleitplanung keinen abstrakten Vorrang genießen, sondern wie jeder andere Belang entsprechend dem ihnen in der konkreten Planungssituation zukommenden Gewicht allein einer sachgerechten Abwägung unterliegen.[695]
Die früher diskutierte Frage einer Vollkompensation bei Eingriffen in Natur und Landschaft ist damit entschieden, auch ein Optimierungsgebot kann nicht angenommen werden.[696]

514 Die **wesentlichen Schritte** bei der Berücksichtigung der **naturschutzrechtlichen Eingriffsregelung** im Rahmen der planerischen Abwägung sind:
– abwägende Erstellung der Plankonzeption unter Berücksichtigung von Natur und Landschaft;
– Feststellung eines Eingriffs in Natur und Landschaft anhand der Plankonzeption (geplante Nutzungen);
– abwägende Prüfung der Vermeidbarkeit oder Minimierung des Eingriffs;
– abwägende Entscheidung über Ausgleich und Ersatz.

---

693 Vgl. Müller/Mahlburg, DVBl. 1998, 1110.
694 Vgl. Lüers, UPR 1996, 402; 1998, 433 (438).
695 So schon BVerwG DVBl. 1997, 1112 (1113) = BauR 1997, 794; zu den Belangen von Natur und Landschaft in der Abwägung vgl. Kuschnerus, BauR 1998, 1 ff.; zu Abwägungsfehlern im Zusammenhang mit den Belangen des Naturschutzes und der Landschaftspflege und einem aufgrund dessen unwirksamen Bebauungsplan vgl. OVG Münster NWVBl. 1998, 405.
696 Vgl. dazu z. B. Gierke in: Kohlhammer-Kommentar, BauGB, § 1a, Anm. 3.3.2.

515–520 Materielle Voraussetzungen der Bauleitpläne

515 Schon bei der **Erstellung der Plankonzeption** ist das **Integritätsinteresse von Natur und Landschaft zu berücksichtigen.**

516 Im Rahmen der **Abwägung** nach § 1 Abs. 6 BauGB muss die planende Gemeinde dann zunächst überschlägig **im Sinne einer Prognose prüfen,** ob aufgrund der beabsichtigten Darstellungen bzw. Festsetzungen des Flächennutzungsplans oder Bebauungsplans **Eingriffe in Natur und Landschaft zu erwarten** sind. Hierbei ist von der gesetzlichen Begriffsbestimmung in § 8 Abs. 1 BNatSchG auszugehen[697], nach der Eingriffe in Natur und Landschaft Veränderungen der Gestalt oder Nutzung von Grundflächen sind, die die Leistungsfähigkeit des Naturhaushalts oder das Landschaftsbild erheblich oder nachhaltig beeinträchtigen können. Die Leistungsfähigkeit des Naturhaushalts beinhaltet das ökologische Funktionieren der (biotischen und abiotischen) Faktoren des komplexen Wirkungsgefüges des Naturhaushalts: Boden, Wasser, Luft, Klima sowie Pflanzen- und Tierwelt. Störungen in dieser Funktionsfähigkeit bedeuten eine Beeinträchtigung dieses Wirkungsgefüges und damit der Leistungsfähigkeit des Naturhaushalts.[698]

517 Demgegenüber betrifft das Schutzgut Landschaftsbild nicht die Funktionsfähigkeit natürlicher Gegebenheiten, sondern wird durch die optisch wahrnehmbaren Zusammenhänge von einzelnen Landschaftselementen bestimmt.[699]

518 Unter Nachhaltigkeit wird grundsätzlich Dauerhaftigkeit verstanden. Eine Beeinträchtigung sieht man daher zumeist in der zur Realisierung eines Vorhabens notwendigen Beseitigung des Bodenbewuchses oder in einer eventuellen Veränderung des Landschaftsbildes.[700]

519 Derartige Eingriffe sind regelmäßig schon bei der Aufstellung des Flächennutzungsplans zu erwarten, bei Aufstellung, Änderung oder Ergänzung eines Bebauungsplanes dann, wenn dort erstmals bauliche oder sonstigen Nutzungen festgesetzt werden, deren Realisierung sich als Eingriffe darstellen. Bei der Aufhebung eines Bebauungsplanes kann diese Voraussetzung dadurch erfüllt werden, dass auf bisherigen Freiflächen nun Baurechte z. B. nach § 34 BauGB entstehen.

520 Dieser Schritt der **Prüfung, ob ein Eingriff vorliegt,** beinhaltet keine eigentliche abwägende Entscheidung, er gehört vielmehr zur Stufe der **Sammlung des Abwägungsmaterials,** zur „Stoffsammlung".[701]

---

697 Für städtebauliche Planungen gilt keine eigenständige Eingriffsregelung, vgl. Stich, UPR 1998, 121 (124).
698 Vgl. OVG Münster BRS 57 Nr. 276; UPR 1997, 340 (LS).
699 Vgl. OVG Münster UPR 1997, 340 (LS).
700 Vgl. näher zum Eingriffsbegriff des § 8 Abs. 1 BNatSchG z. B. Stich in: Berliner Kommentar, BauGB, § 8a BNatSchG Rn. 3 ff.
701 Vgl. Kuschnerus, BauR 1998, 1 (3, 4); zur „Stoffsammlung" vgl. oben Rn. 454 ff.

Wenn das Bundesverwaltungsgericht auch die hohen Anforderungen an die Ermittlung und Gewichtung der Belange des Naturschutzes und der Landschaftspflege betont[702], so ist es jedoch überzogenen Forderungen in dieser Hinsicht entgegengetreten und hat darauf hingewiesen, dass der Umfang der auf die natürlichen Gegebenheiten bezogenen Ermittlungspflicht von der Art der Maßnahme und den jeweiligen räumlichen Gegebenheiten abhängt, wobei umso eher auf typisierende Merkmale und allgemeine Erfahrungen abgestellt werden kann, je typischer die Gebietsstruktur des Eingriffsbereichs ist.[703]

Auf den nächsten beiden Stufen, nämlich der **Vermeidung und des Ausgleichs**, **521** ist eine **abwägende Entscheidung** zu treffen. Hier hat die Gemeinde eine Gewichtung der naturschutzrechtlichen Belange einerseits und der anderen konkurrierenden Belange andererseits vorzunehmen und über eine Vorziehung bzw. Zurückstellung der einzelnen Belange zu entscheiden.

Diese Entscheidung vollzieht sich stufenförmig. Die „Vermeidungsstufe" **522** umfasst die Prüfung der Rücksichtnahme auf natürliche Gegebenheiten, auf die ökologischen Faktoren des Naturhaushaltes und des Landschaftsbildes, etwa durch Lage und Zuschnitt der Baugebiete, Stellung und Höhe der Baukörper, Erhaltung schützenswerter Naturbestandteile und naturschonende Ausgestaltung nowendiger Bodenbefestigungen (Stellplätze). Ergibt eine Abwägung die Unvermeidbarkeit des zu erwartenden Eingriffs, d. h. sollen die Belange von Natur und Landschaft zugunsten anderer Interessen (z. B. Erschließung eines neuen Wohn- oder Gewerbegebietes) zurückgestellt werden, ist danach **ebenfalls abwägend über den Ausgleich zu befinden**, wobei auch die neu in das BauGB aufgenommenen Möglichkeiten des Ausgleichs an anderer Stelle als am Ort des Eingriffs oder auf sonstigen von der Gemeinde bereitgestellten Flächen (§ 1a Abs. 3 Satz 2 und 3 BauGB) sowie des Abschlusses städtebaulicher Verträge (§ 11 Abs. 1 Nr. 2 BauGB) zu beachten sind.[704]

Schon vor Inkrafttreten des BauGB 1998 war allerdings in der Rechtspre- **523** chung geklärt, dass ein notwendiger Ausgleich auch durch Maßnahmen außerhalb des räumlichen Geltungsbereichs des Bebauungsplanes möglich ist.[705] In diesem Fall musste die Durchführung der entsprechenden Maßnahmen jedoch sichergestellt sein. Ein zulässiges Mittel zur Sicherung und Durchführung naturschutzrechtlicher Maßnahmen war insbesondere ein öffentlich-rechtlicher Vertrag zwischen planender Gemeinde und der staatlichen Naturschutzbehörde.[706]

---

702 Vgl. BVerwG BauR 1997, 794 (798 und 799).
703 Vgl. BVerwG BauR 1997, 459.
704 Vgl. OVG Münster BauR 1998, 1195 zu notwendigen Erwägungen über Ausgleichs- oder Ersatzmaßnahmen außerhalb des Plangebietes.
705 Vgl. BVerwG NuR 1997, 446 = BauR 1997, 799.
706 Vgl. BVerwG aaO.

524–528 Materielle Voraussetzungen der Bauleitpläne

Eine (einseitige) Absichtserklärung der Gemeinde, den Ausgleich außerhalb des Bebauungsplanes durchzuführen, gegebenenfalls in einem weiteren Bebauungsplan festzulegen, genügte dagegen nicht.[707]

524 Dies wird man entsprechend auch für die nunmehr gesetzliche Regelung fordern müssen. Ein solcher Ausgleichsvertrag ist damit ein entscheidender Faktor der Abwägung und kann aufgrund dessen erhebliche Auswirkungen auf die Rechtmäßigkeit eines Bauleitplanes haben.[708]

525 Die gesetzlich vorgesehene Alternative eines Ausgleichs „an anderer Stelle als am Ort des Eingriffs" (§ 1a Abs. 3 Satz 2 BauGB) unter der Voraussetzung der Vereinbarkeit mit einer geordneten städtebaulichen Entwicklung, den Zielen der Raumordnung und den Zielen des Naturschutzes und der Landschaftspflege[709] eröffnet auch die Möglichkeit eines Ausgleichs in einer anderen Gemeinde (**interkommunaler Ausgleich**).[710]

526 Ist die bebauungsplanmäßige Absicherung des Ausgleichs notwendig, hat dies hat jedoch zur Konsequenz, dass die entsprechenden Pläne in den beiden Gemeinden (Eingriffsbebauungsplan in der einen Gemeinde, Ausgleichsbebauungsplan in der anden Gemeinde) in einem Abwägungs- und Begründungszusammenhang stehen. Hieraus wiederum dürften sich in der Praxis nicht unerhebliche Schwierigkeiten ergeben. Zu Recht wird auf die Probleme der synchronen Gemeindeplanungen („interkommunale konzertierte Planungsaktion") und der im Hinblick auf die gemeindliche Planungshoheit einerseits und die interkommunale planerische Bindung andererseits fraglichen einseitigen Planaufhebung hingewiesen.[711]

527 Der interkommunale naturschutzrechtliche Ausgleich wird daher eher auf der Ebene des vorbereitenden Bauleitplanes bei einem nach § 204 BauGB möglichen gemeinsamen Flächennutzungsplan benachbarter Gemeinden in Gestalt eines gemeinsamen Ausgleichskonzeptes als Bestandteil des Flächennutzungsplanes in Frage kommen.

528 Zu beachten ist die Bestimmung in § 1a Abs. 3 Satz 4 BauGB, nach der ein **Ausgleich nicht erforderlich** ist, soweit die nach der jetzigen Planung möglichen **Eingriffe bereits** vor dieser planerischen Entscheidung **erfolgt sind oder zulässig waren**. Diese früher streitige Frage ist damit vom Gesetzgeber entschieden. Bedeutung soll die Regelung z. B. für nicht mehr genutzte Industriebrachen und Konversionsstandorte haben, wenn anstelle der alten nicht

---

707 Vgl. OVG Koblenz NuR 1998, 383; vgl. auch BVerwG NuR 1998, 364 (eine einseitige Verpflichtung der Gemeinde wird für bedenklich gehalten, im Hinblick auf maßgebliches Landesrecht wird die Frage jedoch letztlich nicht entschieden).
708 Hierzu sowie allgemein zum städtebaulichen Vertrag vgl. unten Rn. 678 ff.
709 Vgl. Bunzel/Reitzig, DÖV 1998, 995 (996).
710 Vgl. Bunzel/Reitzig, aaO.
711 Vgl. Bunzel/Reitzig, DÖV 1998, 995 (999).

mehr genutzten Bebauung eine neue Bebauung ohne zusätzliche Beeinträchtigung von Natur und Landschaft treten soll.⁷¹²

In diesen Fällen wie auch bei Planerweiterungen oder Überplanung von Innenbereichen (§ 34 BauGB) ist die naturschutzrechtliche Eingriffsregelung nur hinsichtlich der Nutzungserweiterungen anzuwenden.
Nicht eindeutig geklärt ist die Frage, ob dieser „Ausgleichsbonus" des § 1a Abs. 3 Satz 4 BauGB auch bei illegal erfolgten Eingriffen (z. B. illegal errichteten Bauvorhaben) Anwendung findet.⁷¹³ **529**

Führt die abwägende Entscheidung zur Notwendigkeit eines Ausgleichs der zu erwartenden Eingriffe in Natur und Landschaft, hat dieser beim Flächennutzungsplan durch geeignete Darstellungen nach § 5 BauGB als Flächen zum Ausgleich und beim Bebauungsplan durch Festsetzungen nach § 9 BauGB als Flächen oder Maßnahmen zum Ausgleich zu erfolgen, § 1a Abs. 3 Satz 1 BauGB.⁷¹⁴ **530**

Dabei ist im bundesrechtlichen **Bauleitplanverfahren nicht zwischen Ausgleichs- und Ersatzmaßnahmen** zu differenzieren, da nach der Bestimmung des § 200 a Satz 1 BauGB die vorgenannten Darstellungen und Festsetzungen auch Ersatzmaßnahmen nach den Vorschriften der Landesnaturschutzgesetze umfassen; die Vorschrift hebt in Satz 2 zugleich nochmals (vgl. auch § 1a Abs. 3 Satz 2 BauGB) hervor, dass ein unmittelbarer räumlicher Zusammenhang zwischen Eingriff und Ausgleich nicht erforderlich ist, soweit dies mit einer geordneten städtebaulichen Entwicklung und den Zielen der Raumordnung sowie des Naturschutzes und der Landschaftspflege vereinbar ist.⁷¹⁵ **531**

Ferner sind – allerdings nur bei Bebauungsplänen – in der Abwägung die ermittelten und beschriebenen Auswirkungen eines Vorhabens auf die Umwelt entsprechend dem Planungsstand (**Umweltverträglichkeitsprüfung = sog. UVP**) zu berücksichtigen, soweit in dem Planverfahren die **bauplanungsrechtliche Zulässigkeit von bestimmten Vorhaben** im Sinne der Anlage zu § 3 UVPG begründet werden soll. Von praktischer Bedeutung im Rahmen der Bauleitplanung ist die UVP damit nur bei **projektbezogenen Bebauungsplänen**. **532**

Durch die Neuregelung in § 1a Abs. 2 Nr. 3 BauGB tritt keine materielle Rechtsänderung gegenüber den §§ 2 und 17 UVPG ein, die Integration der **533**

---

712 Vgl. Krautzberger in: Battis/Krautzberger/Löhr, BauGB, § 1a Rn. 48.
713 Vgl. hierzu Schrödter, BauGB, § 1a Rn. 85.
714 Vgl. hierzu näher Schmidt, NVwZ 1998, 337 (338–341), Mitschang, Wirtschaft und Verwaltung, 1/1998, 20 (36–39); zur Bodenversickerung als Ausgleich vgl. BVerwG NuR 1998, 561.
715 Vgl. hierzu Berliner Schwerpunkte-Kommentar zum BauGB 1998, § 200a Rn. 2–4.

534–536   Materielle Voraussetzungen der Bauleitpläne

UVP in das Planungsrecht stellt lediglich klar, dass dieser besondere Verfahrensschritt **Bestandteil der umfassenden bauleitplanerischen Abwägung ist**.[716]

534   Die Umweltverträglichkeitsprüfung umfasst nach § 2 Abs. 1 UVPG die Ermittlung, Beschreibung und Bewertung der Auswirkungen eines Vorhabens auf Menschen, Tiere, Pflanzen, Boden, Wasser, Luft, Klima und Landschaft einschließlich der jeweiligen Wechselwirkungen sowie auf Kultur und sonstige Sachgüter. Sie stellt damit praktisch nichts anderes dar als die – ohnehin und schon immer erforderliche – **Ermittlung und Gewichtung des umweltrelevanten Abwägungsmaterials; materielle Vorgaben der abschließenden Bewertung in der Abwägung enthält die UVP nicht**. Dies hat das Bundesverwaltungsgericht wiederholt klargestellt.[717]

535   Nach der Anlage zu § 3 UVPG ist eine Umweltverträglichkeitsprüfung beispielsweise notwendig bei kerntechnischen Anlagen, Kraftwerken und Heizkraftwerken, bei Öl- und Gasgewinnungsanlagen, bei Abfallbehandlungs- und Abfallentsorgungsanlagen, bei Asbestgewinnungsanlagen, Anlagen zum Rösten und Sintern von Erzen und zur Stahlerzeugung, bei bestimmten Gießereien, bei Erdölraffinerien, Anlagen der Chemie, Geflügelaufzucht- und Schweinemastanlagen ab einer bestimmten Größe sowie bei Errichtung von Feriendörfern, Hotelkomplexen und sonstigen großen Einrichtungen für die Ferien- und Fremdenbeherbergung, für die Bebauungspläne aufgestellt werden.
Aufgrund der **Änderung der Anlage zu § 3 UVPG** ist eine UVP nunmehr auch durchzuführen bei der **Errichtung von Einkaufszentren, großflächigen Einzelhandelsbetrieben und sonstigen großflächigen Handelsbetrieben** i.S. des § 11 Abs. 3 Satz 1 BauNVO, ab einer Geschossfläche von 5000 m^2, für die Bebauungspläne aufgestellt werden, sowie in bestimmten, durch den jeweiligen Landesgesetzgeber im Rahmen seiner Kompetenz zur Umsetzung der UVP-Richtlinie vorgeschriebenen Fällen.[718]

536   Trotz ihrer wesentlichen Bedeutung für die Abwägung indiziert das Fehlen einer notwendigen förmlichen UVP allein noch keinen Abwägungsmangel. Es kommt vielmehr insoweit darauf an, ob Anhaltspunkte dafür vorhanden sind, dass als Folge der Unterlassung der UVP abwägungserhebliche Umweltbelange außer Acht gelassen oder fehlgewichtet worden sind. Ist davon auszugehen, dass auch bei Beachtung der UVP-Bestimmungen (rechtmäßig) keine andere Entscheidung getroffen worden wäre, liegt kein Abwägungsfehler vor. Diese für den Bereich des Fachplanungsrechts vom Bundesver-

---

716 Vgl. Battis/Krautzberger/Löhr, NVwZ 1997, 1145 (1148).
717 Vgl. BVerwG BauR 1996, 511; NVwZ 1996, 381; NVwZ 1997, 494.
718 Zur UVP im Bauleitplanverfahren vgl. Gierke in: Kohlhammer-Kommentar, BauGB, § 1a, Anm. 5. ff.; Krautzberger in: Battis/Krautzberger/Löhr, BauGB, § 1a Rn. 31–37; Battis, NuR 1995, 448; Erbguth, NVwZ 1993, 956; Wagner, DVBl. 1993, 583.

waltungsgericht entwickelten Grundsätze[719] wird man auf die gemeindliche Bauleitplanung übertragen können.[720]

§ 1a Abs. 2 Nr. 4 BauGB schließlich trifft eine Regelung der Folgen, die sich für die Bauleitplanung aus der Umsetzung der **Europäischen Vogelschutzrichtlinie** (Richtlinie 79/409 über die Erhaltung der wild lebenden Vogelarten) und der **Europäischen Fauna-Flora-Habitat-Richtlinie** (Richtlinie 92/43 zur Erhaltung der natürlichen Lebensräume sowie der wild lebenden Tiere und Pflanzen) ergeben. Bei der bauleitplanerischen Abwägung sind die Erhaltungsziele und der Schutzzweck der Gebiete dieses europäischen Schutzgebietsystems – möglichst unterstützend – zu berücksichtigen.

Soweit durch Darstellungen oder Festsetzungen in Bauleitplänen die Erhaltungsziele oder der Schutzzweck der besonderen Schutzgebiete von gemeinschaftlicher Bedeutung erheblich beeinträchtigt werden können, ist integriert in die Abwägung eine gesonderte Verträglichkeitsprüfung und in bestimmten Fällen eine Konsultation der Europäischen Kommission vorzunehmen. Eine Planung, die die Erhaltungsziele oder die Schutzzwecke beeinträchtigt, ist nur zulässig, wenn eine Alternativlösung nicht möglich ist und zwingende Gründe des überwiegenden öffentlichen Interesses vorliegen, wobei dann zwingend Ausgleichsmaßnahmen zu ergreifen sind und die Europäische Kommission zu unterrichten ist. Überwiegt dagegen das öffentliche Interesse an der Beeinträchtigung des Schutzgebietes nicht, ist die Planung unzulässig, eine Überwindung der Ergebnisse der Verträglichkeitsprüfung im Rahmen der planerischen Abwägung ist nicht möglich.

Abgesehen von einem dadurch unter Umständen bedingten Scheitern einer Planung sollten die Gemeinden berücksichtigen, dass die nunmehr zwingende Beachtung der genannten Richtlinien zu einer nicht unerheblichen **Verzögerung von Bauleitplanverfahren** führen kann. Werden nämlich durch eine Planung prioritäre, d. h. vom Verschwinden bedrohte natürliche Lebensraumtypen oder Arten beeinträchtigt, muss vor der Planungsentscheidung in der Regel eine Stellungnahme der Europäischen Kommission eingeholt werden.[721]

---

719 Vgl. BVerwG BRS 58 Nr. 7.
720 Vgl. Schrödter in: Schrödter, BauGB, § 2 Rn. 144.
721 Vgl. zur Neuregelung des § 1a Abs. 2 Nr. 4 BauGB: Krautzberger in: Battis/Krautzberger/Löhr, BauGB, § 1a Rn. 38–42; Battis/Krautzberger/Löhr, NVwZ 1997, 1145 (1148); Lüers, DVBl. 1998, 433 (437, 438); vgl. auch BVerwG BauR 1998, 897 (Ostsee-Autobahn A 20) (LS).

5. Planungsschaden als besonderer abwägungsrelevanter Aspekt

540 Zu den für eine Planung bedeutsamen und daher von der planenden Gemeinde letztlich im Rahmen der Abwägung zu berücksichtigenden Gesichtspunkten gehören auch die **durch eine Planung ausgelösten Entschädigungsansprüche**, die sog. Planungsschäden. Wird etwa bei der Aufstellung eines Bebauungsplanes rechtlich fehlerhaft von dem Bestehen eines Entschädigungsanspruchs ausgegangen, kann dies zu einer falschen Gewichtung eines Belanges und damit zu einem Abwägungsfehler führen.[722]

541 Die Planungsschäden betreffen die in den Bestimmungen der §§ 39 bis 44 BauGB geregelte Frage, ob und wenn ja unter welchen Voraussetzungen durch Aufstellung, Änderung, Ergänzung oder Aufhebung von Bauleitplänen bewirkte Veränderungen bestehender Nutzungs- und insbesondere Baurechte zu Entschädigungsansprüchen der betroffenen Grundeigentümer führen. Da der Flächennutzungsplan derartige Rechtspositionen weder einräumt noch verändert, stehen hier nur Bebauungspläne in Rede, wobei den Überplanungen der bereits beplanten Bereiche (§ 30 Abs. 1 und 2 BauGB) und des unbeplanten Innenbereichs (§ 34 BauGB) die größte praktische Bedeutung zukommt.

542 Darauf hinzuweisen ist, dass es hier nicht um durch die Aufstellung einer rechtswidrigen Planung und aufgrund dessen durch Amtspflichtverletzungen begründete Schadensersatzansprüche geht[723], sondern um eine **rechtmäßige Bauleitplanung, deren Folgen der Entzug oder die Reduzierung von Nutzungsmöglichkeiten** sind. So kann etwa bei einem Innenbereichsgrundstück die bislang nach § 34 BauGB bestehende Bebauungsmöglichkeit durch einen rechtmäßigen Bebauungsplan, der auf dem Grundstück eine Straße oder eine Grünanlage festsetzt, entzogen werden. Des Weiteren kann die Änderung eines bestehenden Bebauungsplanes dazu führen, dass statt der ursprünglich zulässigen zehngeschossigen Gebäude nur noch zweigeschossige Gebäude und dazu noch mit einer erheblich reduzierten Grundfläche errichtet werden können (Umwandlung eines Hochhausbereiches in ein Einfamilienhausgebiet). Einen Anspruch auf Fortbestand einer Planung gibt es nämlich nicht.[724]
Das Vertrauen des Einzelnen in den Fortbestand einer Planung wird nur nach Maßgabe der §§ 39 ff. BauGB über das Planungsschadensrecht geschützt.[725]

---

722 Vgl. hierzu schon OVG Münster DÖV 1981, 347 (Hinnahme eines Eingriffs in einen eingerichteten und ausgeübten Gewerbebetrieb durch den Plangeber wegen irrtümlicher Annahme des Bestehens eines Entschädigungsanspruchs).
723 Vgl. hierzu unten Rn. 778 ff.
724 Vgl. z. B. OVG Berlin BauR 1998, 978 (kein Anspruch auf Fortbestand einer planerischen Festsetzung, von der 30 Jahre kein Gebrauch gemacht worden ist).
725 Vgl. BVerwG BRS 58 Nr. 3.

543 Die gesetzliche Planungsschadensregelung ist in ihren Einzelheiten sehr kompliziert und kann hier nur in einigen Grundzügen unter dem Aspekt der Aufstellung von Bauleitplänen wiedergegeben werden.

544 „Grundtatbestand" bzw. „Grundnorm"[726] ist die Bestimmung des § 42 BauGB, die allerdings gegenüber den Spezialvorschriften der §§ 40, 41 BauGB nur subsidiäre Geltung hat. Sie gewährt bei Änderung oder Aufhebung der zulässigen Nutzung eines Grundstücks und einer dadurch eintretenden nicht nur unwesentlichen Grundstückswertminderung dem Eigentümer grundsätzlich einen Anspruch auf eine angemessene Geldentschädigung.
Kernvoraussetzungen des Entschädigungsanspruchs sind:
- zulässige Grundstücksnutzung,
- Änderung oder Aufhebung dieser Nutzung,
- nicht nur unwesentliche Grundstückswertminderung.

545 **Zulässige Nutzung** bedeutet dabei, dass die frühere Nutzung ohne rechtliche Einschränkungen möglich war, dass ihr z. B. keine mangelnde Erschließung oder nicht ausräumbare wasserrechtliche Hindernisse entgegenstanden, dass m.a.W. ein Rechtsanspruch auf ihre Zulassung bestand.[727]
Dies ist der Fall bei Vorliegen der Voraussetzungen des § 30 Abs. 1 und 2 BauGB (qualifizierter und vorhabenbezogener Bebauungsplan) und des § 34 BauGB (im Zusammenhang bebauter Innenbereich).

546 Nach § 33 BauGB (sog. Vorweggenehmigung) ist eine Nutzung in diesem Sinne nur zulässig, wenn eine entsprechende Genehmigung (Baugenehmigung oder Vorbescheid) vorliegt.[728]
Das Gleiche gilt für § 35 BauGB (Außenbereich). Ein Entschädigungsanspruch richtet sich in diesen beiden Fällen nach § 42 Abs. 6 BauGB.

547 Letztlich kommt es aber nicht allein auf bauplanungsrechtliche Faktoren an. Stehen bauordnungsrechtliche oder andere öffentlich-rechtliche Hindernisse einer bauplanungsrechtlich zulässigen Nutzung entgegen, fehlt es bei Änderung oder Aufhebung des Planungsrechts an der Ursächlichkeit für die wesentliche Wertminderung[729] (siehe dazu weiter unten).

548 **Aufgehoben oder geändert** wird die zulässige Nutzung im Regelfall durch einen Bebauungsplan, der nach Art oder Maß eine andere als die bisherige Nutzung festsetzt. Es kann sich auch um einen Plan handeln, dessen etwa vorhandene Mängel nach Ablauf der Rügefrist unbeachtlich sind.[730]

---

726 Vgl. Krohn in: Berliner Kommentar, BauGB, § 42 Rn. 5; Battis in: Battis/Krautzberger/Löhr, BauGB, § 42 Rn. 1.
727 Vgl. Battis in: Battis/Krautzberger/Löhr, BauGB, § 42 Rn. 4.
728 Vgl. Krohn in: Berliner Kommentar, BauGB, § 42 Rn. 11.
729 Vgl. Krohn in: Berliner Kommentar, BauGB, § 42 Rn. 13; Battis in: Battis/Krautzberger/Löhr, BauGB, § 42 Rn. 4.
730 Vgl. zu einem nach früherem Recht „geheilten" Plan: BGHZ 118, 11.

549–553 Materielle Voraussetzungen der Bauleitpläne

549 Der Plan darf aber nicht nichtig sein, da ein nichtiger Plan keine Rechtswirkungen hat.
Nach Auffassung des Bundesgerichtshofs[731] begründet auch die „schleichende", durch Erteilung von Baugenehmigungen bewirkte Umstrukturierung eines im Zusammenhang bebauten Ortsteils (§ 34 BauGB) mit ursprünglich gewerblicher Nutzung in ein faktisches allgemeines Wohngebiet im Einzelfall eine Aufhebung oder Änderung der zulässigen (gewerblichen) Nutzung; in der Literatur ist dies streitig.[732]

550 Das Vorliegen einer durch die Nutzungsänderung oder -aufhebung bedingten **nicht nur unwesentlichen Wertminderung** des Grundstücks richtet sich nach objektiven Kriterien, die subjektiven Verhältnisse und Vorstellungen des Eigentümers sind unerheblich. Die Wertminderung, die nur eine solche des Bodenwertes, nicht des Gebäudewertes ist, ist dann nicht nur unwesentlich, wenn sie eine fühlbare Beeinträchtigung des im Grundstück verkörperten Vermögenswertes darstellt.[733]
Dabei werden 10 % wohl stets als wesentlich zu werten sein.[734]

551 Der Entschädigungsanspruch nach dem Grundtatbestand des § 42 BauGB ist außerdem von der **besonderen Voraussetzung** einer **Sieben-Jahres-Frist** abhängig. Der Gesetzgeber geht dabei davon aus, dass nach Ablauf von 7 Jahren eine Zäsur im Vertrauensschutz eintritt und das Vertrauen auf eine Grundstücksnutzung nach diesem Zeitpunkt weniger schutzwürdig ist.

552 Erfolgt die Einschränkung oder Aufhebung einer zulässigen Nutzung **innerhalb einer Frist von 7 Jahren** ab deren Zulässigkeit, besteht nach § 42 Abs. 2 BauGB ein Entschädigungsanspruch in Höhe der Differenz zwischen dem Wert des Grundstücks aufgrund der zulässigen Nutzung und seinem Wert, der sich infolge der Aufhebung oder Änderung ergibt. **Nach Fristablauf** kann der Eigentümer gemäß § 42 Abs. 3 BauGB grundsätzlich nur eine Entschädigung für Eingriffe in die ausgeübte Nutzung verlangen.

553 In Einzelfällen besteht aufgrund der **Sonderregelungen** in den Absätzen 5 bis 7 wiederum auch bei Nichtverwirklichung der zulässigen Nutzung binnen der Sieben-Jahres-Frist ein Anspruch auf Entschädigung in folgenden Fällen:
– Verhinderung eines Vorhabens durch Veränderungssperre oder Zurückstellung (§ 42 Abs. 5 BauGB),
– Verhinderung eines genehmigten Vorhabens infolge der Aufhebung oder Änderung der zulässigen Nutzung (§ 42 Abs. 6 BauGB)[735],

---

731 Vgl. BGHZ 64, 366; 81, 374.
732 Zum Meinungsstand vgl. Battis in: Battis/Krautzberger/Löhr, BauGB, § 42 Rn. 5.
733 Vgl. Krohn in: Berliner Kommentar, BauGB, § 42 Rn. 15.
734 Vgl. Battis in: Battis/Krautzberger/Löhr, BauGB, § 42 Rn. 6.
735 Hierzu gehören Vorhaben, für die entweder eine Baugenehmigung oder ein planungsrechtlicher Vorbescheid (sog. Bebauungsgenehmigung) erteilt worden ist.

- Verhinderung eines Vorhabens durch rechtswidrig versagte oder rechtswidrig verzögerte Genehmigung.

Diese speziellen Entschädigungsansprüche sind nach § 42 Abs. 8 BauGB jedoch ausgeschlossen, wenn der Eigentümer nicht bereit oder nicht in der Lage war, das beabsichtigte Vorhaben zu verwirklichen, wobei er seine Bereitschaft und Möglichkeit durch Darlegung von Tatsachen aufzuzeigen hat. **554**

In der gemeindlichen **Planungspraxis** sollte daher genau auf den Ablauf der Sieben-Jahres-Frist geachtet werden. Ergibt sich die (bisher) zulässige Nutzung aus einem Bebauungsplan, beginnt die Frist mit dem Inkrafttreten des Planes, handelt es sich um einen unbeplanten Innenbereich (§ 34 BauGB), kann zumeist von einem Ablauf der Frist ausgegangen werden.[736] **555**

Wird die Frist beachtet, kommt es immer wieder vor, dass im Fall einer Planung nach Ablauf der Sieben-Jahres-Frist im Rahmen der Abwägung vielfach ohne nähere Prüfung bei vorhandener Grundstücksnutzung von Bestandsschutz ausgegangen wird.[737] **556**
Zwar genießt eine ausgeübte Nutzung regelmäßig Bestandsschutz mit der Folge, dass sich eine Überplanung nicht spürbar auf die Erträge der Grundstücksnutzung und damit den Verkehrswert auswirkt, möglich ist aber auch bei einer bestandsgeschützten Nutzung eine Beeinträchtigung oder gar „Einschnürung". Typisches Beispiel ist der Gewerbebetrieb, der sich im Fall einer (neuen) Planung plötzlich inmitten geplanter Wohnbebauung wieder findet und bei deren Realisierung trotz baurechtlichen Bestandsschutzes wegen zulässiger immissionsschutzrechtlicher Auflagen – wenn überhaupt – nur noch eingeschränkt weiterbestehen kann.[738]
Derartige Konsequenzen sind bei einer Planung abwägungsrelevant und führen bei Nichtbeachtung zu Abwägungsfehlern.

Schließlich besteht nach § 42 Abs. 9 BauGB bei Aufhebung der zulässigen Nutzung auch ein **Übernahmeanspruch** des Eigentümers, wenn es ihm wirtschaftlich nicht zuzumuten ist, das Grundstück zu behalten oder es in der bisherigen oder einer anderen zulässigen Art zu nutzen. Dieser Anspruch ist gleichsam eine Enteignung, die der Betroffene gegen sich selbst beantragen kann. Die Gemeinde wird auf diese Weise zum Erwerb eines Grundstücks gezwungen, das aufgrund der gemeindlichen Planung für den Eigentümer wirtschaftlich wertlos ist. **557**

Neben dem Grundtatbestand des § 42 BauGB ist die spezielle Bestimmung des § 40 BauGB für die Planung von großer Bedeutung. Die Vorschrift regelt **558**

---

736 Vgl. Kuschnerus, Der sachgerechte Bebauungsplan, Rn. 159.
737 Zum Bestandsschutz als abwägungsrelevantem Belang vgl. oben Rn. 437 ff.
738 Vgl. Krohn in: Berliner Kommentar, BauGB, § 42 Rn. 24.

die Entschädigung für im Allgemeininteresse ergehende sog. **fremdnützige Planfestsetzungen**, die eine private Nutzung der betroffenen Grundstücke ausschließen, z. B. Verkehrsflächen, Grünflächen, Versorgungsflächen, Wasserflächen, Gemeinbedarfsflächen (Rathaus), Flächen für Sport- und Spielanlagen sowie für die Abfall- und Abwasserbeseitigung. Diese Nutzungen sind zumeist Grundlage für die weitere Planverwirklichung, so dass schon bei der Planung die Notwendigkeit der Übertragung der Flächen auf andere Personen (Bauträger, Gemeinde) und eine eventuelle Enteignung zu berücksichtigen sind.

559 Die Zulässigkeit einer **Enteignung** richtet sich nach den §§ 85 ff. BauGB. Sie kann nur zu einem dort genannten Zweck sowie unter der Voraussetzung erfolgen, dass das Wohl der Allgemeinheit sie erfordert und der Enteignungszweck nicht auf andere zumutbare Weise erreicht werden kann. Außerdem muss sich der das Enteignungsverfahren Beantragende ernsthaft um den freihändigen Erwerb des betreffenden Grundstück zu angemessenen Bedingungen bemüht haben.

560 Ist der Zeitpunkt der Planrealisierung noch nicht abzusehen, kann gleichwohl dem Eigentümer im Regelfall nicht zugemutet werden, ein für ihn wirtschaftlich wertloses Grundstück noch auf längere Zeit zu behalten. Daher steht ihm auch in solchen Fällen unter den oben genannten Voraussetzungen ein **Übernahmeanspruch** zu.

561 Die Verpflichtung zur Entschädigung bzw. zur Übernahme trifft nach § 44 Abs. 1 Satz 1 BauGB den Begünstigten, wenn er mit der Festsetzung zu seinen Gunsten einverstanden ist. Ist ein Begünstigter nicht bestimmt oder liegt sein Einverständnis nicht vor, ist gemäß § 44 Abs. 1 Satz 2 BauGB die Gemeinde zur Entschädigung verpflichtet. Diese Verpflichtung obliegt der Gemeinde gegenüber dem Eigentümer hilfsweise auch dann, wenn der Begünstigte seine Entschädigungspflicht nicht erfüllt, wobei der Begünstigte der Gemeinde dann Ersatz zu leisten hat, § 44 Abs. 1 Satz 3 BauGB.[739]

562 Die weitere Spezialvorschrift des § 41 BauGB regelt die Entschädigung bei Begründung von **Geh-, Fahr- und Leitungsrechten** und bei **Bindungen für Bepflanzungen**. Bei letzteren ist zu beachten, dass sie dann nicht entschädigungspflichtig sind, wenn sie sich lediglich als Festschreibung einer bereits vorgegebenen Grundstückssituation darstellen, wenn sie m.a.W. nur einer besonderen, aus den vorhandenen natürlichen Gegebenheiten folgenden Situationsgebundenheit des Grundeigentums Rechnung tragen, was namentlich für Erhaltungsgebote von Bäumen und Pflanzen gelten kann. Solche

---

[739] Zur Entschädigung bei Enteignung und Übernahme im Fall von Überplanungen mit fremdnützigen Festsetzungen vgl. Kuschnerus, Der sachgerechte Bebauungsplan, Rn. 165.

Maßnahmen halten sich im Rahmen der entschädigungslos hinzunehmenden Sozialpflichtigkeit des Eigentums.[740]

Pflanzgebote nach § 9 Abs. 1 Nr. 25 a) BauGB können naturschutzrechtliche Ausgleichsmaßnahmen darstellen und damit ebenfalls keine Entschädigungspflicht auslösen, wobei aber bei der Überplanung von bereits beplanten Gebieten oder des Innenbereichs eine diffenzierte Betrachtung geboten ist.[741] **563**

Besonders zu beachten ist schließlich die **Vertrauensschadenregelung** des § 39 BauGB. Die Bestimmung gewährt Eigentümern oder sonstigen Nutzungsberechtigten, die im berechtigten Vertrauen auf den Bestand eines rechtsverbindlichen Bebauungsplanes Vorbereitungen für die Verwirklichung von Nutzungsmöglichkeiten getroffen haben, einen Anspruch auf angemessene Geldentschädigung, soweit die Aufwendungen durch eine Änderung, Ergänzung oder Aufhebung des Bebauungsplanes an Wert verlieren. Entschädigungsverpflichteter ist regelmäßig die Gemeinde. **564**

Grundlage des Anspruchs ist das Vertrauen auf einen **rechtsverbindlichen Bebauungsplan**. Der Schutz der Vorschrift erfasst daher bestehende bauliche Anlagen oder Nutzungen ebenso wenig wie das Vertrauen auf einen Flächennutzungsplan; eine analoge Anwendung auf Innen- und Außenbereiche (§§ 34, 35 BauGB) ist gleichfalls ausgeschlossen.[742] Der Bebauungsplan muss rechtsverbindlich, d. h. er darf nicht nichtig[743] und auch nicht funktionslos sein.[744] **565**

Zu entschädigen sind **Aufwendungen** zur Vorbereitung der Verwirklichung plankonformer Nutzungsmöglichkeiten, die infolge der Planänderung an Wert verloren haben oder gar gänzlich wertlos geworden sind. In Betracht kommen Kosten für Vermessung und Grundstücksteilungen, für Wirtschaftlichkeitsberechnungen, Finanzierungskosten einschließlich Bereitstellungszinsen, Kosten für die Erstellung von Bauantragsunterlagen (Bauvorlagen), wie Architekten- und Ingenieurhonorare, Gutachterkosten (Baugrund, Lärmschutz), Genehmigungsgebühren sowie auf Bundes- oder Landesrecht beruhende Erschließungsabgaben.[745]
Keine Aufwendungen in diesem Sinne sind die Grundstückserwerbskosten, insbesondere der Kaufpreis, sowie die Kosten für die Einräumung von Nutzungsrechten.[746] **566**

---

740 Vgl. hierzu BGH NJW 1993, 2605; BVerwG NJW 1993, 2949.
741 Vgl. hierzu Kuschnerus, Der sachgerechte Bebauungsplan, Rn. 167.
742 Vgl. Vogel in: Kohlhammer-Kommentar, BauGB, § 39 Rn. 4 und 7; allerdings streitig, zum Meinungsstand vgl. Battis in: Battis/Krautzberger/Löhr, BauGB, § 39 Rn. 7.
743 Vgl. BGHZ 84, 292 = NJW 1983, 215 = DÖV 1983, 168 = BauR 1982, 457.
744 Vgl. Vogel in: Kohlhammer-Kommentar, BauGB, § 39 Rn. 6.
745 Vgl. Vogel in: Kohlhammer-Kommentar, BauGB, § 39 Rn. 16; Battis in: Battis/Krautzberger/Löhr, BauGB, § 39 Rn. 3.
746 Vgl. Battis, aaO.

567–570 Materielle Voraussetzungen der Bauleitpläne

567 Voraussetzung ist in jedem Fall, dass die Vorbereitungshandlungen in berechtigtem Vertrauen auf den Bestand des Bebauungsplanes getätigt wurden und vernünftigerweise von einer bevorstehenden Realisierung des Vorhabens ausgegangen werden konnte. Daran fehlt es, wenn entweder eine bevorstehende Umplanung erkennbar war, wie z. B. bei Bekanntmachung eines Aufstellungsbeschlusses, einer Veränderungssperre bzw. bei einer Zurückstellung, oder wenn etwa auf absehbare Zeit noch nicht mit einer Erschließung gerechnet werden konnte.[747]

568 **Entstehen, Fälligkeit und Erlöschen der Entschädigungsansprüche** in sämtlichen vorgenannten Fällen regelt § 44 BauGB. Nach § 44 Abs. 3 Satz 1 BauGB kann die Entschädigung verlangt werden, wenn – abgesehen von den oben dargelegten Tatbestandsvoraussetzungen – die in den jeweiligen Bestimmungen bezeichneten Vermögensnachteile eingetreten sind. Der Entschädigungsberechtigte kann gemäß § 44 Abs. 3 Satz 2 BauGB die **Fälligkeit** des Entschädigungsanspruchs dadurch herbeiführen, dass er die Leistung der Entschädigung **schriftlich** bei dem Entschädigungsverpflichteten, d. h. vielfach bei der Gemeinde, **beantragt**.
Ein **Entschädigungsanspruch erlischt**, wenn nicht innerhalb von drei Jahren nach Ablauf des Kalenderjahres, in dem die Vermögensnachteile eingetreten sind, die Fälligkeit des Anspruchs herbeigeführt wird, § 44 Abs. 4 BauGB.

569 In der **Bekanntmachung eines Bebauungsplanes ist auf die vorgenannten Vorschriften hinzuweisen**. Wie auch bei den in anderen Fällen vorgesehenen Bekanntmachungshinweisen[748] ist ein bloßer Verweis auf die Gesetzesbestimmungen nicht ausreichend; erforderlich ist die Darlegung von Voraussetzungen und Rechtsfolgen.[749]
Ein wörtlicher Abdruck von § 44 Abs. 3 Satz 1 und 2 sowie Abs. 4 BauGB ist nicht erforderlich, bedeutet jedoch für die Gemeinde Sicherheit; denn unterbleibt der Hinweis – und das Gleiche gilt wohl auch für einen falschen oder unvollständigen Hinweis – berührt dies zwar nicht die Wirksamkeit des Planes, die Erlöschensfrist beginnt jedoch nicht zu laufen, der Anspruch bleibt daher bestehen.[750]

570 In der Literatur wird teilweise die Auffassung vertreten, nicht einmal der wörtliche Abdruck der Gesetzesbestimmungen sei ausreichend, notwendig sei eine „verständliche Wiedergabe des wesentlichen Inhalts der Planungsschadenstatbestände sowie der Fälligkeits- und Erlöschensregelungen" bzw. eine „verständliche Ausformulierung" des „Regelungsgehaltes" der in § 44 Abs. 5

---

747 Vgl. Battis in: Battis/Krautzberger/Löhr, BauGB, § 39 Rn. 9; Vogel in: Kohlhammer-Kommentar, BauGB, § 39 Rn. 8–14.
748 Vgl. hierzu oben Rn. 286 ff.
749 Zu einem Formulierungsvorschlag vgl. Battis in: Battis/Krautzberger/Löhr, BauGB, § 44 Rn. 9.
750 Vgl. Battis, aaO; Breuer in: Schrödter, BauGB, § 44 Rn. 22.

BauGB angeführten Vorschriften mit Erwähnung der Planungstatbestände der §§ 39–42 BauGB.[751]

Dem kann nicht gefolgt werden. Einerseits kann es nicht Sinn der Hinweispflicht sein, den Betroffenen das gesamte Planungsschadensrecht als Annex einer Bauleitplanbekanntmachung darzulegen, andererseits muss davon ausgegangen werden, dass schon der Gesetzgeber die für den Bürger geltenden Normen „verständlich" formuliert, da sich anderenfalls – etwas überspitzt – die Frage der Normenklarheit und damit der Verfassungsmäßigkeit stellen würde. **571**

VI. Verhältnismäßigkeit und Bestimmtheit des Planinhaltes

Die Bauleitpläne der Gemeinde regeln die Nutzungsmöglichkeiten von Grund und Boden, sie wirken sich damit entscheidend auf das Grundeigentum aus. Speziell der Bebauungsplan setzt verbindlich die Nutzung von Grund und Boden fest und ist aufgrund dessen eine inhalts- und schrankenbestimmende Regelung des Eigentums i.S. des Art. 14 GG. Dies bedingt die Notwendigkeit der Verhältnismäßigkeit und Bestimmtheit des Inhalts der Bauleitpläne. Darüber hinaus ergibt sich das notwendige Maß an Verhältnismäßigkeit und Bestimmtheit des Planinhalts letztlich auch aus dem Abwägungsgebot.[752] **572**

1. Verhältnismäßigkeit

Die **Verhältnismäßigkeit** des Planinhalts betrifft die einzelne Darstellung bzw. Festsetzung. Sie ist nicht gleichzusetzen mit der Erforderlichkeit der Planung als solcher, die sich allein nach der planerischen Konzeption der Gemeinde richtet.[753] **573**

Verhältnismäßigkeit in diesem Sinne – auch als Übermaßverbot bezeichnet – verlangt vielmehr, von mehreren geeigneten das erfoderliche Mittel zu wählen, d. h. dasjenige, das den Betroffenen am geringsten belastet.[754]

So kann die Planung eines Wohngebietes mit den dazugehörenden Erschließungsanlagen nach der Konzeption der Gemeinde sehr wohl erforderlich sein, dennoch kann es unverhältnismäßig sein, für einen Teil der Erschließungsanlagen ein Privatgrundstück in Anspruch zu nehmen, wenn es ohne weiteres möglich ist, die Erschließung über ein unmittelbar benachbartes **574**

---

751 Zum Meinungsstand vgl. Breuer in: Schrödter, BauGB, § 44 Rn. 21.
752 Zur Bestimmtheit vgl. BVerwG BRS 56 Nr. 33 und VGH Mannheim BauR 1983, 550.
753 Siehe dazu oben Rn. 353 ff.
754 Vgl. Löhr in: Battis/Krautzberger/Löhr, BauGB, § 9 Rn. 92.

575, 576 Materielle Voraussetzungen der Bauleitpläne

gemeindeeigenes Grundstück vorzunehmen. Ähnliches gilt beispielsweise für die Darstellung und Festsetzung von Gemeinbedarfsflächen und Sport- und Spielanlagen (§§ 5 Abs. 2 Nr. 2, 9 Abs. 1 Nr. 5 BauGB), für öffentliche Grünflächen (§§ 5 Abs. 2 Nr. 5, 9 Abs. 1 Nr. 15 BauGB) wie für Verkehrsflächen (§§ 5 Abs. 2 Nr. 3, 9 Abs. 1 Nr. 11 BauGB); bei letzteren kann sich insbesondere die Frage der Dimensionierung stellen.
Nach einer Entscheidung des OVG Lüneburg fehlt es an der Erforderlichkeit – und somit an der Verhältnismäßigkeit – der Festsetzung einer Schulerweiterungsfläche, wenn die kommunalpolitische Entscheidung für die Erweiterung der Schule noch nicht gefallen ist und die Erweiterung auch nicht aus anderen Gründen (sich abzeichnender verlässlicher aktueller Bedarf für bestimmte Klassenzahl) unausweichlich ist.[755]
Desgleichen bestehen Bedenken gegen die Erforderlichkeit (Verhältnismäßigkeit) der Festsetzung eines Geh- und Radweges, der eine Lücke im Wegenetz schließen soll, wenn die Weiterführung noch nicht befriedigend gelöst ist.[756]

575 In sich außer Verhältnis stehende oder generell unverhältnismäßige Festsetzungen finden sich heute auch oftmals im Zusammenhang mit naturschutzrechtlichen Festsetzungen. Hier neigen manche Gemeinden – vielfach veranlasst durch Forderungen der zuständigen Fachbehörden und Fachbereiche – zu unverhältnismäßigen Übertreibungen. So wird etwa als Maßnahme zum Schutz, zur Pflege und zur Entwicklung von Boden, Natur und Landschaft (§ 9 Abs. 1 Nr. 20 BauGB) auf einer 100 qm großen Fläche die Bewirtschaftung mit Großvieh vorgeschrieben oder auf einer privaten Grünfläche werden übertriebene Pflanzmaßnahmen festgesetzt.

576 Die Verhältnismäßigkeit setzt schließlich auch voraus, dass das gewählte Mittel, d. h. hier die betreffende Planausweisung, überhaupt **zur Verwirklichung der planerischen Zielsetzung geeignet** ist. Eine planungsrechtliche Beschränkung der Nutzungsbefugnisse, mit der sich die Verwirklichung der planerischen Ziele nicht erreichen lässt, ist nicht gerechtfertigt. An einer solchen Geeignetheit kann es fehlen, wenn eine Gemeinde offensichtlich allein zur Verfolgung gestalterischer Ziele in einem Gewerbegebiet „einfache Produktions- und Lagerhallen" ausschließt. Abgesehen von der Frage der Bestimmtheit[757] können auch „einfache" Baulichkeiten ansprechend gestaltet sein; die Gemeinde muss in einem solchen Fall zu konkreten gestalterischen Festsetzungen greifen.[758]

---

755 Vgl. OVG Lüneburg NVwZ-RR 1998, 548.
756 Vgl. OVG Lüneburg aaO.
757 Siehe hierzu unten Rn. 577 ff.
758 Zu den auf landesrechtlichen Ermächtigungen beruhenden gestalterischen Festsetzungen in Bebauungsplänen siehe unten Rn. 636 ff.

2. Bestimmtheit

Die zeichnerischen und textlichen Darstellungen des Flächennutzungsplanes sowie die zeichnerischen und textlichen Festsetzungen und der Geltungsbereich eines Bebauungsplanes müssen aus sich heraus **bestimmt, eindeutig** und **verständlich** sein.[759]

Die **Planzeichnung** muss eindeutig lesbar sein, was speziell für die Abgrenzung des Plangebietes wie auch für die Abgrenzung unterschiedlicher Nutzungsmöglichkeiten innerhalb des Planbereichs (z. B. Wohngebiet – Mischgebiet, unterschiedliche GRZ, GFZ, Z) gilt. Sie sollte auf der Grundlage der Planzeichen gefertigt sein, die in der Anlage zur **Planzeichenverordnung** im Einzelnen aufgeführt sind.

Nach Ansicht des Bundesverwaltungsgerichts steht es der Gemeinde allerdings frei, welcher Mittel sie sich bedient, um dem Bestimmtheitsgebot zu genügen. Die Tatsache, dass sie von der Darstellungsart der PlanzV abweicht, stellt allein die Bestimmtheit nicht in Frage, wenn der Inhalt der Festsetzung gleichwohl hinreichend deutlich erkennbar ist. Entscheidend ist, dass der mit der PlanzV verfolgte Zweck mit dem von der Gemeinde im konkreten Fall gewählten Mittel erreicht ist.[760]

Eine strikte Bindung an die Zeichen der Planzeichenverordnung besteht somit zwar nicht, zur Vermeidung von Missverständnissen und Unklarheiten empfiehlt sich jedoch ihre Anwendung.

Ferner ist die Verwendung **farbiger Planzeichen** anzuraten, da Schwarz-Weiß-Pläne bei sehr detaillierten Festsetzungen oder bei – eventuell sogar mehrfachen – Änderungen ein besonders hohes Risiko der Fehlinterpretation und damit der Unbestimmtheit in sich bergen; umfangreichen Änderungen in der Planurkunde sollte gegebenenfalls die Erstellung einer völlig neuen Planurkunde vorgezogen werden.[761]

Wegen ihres funktionsbedingt eher globalen Inhaltes und der prinzipiell lediglich behördeninternen Wirkung gilt das **textliche Bestimmtheitsgebot** weniger für die Darstellungen des Flächennutzungsplanes als vielmehr für die Festsetzungen des Bebauungsplanes.[762]

Dennoch fordert die Funktion des **Flächennutzungsplanes**, die Gundzüge der beabsichtigten städtebaulichen Entwicklung darzustellen, eine **gewisse Bestimmtheit** der Darstellungen, und zwar soweit, dass die Aussagen in einem Bebauungsplan konkretisiert werden können.[763]

---

[759] Vgl. Bielenberg in: Ernst/Zinkahn/Bielenberg, BauGB, § 9 Rn. 5.
[760] Vgl. BVerwG NVwZ 1994, 684 = BRS 56 Nr. 33.
[761] Vgl. Kuschnerus, Der sachgerechte Bebauungsplan, Rn. 547, 548.
[762] Vgl. Gaentzsch in: Berliner Kommentar, BauGB, § 5 Rn. 21 und § 9 Rn. 13.
[763] Vgl. Gaentzsch in: Berliner Kommentar, BauGB, § 5 Rn. 21.

Die Darstellung einer „Sonderbaufläche" verlangt daher eine nähere Angabe des Nutzungszwecks (etwa „großflächiger Einzelhandel"); ohne eine solche Konkretisierung ist sie zu unbestimmt, weil aus einer Sonderbaufläche Baugebiete jeglicher Nutzungsart als Sondergebiete entwickelt werden können, sofern sie sich nur von den in den §§ 2 bis 9 BauNVO genannten Baugebieten wesentlich unterscheiden.[764]

Unbestimmt ist auch die Darstellung von in ihrer Nutzung nicht konkretisierten Gemeinbedarfsflächen sowie alternative Darstellungen („Wohn-, Misch- oder Gewerbegebiet").[765]

581 Bei **Bebauungsplänen** sind die **Maßstäbe strenger**. So hat der VGH Mannheim einen Bebauungsplan mangels Bestimmtheit der sachlichen Festsetzungen für ungültig erklärt, der für ein Gelände lediglich die Festsetzung „öffentliche Grünfläche mit Spiel-, Sport- und Freizeitanlagen" enthielt, ohne zu regeln, was für Sportanlagen an welcher Stelle des Plangebiets errichtet werden können.[766] Unbestimmt ist nach Ansicht des OVG Münster auch die Festsetzung eines Sondergebietes „Einrichtungswarenhaus"; sie kann mangels Bestimmtheit den Ausschluss von zentrenschädigenden Wirkungen der zulässigen Nutzung nicht sicherstellen, da die Begriffe „Einrichtung" und „Einrichtungsgegenstand" im Handelswesen nicht hinreichend konkretisiert sind.[767]

582 Die neuere Rechtsprechung scheint indes die bisher vielfach überspannten Anforderungen an das Bestimmtheitgebot zu lockern.[768]

So genügt es nach Auffassung das Bundesverwaltungsgericht dem Bestimmtheitsgebot der Festsetzungen eines Bebauungsplanes, wenn in der Nachbarschaft eines allgemeinen Wohngebietes unter Verwendung des für eine Sportanlage und einen Spielplatz gebräuchlichen Planzeichens eine Grünfläche (§ 9 Abs. 1 Nr. 15 BauGB) ohne weitere Vorkehrungen festgesetzt wird.[769]

Zum gleichen Ergebnis kam das Gericht bereits zuvor für eine ausgewiesene Gemeinbedarfsfläche mit dem Zusatz „Dorfplatz" und dem weiteren Zusatz „Stellplatzfläche".[770]

Auch die Festsetzung „Grünfläche (Parkanlage)" kann dem Bestimmtheitserfordernis entsprechen und den Willen des Plangebers erkennen lassen, dass eine öffentliche und nicht eine private Grünfläche vorgesehen ist.[771]

---

764 Vgl. BVerwG BauR 1994, 486 mit Hinweis auf BVerwGE 67, 23.
765 Vgl. Gaentzsch in: Berliner Kommentar, BauGB, § 5 Rn. 21.
766 VGH Mannheim BauR 1983, 550.
767 Vgl. OVG Münster BauR 1998, 1198.
768 Vgl. hierzu auch Kuschnerus, Der sachgerechte Bebauungsplan, Rn. 70.
769 Vgl. BVerwG NuR 1998, 608 = BauR 1998, 897 (LS).
770 Vgl. BVerwG BauR 1996, 63 (66).
771 Vgl. OVG Lüneburg BRS 49 Nr. 10.

583 Diese „Lockerungstendenz" entspricht der – bereits seit längerem anerkannten – Möglichkeit, bei textlichen Festsetzungen in Bebauungsplänen auch **unbestimmte Rechtsbegriffe** zu verwenden[772], was allerdings voraussetzt, dass sich der nähere Inhalt der unbestimmten Rechtsbegriffe „unter Berücksichtigung der örtlichen Verhältnisse und des erkennbaren Willens des Normgebers erschließen lässt".[773]

584 Verwendbar sind etwa Begriffe, die auch Bundes- oder Landesgesetzgeber gebrauchen und die daher im Rechtsleben bereits eingeführt und in ihrer Bedeutung weitgehend geklärt sind[774], oder Begriffe, die als feste Begriffe der einschlägigen Fachwissenschaft mit dem dort üblichen Sinngehalt verstanden werden.[775]
Auf jeden Fall sollte aber bei der Verwendung unbestimmter Rechtsbegriffe immer auf eine **eindeutige und objektive Verständlichkeit** geachtet werden. Eine allzu große „Planerkreativität" oder Fantasie kann leicht zur Unbestimmtheit führen und den Plan fehlerhaft machen.[776]

585 Hängt in einem Gerichtsverfahren, etwa einem Normenkontrollverfahren[777], der Bestand einer Planfestsetzung von ihrer Bestimmtheit ab, kann sie unter Umständen durch **Auslegung** „gerettet" werden. Das Bundesverwaltungsgericht hat in seiner Rechtsprechung anerkannt, dass „einer Norm nicht deshalb die rechtsstaatlich gebotene Bestimmtheit fehlt, weil sie der Auslegung bedarf. Es ist vielmehr ausreichend, wenn der Norminhalt durch die anerkannten Auslegungsmethoden zweifelsfrei ermittelt werden kann".[778]

586 Unter Hinweis auf die Rechtsprechung des Bundesverfassungsgerichts, nach der Gesetze wegen des Respektes vor der gesetzgebenden Gewalt zunächst verfassungskonform auszulegen sind, bevor sie wegen eines Verfassungsverstoßes als unwirksam angesehen werden können, ist nach Auffassung des Bundesverwaltungsgerichts auch bei Bebauungsplänen davon auszugehen, dass der Normgeber im Zweifel eine mit höherrangigem Recht vereinbare Norm erlassen wollte. Daher sind die Pläne nach den klassischen Auslegungsgrundsätzen Wortlaut der Norm (grammatische Auslegung), Normzusammenhang (systematische Auslegung), Normzweck (teleologische Auslegung) sowie Gesetzesmaterialien und Entstehungsgeschichte (historische

---

772 Vgl. BVerwG JURIS Dok.-Nr. 271283.
773 BVerwG BRS 57 Nr. 26 = BauR 1995, 662 = UPR 1995, 232.
774 Vgl. OVG Münster, Urt. v. 13. 3. 1997 – 11 a D 142/94.NE –, nicht veröffentlicht (bei Gliederung eines Gewerbegebietes verwendeter Begriff „das Wohnen nicht wesentlich stören").
775 Vgl. OVG Münster, Urt. v. 10. 7. 1991 – 7 a NE 63/90 –, nicht veröffentlicht (Begriff „Randsortiment" bei Einzelhandel).
776 Vgl. auch Kuschnerus, Der sachgerechte Bebauungsplan, Rn. 71.
777 Vgl. hierzu unten Rn. 742 ff.
778 BVerwG BRS 57 Nr. 57 = BauR 1996, 358 = UPR 1996, 159 = NVwZ-RR 1996, 429.

Auslegung), die wiederum gleichzeitig und nebeneinander angewandt werden können und sich gegenseitig ergänzen, auszulegen – gegebenenfalls sogar bis zu einer berichtigenden Auslegung, wie etwa eine Festsetzung in einem Bebauungsplan, die aufgrund besonderer Umstände lediglich dem formalen Wortlaut nach missverständlich formuliert und daher als Versehen zu werten ist.[779]

Auf diesen in jedem Fall mit einem hohen Risiko behafteten „Rettungsanker" der Auslegung sollten sich die planenden Gemeinden jedoch nicht verlassen und den Inhalt ihrer Bauleitpläne möglichst verständlich, klar und eindeutig im Rahmen des gesetzlich Zulässigen[780] festlegen.

587 Das Gebot der Bestimmtheit gilt ebenfalls für den **räumlichen Geltungsbereich** des Bebauungsplanes. Maßstab ist die Vorschrift des § 9 Abs. 7 BauGB, nach der der Bebauungsplan die Grenzen seines räumlichen Geltungsbereichs festsetzt und aus der das Erfordernis der vollständigen Umgrenzung des Geltungsbereichs abzuleiten ist. Ist ein Bebauungsplan danach wegen unklarer zeichnerischer Festsetzungen in unbedeutenden Streifen im Grenzbereich nichtig, hat dies im Zweifel jedoch nicht die Gesamtnichtigkeit des Bebauungsplanes zur Folge, da es so gut wie ausgeschlossen erscheint, dass die übrigen Festsetzungen ihren Sinn verlieren könnten.[781]

VII. Zulässiger Planinhalt

588 Auch die Beachtung sämtlicher vorgenannter formeller und materieller Voraussetzungen gibt der Gemeinde für den endgültigen Inhalt eines Bauleitplanes keinen Freibrief in dem Sinne, dass ihr ein „Darstellungs- bzw. Festsetzungsfindungsrecht" zusteht, d. h. hinsichtlich des endgültigen Planinhaltes ist die Gemeinde ebenfalls an die gesetzlichen Vorgaben gebunden.

589 Keine Bestimmungen trifft das BauGB allerdings darüber, **mit welchen technischen Mitteln der Planinhalt festgelegt** werden kann. In Anlehnung an die früher in § 9 Abs. 1 BBauG genannten Mittel kann davon ausgegangen werden, dass dies durch Zeichnung, Farbe, Schrift und Text geschehen kann. Soweit die Gemeinde das Festsetzungsmittel der Zeichnung benutzt, ist sie an die Planzeichenverordnung gebunden.[782]

590 Demgegenüber ist der Planinhalt selbst an gesetzliche Vorgaben geknüpft. In erster Linie betrifft dies den **Bebauungsplan**. Hier gilt der **sog. „numerus clausus" der Planfestsetzungen**: Die Gemeinde kann nur die Festsetzungen in

---

779 BVerwG aaO.
780 Vgl. hierzu unten Rn. 588 ff.
781 BVerwG BRS 57 Nr. 57 = BauR 1996, 358 = UPR 1996, 159 = NVwZ-RR 1996, 429.
782 Vgl. Löhr in: Battis/Krautzberger/Löhr, BauGB, § 9 Rn. 2, 3.

einem Bebauungsplan treffen, die ihr der Gesetzgeber ausdrücklich zugesteht, für die m.a.W. eine ausdrückliche gesetzliche Ermächtigungsgrundlage vorliegt.[783]
Dies kommt schon im Wortlaut des § 9 Abs. 1 BauGB zum Ausdruck („Im Bebauungsplan können festgesetzt werden ..."), wobei der Katalog des § 9 BauGB allerdings noch durch die Regelungen der BauNVO und – über § 9 Abs. 4 BauGB – teilweise des Landesrechts (insbesondere die Bauordnungen der Länder) ergänzt wird.

591 Selbstverständlich ist, dass in einem Bauleitplan nicht sämtliche gesetzlichen Inhaltsmöglichkeiten ausgeschöpft werden müssen; die Gemeinde kann und soll sich auf die Darstellungen bzw. Festsetzungen beschränken, die unter Zugrundelegung der planerischen Vorstellungen für die Beplanung des Bereichs erforderlich sind.[784]

592 Es sollte jedoch beachtet werden, dass speziell beim Bebauungsplan von einem bestimmten Mindestumfang der Festsetzungen die Qualität des Planes als qualifizierter Plan (§ 30 Abs. 1 BauGB) oder als einfacher Plan (§ 30 Abs. 3 BauGB) abhängt, wodurch wiederum der Zulässigkeitsmaßstab für die konkrete Grundstücksnutzung, insbesondere für Bauvorhaben, festgelegt wird.[785]

1. Inhalt des Flächennutzungsplanes

593 Der **Flächennutzungsplan kann beinhalten**
- Darstellungen,
- Kennzeichnungen,
- Nachrichtliche Übernahmen.

594 Im Gegensatz zu § 9 BauGB enthält § 5 BauGB für den Flächennutzungsplan **keine abschließende Auflistung möglicher Darstellungen**. Dies ist schon in der Zielsetzung des vorbereitenden Bauleitplanes begründet, der nach § 5 Abs. 1 BauGB lediglich eine Darstellung der **Art der Bodennutzung in den Grundzügen** enthält, der m.a.W. für das Gemeindegebiet ein räumliches Nutzungskonzept entwirft, das noch „Entwicklungsraum"[786] für die nachfolgenden verbindlichen Bauleitpläne offen lässt.[787]

---

783 St. Rspr., vgl. z. B. BVerwG NVwZ 1995, 696 = DÖV 1995, 422 = DVBl. 1995, 520.
784 Vgl. Löhr in: Battis/Krautzberger/Löhr, BauGB, § 9 Rn. 4; s. hierzu auch schon BVerwG NJW 1967, 1566.
785 Vgl. hierzu oben Rn. 93 ff.
786 Vgl. das Entwicklungsgebot des § 8 Abs. 2 Satz 1 BauGB, hierzu im einzelnen oben Rn. 407 ff.
787 Vgl. Gaentzsch in: Berliner Kommentar, BauGB, § 5 Rn. 10.

595 Dies bedeutet jedoch für die Gemeinde keine Freiheit von jeglicher inhaltsmäßigen Bindung. Denn was letztlich nicht Inhalt eines grundsätzlich aus dem Flächennutzungsplan zu entwickelnden Bebauungsplans werden kann, kann auch nicht Inhalt des Flächennutzungsplanes sein. Die Gemeinde kann über die Möglichkeiten des § 5 Abs. 2 BauGB hinaus daher Anleihen beim möglichen Bebauungsplaninhalt, d. h. bei § 9 BauGB, machen.[788]

596 Bedeutende Inhalte des Flächennutzungsplanes sind nach § 5 Abs. 2 BauGB insbesondere Bauflächen und Baugebiete (Nr. 1), Versorgungs- und Gemeinbedarfseinrichtungen, d. h. Infrastruktureinrichtungen (Nr. 2), Verkehrsflächen (Nr. 3), Ver- und Entsorgungsflächen (Nr. 4), Grün- und Wasserflächen (Nr. 5 und 7), immissionsschutzbezogene Flächen (Nr. 6), Flächen für Landwirtschaft und Wald (Nr. 9) und Flächen für naturschutzbezogene Maßnahmen (Nr. 10).[789]

597 Auch Darstellungen über das Maß der baulichen Nutzung sind möglich. Wird das allgemeine Maß der baulichen Nutzung im Flächennutzungsplan dargestellt, genügt nach § 16 Abs. 1 BauNVO die Angabe der Geschossflächenzahl, der Baumassenzahl oder der Höhe der baulichen Anlagen.[790]

598 Neu in das BauGB 1998 aufgenommen wurde die Bestimmung des § 5 Abs. 2 a BauGB. Danach können Flächen für naturschutzrechtliche Ausgleichsmaßnahmen, sog. Ausgleichsflächen, die nach § 1 a Abs. 3 BauGB im Flächennutzungsplan dargestellt werden können, bereits im Flächennutzungsplan den Flächen zugeordnet werden, auf denen zu einem späteren Zeitpunkt, z. B. bei Realisierung eines entsprechenden Bebauungsplanes, Eingriffe in Natur und Landschaft zu erwarten sind. Der Gesetzgeber verdeutlicht mit dieser Regelung, dass im Rahmen der gemeindlichen Bauleitplanung Eingriffe in Natur und Landschaft einerseits und ein aufgrund dessen etwa erforderlicher Ausgleich andererseits weder in einem zeitlichen noch in einem räumlichen Zusammenhang stehen müssen.[791]

599 Die Gemeinde ist natürlich nicht gezwungen, von dieser Regelung Gebrauch zu machen. Der Flächennutzungsplan bietet hier jedoch eine bedeutende Möglichkeit zur Entlastung nachfolgender Bebauungsplanverfahren: Bereits auf der Flächennutzungsplanebene kann eine Art **„Ausgleichsflächenpool"** angelegt werden, auf den bei der späteren Aufstellung verbindlicher Bauleitpläne zurückgegriffen werden kann, so dass u.U. im Bebauungsplanbereich keine Ausgleichsflächen mehr festgesetzt werden müssen. Werden diese Ausgleichsflächen den zukünftigen Eingriffsflächen zugeordnet und werden die entsprechenden Ausgleichsmaßnahmen – etwa von der Gemeinde – rea-

---

788 Vgl. Gaentzsch in: Berliner Kommentar, BauGB, § 9 Rn. 2.
789 Vgl. hierzu näher unten Rn. 598 ff.
790 Vgl. hierzu näher unten Rn. 622 ff.
791 Vgl. Löhr in: Battis/Krautzberger/Löhr, BauGB, § 5 Rn. 35b.

lisiert, wird auf diese Weise ein „Ökokonto" geschaffen, von dem dann bei späteren Eingriffen die erforderlichen Ausgleichsmaßnahmen gleichsam „abgebucht" und im Wege der Kostenerstattung für Ausgleichsmaßnahmen auf der Grundlage der §§ 135 a ff. BauGB refinanziert werden können.[792]

600 Schon vor Inkrafttreten des BauGB 1998 bestand nach § 5 Abs. 2 Nr. 10 BauGB die Möglichkeit der Darstellung von Flächen für Maßnahmen zum Schutz, zur Pflege und zur Entwicklung von Boden, Natur und Landschaft.[793] Derartige Flächen können nach einer Entscheidung des Oberverwaltungsgerichts Münster[794] als eigenständige bodenrechtliche Regelung im Flächennutzungsplan aber nur dann dargestellt werden, wenn diese Darstellung städtebaulich veranlasst ist, wofür der Hinweis auf eine „beabsichtigte Biotopvernetzung durch Grünspangen als Entwicklungsziel" nicht ausreicht.

601 Über die (prinzipiell grobmaschige) Darstellung der Bodennutzungsart hinaus können auch noch **Kennzeichnungen und nachrichtliche Übernahmen** Inhalt des Flächennutzungsplanes werden. Die entsprechenden Bestimmungen des § 5 Abs. 3 und 4 BauGB sind als Soll-Vorschriften ausgestaltet und begründen daher im Regelfall eine Verpflichtung.[795]

602 Gekennzeichnet werden sollen Flächen, bei deren Bebauung besondere Schutz- oder Sicherungsvorkehrungen z. B. aus Gründen der Standsicherheit oder des Hochwasserschutzes notwendig sind, Untertagebauflächen (Kohle, Mineralien) sowie für bauliche Nutzungen vorgesehene Flächen, deren Böden erheblich mit umweltgefährdenden Stoffen belastet sind (Altlasten).

603 Die nachrichtliche Übernahme bezieht sich auf nach anderen gesetzlichen Vorschriften festgesetzte Planungen und Nutzungsregelungen (z. B. Fachplanungen[796], Nutzungsregelungen aus dem Wasserrecht sowie Natur- und Landschaftsschutzrecht, etwa Wasserschutz- oder Landschaftsschutzgebiete) und auf landesrechtlich denkmalgeschützte Mehrheiten von baulichen Anlagen, d. h. sog. Ensembles und Denkmalbereiche.[797]

2. Inhalt des Bebauungsplanes

604 Aus dem „numerus clausus" der Bebauungsplanfestsetzungen folgt zunächst, dass bei der Entscheidung über den Planinhalt nicht negativ in dem Sinne zu fragen ist, ob einer bestimmten Festsetzung rechtliche Hindernisse

---

792 Vgl. Gierke in: Kohlhammer-Kommentar, BauGB, § 1a, Anm. 4.4.4.1 und 4.9.3.2.
793 Vgl. auch zu der entsprechenden Festsetzungsmöglichkeit im Bebauungsplan die Bestimmung des § 9 Abs. 1 Nr. 20 BauGB.
794 Vgl. OVG Münster BauR 1998, 303.
795 Vgl. Löhr in: Battis/Krautzberger/Löhr, BauGB, § 5 Rn. 44.
796 Siehe hierzu oben Rn. 27.
797 Vgl. Löhr in: Battis/Krautzberger/Löhr, BauGB, § 5 Rn. 44.

entgegenstehen mit der Konsequenz, dass alles zulässig ist, was nicht ausdrücklich verboten ist, sondern der Plangeber muss sich vielmehr umgekehrt positiv die Frage stellen, ob für den beabsichtigten Planinhalt eine gesetzliche Ermächtigung vorliegt, ob der Gesetzgeber die betreffende Festsetzung ausdrücklich für zulässig erklärt.[798]

605 Wenn es der Gemeinde auch angesichts der Vielzahl der aus dem politischen und wirtschaftlich-privaten Raum regelmäßig an sie herangetragenen Planungswünsche nicht leicht fällt, dieses Prinzip zu beachten, sollte sie doch bedenken, dass sie allein die Verantwortung für eine rechtmäßige Planung trägt und sie allein insbesondere auch eventuelle negative finanzielle Konsequenzen fehlerhafter Bauleitpläne zu tragen hat.[799]

606 Des Weiteren hat die normative Bindung der Gemeinde hinsichtlich des Planinhaltes zur Folge, dass ein Bebauungsplan mit allein negativen Festsetzungen, d. h. mit dem alleinigen Inhalt, bestimmte Nutzungen seien nicht zulässig (sog. **Negativplanung**), nicht rechtmäßig aufgestellt werden kann.[800]

607 Die ehemals in § 2a BauGB-MaßnG enthaltene Ausnahme für Vergnügungsstätten ist mit dem Inkrafttreten des BauGB 1998 entfallen; sie wurde vom Gesetzgeber als unvereinbar mit dem Planmäßigkeitsprinzip und dem Gebot positiver Gestaltung des BauGB angesehen.[801]

608 Die gesetzliche Basisregelung des zulässigen Bebauungsplaninhalts ist die Bestimmung des § 9 BauGB, die wiederum zum Teil – indirekt oder direkt – auf andere Vorschriften, nämlich die BauNVO sowie auf weitere landesrechtliche Festsetzungsmöglichkeiten, verweist und durch die Vorschriften der §§ 12 Abs. 2 Satz 3 BauGB (vorhabenbezogener Bebauungsplan), 22 Abs. 1 BauGB (Fremdenverkehrsgebiete) und 172 Abs. 1 BauGB (Erhaltungsgebiete) ergänzt wird.

609 Nach § 9 BauGB sind **Inhalt des Bebauungsplanes**
 – Festsetzungen,
 – Kennzeichnungen,
 – Nachrichtliche Übernahmen.

---

798 Vgl. hierzu Kuschnerus, Der sachgerechte Bebauungsplan, Rn. 76, der zu Recht auf diesen Gesichtspunkt hinweist.
799 Vgl. hierzu unten Rn. 778 ff.
800 Vgl. Gaentzsch in: Berliner Kommentar, BauGB, § 9 Rn. 4.
801 Vgl. Battis/Krautzberger/Löhr, NVwZ 1997, 1145 (1156).

Inhalt des Bebauungsplanes **610–614**

Dieser Planinhalt gliedert sich wie folgt: **610**

Bebauungsplaninhalt

Inhalt mit Festsetzungscharakter	Inhalt ohne Festsetzungscharakter
(Norminhalt = eigentlicher Inhalt des Bebauungsplanes)	(Kein Norminhalt)
Festsetzungen nach § 9 Abs. 1–3 BauGB und BauNVO	Kennzeichnungen nach § 9 Abs. 5 BauGB
Festsetzungen nach § 9 Abs. 4 BauGB i.V.m. landesrechtlichen Ermächtigungen	Nachrichtliche Übernahmen nach § 9 Abs. 6 BauGB

Der „**numerus clausus**" betrifft die Festsetzungen als den eigentlichen normativen Bebauungsplaninhalt. Die Einzelheiten ergeben sich aus dem Katalog des § 9 Abs. 1 BauGB, der hier nur überblickartig wiedergegeben werden kann. **611**

Von großer praktischer Bedeutung sind einmal **Art und Maß der baulichen Nutzung**, **§ 9 Abs. 1 Nr. 1 BauGB**. Die Vorschrift wird **ergänzt durch die Baunutzungsverordnung** in ihrer jeweils gültigen Fassung. **612**

Die **Art der baulichen Nutzung** ist in den Bestimmungen der §§ 1 bis 15 BauNVO durch die nähere Beschreibung von **10 Baugebieten** geregelt (Kleinsiedlungsgebiete, verschiedene Wohngebiete, Dorfgebiete, Mischgebiete, Kerngebiete, Gewerbe- und Industriegebiete, Sondergebiete). **613**

Baugebiete nach der BauNVO **614**

Gebietsbezeichnung	Zulässige Nutzungen
Kleinsiedlungsgebiete (WS) § 2 BauNVO	vorwiegend Kleinsiedlungen, Wohngebäude, Nutzgärten, landwirtschaftliche Nebenerwerbstellen
Reine Wohngebiete (WR) § 3 BauNVO	Wohnen
Allgemeine Wohngebiete (WA) § 4 BauNVO	vorwiegend Wohnen
Besondere Wohngebiete (WB) § 4a BauNVO	überwiegend bebaute Gebiete mit besonderer Eigenart; Erhaltung und Fortentwicklung der Wohnnutzung
Dorfgebiete (MD) § 5 BauNVO	Wirtschaftsstellen land- und forstwirtschaftlicher Betriebe, Wohnen, nicht wesentlich störende Gewerbebetriebe, der Versorgung der Bewohner des Gebietes dienende Handwerksbetriebe
Mischgebiete (MI) § 6 BauNVO	Wohnen, das Wohnen nicht wesentlich störende Gewerbebetriebe

615, 616 Materielle Voraussetzungen der Bauleitpläne

Baugebiete nach der BauNVO (Fortsetzung)

Gebietsbezeichnung	Zulässige Nutzungen
Kerngebiete (MK) § 7 BauNVO	vorwiegend Handelsbetriebe sowie zentrale Einrichtungen der Wirtschaft, der Verwaltung und der Kultur
Gewerbegebiete (GE) § 8 BauNVO	vorwiegend nicht erheblich belästigende Gewerbebetriebe
Industriegebiete (GI) § 9 BauNVO	ausschließlich Gewerbebetriebe, und zwar vorwiegend die in anderen Baugebieten unzulässigen Betriebe
Sondergebiete für die Erholung § 10 BauNVO	Wochenend-, Ferienhaus-, Campingplatzgebiete
Sonstige Sondergebiete (SO) § 11 BauNVO	Gebiete, die sich von den anderen Baugebieten wesentlich unterscheiden, z. B. Kur- und Ladengebiete, Gebiete für Einkaufszentren und großflächige Handelsbetriebe sowie für Messen, Ausstellungen und Kongresse, Hochschul-, Klinik- und Hafengebiete, Gebiete für Anlagen zur Erforschung, Entwicklung oder Nutzung erneuerbarer Energien, wie Wind- und Sonnenenergie

615 Bei der Bestimmung der Gebietsart ist die **Gemeinde an diesen Gebietskatalog gebunden**, sie unterliegt dem **Typenzwang des § 1 BauNVO**. Mit der Festsetzung der Baugebietsart wird festgelegt, welche Nutzungen in dem jeweiligen Baugebiet zulässig sind; die Einzelheiten ergeben sich aus den in den einzelnen Normen enthaltenen Nutzungskatalogen, die automatisch mit der Baugebietsausweisung Inhalt des Bebauungsplanes werden. Die Gemeinde darf kein Gebiet festsetzen, das es nach der BauNVO nicht gibt. Daher ist ein Bebauungsplan nichtig, nach dessen Bauvorschriften nur die Erstellung von Gebäuden, die ausschließlich zum Wohnen bestimmt sind, sowie von landwirtschaftlichen Gebäuden und gewerblichen Betriebsstätten, die mit den Bedürfnissen eines Wohngebietes zu vereinbaren sind, zulässig ist; ein solcher „Anlagenmix" lässt weder die Annahme eines reinen noch eines allgemeinen Wohngebietes zu.[802]

616 Sämtliche Baugebiete können von der Gemeinde unter Beachtung der sonstigen materiellen Voraussetzungen (Anpassungsgebot, interkommunale Abstimmungspflicht, Entwicklungsgebot, Abwägungsgebot usw.)[803] prinzipiell **geplant** werden. Eine **Ausnahme** bildet das **besondere Wohngebiet** nach § 4a BauNVO. Da es sich nach § 4a Abs. 1 BauNVO um „überwiegend bebaute Gebiete" handelt, die aufgrund „ausgeübter Wohnnutzung und sonstiger in

---

802 Vgl. VGH Mannheim NVwZ 1999, 548 = NuR 1999, 43 zur BauNVO 1962.
803 Siehe hierzu im Einzelnen oben Rn. 351 ff.

Absatz 2 genannter Anlagen eine besondere Eigenart aufweisen", kann ein solches Gebiet nicht „geplant" werden, es muss vielmehr **bereits existieren**. Die vorhandene Struktur muss außerdem besondere tatsächliche Verhältnisse aufweisen, die die Festsetzung eines anderen Gebietstyps gerade nicht erlauben.[804]

Sondersituationen trägt die Baunutzungsverordnung ferner mit der Möglichkeit der Festsetzung von **Sondergebieten** Rechnung. Abgesehen von den in § 10 BauNVO aufgezählten der Erholung dienenden Sondergebieten können gemäß § 11 Abs. 1 BauNVO solche Gebiete als sonstige Sondergebiete festgesetzt werden, die sich **von den Baugebieten nach den §§ 2 bis 10 BauNVO wesentlich unterscheiden**. Die Gemeinde hat hier viele Möglichkeiten, der in § 11 Abs. 2 BauNVO enthaltene Katalog ist – wie sich schon aus der Normformulierung „insbesondere" ergibt – nicht abschließend. Nach der Rechtsprechung des Bundesverwaltungsgerichts kommt es für die Zulässigkeit eines Sondergebietes allein auf den wesentlichen **Unterschied seiner Zweckbestimmung zur Zweckbestimmung der in den Bestimmungen der §§ 2 bis 10 BauNVO geregelten Baugebiete** an[805], wobei es nach Auffassung des VGH Mannheim an der Voraussetzung einer wesentlichen Unterscheidung eines Sondergebietes von den übrigen Baugebieten nicht deshalb fehlt, weil die Nutzungen, für die das geplante Sondergebiet offen ist, auch in einem der Baugebiete nach den §§ 2 bis 10 BauNVO verwirklicht werden könnten.[806]

617

Die BauNVO geht von einer grundsätzlichen **Typisierung der Baugebiete** aus, erlaubt in § 1 Abs. 4 bis 10 BauNVO jedoch unter der Voraussetzung der **Beibehaltung der allgemeinen Zweckbestimmung des jeweiligen Baugebietes** aus städtebaulichen Gründen eine **situationsgebundene Differenzierung**, z. B. durch **Gliederung des Baugebietes**[807] nach dem Emissionsverhalten bestimmter Betriebe und Anlagen (etwa durch Festsetzung eines „flächenbezogenen Schalleistungspegels" oder eines „immissionswirksamen flächenbezogenen Schalleistungspegels")[808], durch **Ausschluss bestimmter**

618

---

804 Vgl. BVerwG Buchholz 406.12 § 4a BauNVO Nr. 2.
805 Vgl. BVerwG DÖV 1998, 76 = BRS 59 Nr. 36 = BauR 1998, 740 (zulässige Festsetzung eines Sondergebietes „landwirtschaftliches Aussiedlungsgebiet", da wesentlicher Unterschied etwa zum Dorfgebiet); zur Festsetzung eines Sondergebietes „Hochschulgebiet" vgl. BVerwG UPR 1999, 73.
806 Vgl. VGH Mannheim UPR 1999, 237 (LS).
807 Vgl. VGH Mannheim BauR 1998, 976 (keine Gliederung eines Mischgebietes in zwei selbständig zu bewertende Baugebiete, mit der Folge, dass in einem Teil gewerbliche Nutzung möglich ist und in dem anderen Teil die Wohnnutzung dominiert).
808 Zur Gliederung von Baugebieten durch Festsetzung eines „flächenbezogenen Schallleistungspegels" vgl. BVerwG BauR 1997, 602; zur Festsetzung von Emissionswerten nach dem „immissionswirksamen flächenbezogenen Schalleistungspegel" vgl. BVerwG BauR 1998, 744 = DÖV 1998, 598: Rechtsgrundlage ist jeweils § 1 Abs. 4 Satz 1 Nr. 2 BauNVO, da zu den besonderen Eigenschaften von Betrieben und Anlagen auch ihr Emissionsverhalten gehört.

619, 620   Materielle Voraussetzungen der Bauleitpläne

Nutzungen[809] – zum Teil auch auf bestimmte Geschosse, Ebenen oder sonstige Teile baulicher Anlagen begrenzbar – oder Arten von baulichen oder sonstigen Anlagen bis zur Zulassung an sich unzulässiger Erweiterungen, Änderungen, Nutzungsänderungen und Erneuerungen vorhandener baulicher und sonstiger Anlagen.[810]

619 Derartige Sonderregelungen sind – wie alle bauleitplanerischen Maßnahmen – nur aus städtebaulichen Gründen zulässig. In einigen Fällen geht der Gesetzgeber darüber hinaus und fordert als Rechtfertigung „**besondere**" **städtebauliche Gründe** (vgl. § 1 Abs. 7 und 9 BauNVO). Dies bedeutet nicht notwendig erschwerte Voraussetzungen im Sinne von größerem bzw. im Verhältnis zu den städtebaulichen Gründen zusätzlichem Gewicht, vielmehr ist erforderlich, aber auch ausreichend, dass es spezielle Gründe gerade für die gegenüber § 1 Abs. 5 BauNVO noch feinere Ausdifferenzierung der zulässigen Nutzungen geben muss. So können nach der Rechtsprechung des Bundesverwaltungsgerichts auf der Grundlage von § 1 Abs. 9 BauNVO in einem Gewerbegebiet **Einzelhandelsbetriebe bestimmter Branchen** (Haushaltwaren, Lebensmittel, Parfümerie- und Drogeriewaren, Schuh- und Lederwaren, Sportartikel mit Ausnahme von Großteilen wie Booten) ausgeschlossen werden, wenn die Differenzierung marktüblichen Gegebenheiten entspricht.[811]

620 Für das **Maß der baulichen Nutzung** stellt die BauNVO in den Vorschriften der §§ 16 bis 21a die Festsetzung der Zahl der Vollgeschosse, der Geschossflächenzahl (Zulässigkeit der Geschossfläche in qm je qm Grundstücksfläche) oder der zulässigen Geschossfläche, der Grundflächenzahl (Zulässigkeit der Grundfläche von Gebäuden, Stellplätzen und Unterbauungen in qm je qm Grundstücksfläche) oder der zulässigen Grundfläche, der Baumassenzahl (Zulässigkeit der Baumasse in m³ je qm Grundstückfläche) und der Angabe der Höhe der baulichen Anlagen zur Verfügung.

---

809 Vgl. BVerwG BauR 1999, 1136 zum Ausschluss von Einzelhandelsbetrieben, Schank- und Speisewirtschaften sowie nicht kerngebietstypischen Vergnügungsstätten in einem Gewerbegebiet zur Stärkung des produzierenden Gewerbes.

810 Unterschiedlich wird in der Rechtsprechung die Zulässigkeit von sog. „Zaunwerten" beurteilt; bejahend noch OVG Bremen DVBl. 1982, 964; verneinend OVG Münster UPR 1993, 152 sowie JURIS Dok-Nr. 437913 und 639714; vgl. auch OVG Saarlouis UPR 1995, 315 = BRS 57 Nr. 18.

811 BVerwG BauR 1998, 1197 = DÖV 1999, 169 (LS); vgl. im Übrigen BVerwG BRS 47 Nr. 58 zu § 1 Abs. 9 BauNVO 1977; BVerwG DÖV 1992, 68 = NVwZ 1992, 373 zu§ 1 Abs. 7 BauNVO; OVG Saarlouis BauR 1997, 264 zu § 1 Abs. 9 BauNVO 1990.

Inhalt des Bebauungsplanes **621, 622**

Im Bebauungsplan kann das Maß der baulichen Nutzung bestimmt werden durch **621**

die **Grundflächenzahl** (GRZ) alternativ: die Größe der Grundfläche baulicher Anlagen §§ 16 Abs. 2 Nr. 1, 19 BauNVO	Verhältnis der überbaubaren Grundstücksfläche zur Grundstücksgröße
die **Geschossflächenzahl** (GFZ) alternativ: die Größe der Geschossfläche §§ 16 Abs. 2 Nr. 2, 20 BauNVO	Verhältnis der Flächen sämtlicher Geschosse eines Gebäudes zur Grundstücksgröße
die **Baumassenzahl** (BMZ) alternativ: die Baumasse §§ 16 Abs. 2 Nr. 2, 21 BauNVO	Verhältnis des umbauten Raumes in m^3 zur Grundstücksgröße
die Zahl der **Vollgeschosse** (Z) §§ 16 Abs. 2 Nr. 3, 20 BauNVO	Anzahl der zulässigen Geschosse
die **Höhe baulicher Anlagen** (H) §§ 16 Abs. 2 Nr. 4, 18 BauNVO	Zulässige Gebäudehöhe

Bei Festsetzung des **Maßes der baulichen Nutzung** ist die Bestimmung des § 16 **622** Abs. 3 BauGB zu beachten, nach der im Bebauungsplan stets die Grundflächenzahl oder die Größe der Grundflächen der baulichen Anlagen festzusetzen ist sowie die Zahl der Vollgeschosse oder die Höhe baulicher Anlagen, wenn ohne ihre Festsetzung öffentliche Belange, insbesondere das Orts- und Landschaftsbild, beeinträchtigt werden können. Die Festsetzung der **Höhe baulicher Anlagen** erfordert die Bestimmung der notwendigen (oberen und unteren) Bezugspunkte, § 18 Abs. 1 BauNVO. Während die oberen Bezugspunkte zumeist eindeutig festgesetzt werden können (oberer Gebäudeabschluss, First- oder Traufhöhe bei Satteldächern)[812], kann der untere Bezugspunkt problematisch sein. Wird insoweit keine Höhe über NN angegeben, erfolgt eine klare Festlegung am besten durch Bezugnahme auf eine dem betreffenden Gebäuden vorgelagerte vorhandene Erschließungsstraße, wobei auch die Bestimmung der mittleren Höhenlage der Grenze zwischen öffentlicher Verkehrsfläche und Baugrundstück zulässig ist[813], oder durch Anknüpfung an eine nach § 9 Abs. 2 BauGB erfolgte Festsetzung der **Höhenlage** des betreffenden **Baugebietes**. Unzulässig, weil zu unbestimmt, ist etwa die Festsetzung,

---

812 Vgl. OVG Münster BRS 40 Nr. 108; OVG Koblenz BRS 40 Nr. 109.
813 Vgl. OVG Münster JURIS Dok.-Nr. 721794.

623–626 Materielle Voraussetzungen der Bauleitpläne

dass die Höhe eines Gebäudes die der Nachbargebäude nicht überschreiten darf. Außerdem führt dieser „Wer zuerst kommt, mahlt zuerst"-Grundsatz zu einer Dominanz des zuerst Bauenden, der damit mehr oder weniger nach dem Zufallsprinzip die höchstzulässige Gebäudehöhe aller nachfolgenden Bauwerke festlegt, was mit einer bauleitplanerischen städtebaulichen Entscheidung nicht vereinbar sein dürfte.[814]
Eine städtebaulich wünschenswerte Höhengleichheit der Gebäude muss durch exakte Festlegung der Bezugspunkte und genaue Maßzahlen erfolgen.

623 Die **Obergrenzen für die Bestimmung des Maßes der baulichen Nutzung** sind in § 17 Abs. 1 BauNVO genannt, können aber unter bestimmten, jedoch engen Voraussetzungen („besondere Gründe") überschritten werden, § 17 Abs. 2 BauNVO. So können Belange der Stadtbildgestaltung und des Immissionsschutzes (z. B. abschirmende Wirkung eines Baukörpers) solche besondere Gründe darstellen, die eine Überschreitung der Obergrenzen für das Maß der baulichen Nutzung „erfordern", d. h. vernünftigerweise geboten erscheinen lassen.[815]

624 Eine nähere Bestimmung der in § 9 Abs. 1 Nr. 2 BauGB genannten **Bauweise** trifft § 22 BauNVO. Danach kann festgesetzt werden

die offene Bauweise (seitlicher Grenzabstand, Einzelhäuser, Doppelhäuser und Hausgruppen bis maximal 50 m Länge)

oder

die geschlossene Bauweise (kein seitlicher Grenzabstand, Abweichung aufgrund vorhandener Bebauung).

625 Die Festlegung der **überbaubaren Grundstücksflächen** und der **Stellung baulicher Anlagen** erfolgt nach Maßgabe des § 23 BauNVO durch Festsetzung von

Baugrenzen (Gebäude dürfen diese nicht überschreiten),
Baulinien (Gebäude muss auf der Linie stehen),
Bebauungstiefen (Festlegung der Baugrenze, von der tatsächlichen Straßengrenze zu ermitteln).

626 Bei **Baulinien** muss auf diesen Linien gebaut werden, es sei denn, es handelt sich um ein geringfügiges Vor- oder Zurücktreten von Bauteilen, das nach § 23 Abs. 2 Satz 2 BauNVO zugelassen werden kann, oder der Bebauungsplan lässt weitere nach Art und Umfang bestimmte Ausnahmen zu. **Baugrenzen** dürfen durch Gebäude und Gebäudeteile nicht überschritten wer-

---

814 Vgl. hierzu auch Kuschnerus, Der sachgerechte Bebauungsplan, Rn. 452, der zutreffend von einem „Windhundrennen" spricht.
815 Vgl. VGH Mannheim BauR 1998, 977 = UPR 1998, 470 (LS) = DÖV 1999, 170 (LS).

den, wobei die vorgenannten für Baulinien geltenden Sonderregelungen hier entsprechend angewendet werden können, § 23 Abs. 3 BauNVO. **Bebauungstiefen**, für die ebenfalls die geschilderten Sonderbestimmungen gelten, sind von der tatsächlichen Straßengrenze zu ermitteln, sofern im Bebauungsplan nichts anderes festgesetzt ist, § 23 Abs. 4 BauNVO.

Des Öfteren Gebrauch gemacht wird von der gemäß § 9 Abs. 1 Nr. 3 BauGB bestehenden Möglichkeit, für Größe, Breite und Tiefe der **Baugrundstücke Mindestmaße** und aus Gründen des sparsamen und schonenden Umgangs mit Grund und Boden für Wohnbaugrundstücke auch **Höchstmaße** festzusetzen.[816] **627**
Der für derartige Fesetzungen maßgebliche Begriff **Grundstück** bzw. **Baugrundstück** wird zwar sowohl vom BauGB als auch von der BauNVO verwendet (vgl. z. B. § 9 Abs. 1 Nr. 3 BauGB, § 19 Abs. 3 BauNVO), jedoch nicht definiert. Nach der Rechtsprechung des Bundesverwaltungsgerichts entspricht er in aller Regel dem Grundstück im bürgerlich-rechtlichen (grundbuchrechtlichen) Sinne.[817]

Ausnahmen sind nur dort vertretbar und geboten, „wo bei Verwendung des grundbuchrechtlichen Begriffs die Gefahr entstände, dass der Sinn einer bestimmten bau- und bodenrechtlichen Regelung handgreiflich verfehlt würde".[818] **628**
Bei der Teilung eines mit mehreren Häusern bebauten Grundstücks zum Zwecke des Verkaufs an einzelne Käufer besteht für ein Abgehen vom grundbuchrechtlichen Grundstücksbegriff kein Anlass, da es sich geradezu um einen typischen Fall der Identität beider Grundstücksbegriffe handelt.[819]

Nicht selten wird auch nach § 9 Abs. 1 Nr. 6 BauGB die höchstzulässige **Zahl der Wohnungen** in Wohngebäuden bestimmt; die in der letztgenannten Vorschrift früher enthaltene Voraussetzung der „besonderen" städtebaulichen Gründe ist mit dem BauGB 1998 entfallen.[820] **629**
Die Zahl der Wohnungen kann dabei nicht nur durch eine absolute Zahl, sondern auch durch eine Verhältniszahl (je angefangene 100 qm Grundstücksfläche höchstens eine Wohnung) festgesetzt werden.[821]
Durch die Festsetzung einer Grundstücksmindestgröße und eine Zweiwohnungsklausel lässt sich jedoch die auf einem Wohngrundstück zulässige Gebäudezahl nicht beschränken, dies kann planerisch nur durch Baukörper-

---

816 Zur Mindestgröße von Grundstücken vgl. BVerwG UPR 1993, 59 = DVBl. 1993, 113 = UPR 1993, 271; OVG Münster BauR 1991, 177.
817 So schon BVerwG NJW 1972, 701.
818 BVerwGE 44, 250 (252); BVerwG NJW 1991, 2283 (2284).
819 BVerwG NJW 1991, 2283 (2284).
820 Zur zulässigen Anzahl der Wohnungen vgl. BVerwG BauR 1995, 65.
821 Vgl. BVerwG BauR 1999, 148 = DVBl. 1999, 238 = UPR 1999, 29 = NVwZ 1999, 415.

ausweisungen sowie enge Baugrenzen und Bebauungstiefen erreicht werden.[822]

630 Der Katalog des § 9 Abs. 1 BauGB enthält darüber hinaus eine Reihe von Festsetzungsmöglichkeiten, die primär im **öffentlichen Interesse** liegende oder bei Ausweisung von Baugebieten notwendig werdende Bodennutzungen beinhalten, z. B. Flächen für den Gemeinbedarf sowie für Sport- und Spielanlagen (Nr. 5), Verkehrs- (Nr. 11) und Versorgungsflächen (Nr. 12), die Führung von Versorgungsanlagen und -leitungen, zu denen auch Entsorgungsleitungen (Kanäle) gehören (Nr. 13), Flächen für Abfall- und Abwasserbeseitigung (Nr. 14), Grünflächen (Nr. 15) sowie Wasserflächen (Nr. 16). Von Bedeutung ist gerade auch im Zusammenhang mit öffentlichen Ver- und Entsorgungsflächen und -leitungen die Begründung entsprechender Leitungsrechte, was auf der Grundlage des § 9 Abs. 1 Nr. 21 BauGB erfolgen kann (Geh-, Fahr- und Leitungsrechte zugunsten der Allgemeinheit, eines Erschließungsträgers oder eines beschränkten Personenkreises). Wird eine solche Fläche festgesetzt, begründet diese Festsetzung als solche allerdings noch nicht das entsprechende Recht, dies muss alsdann noch im Wege der vertraglichen Einigung mit dem Grundstückseigentümer – oder gegebenenfalls zwangsweise im Wege der Enteignung – und durch Eintragung des Rechts im Grundbuch geschehen.[823]

631 Im öffentlichen Interesse liegen auch dem **Umweltschutz** in besonderer Weise dienende Festsetzungen, wie etwa Flächen oder Maßnahmen zum Schutz, zur Pflege und zur Entwicklung von Boden, Natur und Landschaft (Nr. 20), Gebiete mit Beschränkungen der Verwendung luftverunreinigender Stoffe (Nr. 23) sowie von der Bebauung freizuhaltende Flächen bzw. Schutzflächen einschließlich der Flächen für Immissionsschutzanlagen (Nr. 10 und 24).[824] Nach Ansicht des VGH Mannheim bietet § 9 Abs. 1 Nr. 24 BauGB keine Rechtsgrundlage für die Festsetzung von **Nutzungszeiten für Sportanlagen**.[825]

632 Zum **Umweltbereich** gehören auch die Regelungen in § 9 Abs. 1 Nr. 25 a) und b) BauGB, nach denen für bestimmte Bereiche (z. B. Gebiet oder Teilgebiet eines Bebauungsplanes) das Anpflanzen von Bäumen, Sträuchern und sonstigen Bepflanzungen wie auch Bindungen für Bepflanzungen und für die Erhaltung von Bäumen, Sträuchern und sonstigen Bepflanzungen sowie von Gewässern festgesetzt werden können. Ein Verbot, im gesamten Planbereich Koniferen zu verwenden, ist jedoch jedenfalls dann nicht zulässig, wenn nicht zugleich die Bepflanzung (positiv) regelt wird; diese (negative) Festset-

---

822 Vgl. OVG Hamburg BauR 1993, 579 = NVwZ 1994, 303.
823 Vgl. BVerwG BauR 1999, 151 = NVwZ 1999, 296.
824 Zu aktuellen Fragen immissionsschutzrechtlicher Festsetzungen in Bebauungsplänen vgl. Kraft, DVBl. 1998, 1048.
825 Vgl. VGH Mannheim NVwZ-RR 1997, 694.

zung allein wird auch nicht durch die Bestimmung des § 9 Abs. 1 Nr. 25 a) BauGB getragen.[826]

633 Bereits erwähnt wurde, dass bei den Festsetzungsmöglichkeiten durch das BauGB 1998 teilweise Änderungen bzw. Ergänzungen eingetreten sind. So können z. B. nach der neuen Bestimmung des § 9 Abs. 1a BauGB Flächen oder Maßnahmen zum Zwecke des naturschutzrechtlichen Ausgleichs festgesetzt werden, wobei nunmehr seitens des Gesetzgebers klargestellt ist, dass dies nicht nur auf den Eingriffsgrundstücken, sondern auch im sonstigen Geltungsbereich des betreffenden Bebauungsplanes wie ebenfalls in einem anderen Bebauungsplan geschehen kann.

634 Auch § 9 Abs. 1 Nr. 23 BauGB wurde im Zuge des BauGB 1998 geändert. Die Festsetzung, dass bestimmte luftverunreinigende Stoffe nicht oder nur beschränkt verwendet werden dürfen, kann jetzt nur noch zum Schutz vor schädlichen Umwelteinwirkungen im Sinne des Bundesimmissionsschutzgesetzes und nicht mehr aus besonderen städtebaulichen Gründen getroffen werden.[827]

Ein **Verbot offener Feuerstellen** im (Bebauungs-) Plangebiet kann auf diese Bestimmung aber nicht gestützt werden; da auch im Übrigen eine Ermächtigungsgrundlage hierfür nicht vorhanden ist, kann ein solches Verbot nicht Inhalt eines Bebauungsplanes werden.[828]

Aus dem gleichen Grund ist die bauplanungsrechtliche Festsetzung von **technischen Anforderungen an Heizanlagen**[829] sowie einer **solaren Warmwasserbereitung** (Solarthermie-Pflicht)[830] nicht möglich; auch insoweit fehlt es an einer Ermächtigungsgrundlage.

635 Im Übrigen besteht in vielen Gemeinden – je nach der politischen Zusammensetzung des Rates – generell die Tendenz, über die Bauleitplanung eine **gemeindeeigene Immissionsschutzpolitik** dadurch zu betreiben, dass in Bebauungsplänen strengere Umweltstandards festgesetzt werden, als sie bundesrechtlich vorgegeben sind. Dies ist nicht möglich. Unzulässig ist es daher, in Bebauungsplänen über die Vorgaben der Wärmeschutzverordnung hinausgehende Gebäudewärmedämmungen zu verlangen oder bei öl- oder gasbetriebenen Feuerungsanlagen bestimmte Abgasverluste und Schadstoffemissionen vorzuschreiben, die die Werte der 1. BImSchV unterschreiten; derartige Festsetzungen finden insbesondere in § 9 Abs. 1 Nr. 23 BauGB keine Ermächtigungsgrundlage.[831]

---

826 Vgl. OVG Münster UPR 1998, 461.
827 Zur letzten Alternative vgl. noch VGH Mannheim NuR 1998, 433 = UPR 1998, 237: Ein Verbot, im Plangebiet „feste und flüssige Brennstoffe" zu verwenden, ist zulässig.
828 Vgl. OVG Münster BauR 1998, 981 = NVwZ-RR 1999, 110.
829 Vgl. dazu OVG Münster BauR 1997, 269 = UPR 1997, 338.
830 Vgl. Zeiss/Longo, UPR 1998, 217.
831 Vgl. OVG Münster BauR 1997, 269 = UPR 1997, 338.

636–638 Materielle Voraussetzungen der Bauleitpläne

636 Die Aufnahme von **auf Landesrecht beruhenden Festsetzungen** in einem Bebauungsplan setzt eine zweifache wechselseitige gesetzliche Ermächtigung voraus. Die bundesrechtliche Ermächtigung ist in § 9 Abs. 4 BauGB enthalten. Sie wiederum fordert im konkreten Fall eine landesrechtliche Regelung, in der bestimmt wird, dass auf Landesrecht beruhende Regelungen in den Bebauungsplan als Festsetzungen aufgenommen werden können. Von Bedeutung für die gemeindliche Praxis sind insbesondere bauordnungsrechtliche Festsetzungen über die Gestaltung baulicher Anlagen.[832]

637 Die Ermächtigungen in den einzelnen Bundesländern sind unterschiedlich. Auf die Einzelheiten kann hier nicht näher eingegangen werden. Von Bedeutung ist aber, dass das Landesrecht auch bestimmt, inwieweit die verfahrensrechtlichen und die materiellen Vorschriften des BauGB (Aufstellungsverfahren einschließlich vorgezogene Bürgerbeteiligung, Beteiligung der Träger öffentlicher Belange, Offenlage, Begründung; in materieller Hinsicht insbesondere die Abwägung) auf die in den Bebauungsplan zu übernehmenden landesrechtlichen Regelungen anzuwenden sind.[833]

638 Die Ermächtigungsnorm des § 86 Abs. 4 BauO NW beispielsweise verpflichtet bei Aufnahme örtlicher Bauvorschriften (z. B. Gestaltungsregelungen) in einen Bebauungsplan zur Anwendung der §§ 1 bis 13 BauGB. Das bedeutet nicht nur, dass die bauordnungsrechtlichen (gestalterischen) Festsetzungen ordnungsgemäß abgewogen und begründet werden müssen, sondern darüber hinaus, dass auch Änderungen, Ergänzungen oder Aufhebungen dieser Fesetzungen formell und materiell den (komplizierten) Bestimmungen des BauGB unterliegen. Eine schlichte bauordnungsrechtliche Gestaltungssatzung ist insoweit weit weniger problematisch, zumal sich letztlich die Unwirksamkeit gestalterischer Festsetzungen in einem Bebauungsplan auch auf die Wirksamkeit des gesamten übrigen Planes auswirken kann. Der in der Rechtsprechung der Oberverwaltungsgerichte bzw. Verwaltungsgerichtshöfe festzustellenden Tendenz, einen strengen Maßstab bei Begründung und Abwägung bauordnungsrechtlicher Bebauungsplaninhalte anzulegen[834], hat sich das Bundesverwaltungsgericht widersetzt[835], wohl von der Überlegung ausgehend, dass baugestalterische Regelungen oftmals für sich selbst sprechen und daher allenfalls einer kurzen Erläuterung bedürfen.[836]

---

832 Vgl. z. B. § 86 Abs. 4 BauO NW.
833 Zur Anwendbarkeit des in § 1 Abs. 6 BauGB normierten Abwägungsgebotes vgl. BVerwG BRS 57 Nr. 175 = BauR 1995, 508 = NVwZ 1995, 899.
834 Vgl. z. B. OVG Münster BRS 57 Nr. 171 = NVwZ-RR 1996, 491.
835 Vgl. BVerwG BRS 57 Nr. 175 = BauR 1995, 508 = NVwZ 1995, 899.
836 Vgl. dazu Kuschnerus, Der sachgerechte Bebauungsplan, Rn. 503 und die dort zitierten Entscheidungen BVerwG BRS 54 Nr. 111 = NVwZ-RR 1993, 286 (naturrote Tonziegel wegen historischen Stadtbildes) und OVG Münster, Urt. v. 16. 1. 1997 – 7 A 4429/94 –, nicht veröffentlicht (Art der Einfriedung von Vorgärten).

Allgemein sollten die Gemeinden darauf achten, dass sie keine bodenrechtlichen Regelungen „im Gewande von Baugestaltungsvorschriften" erlassen; solche auf Landesrecht gestützten örtlichen Bauvorschriften sind unzulässig.[837]

Nicht zum eigentlichen normativen vom Planungswillen der Gemeinde gestalteten Inhalt des Bebauungsplanes gehören die in § 9 Abs. 5 und 6 BauGB vorgesehenen **Kennzeichnungen und nachrichtlichen Übernahmen**.[838] Beide Regelungen sind – wie die entsprechenden Flächennutzungsplanbestimmungen des § 5 Abs. 3 und 4 BauGB – als Soll-Vorschriften formuliert, was für den (Normal-) Regelfall einer Verpflichtung gleichkommt.[839] **639**

Eine **Kennzeichnung** im Bebauungsplan soll nach § 9 Abs. 5 BauGB bei Flächen erfolgen, **640**
- bei deren Bebauung **besondere bauliche Vorkehrungen gegen äußere Einwirkungen** erforderlich sind, die den Bestand oder die Standsicherheit des Gebäudes beeinträchtigen können (z. B. Notwendigkeit des Abstützens von Grundstücken oder einer besonderen Gründung etwa wegen Gefahr des Bergrutsches an steilen Hängen),
- bei denen besondere **bauliche Sicherungsmaßnahmen gegen Naturgewalten** (Hochwasser, Lawinen, Steinschlag) notwendig sind,
- bei Flächen, unter denen der **Bergbau** umgeht oder die für den **Abbau von Mineralien** bestimmt sind (Gefahr der sog. Bergsenkung mit der notwendigen Konsequenz besonderer Gründungs- und Stabilisierungsmaßnahmen), sowie
- bei Flächen, deren **Böden erheblich mit umweltgefährdenden Stoffen belastet** sind (**Altlasten**).

Diese Kennzeichnungen dienen dem Schutz der künftigen plankonformen baulichen Nutzungen und sollen durch den Hinweis auf bestimmte Risiken die Grundstücksnutzer in die Lage versetzen, sich darauf einzustellen. Die Verletzung der Kennzeichnungspflicht kann unter Umständen eine Schadensersatzverpflichtung der Gemeinde nach sich ziehen[840], sie führt aber nicht zur Nichtigkeit des Bebauungsplanes.[841] **641**

Zu beachten ist, dass eine Kennzeichnung nicht in jedem Fall ausreichend ist. Besteht Anlass zu näherer Prüfung – etwa bei Überplanung einer Deponie, **642**

---

837 Vgl. dazu BVerwG UPR 1998, 63 zum Begriff der „Siedlungsstruktur" als eines städtebaulichen Begriffs im Gegensatz zur Erhaltung des „Siedlungsbildes" aus anderen als „aus städtebaulichen optischen Gründen".
838 Vgl. Gaentzsch in: Berliner Kommentar, BauGB, § 9 Rn. 80.
839 Vgl. zu § 5 Abs. 3 und 4 BauGB Löhr in: Battis/Krautzberger/Löhr, BauGB, § 5 Rn. 44.
840 Vgl. hierzu aber näher unten Rn. 789, 797.
841 Vgl. OVG Koblenz NVwZ 1986, 56.

die die Gemeinde früher selbst mitbenutzt hat – und ergibt diese Prüfung z. B. ein besonderes Gesundheitrisiko, darf sich die Gemeinde nicht mit einer Kennzeichnung zufrieden geben, sondern muss feststellen, ob die beabsichtigte Nutzung im Hinblick auf die Gefährdung überhaupt möglich ist und gegebenenfalls von der Planung Abstand nehmen. Zu derartigen weiter gehenden Ermittlungen ist die Gemeinde aber nur dann verpflichtet, wenn Ungewissheit darüber besteht, ob bestimmte Flächen überhaupt bebaubar sind; sofern bei einer Bebauung lediglich besondere bauliche Sicherungsmaßnahmen erforderlich sind, reicht eine Kennzeichnung der Flächen aus.[842]

643 Schließlich sollen nach anderen gesetzlichen Vorschriften getroffene Festsetzungen sowie Denkmäler nach Landesrecht gemäß § 9 Abs. 6 BauGB in den Bebauungsplan **nachrichtlich übernommen** werden, soweit sie zu seinem Verständnis oder für die städtebauliche Beurteilung von Baugesuchen notwendig oder zweckmäßig sind. Neben den ausdrücklich genannten Denkmälern – anders als beim Flächennutzungsplan kann es sich auch um Einzelbauten handeln – kommen hier – wie beim Flächennutzungsplan – namentlich fachplanungsrechtliche Planfeststellungen (z. B. Bahngelände)[843] sowie Festlegungen über Landschaftsschutz- oder Wasserschutzgebiete in Frage.

Im Gegensatz zu den Kennzeichnungen können der Gemeinde aus dem Unterlassen solcher nachrichtlichen Übernahmen keine nachteiligen Rechtsfolgen entstehen.

644 Die danach trotz des „numerus clausus der Planfestsetzungen" vom Gesetzgeber zur Verfügung gestellten vielfältigen Möglichkeiten der inhaltlichen Ausgestaltung von Bebauungsplänen geben zwar einerseits den Planern ein reichhaltiges Planungs- und Gestaltungsspektrum an die Hand, bergen jedoch andererseits bei voller Ausschöpfung die Gefahr einer **Überfrachtung** der Pläne in sich. Hier ist das „Augenmaß" nicht nur der Planer, sondern auch der den Planinhalt maßgeblich beeinflussenden Politik und Wirtschaft gefragt. Eine zu große **Regelungsdichte**, die oftmals auch gerade bei gestalterischen Festsetzungen, im naturschutzrechtlichen Bereich sowie bei dem Bemühen einer größtmöglichen wirtschaftlichen – gewerblichen oder industriellen – Ausnutzung der Grundstücke (immissionsschutzbedingte Gliederung von Gewerbe- und Industriegebieten) anzutreffen ist, hat oftmals eine Unüberschaubarkeit, eine unklare Unklarheit, Unbestimmtheit und letztlich eine im Normenkontrollverfahren gerichtlich festgestellte Nichtigkeit des Planes zur Folge, nicht zuletzt deshalb, weil eine damit einhergehende mangelnde Akzeptanz des Planes zu einer größeren Anfechtungsbereitschaft führt.[844]

---

[842] Vgl. OVG Koblenz aaO.
[843] Vgl. hierzu oben Rn. 27.
[844] Vgl. hierzu auch Kuschnerus, Der sachgerechte Bebauungsplan, Rn. 345 ff.

VIII. Funktionslosigkeit

Weicht die tatsächliche Entwicklung von dem Inhalt eines Bauleitplanes ab, so stellt sich speziell bei längerem Zeitablauf die Frage, ob dies Einfluss auf die Weitergeltung des Planinhaltes hat. Die Rechtsprechung hat anerkannt, dass in **extremen Sonderfällen** Bebauungspläne durch die Bildung entgegenstehenden **Gewohnheitsrechts** außer Kraft treten können. Zwar werden an Abänderungen durch Gewohnheitsrecht bei Bebauungsplänen mit Rücksicht auf die im Vergleich zu abstrakt-generellen Rechtssätzen (Gesetzen, Rechtsverordnungen) stärkere Wirklichkeitsbezogenheit geringere Anforderungen gestellt, dennoch wird auf jeden Fall eine einheitliche, langdauernde und auf Rechtsüberzeugung beruhende Übung vorausgesetzt, was bei Bebauungsplänen nur selten in Betracht kommen dürfte.[845]

645

Ein durch tatsächliche Umstände bzw. Entwicklungen bedingtes Außerkrafttreten von Bauleitplaninhalten kann jedoch aus anderen Gründen in Betracht kommen. Ist seit der Aufstellung eines Bauleitplanes ein längerer Zeitraum verstrichen, kann sein **Inhalt seine Funktion verlieren** und der **Plan** damit außer Kraft treten bzw. **unwirksam** werden; die Zeit ist sozusagen „über die Planung hinweggegangen". Obgleich es sich nämlich bei der gemeindlichen Bauleitplanung prinzipiell um eine sog. Angebotsplanung handelt[846], ist sie doch letztlich wie jede Planung auch auf Realisierung angelegt. Ist eine **Planverwirklichung** aber **auf keinen Fall mehr möglich**, hat der **Plan seine Funktion verloren**, er ist funktionslos. Diese Funktionslosigkeit betrifft in der Praxis zumeist Bebauungspläne, da die Funktion des Flächennutzungsplanes primär weniger in der tatsächlichen Umsetzung seines Inhalts, als vielmehr eher in der Basis für eine weitere konkrete Planung, die Bebauungspläne, zu sehen ist.

646

Die **Funktionslosigkeit kann** nach der Rechtsprechung **anfänglich**, d. h. bereits im Zeitpunkt der Inkraftsetzung des Planes, vorhanden sein, sie kann **aber auch erst nachträglich** eintreten. Die dem Plan zugedachte Funktion wird von Anfang an verfehlt, wenn der Plan etwas bestimmt, das überhaupt keinen sinnvollen Gegenstand oder keine denkbaren Adressaten hat oder eine schlechthin unmögliche Regelung trifft. Die nachträgliche Funktionslosigkeit tritt ein, wenn und soweit die Verhältnisse, auf die sie sich bezieht, in der tatsächlichen Entwicklung einen Zustand erreicht haben, der eine **Verwirklichung der Festsetzungen** auf unabsehbare Zeit **ausschließt**, und die Erkenntnis dieser Tatsache einen Grad erreicht hat, der einem etwa dennoch in die Fortgeltung der Festsetzungen gesetzten Vertrauen die Schutzwürdigkeit nimmt.[847]

647

---

845 Vgl. dazu BVerwG NJW 1967, 1291 = DÖV 1968, 55; Gaentzsch in: Berliner Kommentar, BauGB, § 10 Rn. 27 unter Hinweis auf BVerwGE 2, 22 (24).
846 Vgl. hierzu oben Rn. 31.
847 Vgl. BVerwGE 54, 5; 85, 273.

648–651   Materielle Voraussetzungen der Bauleitpläne

Die Frage einer Abwägung stellt sich bei einer solchen Funktionslosigkeit in keinem Fall.[848]

648 Entscheidend ist, ob die jeweilige Festsetzung geeignet ist, zur städtebaulichen Ordnung im Sinne des § 1 Abs. 3 BauGB im Geltungsbereich des Bebauungsplanes einen wirksamen Beitrag zu leisten.

649 In jedem Fall sind an das Außerkrafttreten eines Bebauungsplanes wegen Funktionslosigkeit strenge Anforderungen zu stellen.[849]
Eine **nachträgliche Funktionslosigkeit** kann etwa eintreten, wenn innerhalb einer vor langer Zeit geplanten Verkehrsstrasse im Lauf von Jahren ständig Bauvorhaben unter Erteilung von – rechtswidrigen – Befreiungen[850] genehmigt und errichtet worden sind, deren Beseitigung für die Realisierung der geplanten Straße notwendig wäre, was aber schon aus finanziellen Überlegungen heute weder gewollt noch möglich ist, oder wenn Bebauungspläne nach einer kommunalen Neuordnung „unter den veränderten Umständen einfach nicht mehr brauchbar oder als Folge einer im Ergebnis nunmehr schlechterdings nicht mehr vertretbaren Abwägung der betroffenen Belange nicht mehr vertretbar sind".[851]

650 Zu beachten ist dabei aber, dass eine Plankonzeption, die einer Festsetzung zugrundeliegt, nicht schon dann sinnlos und ein entsprechender Plan aufgrund dessen wegen Funktionslosigkeit unwirksam wird, wenn sie nicht mehr überall im Plangebiet umgesetzt werden kann, wenn mit anderen Worten lediglich ein kleiner Teilbereich des Planes betroffen ist. Erst wenn die tatsächlichen Verhältnisse vom Planinhalt so massiv und so offenkundig abweichen, dass der Bebauungsplan eine städtebauliche Gestaltungsfunktion im Sinne einer Steuerung der städtebaulichen Entwicklung unmöglich zu erfüllen vermag, kann von einer Funktionslosigkeit die Rede sein.[852]

651 Bei allem sind allein die **tatsächlichen Verhältnisse entscheidend**[853], die (bloße) Änderung der gemeindlichen Planungskonzeption oder die (bloße) Absicht der Gemeinde, ihre Plankonzeption zu ändern, vermögen die Funktionslosigkeit eines Planes nicht zu begründen.[854]

---

848 Vgl. BVerwG NVwZ-RR 1998, 711.
849 Vgl. BVerwGE 85, 273 (281).
850 Vgl. hierzu Gaentzsch in: Berliner Kommentar, BauGB, § 10 Rn. 27.
851 BVerwG NJW 1977, 405 = DÖV 1977, 607.
852 Vgl. BVerwG BauR 1997, 803 = NVwZ-RR 1997, 512.
853 Vgl. BVerwG NVwZ-RR 1998, 711.
854 Vgl. BVerwG BauR 1997, 803 = NVwZ-RR 1997, 512.

IX. Besonderheiten beim vorhabenbezogenen Bebauungsplan (Vorhaben- und Erschließungsplan, VEP)

Der im Jahre 1990 in den neuen Bundesländern und im Jahre 1993 in den alten Bundesländern eingeführte Vorhaben- und Erschließungsplan (genauer: Satzung über den Vorhaben- und Erschließungsplan) ist mit dem BauGB 1998 als vorhabenbezogener Bebauungsplan zum **echten Bauleitplan** erstarkt. Gegenüber der ehemaligen Regelung in dem in seiner Geltung bis zum 31. 12. 1997 befristeten BauGB-MaßnG haben sich bei der Übernahme in das Dauerrecht des BauGB einige Änderungen ergeben. **652**

Nach § 12 BauGB kann die Gemeinde durch einen vorhabenbezogenen Bebauungsplan die Zulässigkeit von Vorhaben bestimmen, wenn der Vorhabenträger auf der Grundlage eines mit der Gemeinde abgestimmten Plans zur Durchführung der Vorhaben und der Erschließungsmaßnahmen (Vorhaben- und Erschließungsplan) bereit und in der Lage ist und sich zur Durchführung innerhalb einer bestimmten Frist und zur Tragung der Planungs- und Erschließungskosten ganz oder teilweise vor dem Beschluss nach § 10 Abs. 1 BauGB verpflichtet (Durchführungsvertrag). Wegen der ihm eigenen Merkmale der Objektbezogenheit, der strengen Auslegung auf Realisierung und der engen Einbindung des Vorhabenträgers (Investors) kann er als objektbezogener, im Zusammenwirken von Gemeinde und Investor aufgestellter, auf zügige Realisierung ausgelegter „Mini"-Bebauungsplan bezeichnet werden. **653**

Vom „normalen" Bebauungsplan unterscheidet sich der vorhabenbezogene Bebauungsplan durch die intensive Einbindung des Vorhabenträgers (Investors) in die Planaufstellung, die Lösung vom Festsetzungskatalog des § 9 BauGB und der BauNVO sowie durch die Nichtanwendbarkeit der Bestimmungen über die Plansicherungsinstrumente (Veränderungssperre, Vorkaufsrecht, §§ 14 bis 28 BauGB), die Entschädigung, die Bodenordnung (Umlegung, Grenzregelung), die Enteignung (grundsätzlich), die Erschließung und die Maßnahmen für den Naturschutz (§§ 39 bis 135 c BauGB).[855] **654**

An den **generellen Zulässigkeitsvoraussetzungen** dieses Planungsinstruments hat sich durch das BauGB 1998 lediglich insoweit etwas geändert, als die Subsidiaritätsklausel des § 7 Abs. 1 Satz 1 BauGB-MaßnG entfallen ist, nach der die Aufstellung eines VEP nur möglich war, wenn sich die Zulässigkeit des geplanten Vorhabens nicht bereits nach den §§ 30, 31 und 33 bis 35 BauGB ergab. Dadurch werden die Anwendungsmöglichkeiten dieses Pla- **655**

---

[855] Zum vorhabenbezogenen Bebauungsplan vgl. Reidt, BauR 1998, 909; Krautzberger in: Battis/Krautzberger/Löhr, BauGB, § 12 Rn. 1 ff.

nungsinstruments zweifellos erweitert[856], denn auf diese Weise kann nunmehr auch eine Festschreibung eines bestehenden Zustandes und damit eine Bestätigung des ohnehin planungsrechtlich Zulässigen erfolgen.[857]

656 Unklar ist aber nach wie vor, ob der Vorhabenbegriff des vorhabenbezogenen Bebauungsplanes identisch ist mit dem allgemeinen Vorhabenbegriff des § 29 BauGB. Für die Bestimmung des § 7 BauGB-MaßnG wurde dies zum Teil verneint.[858]
Ob diese differenzierte Betrachtung noch aufrechterhalten werden kann, nachdem das BauGB 1998 den Vorhaben- und Erschließungsplan satzungsmäßig als verbindlichen Bauleitplan ansieht, erscheint zumindest fraglich.[859]

657 In der Rechtsprechung entschieden ist dagegen, dass der Vorhaben- und Erschließungsplan des Vorhabenträgers und die vertragliche Vereinbarung mit der Gemeinde entgegen dem scheinbar widersprechenden Wortlaut der gesetzlichen Regelung nicht unbedingt Erschließungsmaßnahmen zum Gegenstand haben muss; der Erlass einer VEP-Satzung ist auch dann möglich, wenn Erschließungsmaßnahmen nicht erforderlich sind bzw. die Durchführung dieser Maßnahmen nicht Gegenstand des Plans ist.[860]

658 Wie schon der „alte" Vorhaben- und Erschließungsplan des BauGB-MaßnG besteht auch der neue **vorhabenbezogene Bebauungsplan aus drei Teilen:**
– dem **Vorhaben- und Erschließungsplan** des Vorhabenträgers (planerischer Teil),
– dem **vorhabenbezogenen Bebauungsplan der Gemeinde** mit dem Vorhaben- und Erschließungsplan des Vorhabenträgers als Bestandteil (Satzungs- oder Normteil)
– und dem zwischen Gemeinde und Vorhabenträger abzuschließenden **Durchführungsvertrag (vertraglicher Teil).**

659 Der eigentliche **Vorhaben- und Erschließungsplan**, der dann später Bestandteil des vorhabenbezogenen Bebauungsplanes wird, ist vom Vorhabenträger (Investor) zu erstellen.
Vorhabenträger kann jede **natürliche oder juristische Person** (AG, GmbH, Bund, Land usw.) sein; eine Personenmehrheit wie z. B. eine BGB-Gesellschaft kommt als Vorhabenträger nur dann in Betracht, wenn sich die Gesellschafter gesamtschuldnerisch verpflichten.[861]

---

856 Vgl. Lüers, ZfBR 1997, 231 (236); Menke, NVwZ 1998, 577 (578).
857 Vgl. Menke, aaO.
858 Vgl. OVG Münster DVBl. 1998, 602 (LS).
859 Vgl. hierzu Reidt, BauR 1998, 909 (912, 913).
860 Vgl. VGH Mannheim UPR 1997, 157.
861 Vgl. Müller, BauR 1996, 491 (494); a.A.: Reidt, BauR 1998, 909 (911).

Auch eine (andere) Gemeinde kann Vorhabenträger sein; die (planende) Gemeinde selbst scheidet als solcher bereits deshalb aus, weil sie nicht mit sich selbst den erforderlichen Durchführungsvertrag schließen kann (unzulässiges „Insichgeschäft").[862]
Davon abgesehen besteht die Notwendigkeit für eine solche „Konstruktion" nicht, da die Gemeinde ohne weiteres – selbstverständlich nur unter Beachtung der formellen und materiellen Voraussetzungen – einen Bebauungsplan auch für ein gemeindeeigenes Grundstück aufstellen und dieses dann entsprechend bebauen kann.

660 Der **Investor** muss – wie auch schon nach der alten Regelung des § 7 Abs. 1 Satz 1 BauGB-MaßnG – **bereit und in der Lage** sein, das **Vorhaben und die Erschließungsmaßnahmen** auf der Grundlage eines mit der Gemeinde abgestimmten Plans **durchzuführen**, und sich zur **Durchführung innerhalb einer bestimmten Frist** und zur **Tragung der Planungs- und Erschließungskosten** ganz oder teilweise verpflichten. Dies setzt zum einen spätestens im Zeitpunkt des gemeindlichen Satzungsbeschlusses die privatrechtliche **Verfügungsbefugnis über die** zur Verwirklichung des Vorhabens erforderlichen **Flächen** voraus mit Ausnahme der Erschließungsflächen, da diese nach §§ 12 Abs. 3, 85 Abs. 1 Nr. 1 BauGB enteignet werden können[863]; dass der Investor Eigentümer oder Erbbauberechtigter der Grundstücke ist, wird nicht gefordert, ein schuldrechtlicher Eigentumsübertragungs- oder Nutzungsanspruch wird zum Teil als ausreichend angesehen.[864]
Zum Zweiten ist die **wirtschaftlich-finanzielle Leistungsfähigkeit** des Vorhabenträgers erforderlich.

661 Da der **Plan des Investors** als möglicher alleiniger Inhalt des vorhabenbezogenen Bebauungsplanes in gleicher Weise die planungsrechtliche Zulässigkeit von Vorhaben begründet wie ein qualifizierter Bebauungsplan, ist sein Inhalt – obgleich gesetzlich nicht geregelt – damit generell vorgegeben. Er muss die **Regelungsdichte eines qualifizierten Bebauungsplanes** haben, d. h. Art und Maß der baulichen Nutzung sowie die Erschließung müssen das Vorhaben so konkret beschreiben, dass im Baugenehmigungsverfahren eine abschließende städtebaurechtliche Beurteilung möglich ist.[865]

662 Wenn auch der Inhalt des Planes nicht an den Katalog des § 9 BauGB und die Regelungen in der BauNVO gebunden ist und sich die geforderte Rege-

---

862 Vgl. Krautzberger in: Ernst/Zinkahn/Bielenberg, zu der ehemaligen Bestimmung des § 7 BauGB-MaßnG, Rn. 54.
863 Vgl. Menke, NVwZ 1998, 577 (578).
864 Vgl. hierzu Reidt, BauR 1998, 909 (911); Müller, BauR 1996, 491 (494); Menke, aaO.
865 Vgl. Krautzberger in: Battis/Krautzberger/Löhr, BauGB, § 12 Rn. 6; Müller, aaO, S. 496; vgl. auch Pietzcker, DVBl. 1992, 658 (661).

lungsdichte sicherlich auch durch eine **konkrete Beschreibung des geplanten Vorhabens** in der Form eines **Projektplanes** erreichen lässt[866], so empfiehlt es sich für den Investor dennoch, sich an diesen Rechtsnormen zumindest zu orientieren, da sie „Ausdruck des gegenwärtigen städtebaulichen Standards" sind.[867]

663 Nach Ansicht des OVG Frankfurt (Oder)[868] soll die Gemeinde, wenn sie im Rahmen des von ihr zu beschließenden vorhabenbezogenen Bebauungsplanes eine Baugebietsfestsetzung auf der Grundlage der BauNVO vornimmt bzw. vom Plan des Investors übernimmt, an den Typenzwang des § 1 BauNVO gebunden sein. Hierzu wird in der Literatur zu Recht darauf hingewiesen, dass dies mit dem vorgenannten Prinzip der Lösung vom „numerus clausus" der Planfestsetzungen[869] nicht vereinbar ist.[870]

664 Das **Verfahren** des von der Gemeinde aufzustellenden **vorhabenbezogenen Bebauungsplanes** richtet sich seit Inkrafttreten des BauGB 1998 grundsätzlich nach den **allgemeinen Vorschriften**; die früheren verfahrensrechtlichen Erleichterungen nach dem BauGB-MaßnG, die speziell für das Beteiligungsverfahren galten, sind weggefallen. Eine Besonderheit besteht insoweit, als die **Gemeinde** nur **auf** einen vom Vorhabenträger unter Vorlage eines mit der Gemeinde abgestimmten Planes gestellten **Antrag nach pflichtgemäßem Ermessen über die Einleitung des Verfahrens** entscheidet (sog. Einleitungsbeschluss, der aufgrund der gesetzlichen Neuregelung nunmehr auch als Aufstellungsbeschluss bezeichnet werden kann).[871]

665 Damit hat der **Investor das Initiativrecht** und zugleich auch einen Anspruch auf eine ermessensfehlerfreie Entscheidung, aber **keinen Anspruch auf Einleitung des Verfahrens**. Sachgerechte Ablehnungsgründe sind z. B. andere Planungsvorstellungen der Gemeinde oder eine zu wenig konkretisierte Planung des Vorhabenträgers. In der Literatur wird zum Teil darauf hingewiesen, dass eine Ablehnung der Verfahrenseinleitung aufgrund der gemeindlichen Planungshoheit nur in sehr seltenen Ausnahmefällen als ermessensfehlerhaft angesehen werden kann, denn Sinn und Zweck dieser Entscheidung sind in der frühzeitigen Feststellung der Übereinstimmung mit den gemeindlichen Planungsvorstellungen und in dem Schutz des Investors vor unnützen Aufwendungen zu sehen.[872]

---

866 Vgl. Menke, NVwZ 1998, 577 (579); Pietzcker, aaO.
867 Krautzberger in: Battis/Krautzberger/Löhr, BauGB, § 12 Rn. 7.
868 Vgl. OVG Frankfurt (Oder) NVwZ-RR 1996, 3.
869 Vgl. hierzu oben Rn. 604 ff.
870 Vgl. Menke, NVwZ 1998, 577 (579).
871 Vgl. Reidt, BauR 1998, 909 (913).
872 Vgl. Menke, NVwZ 1998, 577 (579) mwN.

666 Die **ablehnende Entscheidung** der Gemeinde ist **kein Verwaltungsakt**, sondern als Entscheidung über die Einleitung eines Normsetzungsverfahrens ein Akt der Normsetzung mit der Folge, dass dem Investor auch **kein Rechtsmittel** gegen die Entscheidung zusteht.[873]

667 Eine weitere verfahrensmäßige Besonderheit liegt in der Tatsache, dass **vor dem Satzungsbeschluss** nach § 10 Abs. 1 BauGB der **Durchführungsvertrag abgeschlossen** sein muss, § 12 Abs. 1 Satz 1 BauGB. Dies kann in der praktischen Anwendung, namentlich bei erforderlicher notarieller Beurkundung, problematisch werden.[874]
Hinsichtlich der öffentliche Auslegung hat das Oberverwaltungsgericht Münster für die Satzung über den Vorhaben- und Erschließungsplan nach dem BauGB-MaßnG entschieden, dass der Durchführungsvertrag nicht mit ausgelegt werden musste.[875]
Dies wird man auch auf den vorhabenbezogenen Bebauungsplan übertragen können.

668 In **materieller Hinsicht** weist der vorhabenbezogene Bebauungsplan wie auch schon der Vorhaben- und Erschließungsplan des BauGB-MaßnG **einige Besonderheiten** auf.
Der **Vorhaben- und Erschließungsplan** des Vorhabenträgers wird (automatisch) **Inhalt des Bebauungsplanes**. Die Gemeinde kann sich bei dem von ihr aufzustellenden (vorhabenbezogenen) Bebauungsplan bezüglich Geltungsbereich und Inhalt auf den Vorhaben- und Erschließungsplan des Investors beschränken und in einem knappen Text lediglich die Bestandteile der Bebauungsplansatzung regeln, wenn der Investorplan die planungsrechtliche Zulässigkeit des Vorhabens abschließend bestimmt. Sie kann aber auch den Inhalt „anreichern" und den Geltungsbereich dadurch erweitern, dass sie **einzelne Flächen außerhalb des Vorhaben- und Erschließungsplanes** (Erweiterungsflächen) in den Bebauungsplan **einbezieht**. Hierfür ist – im Unterschied zur früheren Rechtslage – die Erforderlichkeit für eine geordnete städtebauliche Entwicklung nicht mehr Voraussetzung, was jedoch im Hinblick auf die allgemeine Bestimmung des § 1 Abs. 3 BauGB (Erforderlichkeit der Bauleitplanung für die städtebauliche Entwicklung und Ordnung)[876] entbehrlich erscheint.[877]

669 Im Bereich des Vorhaben- und Erschließungsplanes gilt **auch für den Bebauungsplan kein „numerus clausus" der Planfestsetzungen**, d. h. keine

---

873 Vgl. Neuhausen, BauGB-MaßnG, § 7 Rn. 374; Müller, BauR 1996, 491 (498).
874 Vgl. Menke, NVwZ 1998, 577 (580) unter Hinweis auf den Bericht der Expertenkommission zur Novellierung des BauGB.
875 Vgl. OVG Münster DVBl. 1998, 602 (LS).
876 Vgl. hierzu oben Rn. 353 ff.
877 So zutreffend Reidt, BauR 1998, 909 (911).

Bindung an den Festsetzungskatalog des § 9 BauGB und der BauNVO[878], es muss sich aber **auf jeden Fall um städtebauliche Festsetzungen** handeln, d. h. Ausweisungen anderer Art, wie z. B. Festsetzungen bauordnungsrechtlicher Art, die über die landesrechtlichen Ermächtigungen hinausgehen[879], speziell Abweichungen vom zwingenden Bauordnungsrecht, sind nicht zulässig.[880] Hinsichtlich der zusätzlichen Erweiterungsflächen gilt diese Privilegierung nicht; hier bleibt es bei den durch § 9 BauGB und die BauNVO festgelegten Festsetzungsmöglichkeiten.

670 Die übrigen materiellen Voraussetzungen des vorhabenbezogenen Bebauungsplanes richten sich nach den allgemeinen Bestimmungen; das gilt insbesondere für die Entwicklung aus dem Flächennutzungsplan[881] wie auch für das Abwägungsgebot[882].

671 Als **dritten Teil** des vorhabenbezogenen Bebauungsplans (Vorhaben- und Erschließungsplans) fordert die Bestimmung des § 12 BauGB einen zwischen der Gemeinde und dem Vorhabenträger abzuschließenden **Durchführungsvertrag**. Hauptinhalt dieses Vertrages, der zeitlich vor dem Bebauungsplansatzungsbeschluss des § 10 Abs. 1 BauGB abzuschließen ist, ist die **Verpflichtung des Vorhabenträgers zur Durchführung der Vorhaben und der Erschließungsmaßnahmen** innerhalb einer **zu vereinbarenden Frist** und **zur Tragung** sämtlicher – oder anteiliger – **Planungs- und Erschließungskosten**, § 12 Abs. 1 Satz 1 BauGB. In der Praxis empfehlen sich oftmals unterschiedliche gestaffelte Fristen für die Einreichung des Bauantrages, für den Beginn der Baumaßnahmen und für deren Fertigstellung sowie gegebenenfalls Regelungen über die Verlängerung von Fristen. Fristverlängerungsbestimmungen sind rechtlich unbedenklich, wenn die Verlängerungsmöglichkeit vom Vorhabenträger nicht beeinflusst werden kann, weil sie von der Zustimmung der Gemeinde abhängt[883]; eine auflösende Bedingung wird nicht für zulässig gehalten.[884]

672 Des Weiteren kann eine **Kostentragungspflicht** des Vorhabenträgers für im Rahmen der Bauleitplanaufstellung notwendige **Gutachten** (Altlasten, naturschutzrechtliche Eingriffsregelung, Umweltverträglichkeitsprüfung)[885] sowie hinsichtlich der auf Grund der Planung erforderlichen **Infrastruktur** (sog. **Folgekosten**, vgl. auch § 11 Abs. 1 Nr. 3 BauGB) vereinbart werden.

---

878 Zum sog. numerus clausus der Planfestsetzungen vgl. oben Rn. 604 ff.
879 Vgl. hierzu oben Rn. 636 ff.
880 Vgl. Müller, BauR 1996, 491 (496).
881 Vgl. hierzu oben Rn. 407 ff.
882 Vgl. hierzu oben Rn. 433 ff.; zur Abgrenzung zwischen zulässiger Kooperation und unzulässiger Vorabbindung vgl. OVG Münster BRS 59 Nr. 255.
883 So VGH Mannheim NVwZ 1997, 699 (701).
884 Vgl. OVG Bautzen NVwZ 1995, 181 (182) (Durchführung der zweiten Baustufe unter der Bedingung einer zuvor erreichten bestimmten Rentabilität).
885 Siehe hierzu oben Rn. 463 ff. und 502 ff.

Regelungen über eine eventuelle **Rechtsnachfolge** des Vorhabenträgers erscheinen angesichts der neuen Bestimmung des § 12 Abs. 4 BauGB, nach der ein Wechsel des Vorhabenträgers zwar der Zustimmung der Gemeinde bedarf, die Zustimmung aber nur verweigert werden darf, wenn Tatsachen die Annahme rechtfertigen, dass die Durchführung des Vorhaben- und Erschließungsplans innerhalb der vereinbarten Frist gefährdet ist, nicht unbedingt notwendig. Zur Klarstellung sollte aber die Pflicht des Rechtsnachfolgers zur Übernahme sämtlicher vertraglicher Verpflichtungen betont werden.

Der Durchführungsvertrag ist ein sog. öffentlichrechtlicher (genauer verwaltungsrechtlicher) und zugleich auch – als Fall des §11 Abs. 4 BauGB – ein städtebaulicher Vertrag. Als solcher bedarf er zumindest der Schriftform bzw. – wenn Vorhabenträger oder Gemeinde sich zur Übereignung von Grundstücken verpflichten – der notariellen Beurkundung. **673**

Inhaltlich ist darauf zu achten, dass sämtliche vertraglichen Vereinbarungen, speziell die vom Vorhabenträger übernommenen Verpflichtungen, in sachlichem Zusammenhang mit dem Vorhaben und seinen Erschließungsanlagen stehen, den gesamten Umständen nach angemessen sind und nicht Leistungen betreffen, auf die der Investor ohnehin einen Anspruch hätte, vgl. § 11 Abs. 2 BauGB.[886] **674**

Gemäß § 12 Abs. 6 Satz 1 BauGB, der der früheren Regelung in § 7 Abs. 5 Satz 1 BauGB-MaßnG entspricht, soll die **Gemeinde den Bebauungsplan aufheben**, wenn der Vorhaben- und Erschließungsplan nicht innerhalb der vereinbarten Frist durchgeführt wird. Die Aufhebung kann im vereinfachten Verfahren nach § 13 BauGB erfolgen.[887] **675**
Aus der Aufhebung kann der Investor keine Ansprüche gegen die Gemeinde geltend machen, § 12 Abs. 6 Satz 2 BauGB.

Da sich mit den „normalen" Planungsmitteln, nämlich mit Bebauungsplan und kombiniertem städtebaulichem Vertrag[888], auch unter Berücksichtigung der in das BauGB 1998 neu aufgenommenen Bestimmung des § 4b BauGB (Einschaltung Dritter im Rahmen der Durchführung bestimmter Verfahrensschritte zur Verfahrensbeschleunigung)[889] in der gemeindlichen Praxis weitgehend gleiche Ergebnisse erreichen lassen wie mit einem vorhabenbezogenen Bebauungsplan, mag bezweifelt werden, ob es dieses Rechtsinstituts überhaupt bedurfte, zumal die früheren Verfahrenserleichterungen bei der Aufstellung der gemeindlichen Satzung über den Vorhaben- und Erschlie- **676**

---

886 Zum Durchführungsvertrag vgl. auch Müller, BauR 1996, 491 (500–503); zum städtebaulichen Vertrag vgl. unten Rn. 678 ff.
887 Zum vereinfachten Verfahren vgl. oben Rn. 330 ff.
888 Vgl. hierzu unten Rn. 678 ff.
889 Vgl. hierzu oben Rn. 340 ff.

677, 678 Materielle Voraussetzungen der Bauleitpläne

ßungsplan (§ 7 Abs. 2 und 3 BauGB-MaßnG) mit Inkrafttreten des BauGB 1998 entfallen sind.[890]

677 Der an sich bestehende Vorteil des vorhabenbezogenen Bebauungsplanes als „maßgeschneidertes Planungsrecht" relativiert sich dann, wenn sich nachträgliche Nutzungsänderungen rechtlich nicht auf eine Befreiung stützen lassen, sondern eine Planänderung erfordern, und die als positiv angeführte „Reduzierung des Abwägungsmaterials"[891] dürfte weniger an dem generellen Vorhabenbezug als vielmehr an dem konkreten Vorhaben und den konkreten betroffenen Interessen liegen; die in der Praxis bedeutsamen Probleme der Altlasten, der Immissionen sowie der Natur und Landschaftspflege, die Beachtung der Gebote der Konfliktlösung und der Rücksichtnahme sind von der gemeindlichen Planung beim vorhabenbezogenen Bebauungsplan in gleicher Weise zu beachten wie bei einem „normalen" Bebauungsplan.

X. Der städtebauliche Vertrag

678 In der gemeindlichen Planungspraxis gewinnt der städtebauliche Vertrag zunehmend an Bedeutung. Bereits vor längerer Zeit vom Gesetzgeber zum ersten Mal in § 124 Abs. 2 BauGB in der besonderen Erscheinungsform als Erschließungsvertrag angesprochen, hat er über § 54 der Bauplanungs- und ZulassungsVO der DDR und § 6 BauGB-MaßnG nunmehr in § 11 BauGB 1998 eine umfassende – allerdings der schon seit längerem geübten Praxis entsprechende und insoweit daher nur klarstellende – gesetzliche Regelung gefunden, die durch Bestimmungen über den Durchführungsvertrag beim vorhabenbezogenen Bebauungsplan (§ 12 BauGB)[892], die Ausgleichsverträge betreffend die naturschutzrechtliche Eingriffsregelung (§ 1a Abs. 3 BauGB)[893], den Erschließungsvertrag (§ 124 BauGB), die Ablösung des Erschließungsbeitrags (§ 133 Abs. 3 Satz 5 BauGB) sowie durch Regelungen über verschiedene Verträge im Zusammenhang mit Sanierungs- und Entwicklungsmaßnahmen (vgl. z. B. §§ 145 Abs. 4 Satz 2, 154 Abs. 3, 157 ff., 167 BauGB) ergänzt wird.[894]

---

890 Kritisch insoweit auch Reidt, NVwZ 1996, 1 (6); Müller, BauR 1996, 491 (503, 504).
891 So Menke, NVwZ 1998, 577 (581).
892 Vgl. hierzu oben Rn. 671 ff.
893 Vgl. hierzu oben Rn. 510 ff.
894 Vgl. zu § 11 BauGB sowie zu den städtebaulichen Verträgen und ihren Voraussetzungen und zugleich zum Durchführungsvertrag beim vorhabenbezogenen Bebauungsplan: grundlegend BVerwGE 42, 331 = BauR 1973, 285 = NJW 1973, 1895; im Übrigen BVerwG NJW 1993, 1810; NVwZ 1994, 485; VGH München NVwZ 1990, 979; OVG Koblenz DVBl. 1992, 785; OVG Münster NVwZ 1997, 697; VGH Mannheim NVwZ 1997, 699; Scharmer, NVwZ 1995, 219; Grziwotz, NVwZ 1996, 637; Stich, DVBl. 1997, 317 und BauR 1995, 744; Spannowsky, UPR 1997, 41; Oerder, BauR 1998, 22.

Städtebaulicher Vertrag **679–682**

Bei dem städtebaulichen Vertrag handelt es sich um **vertragliche Vereinba-** **679**
rungen im Zusammenhang mit städtebaulichen Maßnahmen zwischen Gemeinden einerseits und Privaten – selten einer anderen Gemeinde – andererseits. Er stellt eine zulässige Form des kooperativen Handelns im Städtebaurecht dar, bei dem die Gemeinde städtebauliche Pflichten – teilweise gegen Gegenleistung – auf Dritte überträgt.
Werden solche Verträge im **Zusammenhang mit bauleitplanerischen Maßnahmen** – z. B. im Vorfeld der Aufstellung eines Bebauungsplanes – abgeschlossen, kommt ihnen vielfach eine grundlegende Bedeutung im Rahmen der Abwägung zu bzw. es stellt sich ganz generell im Hinblick auf die insoweit stets notwendige Abwägung die Frage einer unzulässigen Vorwegbindung.[895]

Allgemeine Befürchtungen, dass allein die Tatsache des Abschlusses eines **680**
städtebauliche Vertrages den Abwägungsvorgang unzulässig beeinflussen könnte, sind jedoch unbegründet. Bereits in einem Grundsatzurteil aus dem Jahre 1973 hat das Bundesverwaltungsgericht[896] ausgeführt, dass eine Bauleitplanung nicht ohne weiteres schon deshalb fehlerhaft ist, weil ihr ein Folgekostenvertrag vorausgegangen ist und sich das auf die den Plan tragende Abwägung ausgewirkt hat. Ob ein solcher Einfluss zu missbilligen ist, hängt – so das Bundesverwaltungsgericht – von seinem Gehalt, von seiner konkreten Bedeutung für den Abwägungsvorgang und daher wesentlich von den Umständen des Einzelfalles ab.[897]

Den städtebaulichen Vertrag gibt es in dieser Form nicht, es existiert viel- **681**
mehr – wie bereits erwähnt – eine gesetzlich geregelte Reihe von Typen städtebaulicher Verträge. Verdeutlicht wird dies durch die sog. Öffnungsklausel des § 11 Abs. 4 BauGB, nach der die Zulässigkeit anderer städtebaulicher Verträge unberührt bleibt, die gesetzliche Auflistung somit nicht erschöpfend ist.

Keine Einheitlichkeit besteht auch hinsichtlich der **Rechtsnatur** der städte- **682**
baulichen Verträge. Abhängig vom konkreten Inhalt bzw. Gegenstand handelt es sich um öffentlich-rechtliche oder privatrechtliche Verträge, was wiederum im Fall von Streitigkeiten entscheidend für die Zuständigkeit des Gerichts ist. Nach Ansicht des Bundesverwaltungsgerichts können städtebauliche Verträge sogar teils aus öffentlich-rechtlichen und teils aus zivilrechtlichen Regelungen bestehen.[898]

---

895 Vgl. hierzu im Einzelnen oben Rn. 476, 477.
896 Vgl. BVerwGE 42, 331 = NJW 1973, 1895 = DÖV 1973, 709 = DVBl. 1973, 800 = BRS 27 Nr. 26 (Folgekostenvertrag).
897 Zur Vorwegbindung durch einen städtebaulichen Vertrag vgl. VGH München NVwZ 1990, 979 (dort verneint).
898 Vgl. BVerwG NVwZ 1994, 1012.

683–686 Materielle Voraussetzungen der Bauleitpläne

683 Verträge über den naturschutzrechtlichen Ausgleich (§§ 1a Abs. 3, 11 Abs. 1 Nr. 2 BauGB), Folgekostenverträge (§ 11 Abs. 1 Nr. 3 BauGB) und der Durchführungsvertrag beim vorhabenbezogenen Bebauungsplan werden aber regelmäßig dem öffentlichen Recht angehören, während vertragliche Regelungen über die Neuordnung von Grundstücksverhältnissen (Umlegung, § 11 Abs. 1 Nr. 1 BauGB), die Ausarbeitung städtebaulicher Planungen (11 Abs. 1 Nr. 1 BauGB) sowie die Absicherung bestimmter Ziele der Bauleitplanung wohl prinzipiell dem Privatrecht zuzuordnen sind.[899]

684 Für die **Erstellung von Bauleitplänen** sind neben dem Durchführungsvertrag des § 12 Abs. 1 BauGB von den in § 11 Abs. 1 BauGB erwähnten Typen des städtebaulichen Vertrages (sog. **Planungsvereinbarungen**)[900] in erster Linie Vereinbarungen über die Ausarbeitung städtebaulicher Planungen, die technische Durchführung von Bürgerbeteiligung und Offenlage und die Vorbereitung der Abwägung von Bedeutung, wobei § 11 Abs. 1 Nr. 1 BauGB auch die Möglichkeit der Kostenübernahme durch einen Privaten für die Vorbereitung oder Durchführung einer städtebaulichen Maßnahme klarstellt.[901]

685 Daneben kommt aber auch den in § 11 Abs. 1 Nr. 2 BauGB angesprochenen sog. **Planverwirklichungsverträgen**[902] sowie dem in § 11 Abs. 1 Nr. 3 BauGB geregelten **Folgekostenvertrag** (**Folgelastenvertrag**)[903] im Rahmen der Bauleitplanaufstellung keine ganz untergeordnete Rolle zu. Diese Verträge werden vielfach bereits vor Aufstellung eines Bebauungsplanes geschlossen, wobei die Planverwirklichungsverträge dazu dienen, die Verwirklichung der planerischen Absichten der Gemeinde sicherzustellen[904] (Vereinbarung einer fristgebundenen Bauverpflichtung, Verträge über sog. **Einheimischenmodelle**[905], Verträge über die Durchführung des naturschutzrechtlichen Ausgleichs[906]). Durch Abschluss eines Folgekostenvertrages werden etwa die der Gemeinde infolge der Neuerschließung eines Baugebietes entstehenden Kosten für notwendige Infrastruktureinrichtungen wie Schulen, Kindergärten, Sportplätze usw. auf den Investor (Baugesellschaft) abgewälzt.

686 Zu beachten ist aber bei alledem, dass die **Verantwortung für die Einhaltung des gesetzlich vorgeschriebenen Planaufstellungsverfahrens** nach § 11 Abs. 1 Nr. 1 BauGB **bei der Gemeinde verbleibt**.

---

899 Vgl. zu letzteren Verträgen BVerwGE 92, 56.
900 Vgl. Oerder, NVwZ 1997, 1190 (1191).
901 Vgl. Oerder, aaO.
902 Vgl. Löhr in: Battis/Krautzberger/Löhr, BauGB, § 11 Rn. 10.
903 Vgl. dazu BVerwG NJW 1973, 1895; 1993, 1810.
904 Vgl. Löhr in: Battis/Krautzberger/Löhr, BauGB, § 11 Rn. 10.
905 Vgl. dazu BVerwG NJW 1993, 2695 („Weilheimer Modell") und BGH, BauR 1999, 235 = DÖV 1999, 263 (LS).
906 Zum naturschutzrechtlichen Ausgleich vgl. oben Rn. 510 ff.

Formell bedarf ein städtebaulicher Vertrag gemäß § 11 Abs. 3 BauGB der **687** **Schriftform**[907], soweit nicht durch Rechtsvorschrift eine andere Form vorgeschrieben ist, wie etwa bei Grundstückskaufverträgen die notarielle Beurkundung nach § 313 BGB. Die Frage, ob zur Wirksamkeit des Vertrages die Unterschrift eines oder mehrerer vertretungsberechtigter Beamten der Gemeinde erforderlich ist, richtet sich nach der jeweiligen landesrechtlichen Gemeindeordnung.

In **materieller** Hinsicht sind beim Abschluss städtebaulicher Verträge vor allem vier Punkte zu beachten: **688**
– Angemessenheit von Leistung und Gegenleistung,
– innerer sachlicher Zusammenhang zwischen Leistung und Gegenleistung (Koppelungsverbot),
– kein Anspruch auf die Gegenleistung,
– kein Entgegenstehen von Rechtsvorschriften.

Der erste Punkt betrifft die vereinbarten **Leistungen,** die Leistung und die **689** Gegenleistung. Beide müssen gemäß § 11 Abs. 2 Satz 1 BauGB den gesamten Umständen nach **angemessen** sein. Angemessen ist eine Leistung, wenn sie dem Übermaßverbot bzw. dem Grundsatz der Verhältnismäßigkeit entspricht.[908]

Speziell zu den Folgekostenverträgen hat das Bundesverwaltungsgericht in **690** dem bereits zitierten Grundsatzurteil aus dem Jahre 1973[909] ausgeführt, dass die aus Anlass eines bestimmten Vorhabens vereinbarte Übernahme von Folgekosten bei wirtschaftlicher Betrachtung des Gesamtvorgangs in einem angemessenen Verhältnis zum Wert des Vorhabens stehen müssen und dass auch sonst keine Anhaltspunkte dafür gegeben sein dürfen, dass die vertragliche Übernahme von Kosten eine unzumutbare Belastung bedeutet. Als Anhaltspunkt für die Praxis scheint der Grundsatz geeignet, dass zumindest solche Vereinbarungen in der Regel nicht unangemessen sind, in denen sich der Wert der (Folgekosten-) Leistung des Grundstückseigentümers im Rahmen der Wertsteigerung seines Grundstücks durch dessen Beplanung hält, weil dem Bauwilligen durch den Gesamtvorgang der Planung und die Folgekosten kein Grundstückswert genommen wird.[910]

Die zweite Voraussetzung bezieht sich auf das Verhältnis von Leistung und **691** Gegenleistung. Es geht um das sog. **Koppelungsverbot,** das im BauGB nicht

---

907 Vgl. dazu OVG Lüneburg BRS 59 Nr. 184.
908 Vgl. Neuhausen in: Kohlhammer-Kommentar, BauGB, § 11 Rn. 47; Löhr in Battis/Krautzberger/Löhr, BauGB, § 11 Rn. 21.
909 BVerwGE 42, 331 = NJW 1973, 1895 = DÖV 1973, 709 = DVBl. 1973, 800 = BRS 27 Nr. 26.
910 Vgl. Scharner, NVwZ 1995, 219 (222).

692–695 Materielle Voraussetzungen der Bauleitpläne

ausdrücklich normiert ist, sich aber aus einer Gesamtschau der in § 11 Abs. 1 Satz 2 BauGB geregelten städtebaulichen Verträge ergibt[911] und auch von der Rechtsprechung immer wieder als materielle Wirksamkeitsvoraussetzung bei städtebaulichen Verträgen betont wird.[912]
Zwischen Leistung und Gegenleistung muss danach ein innerer sachlicher Zusammenhang gegeben sein.

692 Ansatzpunkt für ein unzulässiges Koppelungsgeschäft ist eine Gegenleistung, die vom Vertragspartner für die Erfüllung hoheitlicher Aufgaben eines Hoheitsträgers erbracht wird. Eine Behörde ist ohne gesetzliche Ermächtigung nicht befugt, die Erfüllung ihrer amtlichen Aufgaben von wirtschaftlichen Gegenleistungen des Gesuchstellers abhängig zu machen[913], ein „Verkauf von Hoheitsrechten" (z. B. Baugenehmigungen) soll ausgeschlossen werden. Bei Folgekosten ist der innere sachliche Zusammenhang von Leistung (Ausweisung von Bauland durch Gemeinde) und Gegenleistung (Übernahme der Folgekosten durch Bauträger) nur dann gegeben, wenn diese durch das konkrete Vorhaben bzw. durch den seiner Zulässigkeit zugrundeliegenden Bebauungsplan verursacht werden.[914]

693 Nach Ansicht des VGH München bedeutet dies im Ergebnis, dass Kosten einer normalen (baulichen) Fortentwicklung der Gemeinde von dieser zu tragen sind und allenfalls Kosten einer anormalen „sprunghaften" Entwicklung abgewälzt werden können.[915]

694 Der Bundesgerichtshof hat es nicht als ein unzulässiges Koppelungsgeschäft gewertet, wenn ein Grundstückseigentümer einen Teil eines im Außenbereich liegenden Grundstücks zu einem marktgerechten Preis (Bauerwartungsland)[916] an die Gemeinde zur Beschaffung von Bauland im Rahmen eines Einheimischenmodells verkauft und die Gemeinde ihm dafür in Aussicht stellt, sie werde das ganze Grundstück in den Bebauungsplan aufnehmen.[917]

695 Der dritte Punkt bezieht sich auf die vom Vertragspartner gegenüber der Gemeinde zu erbringende Gegenleistung. Nach § 11 Abs. 2 Satz 2 BauGB darf eine Gegenleistung nicht vereinbart werden, wenn der Vertragspartner auch ohne die Vereinbarung einen **Anspruch auf die Gegenleistung** hätte. So wird eine Baugenehmigung im Regelfall nicht als Gegenleistung vereinbart

---

911 Vgl. Löhr in: Battis/Krautzberger/Löhr, BauGB, § 11 Rn. 21.
912 Vgl. z. B. BVerwG NJW 1993, 1810; NVwZ 1994, 485; BGH, BauR 1999, 235 = DÖV 1999, 263 (LS).
913 Vgl. BGH aaO.
914 Vgl. z. B. BVerwG NJW 1993, 1810.
915 Vgl. VGH München BayVBl. 1980, 722; 1982, 177.
916 Zu diesem Begriff vgl. Werner/Pastor/Müller, Baurecht von A–Z, S. 176.
917 Vgl. BGH BauR 1999, 235 = DÖV 1999, 263 (LS).

werden können, da es sich bei der Erteilung einer solchen Genehmigung grundsätzlich um eine sog. gebundene Entscheidung handelt, d. h. wenn die gesetzlichen Voraussetzungen erfüllt sind, muss die Genehmigung erteilt werden. Andererseits darf bei Nichtvorliegen der Voraussetzungen die Genehmigung nicht erteilt werden, woraus zugleich folgt, dass die Genehmigungserteilung auch in diesem Fall nicht Gegenstand einer vertraglichen Vereinbarung sein kann, da der Vertrag insoweit eine rechtswidrige Leistung beinhalten würde.[918]

Mit anderen Worten, steht der Gemeinde hinsichtlich der von ihr zu erbringenden Leistung kein Ermessen zu, kann die Leistung nicht Gegenstand eines städtebaulichen Vertrages sein.[919]

Schließlich – Punkt vier – dürfen nach der Bestimmung des § 54 Satz 1 VwVfG **Rechtsvorschriften** dem Vertrag **nicht entgegenstehen.** Dies gilt zum einen für den Vertrag als Handlungsform (Frage der generellen Zulässigkeit eines Vertrages) wie auch zum anderen für den Vertragsinhalt. Insoweit ist weniger die Beachtung der allgemeinen Bestimmungen des Zivilrechts, insbesondere des BGB, angesprochen (z. B. Geschäftsfähigkeit); die Beachtung dieser Normen fordert bei verwaltungsrechtlichen Verträgen die Vorschrift des § 59 VwVfG. Von Bedeutung sind vielmehr Regelungen im Bereich des öffentlichen Rechts (Polizei- und Ordnungsrecht, Kosten- und Abgabenrecht, Genehmigungsvorschriften), die einer vertraglichen Vereinbarung nicht zugänglich sind. So verbietet sich eine Vereinbarung über die Erteilung einer rechtswidrigen Baugenehmigung, da der Erteilung einer solchen Genehmigung und damit dem Vertragsinhalt Rechtsvorschriften entgegenstehen. Das Gleiche gilt für die zwischen einer Gemeinde und einem Bauträger vereinbarte Zahlung eines bestimmten Betrages zur Ablösung der Verpflichtung des Bauträgers, 30 % der nach dem Bebauungsplan zulässigen Geschossfläche für Sozialwohnungen vorzusehen; der Sache nach stellt die Zahlung eine Abgabe dar und gehört damit zum Abgabenrecht, das schon um der Gleichbehandlung willen im Grundsatz nicht der Disposition von Vertragsparteien unterliegt.[920]

696

Abgesehen von wenigen Sonderregelungen (z. B. § 313 Satz 2 BGB) ist ein städtebaulicher **Vertrag bei einem formellen oder materiellen Verstoß nichtig.** Vorschläge des Bundesrates[921], im Rahmen des BauROG 1998 spezielle Heilungsvorschriften in das BauGB aufzunehmen, wurden vom Gesetzgeber nicht aufgegriffen. So sollte z. B. eine Berufung auf einen Verstoß gegen das Angemessenheitsgebot nicht mehr möglich sein, wenn das durch den Vertrag

697

---

918 Vgl. hierzu OVG Koblenz DVBl. 1992, 785 (786) (Anspruch auf Teilungsgenehmigung).
919 Vgl. Löhr in: Battis/Krautzberger/Löhr, BauGB, § 11 Rn. 23.
920 Vgl. BVerwG NJW 1993, 1810; Grziwotz, NVwZ 1993, 637 (639).
921 Vgl. BT-Drucks. 13/6932 S. 118 (Nr. 55).

697 Materielle Voraussetzungen der Bauleitpläne

geförderte Vorhaben bereits genehmigt oder mit ihm begonnen worden war. Des Weiteren – und dies wäre für die gemeindliche Planungspraxis besonders bedeutungsvoll gewesen – sollte sich nach den Vorschlägen des Bundesrates die Fehlerhaftigkeit städtebaulicher Verträge nicht auf die Rechtswirksamkeit damit im Zusammenhang stehender Bauleitpläne auswirken.

Wegen der vielfach bestehenden Abwägungsrelevanz und des damit verbundenen Einflusses auf die Rechtmäßigkeit von Bauleitplänen[922] sowie wegen des Risikos, bei Nichtigkeit der Verträge trotz Rechtswirksamkeit der Bauleitpläne Ansprüchen des privaten Vertragspartners auf Rückforderung der von ihm erbrachten Leistung ausgesetzt zu sein, sollten die Gemeinden beim Abschluss städtebaulicher Verträge im Zusammenhang mit Bauleitplänen sorgfältig vorgehen.

---

922 Vgl. auch oben Rn. 523, 524 zu Verträgen über den naturschutzrechtlichen Ausgleich.

4. Kapitel: Grundsatz der Planerhaltung; Rechtsschutz; Nichtigkeit von Plänen

I. Grundsatz der Planerhaltung

698 Die verfahrensmäßige (formelle) und inhaltliche (materielle) Fehleranfälligkeit der Bauleitpläne, die seit Anfang der 70er Jahre zu einer steigenden Zahl erfolgreicher Normenkontrollverfahren und entsprechenden Nichtigerklärungen von Bebauungsplänen führte, veranlasste den Gesetzgeber mit den Novellierungen des BBauG in den Jahren 1976 und 1979 Heilungs- bzw. Unbeachtlichkeitsregelungen in das Gesetz aufzunehmen, die bei der Einführung des BauGB 1987 inhaltlich geändert und systematisch neu gefasst wurden. Danach wurden bestimmte Fehler – erst formeller, später auch materieller Art – nach Ablauf einer gewissen Frist unbeachtlich, wenn sie nicht vor Fristablauf gerügt worden waren. Im Laufe der Jahre wurden diese Unbeachtlichkeitsnormen ständig erweitert und haben sich nunmehr im BauGB 1998 zum sog. Grundsatz der Planerhaltung mit entsprechender gesetzlicher Überschrift entwickelt.[923]

Nach wie vor existiert kein verbindlicher Rechtsgrundsatz der Planerhaltung, es handelt sich vielmehr um ein offenes Rechtsprinzip, dessen einzelne Instrumente der Planerhaltung in den Vorschriften der §§ 214 bis 215a BauGB normiert sind.[924]

699 Soweit bei der Aufstellung der Bauleitpläne **Form- und Verfahrensvorschriften des landesrechtlichen Kommunalrechts** zu beachten sind[925], kommen die Bestimmungen des bundesrechtlichen Grundsatzes der Planerhaltung nicht zur Anwendung, denn der Bundesgesetzgeber kann nicht in die Kompetenz des Landesgesetzgebers eingreifen, indem er landesrechtliche Vorschriften abändert. In den Gemeindeordnungen der Länder finden sich jedoch zumeist **ebenfalls Heilungs- bzw. Unbeachtlichkeitsregelungen**, nach denen unter bestimmten Voraussetzungen die Verletzung von Form- und Verfahrensfehlern nicht mehr geltend gemacht werden kann. Dies gilt z. B. gemäß § 7 Abs. 6 GO NW bei Satzungen (u. a. Bebauungspläne), sonstigen ortsrechtlichen Bestimmungen und Flächennutzungsplänen grundsätzlich nach Ablauf eines Jahres – ausgenommen das Fehlen einer vorgeschriebenen Genehmigung, die Nichtdurchführung eines vorgeschriebenen Anzeigeverfahrens,

---

923 Vgl. zum Grundsatz der Planerhaltung insbesondere Hoppe/Henke, DVBl. 1997, 1407; Stüer, DVBl. 1997, 1201 (1204, 1205); Lüers, DVBl. 1998, 433 (443, 444).
924 Vgl. Hoppe/Henke, DVBl. 1997, 1407 (1409).
925 Vgl. hierzu oben Rn. 301 ff.

eine fehlerhafte Bekanntmachung sowie die Fälle, in denen der Bürgermeister den Ratsbeschluss vor Ablauf der Jahresfrist beanstandet hat oder der Form- oder Verfahrensmangel gegenüber der Gemeinde vor Fristablauf unter Bezeichnung der verletzten Rechtsvorschrift und Bezeichnung der den Mangel ergebenden Tatsache gerügt worden ist. Die Rechtsfolge der Unbeachtlichkeit der Mängel tritt jedoch nur dann ein, wenn bei der öffentlichen Bekanntmachung der Satzung (des Bebauungsplanes) oder des Flächennutzungsplanes ein entsprechender Hinweis erfolgt ist.[926]

700 Auf diese Weise „heilbare" Fehler sind etwa ein Verstoß gegen die Befangenheitsvorschriften[927], eine fehlerhafte Bekanntmachung der Tagesordnung für die Ratssitzung, die Beratung und Beschlussfassung über einen Plan in nichtöffentlicher Sitzung wie auch die Abstimmung trotz offensichtlicher Beschlussunfähigkeit des Rates.
Die näheren Einzelheiten ergeben sich aus dem jeweiligen Landesrecht. Die folgende Darstellung beschränkt sich auf die Einzelheiten der bundesrechtlichen Regelung.

1. Unbeachtlichkeitsregelungen

701 In der Bestimmung des § 214 BauGB werden abschließend eine Reihe von **Verfahrens- und Formvorschriften** sowie materiellen Bestimmungen des BauGB aufgezählt, die für die Wirksamkeit des Flächennutzungsplanes und des Bebauungsplanes (sowie sonstiger städtebaulicher Satzungen) beachtlich sind, m.a.W. die Nichtbeachtung der dort nicht genannten Vorschriften führt nicht zur Unwirksamkeit des Planes. Dabei wird wiederum zwischen minderschweren, zum Teil wieder unbeachtlichen Fehlern und schweren, in keinem Fall heilbaren Fehlern differenziert.

702 Beachtlich, d. h. prinzipiell zur Unwirksamkeit des Planes führend, sind z. B. die Verletzung der Bestimmungen über die öffentliche Auslegung und die Beteiligung der Träger öffentlicher Belange, wobei die Nichtbeteiligung einzelner Träger öffentlicher Belange und die Verkennung der Voraussetzungen der §§ 3 Abs. 3 Satz 3 und 13 BauGB unschädlich sind (§ 214 Abs. 1 Nr. 1 BauGB). Gleiches gilt für Entwurf und endgültige Fassung von Erläuterungsbericht zum Flächennutzungsplan(entwurf) und Bebauungsplan(entwurf) bzw. deren Unvollständigkeit (§ 214 Abs. 1 Nr. 2 BauGB); betrifft die Unvollständigkeit für die Abwägung wesentliche Beziehungen, hat die Gemeinde auf Verlangen demjenigen, der aufgrund seiner Betroffenheit durch den Plan oder dessen Enwurf ein berechtigte Interesse darlegen kann, Auskunft zu erteilen.

---

926 Zum Hinweis bei der Bekanntmachung vgl. oben Rn. 286 ff.
927 Vgl. hierzu oben Rn. 312 ff.

Für das materielle Verhältnis der Bebauungspläne zum Flächennutzungsplan **703**
nach § 8 Abs. 2 bis 4 BauGB, d. h. für das sog. **Entwicklungsgebot** einschließlich der Sonderfälle[928], enthält § 214 Abs. 2 BauGB eine recht weit gehende Unbeachtlichkeitsregelung. Für die Rechtswirksamkeit der Bauleitpläne ist danach ohne Bedeutung, wenn die Gemeinde die Anforderungen an die Aufstellung eines selbständigen Bebauungsplanes (§ 8 Abs. 2 Satz 2 BauGB) oder an die in § 8 Abs. 4 BauGB bezeichneten dringenden Gründe für die Aufstellung eines vorzeitigen Bebauungsplanes nicht richtig beurteilt hat. Unbeachtlich ist auch eine Verletzung des Entwicklungsgebotes des § 8 Abs. 2 Satz 1 BauGB, es sei denn dass dabei die sich aus dem Flächennutzungsplan ergebende geordnete städtebauliche Entwicklung beeinträchtigt worden ist[929], sowie die Entwicklung eines Bebauungsplanes aus einem Flächennutzungsplan, dessen Unwirksamkeit wegen der Verletzung von Verfahrens- oder Formvorschriften sich nach der Bekanntmachung des Bebauungsplanes herausstellt.

Bei **Abwägungsmängeln** kommt es auf die Differenzierung zwischen Abwägungsvorgang und Abwägungsergebnis an. Nach § 214 Abs. 3 Satz 2 BauGB **704**
sind Mängel im Abwägungsvorgang nur erheblich, d. h. beachtlich, wenn sie offensichtlich und auf das Abwägungsergebnis von Einfluss gewesen sind. Den auch gerade zu dieser Unbeachtlichkeit von Abwägungsfehlern geäußerten verfassungsrechtlichen Bedenken hat das Bundesverwaltungsgericht durch eine verfassungskonforme Auslegung der im Wortlaut der jetzigen Regelung entsprechenden früheren Bestimmung des § 155 b Abs. 2 Satz 2 BBauG 1979 Rechnung getragen.[930]

Die Bestimmung des § 214 Abs. 3 Satz 2 BauGB wird vom Bundesverwaltungsgericht im Sinne der Planerhaltung streng ausgelegt. Nach Ansicht des **705**
Gerichts ist die Unbeachtlichkeitsregelung vom Gesetzgeber in das Baugesetzbuch aufgenommen worden, um der zunehmenden Entscheidungspraxis der Verwaltungsgerichte entgegenzuwirken, wegen überhöhter Anforderungen an das Planungsverfahren Bebauungspläne selbst dann aufzuheben, wenn sie in ihrem Ergebnis an sich nicht zu beanstanden sind. Das gesetzgeberische Ziel, die gerichtliche Überprüfung von Bebauungsplänen zu beschränken, könne nur erreicht werden, wenn ein strenger Maßstab an die Tatbestandsmerkmale „offensichtlich" und „von Einfluss gewesen" gelegt werde.[931]

Mängel im Abwägungsvorgang liegen vor, wenn eine Abwägung überhaupt **706**
nicht stattgefunden hat, wenn abwägungserhebliche Belange nicht berück-

---

928 Vgl. hierzu im Einzelnen oben Rn. 407 ff.
929 Vgl. dazu BVerwG UPR 1999, 271: Maßgebend ist insoweit die planerische Konzeption des Flächennutzungsplanes für den größeren Raum, in der Regel das gesamte Gemeindegebiet.
930 Vgl. BVerwGE 64, 33.
931 Vgl. BVerwG NVwZ 1995, 692 (693).

sichtigt worden sind oder wenn die Bedeutung einzelner Belange verkannt worden ist.[932]

707 Offensichtlich ist alles, „was zur äußeren Seite des Abwägungsvorgangs derart gehört, dass es auf objektiv fassbaren Sachumständen beruht", wie Fehler und Irrtümer, die „die Zusammenstellung und Aufbereitung des Abwägungsmaterials, die Erkenntnis und Einstellung aller wesentlichen Belange in die Abwägung oder die Gewichtung der Belange betreffen und die sich etwa aus Akten, Protokollen, aus der Entwurfs- oder Planbegründung oder aus sonstigen Unterlagen ergeben"[933], z. B. ein sich aus den Akten ergebender Hinweis, dass dem Gemeinderat eine Stellungnahme vorenthalten werden sollte[934], oder die sich aus der Beschaffenheit ergebende Ungeeignetheit von naturschutzrechtlichen Ersatz- bzw. Ausgleichsflächen[935].

708 Derartige objektiv erfassbare Umstände sind nach der Rechtsprechung auch dann offensichtlich, wenn sie erst aufgrund einer Beweisaufnahme sichtbar werden, allerdings müssen „konkrete Umstände positiv und klar auf einen solchen Mangel hindeuten. Es genügt dagegen nicht, wenn – negativ – lediglich nicht ausgeschlossen werden kann, dass der Abwägungsvorgang an einem Mangel leidet".[936]

709 Nicht allein ausreichend ist dementsprechend, dass sich den Planaufstellungsvorgängen und der Planbegründung nicht entnehmen lässt, ob sich der Plangeber mit bestimmten Umständen abwägend befasst hat. Bestimmte Planfestsetzungen sprechen gleichsam auch ohne nähere Begründung für sich selbst, wie etwa offenbar zwecks Übergangs zur freien Landschaft oder zu geringergeschossiger Nachbarbebauung getroffene Festsetzungen über die Geschossigkeit oder Gebäudehöhen, sich an schützenswerten natürlichen Gegebenheiten orientierende Festsetzungen über überbaubare Grundstücksflächen oder mit den einschlägigen straßenbautechnische Regelwerken übereinstimmende Verkehrsflächenfestsetzungen.[937]

710 Auf das Abwägungsergebnis, d. h. den Planinhalt, **von Einfluss** ist ein offensichtlicher Mangel im Abwägungsvorgang bei der nach den Umständen des Einzelfalles bestehenden konkreten Möglichkeit, dass ohne den Mangel im Planungsvorgang die Planung anders ausgefallen wäre.[938]
„Eine solche konkrete Möglichkeit besteht immer dann, wenn sich an Hand der Planungsunterlagen oder sonst erkennbarer oder nahe liegender Um-

---

932 Vgl. hierzu oben Rn. 474 ff.
933 BVerwGE 64, 33 (38); BVerwG NVwZ 1992, 662 und 663.
934 Vgl. BVerwG NVwZ 1992, 663 (664).
935 Vgl. OVG Lüneburg NuR 1995, 473.
936 BVerwG NVwZ 1992, 662 (663).
937 Vgl. hierzu Kuschnerus, Der sachgerechte Bebauungsplan, Rn. 351.
938 Vgl. BVerwGE 64, 33 (39).

stände die Möglichkeit abzeichnet, dass der Mangel im Abwägungsvorgang von Einfluss auf das Abwägungsergebnis gewesen sein kann."[939]
Dies ist etwa der Fall, sofern sich der Gemeinderat von einem unzutreffend angenommenen Belang hat leiten lassen und andere Belange, die das Abwägungsergebnis rechtfertigen könnten, weder im Bauleitplanverfahren angesprochen noch sonst ersichtlich sind.[940]
Auch bei diesem Tatbestandsmerkmal verfolgt die Rechtsprechung im Ergebnis eine strenge Sichtweise; rein spekulative Erwägungen in dem Sinne, dass ein anderes Abwägungsergebnis lediglich „nicht ausgeschlossen" werden könne, reichen nicht aus.[941]

711 Soweit danach Fehler beachtlich sind, werden sie nach Ablauf der **Rügefrist** des § 215 Abs. 1 Nr. 2 BauGB unbeachtlich, wenn sie nicht innerhalb der Frist schriftlich gegenüber der Gemeinde geltend gemacht worden sind. Die Frist beträgt **ein Jahr** bei den Form- und Verfahrensfehlern des § 214 Abs. 1 Satz 1 Nr. 1 und 2 BauGB und **sieben Jahre** bei Abwägungsmängeln; sie beginnt mit der Bekanntmachung des Flächennutzungsplanes bzw. Bebauungsplanes. Unterbleibt eine form- und fristgerechte Rüge, bleibt der Bauleitplan wirksam, obgleich er an sich an durchgreifenden Mängeln leidet. Die Sieben-Jahres-Frist bei Abwägungsmängeln ist in ihrer Bedeutung durch die zum 1.1.1997 in Kraft getretene Zwei-Jahres-Frist für Normenkontrollanträge bei Bebauungsplänen relativiert worden; nach wie vor praktische Bedeutung hat sie aber für die Inzidentkontrolle.[942]

712 Eine Fehlerunbeachtlichkeit wegen Fristablaufs kann aber nur dann eintreten, wenn die Gemeinde bei der Inkraftsetzung des betreffenden Planes, d. h. bei der Bekanntmachung, auf die „Voraussetzungen für die Geltendmachung der Verletzung von Verfahrens- und Formvorschriften und von Mängeln der Abwägung sowie die Rechtsfolgen (Absatz 1)" hingewiesen hat, § 215 Abs. 2 BauGB. Der bloße **Hinweis** auf die Vorschrift des § 215 Abs. 1 BauGB dürfte nicht genügen, vielmehr sind die Voraussetzungen und die Rechtsfolgen zu benennen sowie auf die Darlegungspflicht hinzuweisen.[943]
Der in der Praxis vielfach übliche wortgenaue Abdruck der Vorschriften der §§ 214, 215 BauGB ist nicht erforderlich, aber zulässig und auf jeden Fall nicht fehlerhaft.[944]

713 Die Bekanntmachung mit dem nach § 215 Abs. 2 BauGB notwendigen Hinweis „darf zugleich die nach einer **landesrechtlichen Heilungsvorschrift**

---

939 BVerwG NVwZ 1992, 663 (664).
940 BVerwG aaO.
941 Vgl. hierzu auch Kuschnerus, Der sachgerechte Bebauungsplan, Rn. 352.
942 Vgl. hierzu im Einzelnen unten Rn. 737.
943 Vgl. Lemmel in: Berliner Kommentar, BauGB, § 215 Rn. 3.
944 Zu Formulierungsvorschlägen des Hinweises vgl. Lemmel, aaO, und Kuschnerus, Der sachgerechte Bebauungsplan, Rn. 634.

erforderlichen Hinweise enthalten. Sie darf aber keinen irreführenden Inhalt haben und nicht geeignet sein, einen Betroffenen von der Geltendmachung von Verfahrensrügen abzuhalten".[945]

714 Streitig ist, ob der bei der Bekanntmachung unterbliebene **Hinweis** allein **nachgeholt** werden kann.[946]
Die Gemeinden sollten hier kein unnötiges Risiko eingehen und den betreffenden Plan erneut mit Hinweis bekannt machen, wie es auch ohne weiteres möglich ist, einen Plan, der wegen eines beachtlichen Form- oder Verfahrensfehlers ungültig war, nach Fehlerbehebung durch erneute Bekanntmachung mit ursprünglich unterbliebenem Hinweis in Kraft zu setzen.[947]

715 Unterbleibt der Hinweis, ist die Bekanntmachung des Planes zwar dennoch wirksam, eine Unbeachtlichkeit der Fehler nach Fristablauf kann aber nicht eintreten.[948]
Sie tritt ebenfalls dann nicht ein, wenn der Fehler innerhalb der Ein- bzw. Siebenjahresfrist schriftlich gegenüber der Gemeinde gerügt wird. Die Rüge kann von jedermann erhoben werden, nicht etwa nur von tatsächlich oder rechtlich Betroffenen.[949]

716 Die notwendige Schriftform wird erfüllt durch Einreichung eines Schreibens bei der Gemeinde, durch eine Erklärung zur Niederschrift gegenüber der Gemeinde und – nach überwiegender Meinung – auch durch Einreichung eines Schriftsatzes im Verlaufe eines mit der Gemeinde geführten Rechtsstreits, sobald dieser der Gemeinde zugeht.[950]

717 Für die Darlegung des Sachverhalts genügt keine vorsorgliche „Generalrüge", die angeblichen Mängel sind vielmehr schriftlich so konkret und substantiiert darzulegen, dass die Gemeinde in die Lage versetzt wird, zwecks möglicher Fehlerbehebung die eventuelle Durchführung eines ergänzenden Verfahrens nach § 215a BauGB[951] zu prüfen – auch dann, wenn die Gemeinde von den erhobenen Rügen bereits anderweitig Kenntnis erlangt hat.[952]

---

945 BVerwG BRS 49 Nr. 31; zu landesrechtlichen Heilungsvorschriften vgl. z. B. § 7 Abs. 6 GO NW.
946 Zum Meinungstand vgl. Lemmel in: Berliner Kommentar, BauGB, § 215 Rn. 2; Battis in: Battis/Krautzberger/Löhr, BauGB, § 215 Rn. 2.
947 Vgl. Lemmel, aaO.
948 Vgl. Battis in: Battis/Krautzberger/Löhr, BauGB, § 215 Rn. 2.
949 Vgl. BVerwG DÖV 1982, 905.
950 Vgl. Battis in: Battis/Krautzberger/Löhr, BauGB, § 215 Rn. 4 mwN; in der Tendenz auch BVerwG DÖV 1982, 905; vgl. ebenso OVG Lüneburg ZfBR 1980, 99: allgemeine Zulässigkeit der Rüge in Rechtsbehelfs- oder Rechtsmittelverfahren.
951 Siehe dazu unten Rn. 722 ff.
952 Vgl. BVerwG NVwZ 1996, 372 (373).

Ob die Gemeinde zur näheren Prüfung der Voraussetzungen einer Mängelrüge **Akteneinsicht** gewährt, liegt prinzipiell in ihrem Ermessen, sie darf aber nicht durch eine Verweigerung der Akteneinsicht die Rügeerhebung vereiteln.[953] **718**

Bei nicht frist- und formgerechter Rüge werden die Fehler bzw. Mängel absolut unbeachtlich. Bezüglich der Abwägung gilt dies nicht wie im Fall des § 214 Abs. 3 Satz 2 BauGB nur für Mängel im Abwägungsvorgang, sondern auch für Mängel im Abwägungsergebnis. **719**

In jedem Fall **beachtlich** und auch **durch rügelosen Fristablauf nicht heilbar** sind nach alledem die in § 214 Abs. 1 Nr. 3 BauGB genannten Fehler, nämlich der **fehlende Feststellungsbeschluss** beim Flächennutzungsplan bzw. der **fehlende Satzungsbeschluss** beim Bebauungsplan, die **Nichterteilung einer erforderlichen Genehmigung** sowie **Bekanntmachungsfehler**, die darin liegen, dass der mit der Bekanntmachung des Planes verfolgte Hinweiszweck nicht erreicht worden ist. Mit letzterem sind die Anforderungen an die Abschlussbekanntmachung des Flächennutzungsplanes nach § 6 Abs. 5 BauGB und des Bebauungsplanes nach § 10 Abs. 3 BauGB angesprochen.[954] **720**

Speziell beim Bebauungsplan ist der vom Gesetz verfolgte Hinweiszweck erfüllt, wenn sich aus der Bekanntmachung unzweifelhaft ergibt, auf welchen Bebauungsplan sie sich bezieht, wozu regelmäßig eine schlagwortartige Bezeichnung des Plangebietes ausreicht. Unterbleibt bei der Bekanntmachung der Hinweis auf die Stelle, bei der der Bebauungsplan eingesehen werden kann, wird der Hinweiszweck nicht erreicht.[955] **721**

2. Ergänzendes Verfahren

Die nach den Bestimmungen der §§ 214, 215 BauGB beachtlichen Fehler führen an sich zur Nichtigkeit des betreffenden Bauleitplanes. In einem solchen Fall kann jedoch die Sonderregelung des § 215a BauGB eingreifen. Nach dieser Bestimmung führen Mängel der Satzung, die nicht nach den §§ 214, 215 BauGB unbeachtlich sind und die durch ein ergänzendes Verfahren behoben werden können, nicht zur Nichtigkeit, die Satzung entfaltet allerdings bis zur Mängelbehebung keine Rechtswirkungen. Nach dem Wortlaut des Gesetzes gilt dies nur für Satzungen, d. h. für Bebauungspläne (und sonstige Satzungen nach dem BauGB), nicht dagegen für den Flächennutzungsplan. Das bedeutet aber nicht, dass beim Flächennutzungsplan eine Fehlerbehebung nicht zulässig sein soll. Da nach § 215a Abs. 2 BauGB bei **722**

---
953 Vgl. Battis in: Battis/Krautzberger/Löhr, BauGB, § 215 Rn. 4; Lemmel in: Berliner Kommentar, BauGB, § 215 Rn. 15.
954 Vgl. hierzu im Einzelnen oben Rn. 284, 285.
955 Vgl. VGH Mannheim BRS 49 Nr. 24.

Verletzung von Form- und Verfahrensvorschriften eine erneute rückwirkende Inkraftsetzung auch des Flächennutzungsplanes möglich ist, kann es nur eine Frage der Bezeichnung sein, ob man beim vorbereitenden Bauleitplan den Begriff des ergänzenden Verfahrens anwendet oder nicht. Der Grund für die sicher etwas missverständliche Formulierung wird in der Tatsache gesehen, dass allein Satzungen Gegenstand eines Normenkontrollverfahrens sein können und daher auch nur für sie die Sonderregelung des § 215a Abs. 1 BauGB notwendig war.[956] Mit der gleichen Begründung wird beim Flächennutzungsplan die Behebung materieller Mängel gleichfalls für zulässig erachtet.[957]

723 Voraussetzung ist die Möglichkeit der „Mängelreparatur" durch ein „ergänzendes Verfahren". Was ein ergänzendes Verfahren ist und wann diese Möglichkeit besteht, sagt das Gesetz nicht[958], dem Attribut der „Ergänzung" lässt sich lediglich entnehmen, dass es nicht ein umfassendes Aufstellungsverfahren sein soll.[959]
Der Begriff des ergänzenden Verfahrens ist dem Fachplanungsrecht entnommen. Das Verfahren dient dort der Behebung von Fehlern in Planfeststellungsbeschlüssen wegen der Verletzung von Verfahrens- und Formvorschriften und wegen Mängeln bei der Abwägung.[960]

724 Ausgehend von der Rechtsprechung des Bundesverwaltungsgerichts wird man die neue Bestimmung des § 215a BauGB nur als **klarstellende Regelung** anzusehen haben.[961]
Schon nach der bisherigen Rechtslage konnte sogar ein wegen Mängeln im Abwägungsvorgang für nichtig erklärter Bebauungsplan grundsätzlich durch eine neue fehlerfreie Abwägung in einem damit notwenigerweise verbundenen neuen Satzungsbeschluss und Wiederholung des dem Satzungsbeschluss nachfolgenden Verfahrens wieder in Kraft gesetzt werden; das der Abwägung vorangegangene Verfahren musste nur dann wiederholt werden, wenn es seinerseits durch den materiellen Fehler „infiziert" war.[962]
Dies muss auch für das jetzige ergänzende Verfahren gelten. Wenn das Gesetz daher auch von einem ergänzenden „Verfahren" spricht, so können doch nicht nur Form- und Verfahrensfehler, sondern gleichfalls Mängel materieller Art durch ein ergänzendes Verfahren „repariert" werden, insbesondere auch Abwägungsfehler sowie wegen Verstoßes gegen §§ 5 und 9 BauGB oder

---

956 Vgl. Berliner Schwerpunkte-Kommentar zum BauGB 1998, § 215a Rn. 7.
957 Vgl. Berliner Schwerpunkte-Kommentar zum BauGB 1998, § 215a Rn. 8.
958 Vgl. Hoppe/Henke, DVBl. 1997, 1407 (1409).
959 Vgl. Berliner Schwerpunkte-Kommentar zum BauGB 1998, § 215a Rn. 9.
960 Vgl. Berliner Schwerpunkte-Kommentar zum BauGB 1998, 215a Rn. 3; zum ergänzenden Verfahren im Planfeststellungsrecht vgl. Henke, UPR 1999, 51; zur Fachplanung siehe oben Rn. 27 ff.
961 Vgl. Lüers, DVBl. 1998, 433 (443).
962 Vgl. BVerwG NVwZ 1998, 956; Lüers, aaO.

die Bestimmungen der BauNVO fehlerhafte Darstellungen und Festsetzungen.[963]

Außerdem – und dies ergibt sich ebenfalls aus der Bestimmung des § 215a **725** Abs. 2 BauGB – bezieht sich das ergänzende Verfahren in gleicher Weise auf landesrechtliche Form- und Verfahrensfehler; wie bei der Frage der Einbeziehung des Flächennutzungsplanes (vgl. oben) kann dies allenfalls eine Frage der Bezeichnung sein. Hat daher beispielsweise ein wegen Befangenheit von der Mitwirkung ausgeschlossenes Gemeinderatsmitglied[964] an der Abstimmung über den Satzungsbeschluss eines Bebauungsplanes teilgenommen, liegt darin ein durch ein ergänzendes Verfahren nach § 215a Abs. 1 BauGB behebbarer Mangel der Satzung.[965]

Ist ein ergänzendes Verfahren durchgeführt worden, muss dieses auf jeden Fall **726** mit einer **erneuten Bekanntmachung des Planes** abgeschlossen werden. In die Bekanntmachung sind auch die erforderlichen **Hinweise** aufzunehmen.[966]

Eine **unbegrenzte Mängelbehebung** ist durch ein ergänzendes Verfahren je- **727** doch **nicht möglich**. Sie scheidet aus dem Gesichtspunkt der Einheitlichkeit der Planungsentscheidung dort aus, wo „die Gesamtkonzeption der Planung durch den zu heilenden Fehler betroffen ist und daher bei Durchführung des ergänzenden Verfahrens zur Disposition steht", d. h. es kann nur um eine „punktuelle Nachbesserung bei ansonsten intakter Gesamtplanung" gehen.[967]

Das Bundesverwaltungsgericht hat in einer neueren Entscheidung dazu **728** klargestellt, das Bestehen einer konkreten Möglichkeit der Fehlerbehebung im ergänzenden Verfahren reiche zwar für die Anwendung des § 215a BauGB aus, dies setze aber voraus, dass der Mangel nicht von solcher Schwere sei, dass er die Planung als Ganzes von vornherein in Frage stelle oder die Grundzüge der Planung berühre.[968]
Dies ist ganz besonders bei Abwägungs- und sonstigen Inhaltsmängeln (Darstellungen, Festsetzungen) zu beachten. Bei Abwägungsmängeln wird die Grenze der Zulässigkeit jedenfalls dann überschritten, wenn der Mangel „von solcher Art und Schwere ist, dass er die Planung als Ganze von vornherein in Frage stellt"[969], bzw. – wie das Bundesverwaltungsgericht nunmehr

---

963 Vgl. Hoppe/Henke, DVBl. 1997, 1407 (1411); Lüers, ZfBR 1997, 231 (238 f.).
964 Zur Befangenheit vgl. oben Rn. 312 ff.
965 Vgl. OVG Koblenz DÖV 1998, 1025 (LS).
966 Zu den Hinweisen bei der Bekanntmachung von Bauleitplänen vgl. oben Rn. 286 ff. und 569 ff.
967 Hoppe/Henke, DVBl. 1997, 1407 (1412) mwN unter Fn. 68.
968 Vgl. BVerwG BauR 1999, 359 (360) = DVBl. 1999, 243 (244).
969 So OVG Münster BauR 1998, 1198 = UPR 1998, 471 (LS).

entschieden hat – „wenn der festgestellte Fehler so schwer wiegt, dass er den Kern der Abwägungsentscheidung betrifft".[970]
Mit anderen Worten, das Grundgerüst der bisherigen Abwägungsentscheidung muss unverändert bleiben; bei einer in der Zwischenzeit eingetretenen grundlegenden Veränderung der Sach- und Rechtslage scheidet ein ergänzendes „Reparatur"-Verfahren aus.[971]

729 Eine gänzlich neue Planungsentscheidung kann auf diesem Wege nicht getroffen werden, schon weil es dann insoweit an dem zur Aufstellung, Änderung, Ergänzung und Aufhebung eines Bebauungsplanes notwendigen normalen Beteiligungsverfahren (vorgezogene Bürgerbeteiligung, Beteiligung der Träger öffentlicher Belange, öffentliche Auslegung) fehlt. Das ergänzende Verfahren ist nämlich gleichsam eine Fehlerbehebung in einem abgekürzten Verfahren. Das dem Fehler vorangehende Verfahren bleibt grundsätzlich unberührt, das nachfolgende Verfahren wird wiederholt; sein Umfang und seine Reichweite richten sich nach dem zu behebenden Fehler. In der Literatur wird teilweise anstelle einer etwa erforderlichen erneuten Auslegung und einer erneuten Beteiligung der Träger öffentlicher Belange eine individuelle Beteiligung der Betroffenen in entsprechender Anwendung des § 13 BauGB (vereinfachtes Verfahren) für ausreichend gehalten.[972] Ob die Rechtsprechung dem folgt, bleibt abzuwarten; die Gemeinden sollten darauf nicht vertrauen.

730 Wird ein **formeller**, in § 214 Abs. 1 BauGB genannter Fehler oder ein sonstiger **Verfahrens-** oder **Formfehler** nach Landesrecht behoben, können nach § 215a Abs. 2 BauGB sowohl der betreffende Flächennutzungsplan als auch die betreffenden Bebauungspläne mit **Rückwirkung** erneut **in Kraft gesetzt** werden. Außerhalb des Anwendungsbereichs dieser Norm scheidet eine rückwirkende Inkraftsetzung aus[973], d.h. in anderen als in § 215a Abs. 2 BauGB genannten Fällen, z. B. bei Abwägungs- oder sonstigen **materiellen Mängeln**, ist nur eine erneute Inkraftsetzung des Planes mit Wirkung für die **Zukunft** möglich.[974]

731 Bedenken gegen eine rückwirkende Inkraftsetzung könnten sich auch etwa bei Behebung eines Bekanntmachungsfehlers ergeben, wenn seit der ersten unwirksamen Bekanntmachung ein längerer Zeitraum verstrichen ist. Den langen Zeitraum allein wird man indes nicht als entscheidend ansehen können. Ausschlaggebend ist vielmehr, ob zwischenzeitlich Umstände eingetreten sind, die den seinerzeit beschlossenen Planinhalt nunmehr als funktionslos[975] oder unverhältnismäßig und damit schlechterdings unhaltbar er-

---

970 So BVerwG BauR 1999, 361 = DÖV 1999, 340.
971 Vgl. Lüers, DVBl. 1998, 433 (443) unter Hinweis auf BVerwG UPR 1997, 323 und 336.
972 Vgl. Lüers, DVBl. 1998, 433 (443).
973 Vgl. BVerwG BauR 1998, 284 = NVwZ 1998, 956.
974 Vgl. Stüer, DVBl. 1997, 1201 (1204).
975 Vgl. dazu oben Rn. 645 ff.

scheinen lassen, was z. B. bei Neubekanntmachung eines Planes der Fall sein kann, der seit längerem ein Wohngebiet festsetzt, in dessen Nachbarschaft zwischenzeitlich ein immissionsträchtiger Betrieb angesiedelt wurde.

732 Das System der gesetzlichen Planerhaltungsbestimmungen stellt sich nach alledem wie folgt dar:

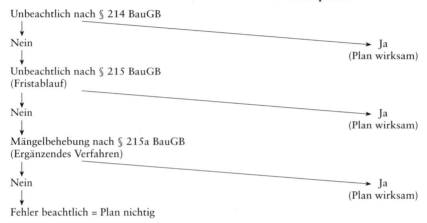

733 Der Grundsatz der Planerhaltung und seine Vorläufer, die Unbeachtlichkeits- oder Heilungsvorschriften, sind nicht ohne Kritik geblieben. Abgesehen von verfassungsrechtlichen Wirksamkeitsbedenken wird immer wieder auf die Gefahr hingewiesen, „dass am Ende jeder noch so schwere Fehler im Verfahren und in der Abwägung entweder gänzlich unbeachtlich bleibt oder in jedweder Station des Verwaltungs- und Gerichtsverfahrens noch rückwirkend geheilt werden kann".[976]

734 Für die Gemeinden ist dies insofern von wenig praktischer Bedeutung, als sie schon wegen ihrer verfassungsmäßig verankerten Bindung an Gesetz und Recht Bauleitpläne nur unter strikter Beachtung der formellen und materiellen Vorschriften aufstellen dürfen und es ihnen naturgemäß von vornherein verwehrt ist, etwa schon während der Aufstellung eines Planes auf die Planerhaltungsnormen zu „schielen". Die gemeindliche Praxis bietet immer wieder Anlass, hierauf mit Nachdruck hinzuweisen.

Abgesehen davon hängt bei jedem Bauleitplanverfahren das „Damoklesschwert der allgemeinen Kommunalaufsicht" in Gestalt einer aufsichtsbehördlichen Überwachung der Rechtmäßigkeit des Verhaltens über der Gemeinde – vielfach allerdings in einer etwas stumpfen Ausführung.

---

[976] So Hoppe/Henke, DVBl. 1997, 1407 (1414); siehe dort auch Fn. 86.

II. Rechtsschutz gegen Bauleitpläne

1. Rechtsschutz gegen Flächennutzungsplan und Bebauungsplan

735 Die Rechtsschutzmöglichkeiten gegen Bauleitpläne sind unterschiedlich. Gegenüber dem **Flächennutzungsplan** und seinen Darstellungen steht dem **Bürger** ein unmittelbarer Rechtsschutz in Gestalt einer Feststellungsklage oder gar einer Normenkontrollklage nicht zu.[977]
Lediglich im Ausnahmefall kommt eine sog. Inzidentprüfung des Flächennutzungsplanes dann in Betracht, wenn im Rahmen der gerichtlichen Überprüfung eines Bebauungsplanes die Frage der Entwicklung aus dem Flächennutzungsplan von dem Bestehen eines wirksamen Flächennutzungsplanes abhängt. Dies ist etwa der Fall bei materiellen Verstößen des Flächennutzungsplanes und Bekanntmachung eines Bebauungsplanes durch die Gemeinde in Kenntnis der Unwirksamkeit des Flächennutzungsplanes.[978]
Demgegenüber kann eine **Nachbargemeinde** Klage auf Feststellung der Nichtigkeit eines Flächennutzungsplanes (**Feststellungklage**) erheben mit der Begründung, die planende Gemeinde habe das ihr nach § 2 Abs. 2 BauGB obliegende interkommunale Abstimmungsgebot verletzt.[979]

736 Für **Bebauungspläne** stehen **zwei Rechtsschutzmöglichkeiten** zur Verfügung, die kumulativ in Anspruch genommen werden können: das **Normenkontrollverfahren** und die sog. **Inzidentkontrolle**. In beiden Verfahren prüft das Gericht prinzipiell in gleicher Weise das Vorliegen beachtlicher formeller und materieller Mängel des Planes. Die Bedeutung von Form- und Verfahrensfehlern hat in der Praxis der gerichtlichen Überprüfung von Bebauungsplänen allerdings in den letzten Jahren erheblich abgenommen. Die Zahl der aufgedeckten materiellen Mängel ist dagegen gestiegen, wobei Verstöße gegen das Abwägungsgebot eine herausragende Stellung einnehmen.

737 Bei der **Inzidentprüfung** wird im Rahmen eines „normalen" verwaltungsgerichtlichen Verfahrens, in dem es etwa um die Verpflichtung der Baubehörde zur Erteilung einer Baugenehmigung oder um eine Nachbarklage (Anfechtungsklage gegen eine dem Bauherrn erteilte Baugenehmigung) geht, die Wirksamkeit eines Bebauungsplanes gleichsam als Vorfrage einschlussweise (inzidenter) vom Verwaltungsgericht geprüft, wenn dies für den geltend gemachten Anspruch auf Erteilung der Baugenehmigung (Verpflichtungsklage) oder für die Rechtmäßigkeit der erteilten Baugenehmigung (nachbarliche Anfechtungsklage) entscheidend ist. Die Ansicht des Gerichts zur Wirksamkeit bzw. Unwirksamkeit des Planes ist in diesem Fall nur eine Meinungsäu-

---

977 Vgl. BVerwG NVwZ 1991, 262; Löhr in: Battis/Krautzberger/Löhr, BauGB, § 5 Rn. 46.
978 Vgl. hierzu auch oben Rn. 410 ff.
979 Vgl. hierzu oben Rn. 386 ff.

ßerung, an die z. B. andere Gerichte nicht gebunden sind; sie ist im Gegensatz zu einer Normenkontrollentscheidung nicht allgemein verbindlich, denn die Frage der Gültigkeit des Bebauungsplanes ist bei der Inzidentprüfung nicht der eigentliche Gegenstand des Verfahrens, sie ist vielmehr bloßes Element der Begründung der gerichtlichen Entscheidung.[980]

738 Veranlasst durch die Rechtsprechung des Bundesverwaltungsgerichts, dass namentlich bei einer Inzidentkontrolle von Bebauungsplänen die Gerichte nicht ungefragt auf Fehlersuche gehen sollen[981], üben die Verwaltungsgerichte im Gegensatz zur früheren Praxis heute eine gewisse Zurückhaltung bei diesen Fällen der Planüberprüfung aus. Allerdings ist dies keine Art „Freibrief". Konkreten Sachvorträgen der Prozessbeteiligten im Verfahren müssen die Gerichte bei der Inzidentprüfung nach wie vor nachgehen, wie sie es auch nicht unbeachtet lassen können, wenn einem Bebauungsplan die Nichtigkeit gleichsam „auf der Stirn geschrieben steht".

739 Neben dieser Inzidentprüfung besteht gemäß § 47 VwGO die Möglichkeit zur Einleitung eines **Normenkontrollverfahrens** bei dem für das betreffende Bundesland zuständigen Oberverwaltungsgericht bzw. Verwaltungsgerichtshof. Den entsprechenden **Antrag kann jede natürliche oder juristische Person**, die geltend macht, durch die Rechtsvorschrift oder deren Anwendung in ihren Rechten verletzt zu sein oder in absehbarer Zeit verletzt zu werden, sowie **jede Behörde** innerhalb von zwei Jahren nach Bekanntmachung des Bebauungsplanes stellen.

740 Ein Normenkontrollverfahren kann auch von einer **Gemeinde** eingeleitet werden, allerdings nicht ihre eigenen Bebauungspläne betreffend, sondern nur die anderer Gemeinden. Dies kommt etwa dann in Betracht, wenn die Gemeinde Eigentümer von Grundstücken im Gebiet einer anderen Gemeinde ist – die Gemeinde hat in diesem Fall die gleiche Stellung wie andere private Grundstückseigentümer – oder bei einer Verletzung des Abstimmungsgebotes nach § 2 Abs. 2 BauGB.[982]
Im Rahmen von Normenkontrollverfahren besteht außerdem die Möglichkeit des **vorläufigen Rechtsschutzes** nach § 47 Abs. 6 VwGO.

---

980 Vgl. BVerwG BauR 1992, 342 = BRS 54 Nr. 15 = NVwZ 1992, 662.
981 Vgl. BVerwG BauR 1997, 597 = NVwZ 1997, 890.
982 Zum Abstimmungsgebot vgl. oben Rn. 386 ff.

741 Rechtsschutz gegen Bauleitpläne

Flächennutzungsplan	Bebauungsplan
Grundsatz: Keine unmittelbare Rechtsschutzmöglichkeit des Bürgers	Inzidentprüfung im Rahmen einer verwaltungsgerichtlichen Anfechtungs- oder Verpflichtungsklage
Ausnahme: In Sonderfällen Inzidentprüfung im Rahmen der Überprüfung eines Bebauungsplanes	
Feststellungsklage der Nachbargemeinde bei Verletzung des interkommunalen Abstimmungsgebotes	Normenkontrollverfahren mit vorläufigem Rechtsschutz

2. Normenkontrolle gegen Bebauungspläne

742 Im Gegensatz zur Inzidentkontrolle ist Gegenstand eines Normenkontrollverfahrens ausschließlich die Frage der Rechtmäßigkeit der zu überprüfenden Norm, d. h. der (Bebauungsplan-) Satzung. Dieses Verfahren hat eine doppelte Funktion.[983]

Es handelt sich zum einen um ein **objektives Normprüfungsverfahren**, in dem das Gericht sämtliche formellen und materiellen Voraussetzungen des Planes, allerdings unter Berücksichtigung der Planerhaltungsbestimmungen[984], einschließlich der Frage einer eventuellen Funktionslosigkeit[985] prüft. Zum anderen ist das Verfahren in gleicher Weise wie die anderen verwaltungsgerichtlichen Klageverfahren (Anfechtungsklage, Verpflichtungsklage, Feststellungsklage, allgemeine Leistungsklage) durch den **subjektiven Rechtsschutz** bestimmt. Eine sog. Popularklage ist nicht möglich, d. h. nur der kann einen Antrag auf Normenkontrolle stellen, der geltend macht, durch den Bebauungsplan oder seine Anwendung in eigenen Rechten verletzt zu sein oder in absehbarer Zeit verletzt zu werden (sog. Antragsbefugnis), und dem die gerichtliche Entscheidung „etwas nützt" (sog. Rechtsschutzinteresse).[986]

---

983 Vgl. BVerwG NVwZ 1992, 567.
984 Vgl. hierzu oben Rn. 698 ff.
985 BVerwG BauR 1999, 601 = DÖV 1999, 555 = DVBl. 1999, 786.
986 Vgl. BVerwG aaO.

743 Weist der Bebauungsplan beachtliche Mängel formeller oder materieller Art auf – einschließlich eines Außerkrafttretens wegen Funktionslosigkeit –, wird er vom Oberverwaltungsgericht bzw. Verwaltungsgerichtshof grundsätzlich insgesamt oder teilweise[987] **für nichtig erklärt.** Die **Gerichtsentscheidung** (Beschluss oder Urteil) ist von der Gemeinde, deren Plan betroffen ist, ebenso zu veröffentlichen wie der Bebauungsplan zu veröffentlichen wäre. Sie ist **allgemein verbindlich**, d. h. die Ungültigkeit des Bebauungsplanes ist von jedermann zu beachten, insbesondere von allen Gerichten und Behörden.[988]

744 Entscheidungen, die auf der Grundlage des Bebauungsplanes ergangen sind – wie z. B. Baugenehmigungen – und die unanfechtbar sind, werden von der Nichtigerklärung prinzipiell nicht berührt, sie bleiben bestehen, §§ 47 Abs. 5 Satz 3, 183 VwGO. Ist eine Umlegung durchgeführt worden und kann der Umlegungszweck ohne den Bebauungsplan nicht verwirklicht werden – etwa weil die Grundstücke in diesem Fall als Außenbereichsgrundstücke nicht bebaubar sind, muss der Umlegungsplan geändert werden.[989]

745 Stellt das Gericht Bebauungsplanmängel fest, die durch ein **ergänzendes Verfahren** im Sinne des § 215a BauGB behoben werden können[990], wird der **Plan** nicht für nichtig, sondern nur für **bis zur Behebung der Mängel nicht anwendbar** erklärt. Auch diese Entscheidung ist von der Gemeinde ebenso zu veröffentlichen wie der Bebauungsplan bekannt zu machen wäre, § 47 Abs. 5 Satz 4 VwGO. Die Gemeinde hat nunmehr Gelegenheit, das ergänzende Verfahren durchzuführen und auf diese Weise den Plan zu „reparieren" und ihm doch noch zur Rechtmäßigkeit und damit Gültigkeit zu verhelfen; bis zur Behebung der Mängel ist er „schwebend unwirksam".[991] Eine Pflicht zur Behebung der Mängel besteht nicht.[992]

746 Antragsteller in einem Normenkontrollverfahren kann jede natürliche und juristische Person sein sowie jede Behörde, die den Bebauungsplan als Rechtsnorm zu respektieren und anzuwenden hat.

747 Grundlegende Voraussetzung für die Einleitung eines solchen Verfahrens ist die **Antragsbefugnis** des Antragstellers. Nach der Bestimmung des § 47 Abs. 2 Satz 1 VwGO ist sie gegeben, wenn der Antragsteller geltend macht, durch die Rechtsvorschrift (hier den Bebauungsplan) oder deren Anwendung in seinen Rechten verletzt zu sein oder in absehbarer Zeit verletzt zu

---

987 Zur Teilnichtigkeit vgl. unten Rn. 765 ff.
988 Vgl. hierzu im Einzelnen Gerhardt in: Schoch/Schmidt-Aßmann/Pietzner, VwGO, § 47 Rn. 119; Kopp/Schenke, VwGO, § 47 Rn. 99; Quaas/Müller, Normenkontrolle und Bebauungsplan, Rn. 404–407.
989 Vgl. BVerwG UPR 1993, 257.
990 Vgl. zum ergänzenden Verfahren oben Rn. 722 ff.
991 Vgl. Gerhardt in: Schoch/Schmidt-Aßmann/Pietzner, VwGO, § 47 Rn. 102.
992 Vgl. Kopp/Schenke, VwGO, § 47 Rn. 116.

werden. Diese seit dem 1. Januar 1997 geltende Fassung des § 47 Abs. 2 Satz 1 VwGO lässt im Gegensatz zu der früheren Regelung ein nachteiliges Betroffensein von abwägungsrelevanten Interessen nicht mehr ausreichen, erforderlich ist vielmehr die Geltendmachung einer vorhandenen oder in absehbarer Zeit zu erwartenden Verletzung eigener **Rechte**.[993]

748 Nach der Intention des Gesetzgebers sollte die Antragsbefugnis enger gefasst und an die Klagebefugnis des § 42 Abs. 2 VwGO angeglichen werden.[994] Dennoch hat sich durch die Neufassung des § 47 Abs. 2 Satz 1 VwGO, die nicht für vor dem 1. 1. 1997 gestellte Normenkontrollanträge gilt[995], im Ergebnis kaum etwas geändert.[996]
Nach der Rechtsprechung des Bundesverwaltungsgerichts können an die Geltendmachung einer Rechtsverletzung nach § 47 Abs. 2 Satz 1 VwGO keine höheren Anforderungen gestellt werden, als sie auch für die Klagebefugnis bei „normalen" verwaltungsgerichtlichen Anfechtungs- oder Verpflichtungsklagen gelten.[997]

749 Der Antragsteller muss danach hinreichend substantiiert Tatsachen vortragen, die es zumindest als möglich erscheinen lassen, dass er durch Festsetzungen des angegriffenen Bebauungsplanes in einem eigenen (subjektiven) Recht verletzt wird[998], dass etwa entweder die Nutzung des Grundstücks des Antragstellers verschlechtert worden ist oder im Hinblick auf die Nutzung benachbarter Grundstücke Rechte des Antragstellers betroffen sind, wie z. B. bei einem Verstoß gegen das Gebot der nachbarlichen Rücksichtnahme.[999]

750 Nach der neueren Rechtsprechung des Bundesverwaltungsgerichts kommt zur Begründung der Antragsbefugnis auch ein möglicher Verstoß gegen das Abwägungsgebot des § 1 Abs. 6 BauGB in Betracht. Durch seinen vom Bundesverwaltungsgericht bejahten drittschützenden Charakter wird das Abwägungsgebot zwar nicht selbst zum subjektiven Recht, der Private hat jedoch ein subjektives Recht darauf, dass sein Belang in der Abwägung seinem Gewicht entsprechend „abgearbeitet" wird, wobei allerdings das Ergebnis offen ist und von der völligen Zurückstellung des Belangs über seine teilweise Berücksichtigung bis zu seiner vollen Durchsetzung führen kann.[1000]

---

993 Vgl. Stüer, DVBl. 1997, 326 (332).
994 Vgl. BT-Drucks. 13/3993, S. 9 f.
995 Vgl. BVerwG BauR 1998, 637 und 1999, 137.
996 Vgl. Schmidt in: Eyermann, VwGO § 47 Rn. 41.
997 Vgl. BVerwG BauR 1998, 740 und BauR 1999, 134 = UPR 1999, 27.
998 Vgl. BVerwG BauR 1999, 134 (135) = UPR 1999, 27.
999 Zur Antragsbefugnis sowie zu den übrigen Zulässigkeitsvoraussetzungen vgl. im Einzelnen Schoch in: Schoch/Schmidt-Aßmann/Pietzner, VwGO, § 47 Rn. 148 ff.; zum Rücksichtnahmegebot siehe oben Rn. 498 ff.
1000 Vgl. BVerwG BauR 1999, 134 (136, 137) = UPR 1999, 27; vgl. aber BVerwG BauR 1999, 1131: Rechtsschutzinteresse kann auch dann bestehen, wenn ein Teil der im Plangebiet zulässigen Vorhaben bereits unanfechtbar genehmigt und verwirklicht worden ist.

Normenkontrolle **751–753**

751 Unter Berücksichtigung der bisherigen Rechtsprechung des Bundesverwaltungsgerichts ist **antragsbefugt** der **Eigentümer** eines im Plangebiet gelegenen Grundstücks[1001], speziell soweit es um planerische Festsetzungen geht, die unmittelbar sein Grundstück betreffen[1002], der durch eine **Auflassungsvormerkung gesicherte Grundstückserwerber** sowie der **Grundstückskäufer**, der beim Grundbuchamt den Antrag auf Eigentumsumschreibung gestellt hat. Antragsbefugt sind ferner **Mieter, Pächter**[1003], **sonstige obligatorisch Berechtigte**, soweit der Bebauungsplan sich auf die ihnen zustehende Grundstücksnutzung auswirken kann, und andere, die aus eigenem wirtschaftlichen Interesse und im Einvernehmen mit dem Eigentümer eine Bebauung eines im Planbereich gelegenen Grundstücks beabsichtigen.[1004]

752 Bei **Personen außerhalb des Planbereichs** gilt prinzipiell das Gleiche, wenn ihre Belange (z. B. Immissionsschutz, Schutz vor ihre eigenen schützenswerten Interessen beeinträchtigenden Nutzungen) abwägungsrelevant sind.[1005] Sind die Immissionsbelästigungen dagegen vorübergehender Natur, wie etwa bei einer Maßnahme im Vorfeld einer plankonformen Bebauung (Baulogistikzentrum), deren Immissionen sich mit fortschreitendem Planvollzug reduzieren, fehlt es nach Ansicht des OVG Berlin an einer Beeinträchtigung **durch** die Festsetzungen des angegriffenen Bebauungsplanes, mithin an dem notwendigen Kausalzusammenhang zwischen den geltend gemachten Beeinträchtigungen (Immissionen) und den Planfestsetzungen mit der Folge, dass die Antragsbefugnis fehlt; Immissionen von Bauvorbereitungsmaßnahmen müssen daher von den Betroffenen auf der Ebene der jeweiligen bauordnungs- oder immissionsschutzrechtlichen Genehmigungsverfahren angegriffen werden.[1006]

753 Neben der Antragsbefugnis bedarf es eines besonderen **Rechtsschutzinteresses** des Antragstellers.[1007]
Damit soll eine „nutzlose" Inanspruchnahme des Gerichts verhindert werden, die dann gegeben ist, wenn die Nichtigerklärung des angegriffenen Bebauungsplanes für den Antragsteller keinerlei Vorteile bringen kann, er mit anderen Worten seine Rechtsstellung mit der begehrten Entscheidung nicht verbessern kann.[1008]

1001 Vgl. BVerwG BauR 1993, 433 = BRS 55 Nr. 26 = NVwZ 1993, 561.
1002 Vgl. BVerwG BauR 1998, 740 = DÖV 1998, 76 = BRS 59 Nr. 36.
1003 Vgl. VGH Mannheim DVBl. 1998, 601 (LS); vgl. auch VGH Mannheim NVwZ 1994, 697 sowie BVerwG Buchholz 310 § 47 VwGO Nr. 30.
1004 Vgl. BVerwG UPR 1994, 308 = BRS 56 Nr. 31 = NVwZ 1995, 264.
1005 Vgl. BVerwG BauR 1994, 490 = BRS 56 Nr. 30 = NVwZ 1994, 683.
1006 Vgl. OVG Berlin UPR 1999, 40; vgl. auch BVerwG DÖV 1999, 882 (LS).
1007 Vgl. BVerwG NVwZ 1989, 653.
1008 Vgl. BVerwG NVwZ 1990, 157; 1994, 268.

754 An das Rechtsschutzinteresse ist jedoch **kein strenger Maßstab** anzulegen, im Zweifel ist es zu bejahen.[1009]
So ist das Rechtsschutzinteresse regelmäßig für den Fall gegeben, dass der **Antragsteller** sich gegen ein Bauverbot oder eine anderweitige Festsetzung zur Wehr setzt, die es ihm unmöglich macht, **sein als nicht bebaubare Fläche** (Gemeinbedarf, Verkehrsfläche, Grünfläche) **ausgewiesenes Grundstück**, das vorher die Qualität eines Außenbereichsgrundstücks hatte, in privatnütziger Weise zu nutzen; der Eigentümer steht nämlich in einem solchen Fall aufgrund der Planfestsetzungen schlechter da als vorher.[1010]

755 Gleiches gilt nach der Rechtsprechung des Bundesverwaltungsgerichts im Ergebnis bezüglich des Rechtsschutzinteresses bei einem Normenkontrollantrag gegen eine Neuplanung in einem bereits überplanten Bereich, da die Gemeinde durch die Überplanung ihre Absicht dokumentiert hat, der baulichen Entwicklung zumindest partiell eine andere Richtung zu geben.[1011]
Anders beurteilt sich die Situation nur dann, wenn – aufgrund besonderer Umstände – unzweifelhaft ist, dass der Antragsteller seinem Ziel zur baulichen Nutzung des Grundstücks selbst dann auf unabsehbare Zeit nicht näher kommen kann, wenn der Bebauungsplan für nichtig erklärt wird.[1012]

756 Eindeutig zu verneinen ist das Rechtsschutzinteresse für einen Normenkontrollantrag, der sich allein gegen eine auf der Grundlage des angefochtenen Bebauungsplanes **unanfechtbar genehmigte Nutzung auf einem Nachbargrundstück** richtet.[1013]

757 Soweit **Behörden** ein Normenkontrollverfahren beantragen, bedürfen auch sie des allgemeinen **Rechtsschutzinteresses**.[1014]
Es ist gegeben, wenn die Behörde im Rahmen der ihr obliegenden öffentlichen Aufgaben den zu überprüfenden Bebauungsplan anzuwenden hat, ohne selbst über die Norm verfügen zu können, d. h. sie selbst aufheben oder ändern zu können, wie beispielsweise bei einem Landratsamt, das als untere Baubehörde im Rahmen der Entscheidung über Bauanträge den Bebauungsplan einer Gemeinde anzuwenden hat.[1015]
Dies gilt selbst dann, wenn die betreffende Behörde als Aufsichtsbehörde den Plan genehmigt hat und im Wege der Rechtsaufsicht gegen ihn vorgehen könnte.[1016]

1009 Vgl. Kopp/Schenke, VwGO, § 47 Rn. 67.
1010 Vgl. BVerwG NVwZ 1994, 268 (269).
1011 Vgl. BVerwG aaO.
1012 Vgl. BVerwG NVwZ 1994, 268.
1013 Vgl. BVerwG NJW 1988, 839; vgl. auch BVerwG BauR 1999, 1128: Durch Erweiterung eines reinen Wohngebietes zu erwartende Verkehrsimmissionen können ein abwägungsrelevanter Belang sein und eine Antragsbefugnis begründen.
1014 Vgl. BVerwG NVwZ 1990, 57.
1015 Vgl. VGH München NVwZ 1983, 481.
1016 Vgl. BVerwG NVwZ 1990, 57.

Für die Einleitung von Normenkontrollverfahren gilt seit dem 1.1.1997 **758**
eine **Zwei-Jahres-Frist**, die mit der Bekanntmachung des Bebauungsplanes,
auch wenn diese fehlerhaft ist, zu laufen beginnt.[1017]
Sinn und Zweck dieser Regelung erscheinen insoweit fraglich, als die gerichtliche Inzidentkontrolle von der Frist unberührt bleibt, so daß auch noch nach Ablauf von zwei Jahren eine gerichtliche Überprüfung eines Bebauungsplanes erfolgen kann.[1018]

3. Vorläufiger Rechtsschutz beim Normenkontrollverfahren

Normenkontrollverfahren nehmen regelmäßig einen längeren Zeitraum bis **759**
zu einer Entscheidung des Gerichts in Anspruch. Da ein Normenkontrollantrag nach allgemeiner Ansicht keine aufschiebende Wirkung hat[1019], können auch während des anhängigen Verfahrens weiterhin plankonforme Realisierungsmaßnahmen (z. B. Straßenausbau) durchgeführt und Nutzungsgenehmigungen, insbesondere Baugenehmigungen, auf der Grundlage des streitigen Bebauungsplanes erteilt werden. Auf diese Weise besteht die Gefahr, dass „vollendete Tatsachen" geschaffen werden, die ein eventuelles Obsiegen des Antragstellers zu einem theoretischen Sieg werden lassen. Um dies zu vermeiden, sieht der Gesetzgeber die Möglichkeit der Beantragung einer gerichtlichen **einstweiligen Anordnung** vor, durch die der **Bebauungsplan** für gewisse Zeit – im Regelfall bis zur rechtskräftigen Entscheidung über den Normenkontrollantrag – **suspendiert** wird, d. h. weitere Planvollzugsmaßnahmen (Baugenehmigungen usw.) sind unzulässig. Der Antrag kann auch schon vor Anhängigkeit des Normenkontrollverfahrens gestellt werden.[1020] Streitig ist, ob er auch dann zulässig ist, wenn der Antragsteller gegen spätere Baugenehmigungen vorläufigen Rechtsschutz nach den §§ 80 und 80a VwGO erlangen könnte.[1021]

Nach § 47 Abs. 6 VwGO kann eine derartige einstweilige Anordnung erlas- **760**
sen werden, wenn dies **zur Abwehr schwerer Nachteile** oder aus anderen gewichtigen Gründen erforderlich ist. Dabei ist nach der Rechtsprechung ein strenger Maßstab anzulegen.[1022]

1017 Vgl. BVerwG DÖV 1996, 701 für den Lauf der Drei-Monats-Frist des früheren Art. 13 Nr. 1 Satz 1 InvErlWobauLG; Gerhardt in: Schoch/Schmidt-Aßmann/Pietzner, VwGO, § 47 Rn. 36.
1018 Vgl. Gerhardt, aaO, Rn. 35; zu den sich daraus ergebenden Problemen vgl. Kopp/Schenke, VwGO, § 47 Rn. 64.
1019 Vgl. Redeker/von Oertzen, VwGO, § 47 Rn. 39.
1020 Vgl. VGH München BayVBl 1983, 497 (499); OVG Münster BauR 1991, 47.
1021 Bejahend: VGH Kassel DVBl. 1989, 887; verneinend: OVG Münster BRS 36 Nr. 40; VGH Mannheim DÖV 1997, 556.
1022 Vgl. VGH Kassel NVwZ-RR 1991, 588 (589); OVG Lüneburg NVwZ-RR 1996, 365.

761–763 Grundsatz der Planerhaltung, Rechtsschutz

Die Entscheidung über das Vorliegen eines schweren Nachteils setzt eine Gewichtung voraus. Dabei sind die Folgen abzuwägen, die eintreten würden, wenn die begehrte einstweilige Anordnung erlassen würde, dem Normenkontrollantrag aber in der Hauptsache der Erfolg versagt bliebe, gegenüber den Nachteilen, die entstünden, wenn die einstweilige Anordnung nicht erginge, der Normenkontrollantrag jedoch in der Hauptsache Erfolg hätte. Die Gründe, die für die Rechtswidrigkeit der Norm vorgebracht werden, werden im Allgemeinen nur dann untersucht, wenn sich der Antrag in der Hauptsache als offensichtlich erfolgreich oder nicht erfolgreich erweist[1023], d. h. der Erlass einer einstweiligen Anordnung ist in diesem Fall dann geboten, wenn der angegriffene Bebauungsplan offensichtlich rechtswidrig ist.[1024]

Auf jeden Fall muss aber eine schwer wiegende **Beeinträchtigung eigener Belange des Antragstellers** drohen, eine behauptete Beeinträchtigung öffentlicher Interessen kann das erforderliche Sicherungsbedürfnis nicht begründen.[1025]

761 Ein bedeutendes privates Interesse, das die vorläufige Außervollzugsetzung eines Bebauungsplanes rechtfertigen kann, ist etwa ein durch den plankonformen Ausbau einer Straße bedingter Entzug von Grundeigentum mit der Folge einer nachhaltigen Beeinträchtigung oder gar betrieblichen Existenzgefährdung[1026], nicht dagegen das Interesse des Eigentümers eines (bebauten) Grundstücks an der Freihaltung benachbarter Flächen, da gerade in Ballungsräumen derjenige, der selbst sein Grundstück baulich nutzt, nicht erwarten kann, dass fremdes Eigentum in seinem Interesse ungenutzt bleibt, sondern vielmehr damit rechnen muss, dass auch in unmittelbarer Nachbarschaft gelegenes, bislang unbebautes Gelände derselben Nutzung zugeführt wird, die er selbst für sich beansprucht.

762 Nach Ansicht des Oberverwaltungsgerichts Münster ist im Rahmen der Prüfung, ob eine einstweilige Anordnung dringend geboten ist, auch die mögliche nachträgliche Behebung eines Planfehlers im ergänzenden Verfahren zu berücksichtigen. Leidet ein Bebauungsplan allenfalls an einem einzigen Mangel, der im ergänzenden Verfahren behoben werden kann und von dessen kurzfristiger Behebung in diesem Verfahren angesichts des offensichtlich erheblichen Interesses des Plangebers an der alsbaldigen Umsetzung des Planes auch schon vor einer Normenkontrollentscheidung im Hauptverfahren auszugehen ist, besteht kein Anlass, eine einstweilige Anordnung zu erlassen.[1027]

763 Hat das Oberverwaltungsgericht bzw. der Verwaltungsgerichtshof nach § 47 Abs. 6 VwGO eine einstweilige Anordnung erlassen, kann diese entweder

---

1023 Vgl. OVG Münster UPR 1993, 111 (112); OVG Lüneburg aaO.
1024 Vgl. OVG Münster aaO.
1025 Vgl. VGH Mannheim UPR 1998, 120 (LS).
1026 Vgl. VGH Kassel NVwZ-RR 1991, 588 (589).
1027 So OVG Münster BauR 1999, 362 (364, 365).

auf Antrag eines Beteiligten oder auch – in analoger Anwendung des § 80 Abs. 7 VwGO – vom Gericht selbst ohne Beteiligtenantrag jederzeit geändert werden.[1028]

III. Nichtigkeit von Bebauungsplänen

Die Nichtigkeit eines Bauleitplanes – sei es aufgrund einer gerichtlichen Entscheidung, sei es, dass die Gemeinde selbst zu dieser Erkenntnis kommt, vielleicht auch durch den Hinweis eines Bürgers oder seines Anwalts – führt fast immer zu der Frage, welche Konsequenzen zu ziehen sind. In der Praxis geht es dabei fast ausschließlich um Bebauungspläne, wobei sich dann für die Gemeinde zumeist primär die Frage der Behandlung der Nichtigkeit und damit nach eventuellen planerischen Reaktionen, wie Neuplanung oder zumindest Aufhebung oder gar „Nichtbeachtung", stellt, während es für den Bürger in manchem Fall um den Ersatz eines entstandenen Schadens oder nutzlos getätigter Aufwendungen geht.

764

1. Gesamtnichtigkeit und Teilnichtigkeit

Leiden Bebauungspläne an beachtlichen irreparablen Fehlern, führt dies regelmäßig zur Nichtigkeit der Pläne, d. h. die Pläne haben zu keiner Zeit irgendwelche Rechtswirkungen entfaltet. Allerdings begründet die Fehlerhaftigkeit nicht in jedem Fall zwangsläufig die Nichtigkeit des ganzen Planes. Anders als bei formellen Fehlern, die regelmäßig den gesamten Plan (Satzung) erfassen – etwa bei einer unwirksamen Schlussbekanntmachung oder einer fristgerecht gerügten unterbliebenen notwendigen erneuten Offenlage – können materielle Fehler im Einzelfall nur einen Teil des Planes erfassen. Die Nichtigkeit einer einzelnen Festsetzung – etwa einer Grünfläche oder einer Verkehrsfläche – wirkt sich nicht notwendigerweise auf den gesamten Plan aus.

765

Nach der Rechtsprechung führen Mängel, die einem Bebauungsplan anhaften, dann nicht zur Gesamtnichtigkeit, wenn die übrigen Regelungen, Maßnahmen oder Festsetzungen für sich betrachtet noch eine sinnvolle städtebauliche Ordnung im Sinne des § 1 Abs. 3 BauGB bewirken können und wenn die Gemeinde nach ihrem im Planungsverfahren zum Ausdruck gekommenen Willen im Zweifel auch eine Satzung dieses eingeschränkten Inhalts beschlossen hätte.[1029]

766

1028 Zur Änderungsbefugnis des Gerichts vgl. OVG Münster NWVBl. 1999, 54.
1029 Vgl. BVerwG NVwZ 1997, 896.

767–772 Grundsatz der Planerhaltung, Rechtsschutz

767 Entscheidend ist nach Auffassung des Bundesverwaltungsgerichts der planerische Wille des Ortsgesetzgebers. „Das Normenkontrollgericht muss vermeiden, in die kommunale Planungshoheit mehr als nötig einzugreifen. Es darf insbesondere nicht gestaltend tätig sein, sondern hat den von ihm ermittelten tatsächlichen oder hypothetisch ermittelten planerischen Willen des Ortsgesetzgebers zu respektieren."[1030]

768 Die Grundsätze der Rechtsprechung gelten dabei nicht nur für die Aufstellung von Bebauungsplänen, sie sind auch auf Änderungsbebauungspläne und – konsequenterweise – ebenfalls Ergänzungspläne anzuwenden.[1031]

769 Selbst der Grundsatz, dass die Nichtigkeit der Festsetzung eines Baugebietes auch alle übrigen Planfestsetzungen erfasst[1032], lässt Ausnahmen zu. So führt die Nichtigkeit einer im Zuge einer Bebauungsplanänderung erfolgten Baugebietsfestsetzung (allgemeines Wohngebiet statt des bisherigen reinen Wohngebietes) ausnahmsweise nicht zur Gesamtnichtigkeit des Bebauungsplanes, wenn die bisherige Gebietsausweisung (reines Wohngebiet) infolge der Nichtigkeit der geänderten Festsetzung wieder auflebt und die übrigen Festsetzungen sich mit ihr vereinbaren lassen.[1033]

770 Auf die Größe der betroffenen Fläche kommt es bei alledem nicht an. Die Fehlerhaftigkeit einer Bebauungsplanfestsetzung hat bei fehlender Abtrennbarkeit auch dann die Nichtigkeit des gesamten Planes oder zumindest des Teils des Plans, mit dem die Festsetzung untrennbar zusammenhängt, zur Folge, wenn die von der fehlerhaften Festsetzung unmittelbar betroffene Fläche nur gering ist.[1034]

2. Maßnahmen der Gemeinde

771 Wird ein Bebauungsplan in einem Normenkontrollverfahren für nichtig erklärt, ist die Situation prinzipiell eindeutig: Mit der Verkündung der Gerichtsentscheidung, die von der Gemeinde ebenso zu veröffentlichen ist wie der Plan bekannt zu machen wäre, ist so zu tun, als sei der Plan nie existent gewesen. Die Entscheidung ist allgemein verbindlich, d. h. von allen Behörden und Privatpersonen zu beachten. In diesem Fall kann sich allenfalls noch die Frage von Schadensersatz- oder Entschädigungsansprüchen stellen.

772 Besonderheiten ergeben sich im Zusammenhang mit dem ergänzenden Verfahren nach § 215a BauGB.[1035]

1030 BVerwG BRS 56 Nr. 34 = NVwZ 1994, 1009.
1031 Vgl. BVerwG, aaO, zu Änderungsplänen.
1032 Vgl. BVerwG BRS 56 Nr. 34 = NVwZ 1994, 1009.
1033 Vgl. VGH Mannheim BRS 58 Nr. 19 unter Hinweis auf BVerwGE 85, 289.
1034 Vgl. BVerwG NVwZ 1994, 272.
1035 Zum ergänzenden Verfahren vgl. oben Rn. 722 ff.

In der Rechtsprechung des Bundesverwaltungsgerichts war bereits seit dem Jahre 1993 anerkannt, dass die Gemeinde im Fall der Nichtigerklärung eines Bebauungsplanes allein wegen eines formellen Fehlers den Plan nach Behebung des Fehlers durch Wiederholung des nachfolgenden Verfahrens erneut in Kraft setzen konnte.[1036]

773 Diese Rechtsprechung hat nunmehr für das Normenkontrollverfahren ihre gesetzliche Konsequenz gefunden in der Neuregelung des § 47 Abs. 5 Satz 4 VwGO zur Entscheidungsmöglichkeit des OVG/VGH. Danach wird ein Bebauungsplan im Fall von Mängeln, die durch ein ergänzendes Verfahren nach § 215a BauGB behoben werden können, nicht für nichtig, sondern bis zur Behebung der Mängel für nicht wirksam erklärt. Auch diese Gerichtsentscheidung ist zwar in gleicher Weise zu veröffentlichen wie die Rechtsvorschrift und sie ist ebenfalls allgemein verbindlich, die Gemeinde muss sich jedoch Gedanken über das ergänzende Verfahren machen. Solange das ergänzende Verfahren nicht durchgeführt ist, bleibt der Plan unwirksam. Hat ein ergänzendes Verfahren stattgefunden, wird der Bebauungsplan mit Abschluss des Verfahrens wirksam, im Fall des 215a Abs. 2 BauGB gegebenenfalls mit rückwirkender Kraft. Als Abschluss des Verfahrens wird man auch hier eine ortsübliche Bekanntmachung entsprechend der Bestimmung des § 10 Abs. 3 BauGB fordern müssen. Bekannt gemacht werden sollte dabei, dass auf der Grundlage der Entscheidung des OVG/VGH (genaue Bezeichnung) das ergänzende Verfahren betreffend den Bebauungsplan (genaue Bezeichnung) bezüglich der (ebenfalls genau zu bezeichnenden) Verfahrensschritte durchgeführt worden ist, sowie der gemäß § 10 Abs. 1 BauGB von der Gemeinde zu fassende Beschluss des Bebauungsplans.

774 Die Fehlerhaftigkeit eines Planes kann jedoch nicht nur durch eine gerichtliche Normenkontrollentscheidung festgestellt werden, sie kann auch das Ergebnis einer sog. Inzidententscheidung[1037] oder einer Prüfung durch die Gemeinde bzw. eine andere Institution sein. Ist ein ergänzendes („Reparatur"-)Verfahren möglich, kann die Gemeinde dies selbstverständlich auch in diesem Fall durchführen und unter den Voraussetzungen des § 215a Abs. 2 BauGB den Plan gegebenenfalls rückwirkend in Kraft setzen.

775 Eine sog. **Verwerfungskompetenz steht der Gemeinde nicht zu**, d. h. die Gemeinde hat nicht die Befugnis, einen nach den Vorschriften des BauGB erlassenen und dann später von ihr als fehlerhaft erkannten Bebauungsplan ohne förmliches Aufhebungsverfahren und ohne Feststellung der Nichtigkeit in einem Normenkontrollverfahren allein etwa aufgrund eines einfachen Ratsbeschlusses nicht (mehr) anzuwenden.[1038]

1036 Vgl. BVerwG NVwZ 1994, 273.
1037 Vgl. hierzu oben Rn. 737.
1038 Vgl. BVerwG NJW 1987, 1344 = NuR 1987, 177 = DVBl. 1987, 481 mit Anm. von Steiner; vgl. auch BVerwG NVwZ-RR 1991, 524 = BRS 52 Nr. 30.

776 Entsprechende Beschlüsse (**Nichtanwendungsbeschluss, Klarstellungsbeschluss usw.**) – auch wenn sie ortsüblich bekannt gemacht werden – sind insofern bedeutungslos, als sie auf keinen Fall die Nichtanwendbarkeit des „kranken" Planes bewirken. Die Gemeinde selbst kann von sich aus einen mit nicht behebbaren Fehlern behafteten Plan oder einen Plan, dessen Fehler sie trotz bestehender Möglichkeit nicht beheben will, **nur einem förmlichen Aufhebungsverfahren** unterziehen. Im Interesse der Rechtsklarheit und zur Vermeidung einer eventuellen Haftung wegen Amtspflichtverletzung auf Ersatz von Schäden, die Bürgern durch das Vertrauen auf die Rechtsverbindlichkeit des Planes entstehen können, sollte sie unbedingt diesen Weg wählen. Zwar entfaltet ein nichtiger Plan keine Rechtswirkungen, ein beschlossener und bekannt gemachter nichtiger Plan erzeugt jedoch den Anschein einer Rechtswirkung, und außerdem ist die Frage, ob ein Plan nichtig ist oder nicht, oftmals nur sehr schwer zu beantworten.[1039]

777 Bei der Aufhebung eines als nichtig erkannten Bebauungsplanes muss die Gemeinde auch Erwägungen darüber anstellen, ob ein neuer Plan aufgestellt oder ob es bei der mit Wegfall des Planes maßgebenden gesetzlichen Regelung (z. B. unbeplanter Innenbereich oder Außenbereich) verbleiben soll; die in einem derartigen Fall gebotene Berücksichtigung der betroffenen privaten Belange kann sie aber nicht dazu verpflichten, den Rechtsschein der Gültigkeit des Planes dadurch aufrechtzuerhalten, dass sie von seiner Aufhebung absieht.[1040]

3. Haftung der Gemeinde

778 Die Fehlerhaftigkeit von Bauleitplänen wirft für die Gemeinde nicht nur planerische Fragen auf, sie kann auch finanzielle Konsequenzen nach sich ziehen. Speziell die Aufstellung eines rechtswidrigen und aufgrund dessen nichtigen Bebauungsplanes kann zu einer **Schadensersatzverpflichtung der Gemeinde nach Amtshaftungsgrundsätzen** führen.

779 Schäden durch eine fehlerhafte Bauleitplanung können einmal unmittelbar durch nicht rechtmäßiges Verhalten bei der Aufstellung des Bauleitplanes und zum anderen mittelbar durch sich auf diese Planung gründende und damit zumeist ebenfalls rechtswidrige Vollzugsakte, insbesondere die rechtswidrige Erteilung bzw. Versagung von Baugenehmigungen, entstehen. Unmittelbar durch die Planung werden namentlich zwei Arten von Schäden hervorgerufen: die Vertrauensschäden bei nichtiger Planung und die durch inhaltliche Mängel verursachten Schäden.[1041]

[1039] Vgl. hierzu Gaentzsch in: Berliner Kommentar, BauGB, § 10 Rn. 16–18; Schrödter in: Schrödter, BauGB, § 2 Rn. 61, 62.
[1040] Vgl. BVerwG NVwZ-RR 1991, 524.
[1041] Vgl. Hoppe in: Hoppe/Grotefels, Öffentliches Baurecht, § 19 Rn. 3 und 4.

Dabei umfassen die **Vertrauensschäden** den Bereich nutzungsvorbereitender **780**
Investitionen, wie etwa Projektplanungskosten, Architekten-, Entwurfsverfasser- und Statikerhonorare sowie Kosten für den Erwerb (vermeintlichen) Baulandes.[1042]
Derartige Kosten entstehen dadurch, dass der Nutzungswillige, d. h. zumeist Bauwillige, (fälschlicherweise) auf die Rechtmäßigkeit des bekannt gemachten Bebauungsplanes vertraut. Ist der Plan wegen Verstoßes gegen eine – formelle oder materielle – Norm nichtig und infolgedessen das beabsichtigte Vorhaben unzulässig, sind die finanziellen Aufwendungen nutzlos und begründen somit einen Vermögensschaden des Betroffenen.[1043]

Werden bei der Planaufstellung private Interessen unzureichend berücksichtigt, bedeutet dies regelmäßig einen inhaltlichen Mangel des betreffenden **781**
Planes mit der Folge, dass die Planrealisierung zu einer Belastung des privaten Interesseninhabers führt. Typische Fälle dieser Art sind die sog. Altlastenplanungen, in denen mit Altlasten verseuchte Böden, z. B. Deponien, namentlich zwecks Errichtung von Wohnbebauung beplant wurden, teilweise die Wohnbebauung auch realisiert wurde und sich nachträglich herausstellte, dass das Gelände aufgrund seiner Belastung zu Wohnzwecken überhaupt nicht oder nur mit Einschränkungen geeignet ist.[1044]

Zu den hier angesprochenen Schäden zählen **nicht** die sog. **Planungsschäden.** **782**
Dies sind vermögenswerte Nachteile, die durch eine **rechtmäßige** Bauleitplanung eintreten, etwa wenn infolge einer Planänderung die bauliche Nutzung eines Grundstücks aufgehoben oder wesentlich reduziert wird mit der Folge einer nicht unwesentlichen Grundstückswertminderung.[1045]

Rechtsgrundlage für einen Schadensersatzanspruch des Bürgers bei fehlerhafter Bauleitplanung ist § 839 BGB i.V.m. Art. 34 GG. Dieser sog. **Amts-** **783**
haftungsanspruch setzt voraus, dass jemand in Ausübung eines ihm anvertrauten öffentlichen Amtes eine ihm einem Dritten gegenüber obliegende Amtspflicht schuldhaft verletzt und dadurch dem Dritten ein Schaden entsteht, wobei die Haftung wiederum ausgeschlossen ist, wenn der Amtsinhaber lediglich fahrlässig gehandelt hat und dem Geschädigten ein anderweitiger Schadensersatzanspruch zusteht.

In der Rechtsprechung ist seit längerem anerkannt, dass die Mitglieder des **784**
den Bebauungsplan beschließenden Gemeinderates in Ausübung eines öffentlichen Amtes handeln. Beschließen sie einen fehlerhaften, d. h. rechtswidrigen und damit unwirksamen bzw. nichtigen Plan, stellt dies eine

---

1042 Vgl. Hoppe, aaO; Lenz, BauR 1981, 215.
1043 Vgl. BGHZ 84, 292.
1044 Vgl. BGHZ 106, 323; 108, 224 sowie BGH BauR 1998, 90; Hoppe in: Hoppe/Grotefels, Öffentliches Baurecht, § 19 Rn. 4.
1045 Zu den Planungsschäden vgl. näher oben Rn. 540 ff.

Amtspflichtverletzung dar. Das Verschulden richtet sich dabei nach einem objektivierten und entindividualisierten Maßstab, der von den Ratsmitgliedern wie von jedem Amtswalter die notwendigen Rechts- und Verwaltungskenntnisse verlangt.[1046]

785 Im Zusammenhang mit Bauleitplanungsfehlern ist von entscheidender Bedeutung, ob ein entstandener Schaden ursächlich auf die Verletzung einer **drittschützenden Amtspflicht** zurückzuführen ist.
Im Gegensatz zu verwaltungsinternen Dienstpflichten des Amtswalters zu seinem Dienstherrn bestehen Amtspflichten im Außenverhältnis zwischen dem Hoheitsträger (hier Gemeinde) einerseits und dem Bürger andererseits. Sie ergeben sich im Regelfall aus dem geltenden Recht, im vorliegenden Fall aus den bei Aufstellung der Bebauungspläne zu beachtenden Rechtsnormen des Bauplanungsrechts (BauGB, BauNVO, BNatSchG usw.).
Nicht jede danach bestehende Amtspflicht hat jedoch drittschützenden Charakter oder – anders formuliert – nicht jeder durch die Verletzung der Amtspflicht Geschädigte ist bezüglich des ihm entstandenen Schadens geschützter Dritter im Sinne des § 839 BGB. Eine Person ist vielmehr nur dann als Dritter anzusehen, wenn die Amtspflicht – nicht notwendigerweise allein, aber zumindest auch – den Zweck hat, das im Einzelfall berührte Interesse gerade dieses Geschädigten wahrzunehmen.[1047]

786 Aufgrund dessen besteht eine **normzweckgebundene Amtshaftpflicht** nur dann, wenn
– die verletzte Norm überhaupt den Schutz der Interessen Einzelner bezweckt,
– der Anspruchsteller zu dem zweckgeschützten Personenkreis gehört und
– der entstandene Schaden von der verletzten Norm gerade verhindert werden soll.[1048]

787 Die Verletzung einer drittbezogenen Amtspflicht bei der Aufstellung von **Flächennutzungsplänen** scheidet danach bereits begrifflich aus, da der Flächennutzungsplan keine Außenwirkung entfaltet und dementsprechend die für seine Aufstellung maßgeblichen Normen auch nicht dem Schutz privater Interessen dienen.[1049]

788 Bei der Aufstellung von fehlerhaften **Bebauungsplänen** kommt es nicht auf den allgemeinen Umstand der Schadensverursachung durch einen mangelhaften und daher nichtigen Plan an – denn das Erfordernis des gesetzmäßigen Verhaltens der Verwaltung beinhaltet nicht die Intention des Schutzes

---

1046 Vgl. zu diesen Voraussetzungen eines Amtshaftungsanspruchs: BGH NJW 1983, 215; NVwZ 1986, 504 (505); BGHZ 106, 323 (330).
1047 Vgl. BGHZ 106, 323 (331); 108, 224 (227).
1048 Vgl. Hoppe in: Hoppe/Grotefels, Öffentliches Baurecht, § 19 Rn. 13.
1049 Vgl. Hoppe in: Hoppe/Grotefels, Öffentliches Baurecht, § 19 Rn. 18.

von Individualinteressen –, sondern auf die konkret verletzte Pflicht, d. h. den einzelnen zur Unwirksamkeit bzw. Nichtigkeit des Planes führenden Normverstoß.[1050]

789 **Form- und Verfahrensvorschriften** bezwecken regelmäßig nicht den Schutz privater Interessen, sondern dienen allein der Sicherung eines geordneten Verfahrens im Interesse der städtebaulichen Entwicklung und Ordnung.[1051] So haben keinen drittschützenden Charakter insbesondere die Bekanntmachungspflicht nach § 12 BauGB und die Pflicht zur Bekanntmachung im Rahmen der Offenlage nach § 3 BauGB[1052] sowie die Kenzeichnungspflicht nach § 9 Abs. 5 BauGB[1053].
Leidet daher ein Bebauungsplan allein an (beachtlichen) Form- oder Verfahrensfehlern, wird ein Schadensersatzanspruch aus Amtspflichtverletzung – mag im Hinblick auf ein Vertrauen in die Plangültigkeit auch ein Schaden entstanden sein – grundsätzlich nicht gegeben sein.

790 Bei **materiellen Fehlern** ist zu differenzieren. Das Entwicklungsgebot nach § 8 Abs. 2 BauGB[1054] beispielsweise hat nach der Rechtsprechung des Bundesgerichtshofs keine Drittschutzintention.[1055]
Anders ist dies bei der **Abwägung**. Hier sind nicht nur allein dem Allgemeinwohl dienende öffentliche Interessen zu berücksichtigen, vielfach steht auch der Schutz von Individualinteressen in Rede, was sich bereits aus dem gesetzlichen Erfordernis der gerechten Abwägung der öffentlichen und **privaten** Interessen ergibt, § 1 Abs. 6 BauGB. Dementsprechend ist heute anerkannt, dass z. B. das Gebot, bei der Bauleitplanung die Anforderungen an gesunde Wohn- und Arbeitsverhältnisse zu berücksichtigen, nicht nur dem Schutz der Allgemeinheit dient, sondern vielmehr auch den Schutz gerade der Personen bezweckt, die in dem konkreten von der jeweiligen Bauleitplanung betroffenen Plangebiet wohnen werden.

791 Dies hat in besonderer Weise seinen Niederschlag in der sog. „Altlasten"-**Rechtsprechung** des Bundesgerichtshofs gefunden. Danach müssen sich die planbetroffenen Personen darauf verlassen können, dass ihnen zumindest aus der Beschaffenheit des Grund und Bodens keine Gefahren für Leben und Gesundheit drohen. Diese Amtspflicht der Gemeinderatsmitglieder als dem die Planung beschließenden Gremium besteht nicht nur gegenüber demjenigen, der im Zeitpunkt der Planaufstellung Eigentümer eines Grundstücks im zukünftigen Planbereich ist, sondern auch gegenüber demjenigen als „Drit-

---

1050 Vgl. BGHZ 84, 292 (301, 302).
1051 Vgl. Hoppe in: Hoppe/Grotefels, Öffentliches Baurecht, § 19 Rn. 19.
1052 Vgl. BGHR BGB § 839 I 1 Dritter 15 und 32; zur Schlussbekanntmachung vgl. auch Müller, BauR 1983, 193 (195, 196).
1053 Vgl. BGHZ 113, 367 (372).
1054 Vgl. hierzu im Einzelnen oben Rn. 407 ff.
1055 Vgl. BGHZ 84, 292 (301).

ten", der ein nach der planerischen Ausweisung dem Wohnen dienendes Grundstück mit noch zu errichtendem Wohnhaus erwirbt; ursprünglicher Grundstückseigentümer wie zukünftiger Erwerber gehören zu dem **erkennbar abgegrenzten Kreis derjenigen Personen, auf deren schutzwürdige Interessen bei der konkreten Planungsmaßnahme in qualifizierter und zugleich individualisierbarer Weise Rücksicht zu nehmen ist**.[1056]

792 Zu diesem Kreis geschützter Dritter zählt nach der neueren Rechtsprechung des Bundesgerichtshofs ebenfalls ein Grundstückseigentümer, der nicht selbst im Plangebiet wohnen, sondern das erworbene Gelände mit Wohnhäusern bebauen und dann weiterveräußern will; das Gericht betont, der Veräußerer müsse sich darauf verlassen können, dass den zukünftigen Käufern seiner Grundstücke und Gebäude zumindest aus der Beschaffenheit von Grund und Boden keine Gefahren für Leben und Gesundheit drohten, denn er sei gegenüber den Käufern als Ersterwerbern für die Freiheit der Gebäude von Gesundheitsgefahren verantwortlich.[1057]

793 Hieraus folgt zugleich, dass nicht jeder Verstoß gegen das Abwägungsgebot die Verletzung einer drittbezogenen Amtspflicht gegenüber einem Geschädigten darstellt. Wird etwa bei Aufstellung eines Vorhaben- und Erschließungsplanes (jetzt vorhabenbezogener Bebauungsplan) das **interkommunale Abwägungsgebot**[1058] verletzt, so ist dieser Verstoß nicht drittbezogen bezüglich des Investors (Vorhabenträgers).[1059]

794 Die Haftung wegen einer Verletzung der Amtspflicht bei Altlastenplanungen umfasst einerseits auch **Vermögensschäden**, die der Erwerber dadurch erleidet, dass er im Vertrauen auf eine ordnungsgemäße Planung Wohnungen errichtet oder kauft, die nicht bewohnbar sind[1060], andererseits wird von der Ersatzpflicht **nicht jeder entstandene Schaden** erfasst. Die Rechtsprechung betont gerade auch in diesem Zusammenhang immer wieder den Schutzzweck der Amtspflicht als Kriterium zur sachlichen Begrenzung des dem geschädigten „Dritten" gewährten Schutzes.[1061]

795 So wird durch die Ausweisung von Wohnbaugebieten in einem Bebauungsplan zwar bei den betroffenen Bürgern das Vertrauen begründet, dass keine Flächen mit Schadstoffen belastet sind und aufgrund dessen eine gefahrlose plankonforme Nutzung möglich ist, eine Verletzung der Pflicht, bei der Bauleitplanung die Anforderungen an gesunde Wohn- und Arbeitsverhältnisse

---

1056 Vgl. hierzu BGHZ 106, 323; 108, 224; 109, 380.
1057 Vgl. BGH BauR 1998, 90.
1058 Vgl. hierzu oben Rn. 386 ff.
1059 Vgl. OLG Dresden NVwZ 1998, 993.
1060 Vgl. BGHZ 106, 323.
1061 Vgl. BGH BauR 1993, 189 (190) = UPR 1993, 102 sowie UPR 1993, 143; vgl. auch BGH BauR 1998, 90.

zu berücksichtigen, umfasst aber nur den Ersatz solcher Schäden, bei denen „eine unmittelbare Beziehung zu der Gesundheitsgefährdung besteht, die m.a.W. dadurch verursacht werden, dass die vom Boden ausgehende Gefahr zum völligen Ausschluss der Nutzungsmöglichkeit der errichteten oder noch zu errichtenden Wohnungen führt".[1062]

796 Nicht geschützt ist daher das bloße Vermögensinteresse, das darin besteht, dass ein von Altlasten freies Grundstück einen **höheren Marktwert** hat als ein belastetes[1063], wohl aber eine schädliche Vermögensdisposition, die dadurch entsteht, dass ein Rücktrittsrecht, das für den Fall der Nichtaufstellung eines Bebauungsplanes vereinbart war, wegen der pflichtwidrigen Planaufstellung nicht ausgeübt wurde.[1064]

797 Dagegen hat – wegen des Schutzzweckes der Norm – der Erwerber eines Altlastengrundstücks aus Amtshaftungsgesichtspunkten jedenfalls keinen Anspruch auf Ersatz der finanziellen Mehraufwendungen, die durch **Aushub und Abtransport** des **Deponiegutes** verursacht worden sind, wenn die Ausweisung des ehemaligen Deponiegeländes zu Wohnzwecken wegen nicht bestehender Gesundheitsgefahren nicht rechtswidrig war und nur die Verpflichtung verletzt wurde, das Deponiegelände im Bebauungsplan zu kennzeichnen.[1065]
Denn die **Kennzeichnungspflicht** nach § 9 Abs. 5 BauGB dient nach der Rechtsprechung des Bundesgerichtshofs nur dem Schutz der künftigen baulichen Anlagen, nicht dagegen anderen Belangen, wie z. B. der Wasserwirtschaft oder dem Natur- und Landschaftsschutz, wie auch nicht dazu, den Grundstückseigentümern Baugrundrisiken abzunehmen und sie vor durch Aushub und Abtransport von Deponiegut verursachten finanziellen Mehraufwendungen zu bewahren.[1066]

798 Zu erwähnen bleibt, dass für den Ersatz eines durch das Vertrauen auf einen nichtigen Bebauungsplan entstandenen Schadens auch **keine anderen Rechtsgrundlagen** zur Verfügung stehen. Dies gilt zum einen für die Bestimmung des § 39 BauGB und für den sog. Plangewährleistungsanspruch, die beide anerkanntermaßen bei formell oder materiell nichtigen Plänen keine Anwendung finden, wie auch zum anderen für einen Entschädigungsanspruch aus Enteignung.[1067]

799 Im Ergebnis ist daher von den Gemeinden für das enttäuschte Vertrauen auf einen nichtigen Bebauungsplan allenfalls nach Amtshaftungsgrundsätzen unter den dargelegten Voraussetzungen Schadensersatz zu leisten.

1062 BGH BauR 1993, 189 (190) = UPR 1993, 102 sowie UPR 1993, 143.
1063 Vgl. BGH BauR 1993, 189 = UPR 1993, 102 und UPR 1993, 143.
1064 Vgl. BGH BauR 1998, 90.
1065 Vgl. BGHZ 113, 367 = BauR 1991, 428; zur Kennzeichnung in Bauleitplänen vgl. oben Rn. 601, 602, 640 ff.
1066 Vgl. BGH aaO.
1067 Vgl. BGHZ 84, 292.

800 Grundsatz der Planerhaltung, Rechtsschutz

800 Die durch nichtige Bebauungspläne verursachten **Schadensersatzverpflichtungen** sollten jedoch von den Gemeinden auch noch aus anderen Aspekten **nicht unterschätzt** werden. Jede Gemeinde sollte sich davor hüten, leichtfertig – etwa allein aus politischen Opportunitätsgesichtspunkten – fehlerhafte Pläne aufzustellen, da eine nicht unerhebliche Schadensersatzverpflichtung nicht allein unmittelbar durch die Nichtigkeit des Planes begründet sein kann, sondern auch durch aufgrund der Fehlerhaftigkeit des Planes ihrerseits rechtswidrige Planvollzugsakte, wie insbesondere Baugenehmigungen oder Bauvorbescheide, auf deren Grundlage oftmals nicht unerhebliche Vermögensdispositionen getroffen werden (Verkauf von Grundstücken und noch zu errichtenden Gebäuden oder Eigentumswohnungen). Sind solche Genehmigungen wegen Nichtigkeit des zugrundeliegenden Bebauungsplanes rechtswidrig, kann sich eine Haftung der Gemeinde, die zugleich Bauaufsichtsbehörde ist, nicht nur aus Amtshaftungsgrundsätzen ergeben. Darüber hinaus ist die Gemeinde einem geschädigten Bauherrn bzw. Eigentümer gegenüber vielfach auch aus dem verschuldensunabhängigen Tatbestand des enteignungsgleichen Eingriffs oder aus entsprechenden Spezialvorschriften, wie z. B. § 39 OBG NW, verantwortlich.[1068]

1068 Vgl. hierzu BGHZ 72, 273; 125, 258.

Stichwortverzeichnis

Die angegebenen Ziffern beziehen sich auf die Randnummern des Werks.

A

Ablichtungen von Plänen und Unterlagen 184
Abstandserlass 488
Abstimmungsgebot 386 ff.
Abwägung 223, 433 ff.
Abwägungsausfall 476 f.
Abwägungsdefizit 478 ff.
Abwägungsdisproportionalität 483 f.
Abwägungsergebnis 452, 473, 483, 710
Abwägungsfehleinschätzung 481 f.
Abwägungsfehler 474 ff.
Abwägungsmaterial 452 ff.
– Zusammenstellung 454 ff.
– Gewichtung 467
Abwägungsrelevante Belange 454 ff.
Abwägungsvorgang 453, 704 ff.
Abwasserbeseitigung 630
Abwehrrechte gegen Planung der Nachbargemeinde 400
Allgemeinverbindlichkeit der Gerichtsentscheidung im Normenkontrollverfahren 743
Alternativen bei Planung 472
Altlasten 448, 463, 791 ff.
– Abwägung 448, 463
– Kennzeichnung im Bauleitplan 602, 640
– Schadensersatz 791 ff.
Amtshaftung 778 ff.
Amtspflicht 785 ff.
– drittschützende 785 ff.
Amtspflichtverletzung 778 ff.
Änderung des Bauleitplanes 325 ff.
Anfechtungsklage 403, 737
Angehörige (Befangenheit) 315
Angemessenheit Leistung, Gegenleistung (städtebaulicher Vertrag) 690 f.
Anliegergebrauch 444

Anpassungsgebot 370
Anregungen 195 ff.
– Prüfung 201 ff.
– Mitteilung des Prüfungsergebnisses 201 ff.
– nicht berücksichtigte 217 f., 234
– Vorlage an höhere Verwaltungsbehörde 217 f., 234
Anspruch auf Aufstellung eines Bauleitplanes 45 ff., 369
Anstoßfunktion der Bekanntmachung 193
Antragsbefugnis (Normenkontrollverfahren) 747 ff.
Anzeigeverfahren 229, 257 ff.
Art der baulichen Nutzung 612 ff.
Aufhebung von Bauleitplänen 337 ff., 776
Auflage bei Bauleitplangenehmigung 240 ff.
Auflassungsvormerkung (Antragsbefugnis im Normenkontrollverfahren) 751
Aufsichtsbehörde (Höhere Verwaltungsbehörde) 227 ff.
Aufstellungsbeschluss 104, 127 ff.
Ausfertigung des Bebauungsplans 274
Ausgleich (Naturschutzrecht) 510 ff.
Ausgleichsflächen (Naturschutzrecht) 530
Ausgleichsflächenpool 86
Ausgleichsmaßnahmen (Naturschutzrecht) 522 ff., 633
Aushändigung von Planentwürfen 184
Auskunft 298
Auslegung (Öffentliche Auslegung, Offenlage) 167 ff.
– Planentwurf 170
– Bekanntmachung 186
– Beschluss 169
– Frist 178
Ausschließungsgrund s. Befangenheit
Ausschluss von Nutzungen 618
Ausschuss (Zuständigkeit) 310

225

Stichwortverzeichnis

Aussetzung der Entscheidung über Vorhaben 117
Aussicht 545
Authentizitätsvermerk 280
Außenbereich 55
Außerkrafttreten
– von Bauleitplänen 100, 337, 646
– einer Veränderungssperre 112, 300

B

Bahnanlage (Eisenbahn) 27, 32
Bauerwartungsland 85
Baugebiete 614
– Gliederung 618
Baugenehmigung 110
Baugrenzen 625 f.
Baugrundstück
– Begriff 627
– Höchstmaße 627
– Mindestmaße 627
Bauleitplanung 15, 24, 48
Bauleitpläne 58, 75 ff.
– formelle Voraussetzungen 123 ff.
– materielle Voraussetzungen 351 ff.
Baulinien 625 f.
Baumassenzahl 620 f.
Bauordnungsrecht 6, 8
Bauplanungsrecht 5, 9
Baurecht
– öffentliches 4
– privates 4
Baurechtskompromiss 510
Bausperre 122
– Faktische 114, 121
Bauweise 624
Bebauungsplan 75 ff.
– Änderung 325 ff.
– Arten 93 ff.
– Aufhebung 97 ff., 337 ff.
– Aufstellungsbeschluss 127 ff.
– Bekanntmachung 273 ff.
– Einzelfallbebauungsplan 359
– Ergänzung 330 ff.
– Festsetzungen 609 ff.
– Formelle Voraussetzungen 123 ff.
– Funktionslosigkeit 645 ff.
– Geltungsbereich 358
– Inhalt, zulässiger 604 ff.
– Materielle Voraussetzungen 351 ff.

– Neubekanntmachung 270, 282, 726
– Nichtigkeit 764 ff.
– Normenkontrollverfahren 742 ff.
– Teilnichtigkeit 765 ff.
– Unwirksamkeit 646
– Verfahren s. formelle Voraussetzungen
Bebauungstiefe 625 f.
Bedenken und Anregungen 197
Bedingung 241
Befangenheit 312 ff.
Begründung 170 ff., 224
Beitrittsbeschluss 242, 243, 261
Bekanntmachung 127, 186 ff., 264 ff.
Bekanntmachungsfehler 270
Bekanntmachungsverfahren 272 ff.
Belange (bei der Abwägung) 435 ff.
Bepflanzung 632
Bergbau, Kennzeichnung im Bebauungsplan 640
Besondere städtebauliche Gründe 175, 619
Besondere Umstände (Dauer der Veränderungssperre) 113
Bestandsschutz 437 ff.
Bestandsschutzregelung (Veränderungssperre) 110
Bestimmtheit der Planfestsetzungen 577 ff.
Beteiligung der höheren Verwaltungsbehörde im Bauleitplanverfahren 227 ff.
Beteiligung Dritter (Privater) bei der Bauleitplanung 340 ff.
Bezugspunkte bei Höhenfestsetzung baulicher Anlagen 622
Bodenschutzklausel 505
Bürgerbeteiligung 141, 144 ff., 167 ff.
– Entbehrlichkeit 153 ff.

D

Darstellungen des Flächennutzungsplanes 593 ff.
Denkmalschutz 448, 603, 643
Deponiegut (Schadensersatz für Aushub und Abtransport) 797
Dienststunden, Beschränkung der Offenlage 180
Dorfgebiet 614
Drei-Monats-Frist (bei Plangenehmigung) 249 f.
Drei-Jahres-Frist (Veränderungssperre) 112
Dringende Gründe 429

Stichwortverzeichnis

Dritte
- Beteiligung bei der Bauleitplanung 340 ff.
- Amtshaftungsanspruch 785 ff.

Drittschützende Amtspflicht 785 ff.
Durchführungsvertrag 671 ff.

E

Eigentumskräftig verfestigte Anspruchsposition 442
Einfacher Bebauungsplan 93
Einheimischenmodell 685
Einkaufszentrum 395
Einleitungsbeschluss 664
Einmonatsfrist (Offenlage) 178 ff.
Einsichtnahme
- in Flächennutzungsplan und Bebauungsplan 297
- in Unterlagen 183
- in Planentwürfe 178 ff.

Einstweilige Anordnung (Normenkontrollverfahren) 759 ff.
Einzelfallbebauungsplan 359
Einzelhandelsbetrieb, großflächiger 395
Emissionsverhalten von Betrieben 618
Entschädigungsansprüche 540 ff.
- Entstehen, Fälligkeit, Erlöschen 568

Entwicklungsgebot 407 ff.
Entwicklungsplanung 59, 63, 450
Entwicklungssatzung 67, 71
Entzug von Nutzungsmöglichkeiten 542
Erforderlichkeit der Planung 353 ff.
Ergänzendes Verfahren 722 ff.
Ergänzung des Planes 325 ff.
Ergänzungssatzung 67, 71
Erläuterungsbericht 170 ff., 224
Erörterung (vorgezogene Bürgerbeteiligung) 150
Ersatzmaßnahmen (Naturschutzrecht) 531
Ersatzverkündung 271
Erweiterungsflächen (vorhabenbezogener Bebauungsplan) 668
Erwerbsinteressen 444

F

Fabrik-Verkaufs-Zentrum 395 ff.
Fachpläne 33
Fachplanung 27

Factory-Outlet-Center 395 ff.
Faktische Bausperre 114, 121
Faktische Zurückstellung 114, 121
Fauna-Flora-Habitat-Richtlinie 537 ff.
Festsetzungen des Bebauungsplanes 611 ff.
Feststellungsbeschluss (Flächennutzungsplan) 225
Feststellungsklage 401, 735
Feuerstelle 634
Fingierte Genehmigung 250
Fiktive Genehmigung 250
Firsthöhe 622
Flächenbezogener Schallleistungspegel 618
Flächennutzungsplan
- Änderung 97, 325 ff., 331 f.
- Aufstellung 97, 123 ff.
- Ergänzung 97, 325 ff., 331
- externe Wirkung 83
- gemeinsamer 78
- Genehmigung 227
- regionaler 79
- Verfahren 123 ff.
- verwaltungsinterne Wirkung 82

Flächenpool 86, 599
Fluchtliniengesetze 9
Folgekostenvertrag (Folgelastenvertrag) 685, 693
Fortführung einer Nutzung (Veränderungssperre) 110
Frist
- bei Anzeige des Bebauungsplanes 260
- bei Genehmigung des Bauleitplanes 249 f.
- bei der Offenlage 178 ff.

Funktionslosigkeit der Planung 645 ff.

G

Gebäude, Anzahl 629
Gebietsentwicklungsplan 23
Gebot
- der Konfliktbewältigung 486
- der planerischen Zurückhaltung 492
- der Rücksichtnahme 498

Geh-, Fahr- und Leitungsrecht 562, 630
Geltungsbereich der Bauleitpläne 77, 80, 358
Gemeinde
- Gebietsänderung 431
- Nachbarklage 400 ff.

Stichwortverzeichnis

- Planungshoheit 12 ff.
- Planungspflicht 43 ff.

Gemeindefreies Gebiet 34 ff.
Gemeindegebiet 34
Gemeinderat
- Zuständigkeit 306 ff.
- Haftung 2

Gemeinderatsprotokoll 278
Gemeinsamer Flächennutzungsplan 78
Gemengelage 486, 501
Genehmigung der Bauleitpläne 227, 233 ff.
- Anspruch auf Erteilung 236
- Auflage 240
- Fiktive (Fingierte) Genehmigung 250
- Frist 249
- Genehmigungsfiktion 250
- Herausnahme von Planteilen 245 ff.
- Versagung 236, 239
- Vorweggenehmigung 248

Genehmigungsfiktion 250
Genehmigungsverfahren 233 ff.
Gerichtliche Überprüfung s. Rechtsschutz
Gerichtsentscheidung im Normenkontrollverfahren 743
Gesamtplanung 30
Geschäftsordnung des Rates 310
Geschlossene Bauweise 624
Geschossflächenzahl 620 f.
Gestaltungsregelungen 636 ff.
Gestaltungsfreiheit 18 f.
Gesunde Wohn- und Arbeitsverhältnisse 448, 451, 790
Gewannenbezeichnung 285
Gewässerschutz 448
Gewerbegebiet 614
Gewichtung der Interessen bei der Abwägung 452, 467
Gewohnheitsrecht 645
Gliederung von Baugebieten 618
Globale Planungsvorstellungen (Veränderungssperre) 105
Grundflächenzahl 620
Grundstück (Begriff) s. Baugrundstück
Grundstückseigentümer (Antragsbefugnis im Normenkontrollverfahren) 751
Grundstückserwerber (Antragsbefugnis im Normenkontrollverfahren) 751
Grundzüge der Planung (Planänderung, -ergänzung) 331 ff.
Grünflächen 630, 574, 582

Gutachten (Grundlage der Abwägung) 463 f.

H

Haftung der Gemeinde 2, 778 ff.
Hauptsatzung 310
Heilung von Verfahrensverstößen 302 ff.
Heilungsvorschriften 713
Hinweise bei Bekanntmachung der Bauleitpläne 273, 286 ff., 569, 712 ff.
Hochwasserschutz 448, 602, 640
Höhe baulicher Anlagen 622
Höhenlage des Baugebietes 622
Höhere Verwaltungsbehörde 227 ff.
- Rechtmäßigkeitskontrolle der Bauleitpläne 236 ff., 258 f.

I

Immissionsrichtwert s. Mittelwert
Immissionsschutz 486 ff., 498 ff.
Immissionswirksamer flächenbezogener Schallleistungspegel 618
Individuelle Laufzeiten bei Veränderungssperre 114
Industriegebiet 614
Inkrafttreten
- Bebauungsplan 269
- Flächennutzungsplan s. Wirksamkeit

Innenbereich 54
Innenbereichssatzungen 65 ff.
Interessen (bei der Abwägung) 435
Interkommunaler Ausgleich 525 ff.
Interkommunales Abstimmungsgebot 386 ff.
Investor s. Vorhabenträger
Inzidententscheidung 736 ff.
Inzidentkontrolle (Inzidentprüfung) 736 ff.

J

Jedermann 199
Juristische Person (vorhabenbezogener Bebauungsplan) 659

K

Kennzeichnung
- im Bebauungsplan 639
- im Flächennutzungsplan 601 f.
- des Plangebietes bei Bekanntmachung 193, 285

Kennzeichnungspflicht 601, 639
Kernbereich der Selbstverwaltungsgarantie 38 ff.
Kerngebiet 614
Klarstellungsbeschluss 776
Klarstellungssatzung 67 ff.
Kleinsiedlungsgebiet 614
Kommunalaufsicht 231 f.
Kommunale Planungshoheit 12 ff.
Kommunale Selbstverwaltung 14
Kommunalverfassungsstreitverfahren 324
Konfliktbewältigung 486 ff.
Konfliktverlagerung 492 ff.
Koniferen 632
Kopien aus Plänen und Unterlagen 184 f.
Koppelungsverbot (städtebaulicher Vertrag) 692
Kosten sparendes Bauen 449

L

Landesentwicklungsplan 25
Landesplanung 23 ff.
Landesrecht
- Festsetzungen im Bebauungsplan 636 ff.
- Heilungsvorschriften bei Mängeln 699

Landschaftspflege 631
Landschaftsplan 55, 506
Landschaftsschutzgebiet (nachrichtliche Übernahme im Bauleitplan) 603, 643
Landwirtschaftliche Nutzung 55, 363
Lärm 488
Legende der Bauleitpläne 177

M

Mängel (Unbeachtlichkeit) 701 ff.
Mängelbehebung 722 ff.
Maß der baulichen Nutzung 620 ff.
Maßgaben bei Anzeige und Genehmigung 240, 261
Mietbesitz (Befangenheit) 318

Mieter (Antragsbefugnis im Normenkontrollverfahren) 751
Mischgebiet 614
Mittelwert (Immissionsrichtwert) 501
Mitwirkungsverbot 312 ff.
Monatsfrist bei Offenlage 178 ff.
Multiplex-Kino 395

N

Nachbargemeinde 398
Nachbarklage, gemeindliche 400 ff.
Nachbarstaat 162
Nachrichtliche Übernahme
- im Flächennutzungsplan 603
- im Bebauungsplan 643

Nachteil, unmittelbarer (Befangenheit) 314 ff.
Naturgewalt, Sicherungsmaßnahmen (Kennzeichnung im Bebauungsplan) 602, 640
Naturschutzrechtliche Eingriffsregelung 510 ff.
Naturschutzverbände 161
Negativplanung 363, 606 f.
Neubekanntmachung 270, 714
Nichtanwendungsbeschluss 776
Nichtigkeit von Bebauungsplänen 764 ff.
Nichtigerklärung (im Normenkontrollverfahren) 743
Normenkontrollverfahren 742 ff.
- Antragsbefugnis 747 ff.
- Rechtsschutzinteresse 753 ff.
- Allgemeinverbindlichkeit der Gerichtsentscheidung 743

Numerus clausus der Planfestsetzungen 497, 590, 604
Nummernbekanntmachung 193, 285
Nutzungen (Ausschluss) 618
Nutzungszeiten von Sportanlagen 631

O

Offene Bauweise 624
Offenlage s. öffentliche Auslegung
Öffentliche Auslegung 167 ff.
Öffentliche Bekanntmachung 268
Öffentliche Belange 446 ff.
Öffentliches Baurecht 3 ff.

Stichwortverzeichnis

Öffentlichkeit der Ratssitzungen 301
Öffentlich-rechtlicher Vertrag 682
Ökokonto 87, 599
Ordnungsgemäße Ladung (Ratssitzung) 301
Originalurkunde (Bebauungsplan) 294
Örtliche Gemeinschaft 14
Örtliche Planung 21
Optimierungsgebot 469 ff.
Organzuständigkeit (Gemeinde) 125
Ortsübliche Bekanntmachung 186
Orts- und Landschaftsbild (öffentlicher Belang) 448

P

Pächter (Antragsbefugnis im Normenkontrollverfahren) 751
Parallelbeteiligung der Träger öffentlicher Belange 158
Parallelverfahren 424 ff.
Pflanzgebot 632
Planaufstellungsbeschluss 127 ff.
Planbereich 77 ff.
– Bebauungsplan 131
– Flächennutzungsplan 130
Planentwurf 138 ff.
Planerhaltung, Grundsatz der 698 ff.
Planerische Gestaltungsfreiheit 18 f.
Planerische Zurückhaltung 492
Planfeststellung 27
Planfeststellungsbeschluss 31
Plangebiet, Bezeichnung bei Bekanntmachung 285
Planinhalt, zulässiger
– Bebauungsplan 604 ff.
– Flächennutzungsplan 593 ff.
Planrealisierung 366
Planung
– Örtliche 21
– Überörtliche 21 ff.
Planungsalternativen 461, 472
Planungsanspruch 45 ff.
Planungsermessen 18
Planungshoheit der Gemeinde 12 ff.
– Einschränkung der 20 ff.
Planungsleitlinien 448
Planungsleitsätze 448
Planungsmittel der Gemeinde 58 ff.
Planungspflicht der Gemeinde 43 ff.

Planungsschaden 540 ff.
Planungstrichter 25
Planungsziele 447
Planurkunde (Verlust) 295
Planzeichenverordnung 577
Planzeichnung 577
Prioritätsprinzip bei Planung der Nachbargemeinde 391
Private, Beteiligung bei der Bauleitplanung 340 ff.
Privates Baurecht 4
Privatisierung des Bauleitplanverfahrens 51
Prognosen (Abwägungsmaterial) 460
Projektplan 662

Q

Qualifizierter Bebauungsplan 93

R

Rahmenplanung 59, 62, 450
Ratsmitglieder 1 f.
Raumordnung 21
Raumplanung (Ziele) 371 ff.
Rechtmäßigkeitskontrolle der höheren Verwaltungsbehörde 236 f., 258 f.
Rechtsaufsicht 236, 258
Rechtsbegriffe (unbestimmte im Bebauungsplan) 583 ff.
Rechtsnatur
– Bebauungsplan 81
– Flächennutzungsplan 81
Rechtsschutz 400 ff., 735 ff.
– gegen Bebauungsplan 91, 736 ff.
– gegen Flächennutzungsplan 90, 735
– Nachbargemeinde (interkommunales Abstimmungsgebot) 400 ff.
– vorläufiger 405, 759
Rechtsschutzinteresse 753 ff.
Rechtssetzungsverfahren 253
Rechtswirkungen
– des Bebauungsplanes 88 f.
– des Flächennutzungsplanes 82 ff.
Regelungsdichte im Bebauungsplan 644
Regionaler Flächennutzungsplan 79
Regionalplanung 23, 373
Rücksichtnahmegebot 498 ff.

Stichwortverzeichnis

Rückwirkende Inkraftsetzung des Bauleitplanes 269, 730
Rügefrist bei Mängeln des Bauleitplanes 711

S

Satzung (Rechtsnatur des Bebauungsplanes) 81
Satzungsbeschluss 220 ff.
Schadensersatz 778 ff.
Schlussbekanntmachung 264 ff.
Selbständiger Bebauungsplan 420 ff.
Selbstverwaltung (der Gemeinde) 14
Selbstverwaltungsgarantie 14, 38 ff.
– Kernbereich 38 ff.
Sieben-Jahres-Frist bei Entschädigungsansprüchen 552 ff.
Solare Warmwasserbereitung 634
Solarthermie-Pflicht 634
Sondergebiet 614, 617
Sportanlagen (Nutzungszeiten) 631
Sportorganisationen (Träger öffentlicher Belange) 161
Städtebauliche Entwicklung und Ordnung 353 ff.
Städtebauliche Gründe 356
Städtebaulicher Vertrag (s. a. Durchführungsvertrag) 678 ff.
– Formelle Voraussetzungen 688
– Materielle Voraussetzungen 689 ff.
Städtebaurecht 3
Stellung baulicher Anlagen 625

T

Tagesordnung (Ratssitzungen) 301
Teilnichtigkeit (von Bebauungsplänen) 765 ff.
Traufhöhe 622
Träger öffentlicher Belange 159 ff.
Trennungsprinzip 500 f.
Typenzwang (bei Festsetzung von Baugebieten) 615
Typisierung der Baugebiete 618

U

Überbaubare Grundstücksflächen 625
Übermaßverbot 573
Übernahmeanspruch 560 f.
Überörtliche Planung 21 ff.
Überplanung 444
Überschwemmungsgebiet 484
Überwirkender Bestandsschutz 442
Umweltbelange (umweltschützende Belange) 502 ff.
Umweltschutz 631 ff.
Umweltverträglichkeitsprüfung (UVP) 532 ff.
Unbeachtlichkeit von Bauleitplanmängeln 701 ff.
Unbestimmte Rechtsbegriffe im Bebauungsplan 583
Unmittelbarer Vor- und Nachteil (Befangenheit) 314 ff.
Unterhaltungsarbeiten (Veränderungssperre) 110
Unterlassungsklage (Nachbargemeinde) 402
Untersagung (vorläufige) 120
Unwirksamkeit (eines Bebauungsplanes) 646

V

Veränderungssperre 102 ff.
– Ausnahmen 111
– Außerkrafttreten 112 ff., 300
– Besondere Umstände 113
– Bestandsschutzregelung 110
– Drei-Jahres-Frist 112
– Geltungsbereich 107
– Geltungsdauer 112
– Inhalt (Rechtswirkungen) 109
– Voraussetzungen 104 ff.
Verbindlicher Bauleitplan 58
Vereinfachtes Verfahren 330 ff.
Verfahrensbeteiligung Dritter 340 ff.
Verfahrensfehler, Heilung durch spätere Verfahrensakte 303
Verfahrensschritte bei Aufstellung von Bauleitplänen 123 ff.
Verhältnismäßigkeitsprinzip 572 ff.
Verkehr 488, 497
Verkehrsflächen 630

Stichwortverzeichnis

Verkündung 264 ff.
Verkündungspflicht 268
Verlust der Planurkunde 295
Vermeidung des naturschutzrechtlichen Eingriffs 511 ff.
Vermögensschaden 794
Versagung der Genehmigung 236 ff.
Versorgungsflächen 630
Verspätetes Vorbringen bei Offenlage 200
Verteidigung 448
Vertrauensschaden 780
Verwaltungshelfer 342
Verwerfungskompetenz 775
Vorbelastung 501
Vorbereitender Bauleitplan 58
Vorbescheid 109 f.
Vorbeugender Rechtsschutz (interkommunales Abstimmungsgebot) 402
Vogelschutzrichtlinie 537
Vorgezogene Bürgerbeteiligung 141 ff.
– Entbehrlichkeit 153 ff.
Vorhabenbezogener Bebauungsplan 93 ff., 652 ff.
Vorhaben- und Erschließungsplan 658
Vorhabenträger 659
Vorläufige Untersagung 103, 120
Vorläufiger Rechtsschutz 405, 759 ff.
Vorteil, unmittelbarer (Befangenheit) 314 ff.
Vorwegbindung 476
Vorweggenehmigung 248
Vorzeitiger Bebauungsplan 427 ff.

W

Wasserflächen 630
Wasserschutzgebiet, nachrichtliche Übernahme im Bauleitplan 643
Wertminderung eines Grundstücks 550
Widerrufsvorbehalt 241
Wiedereinsetzung in den vorigen Stand (Auslegungsfrist) 205
Wirksamkeit des Flächennutzungsplanes 272
Wirtschaft (Belange) 448
Wochenfrist bei Bekanntmachung der Offenlage 186
Wohn- und Verkehrslage 444
Wohngebiet 614
– Allgemeines 614
– Besonderes 614
– Reines 614
Wohnungen (Anzahl) 629

Z

Zaunwerte 618
Ziele der Raumordnung 371 ff.
Zivilschutz 448
Zulässige Nutzung 545
– Entziehung, Reduzierung 542
Zulässiger Planinhalt 588 ff.
Zurückstellung (Bauantrag) 116 ff.
– Anrechnung auf Veränderungssperre 121
– Faktische 114, 121
Zusammenstellung des Abwägungsmaterials 453 ff.
Zusätze bei Bekanntmachung (Öffentliche Auslegung) 190
Zuständigkeit
– Ausschuss 310 f.
– Gemeinde 12 ff.
– Gemeinderat 306 ff.
Zweckbestimmung des Baugebietes 617 f.
Zweckmäßigkeitskontrolle (höhere Verwaltungsbehörde) 236
Zweigeteilter Bebauungsplan 504, 523 ff.
Zwei-Jahres-Frist (Normenkontrollverfahren) 758
Zweistufigkeit der Bauleitplanung 75 ff.
Zweistufigkeit der Bürgerbeteiligung 142 f.

Ein fundierter und unentbehrlicher Ratgeber

Fickert/Fieseler
Baunutzungsverordnung

Kommentar unter besonderer Berücksichtigung des Umweltschutzes mit ergänzenden Rechts- und Verwaltungsvorschriften.
Von Prof. Dr. Hans Carl Fickert, Ltd. MinRat a.D., und Dipl.-Ing. Herbert Fieseler, Ltd. MinRat a.D.
9., teilweise neubearb. u. erw. Aufl. 1998.
XXIV, 1260 Seiten. Pp. DM 218,-
ISBN 3-17-015336-6

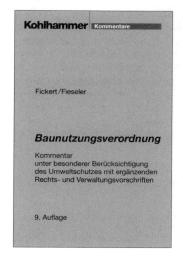

Der Standardkommentar zur Baunutzungsverordnung mit seinen gründlichen Erörterungen, der umfassenden Berücksichtigung rechtlicher und planerischer bzw. technischer Aspekte sowie der Behandlung aktueller Schwerpunktthemen ist ein wertvolles Hilfsmittel für die Bauleitplanung und Zulassung von Vorhaben. Die Vorschriften der BauNVO und der damit zusammenhängenden einschlägigen Rechtsnormen, vor allem des BauGB, werden wie in den vorangegangenen acht Auflagen in bewährter Methode ausführlich erläutert. Der sorgfältig zusammengestellte Anhang, der unter anderem die neue Fassung der TA Lärm vom 26.8.1998 und des Abstandserlasses NW vom 2.4.1998 enthält, erleichtert den Gebrauch des Werkes. Damit ist der praktische Kommentar für Verwaltungen, Planungsträger und -beteiligte, Gerichte, Planer, Architekten, Bauherren, Investoren und Planungsbetroffene eine wichtige Fundgrube für die tägliche Arbeit.

Kohlhammer

W. Kohlhammer GmbH · 70549 Stuttgart · Tel. 0711/78 63 - 280

Aktuell, umfassend, bewährt

Brügelmann
Baugesetzbuch

Kommentar.
Bearbeitet von Dr. Hansjochen Dürr,
Prof. Hans Förster, Prof. Jörn Freise,
Horst Friedrich (†), Prof. Hans-Georg
Gierke, Dr. Gustav Grauvogel (†),
Karl-Heinz Neuhausen, Werner Pohl (†),
Dr. Helmut Reisnecker, Dr. Konrad Roos,
Dr. Herbert Schriever, Dr. Werner Vogel
und Dr. Jürgen Ziegler.
1. - 41. Lieferung. Stand: April 1999.
Ca. 8890 Seiten inkl. 5 Ordner. DM 418,-
ISBN 3-17-016263-2

Das bewährte Loseblattwerk enthält eine umfassende, grundlegende Kommentierung des Baugesetzbuches, der Baunutzungsverordnung (BauNVO) sowie der Wertermittlungsverordnung (WertV). Durch mindestens drei Ergänzungslieferungen im Jahr können alle aktuellen Entwicklungen, Gesetzesänderungen und neue Rechtsprechung laufend berücksichtigt werden. Die große Verbreitung sowie weitreichende Akzeptanz des Werkes belegen seine Eignung sowohl im Bereich der Verwaltung als auch im Tätigkeitsfeld von Anwälten, Architekten und Richtern; der Praktiker findet wertvolle Hilfestellungen bei der Rechtsanwendung und gute Argumentationsgrundlagen.

Kohlhammer

W. Kohlhammer GmbH · 70549 Stuttgart · Tel. 0711/78 63 - 280